南 京 样 本

——小班化教育实践

编　写　小班化教改实验研究组
主　编　祁海燕
编　委　（按姓氏笔划为序）

马富平	王丽霞	王红兵	王铭敏
王银燕	毛丽萍	叶旭山	史　晖
吕绍能	华　萍	刘　军	刘　红
刘　彦	刘　敏	刘　羽	杨　健
杨毅静	李晨妍	吴　宁	吴　琴
沈珠振	张　明	张　锋	陈源清
邵　凯	林　虹	林　敏	林慧敏
易　珺	周　波	周　俐	周　健
周　婷	姜　玲	袁　方	顾　农
高文萱	程元春	谢春燕	潘月俊
潘文彬	潘林静		

东南大学出版社
·南京·

图书在版编目(CIP)数据

南京样本:小班化教育实践/祁海燕主编. —南京:东南大学出版社,2015.6(2017.3重印)
ISBN 978-7-5641-5760-9

Ⅰ.①南… Ⅱ.①祁… Ⅲ.①中小学-课堂教学-教学研究 Ⅳ.①G632.421

中国版本图书馆 CIP 数据核字(2015)第 111585 号

出版发行:东南大学出版社
社　　址:南京市四牌楼 2 号　邮编:210096
出 版 人:江建中
责任编辑:刘庆楚
网　　址:http://www.seupress.com
经　　销:全国各地新华书店
排　　版:南京星光测绘科技有限公司
印　　刷:江苏凤凰盐城印刷有限公司
开　　本:787mm×1092mm　1/16
印　　张:21.50
字　　数:537 千字
版　　次:2015 年 6 月第 1 版
印　　次:2017 年 3 月第 2 次印刷
书　　号:ISBN 978-7-5641-5760-9
定　　价:56.00 元

本社图书若有印装质量问题,请直接与营销部联系。电话:025-83791830

主 编 的 话

十多年来,"小班化"教育越来越成为中国中小学教育的热门话题,"小班化"正在成为许多地区推进教育现代化的重要举措,相关理论与实践的研究也渐趋深入。南京,作为较早实验小班化教育的地区,其提出的理念、颁布的政策、管理的策略、教学的经验,受到普遍的关注。"南京样本",已经成为推进小班化教育研究与实践的不二选择。

样本,本来是一个统计学概念。研究中实际观测或调查的一部分个体,称为样本,也指总体中抽取要考查的元素的总称。在日常语境中,人们还把值得借鉴的团体、个体的事件、举措,称为样本。我们推介小班化的"南京样本",一方面是以南京的实践来考察与研究小班化教育教学及管理规律;另一方面是希望拓展、创新南京的经验,推进各地小班化教育的发展。

小班化的"南京样本"可以有两个层面的理解:一是大样本,是整个地区的小班化教育的理论与实践的大样本;一个是小样本,是一个个典型学校、一个个典型项目、一个个典型举措的小样本。透过这些小样本,我们可以更具体地了解南京的小班化教育。本书推出的正是这一个个小样本,是南京小班化的学校实践,是南京小班化的微型景观。

这些小样本具有创新性。她们来自学校管理者和学校一线教师的创新。民乐学习,只是一项艺术教育活动,南昌路小学却把它做成了"艺韵南小"的小班化教育文化品牌,为每一个孩子创造艺术化的学校生活。红笔,只是教师批改作业的工具,西善桥中学却研发出"两支红笔进课堂"的小班化教学创意举措,让课堂上的"关注每一个""关照这一个"落到实处。南京小班化推进的过程,就是不断创新的过程。

这些小样本具有操作性,不是空泛的、模糊的、笼统的。每个小样本,不仅有操作的要素,操作的程序,操作的策略,还有操作的注意点,操作的"友情提示"。既有操作的规范性,又有操作的灵活性。小营小学的"双向细目表",对学科教学的目标作了详细的操作性的阐述,让教师做到"心中有标";同时,样本还有依据目标的学情分析,让教师做到"心中有生"。"环境活化"的研究小组,在总结实践经验的基础上,研制出小班"环境活化"的六个标准、要素,形成"环境活化"的操作系统、操作模型。南京小班化推进的过程,就是一个个操作小模型培育与生成的过程。

这些小样本具有优效性。小班化不回避效果与质量。相反,小班化追求更全面更优秀的效果与质量,并且为"优效""优质"创造更好的资源与条件。南京小班化的每个小样本,都以效果与质量来说话。凤游寺小学的"六足园"课程,让每一个孩子与小动物为友,一篇篇观察笔记,一份份探究报告,一个个伴随"六足园"课程而成长的个案报告,显示出校本课程的质量;在构建与实施"六足园"课程中,教师对自然的热爱,开发课程的能力,都得到发展。南京小班化推进的过程,是教育教学质量不断提升的过程。这一过程中,成长起一批批教师。

这些小样本具有科学性。小班化教学基于学科的路径，遵循学科的科学性；更为重要的是，基于"每一个"孩子的特点，遵循学生成长的规律性。虹苑中学的"作业档案"，既从学科的角度，分析学生对在哪里，错在何处，坚持对的，改正错的；同时又分析"每一个"孩子为什么会对，为什么会错。从"知识"的分析进入"思维"的分析，进入"人"的分析。扬子二小的"赋能"管理，把积极心理学融入到"每一个"教师、"每一个"学生的管理实践之中，欣赏、赋予、激活、开掘，丰富"每一个"的发展之"能"。南京小班化推进的过程，始终注意不盲动，不乱动，力求将小班化的实践建立在科学的基础之上。

这些小样本具有开放性。理念的开放性，环境的开放性，管理的开放性，技术的开放性，评价的开放性……小班化的开放性体现在每一个教育教学的环节中。金陵中学仙林分校小学部国际化的儿童校园环境的创设，从儿童的视角，以开放性的基调创设出融合民族与世界经典的儿童乐园；龙江小学的数字化学习，将教材从单一文字载体变为集"形、声、光、色"于一体的生动、直观的多载体形式，儿童的学习兴趣在开放性的小班得到增强，学习能力在开放性的小班得到提升，学习品质在开放性的小班得到优化。

这些小样本具有思想性。小班化教育实验是建立在科学理论的基础上，每个学校品牌的背后都有理论的支撑，蕴含着深厚的教育理念。府西街小学的"分享教育"，孩子们在这里进行着"每一个"的知识、方法、情感的分享；分享快乐，分享成功，分享梦想。汉口路小学由"四色学习单"衍生出"四色教育"，致力于让学生体验多彩小组生活，多彩校园生活。

窥一斑而见全貌。从一个个小样本，不难看出小班化南京样本的大样本轮廓，感悟到南京样本的一些特质。作为南京小班化十多年实践的亲历者，我们尝试这样简要地描述，描述基于一个区域的"南京样本"：

核心理念："幸福每一个"；

着力点："每一个"与"这一个"；

整体推进：思想引领，政策支持，机制创新，标准规约，项目推动，专业深化；

教育实践：(1) 基本原则：环境，从"物质化"走向"儿童化"；课程开发，从校本走向生本；教学优化，从粗放走向精致；管理创新，从外控走向激活；(2) 基本策略：全纳性，活动性，个别化；(3) 基本范式：多元活动百分百；(4) 基本方式：小组学习。

深度阅读小班化"南京样本"：整体样本(上文称"大样本")、单体样本(上文称"小样本")，我们对"小班化"的内涵发展有如下一些判断：

内涵丰富的"小班化"，必须是"每一个"的。每一个孩子都得到欣赏，每一个孩子都得到关照，每一个孩子都得到激活，每一个孩子都得到成长。学有余力的孩子，有他们发展的平台；学有困难的孩子，同样有他们舒展的时空。孩子对学校，对老师，对同伴的满意率百分百；孩子对课程，对活动，对教学的参与率、专注率、收获率百分百。

内涵丰富的"小班化"，必须是"这一个"的。共性中的个性，团体中的个体，得以和谐统一。有"这一个"所留连的环境，有"这一个"所适配的课程，有"这一个"所钟情的活动，有"这一个"所展示的舞台，有"这一个"所渴求的教学，有"这一个"所牵手的伙伴。由"这一个""这一个"聚成了"这一组"，由"这一组""这一组"聚成了"这一班"。处处时时都可以见到多彩的"这一个"！生动的"这一个"！

内涵丰富的"小班化"，必须是"我们的"。全体师生都有强烈的"我们"感。这是"我们的"小组，这是"我们的"班级，这是"我们的"学校；这是"我们的"课程，这是"我们的"活动，这是"我们的"课堂。自豪,信赖,责任,都在这些"我们的"之中。有人担忧小班化的"社会性"发展问题,纵观南京发展得好的小班学校,从这些学校走出去的学生的素养,积极地消解了这些所谓的担忧!

内涵丰富的"小班化",必须是"挑战的"。真正的小班不是形式的,不是肤浅的,不是惰性的。她充满了智慧,是深度思维的,是挑战性学习的。有活力无限的环境,有张力无限的课程,有冲击力的活动,有登攀力的课堂。每位师生都有适合自己挑战的目标,内容,方式,激励与支持。每个小组都有适合自己挑战的目标,内容,方式,激励与支持。活力,深度,意蕴,彰显出小班的朝气蓬勃。

内涵丰富的"小班化",必须是"生长的"。教育即生长。没有生长的小班,不是真正的小班,更不是优质的小班。生长,是差异的生长,"每一个"都生长;生长,是自由的生长,不是拔苗助长,不是扭曲增长;生长,是充分的生长,尽各自所能的生长;生长,是全面的生长,不是单一的生长。生长,不仅仅表现在考试成绩上,更时时处处体现在常态化的学习与生活之中。

内涵丰富的小班,必须是"文化的"。环境文化,管理文化,课程文化,教学文化……小班的文化有着浓浓的儿童的味道,有着多彩的阳光的味道,有着蓬勃的生命的味道;她掩映在流淌的文字里,绽放在孩子的笑容里。

"南京样本"记载着南京小班发展印迹,满溢着南京小班成长张力。

谨以此文,献给南京15年的小班化实践,献给15年来南京的"小班人"。

祁海燕
南京市教育科学研究所

目　　录

管　理　篇

导语:小班化教学管理创新 …………………………………………… (3)
校园环境活化 ………………………………………………………… (7)
艺韵校园 ……………………………………………………………… (12)
生态小环境 …………………………………………………………… (19)
国际化的儿童校园环境 ……………………………………………… (25)
学科资源教室 ………………………………………………………… (35)
学校特色场馆 ………………………………………………………… (42)
面向每一个的承诺 …………………………………………………… (50)
个别化情绪管理 ……………………………………………………… (56)
"数字化"评价 ………………………………………………………… (62)
儿童赋能 ……………………………………………………………… (69)
细节管理 ……………………………………………………………… (76)
个性化分析系统 ……………………………………………………… (84)

课　程　篇

导语:小班化课程的文化特质 ………………………………………… (93)
微型图本课程：小学·大学 …………………………………………… (95)
班本课程 ……………………………………………………………… (100)
数字影院课程 ………………………………………………………… (104)
交互式走廊课程 ……………………………………………………… (108)
教师迷你课程 ………………………………………………………… (110)
大树下的家园 ………………………………………………………… (115)
种墨园课程 …………………………………………………………… (120)
乐韵课程 ……………………………………………………………… (127)
"六足园"校园生态实验室 …………………………………………… (135)

"一人一棵树"微课程 …………………………………………………… (139)
"鹏岛野韵"课程 ……………………………………………………… (145)
"V-I-P"课程 ………………………………………………………… (153)
"诗意民居"课程文化 ………………………………………………… (160)
"3D实验课程" ………………………………………………………… (166)

教 学 篇

导语：小班化教学的特质 …………………………………………… (175)
四色学习单 …………………………………………………………… (178)
双向细目表 …………………………………………………………… (185)
组元教学 ……………………………………………………………… (193)
个性化学习的"袋袋本" ……………………………………………… (200)
合作启学 ……………………………………………………………… (207)
追问每一个 …………………………………………………………… (215)
深度学习每一个 ……………………………………………………… (221)
个性化作业档案 ……………………………………………………… (230)
按需乐学 ……………………………………………………………… (238)
小组研究十分钟 ……………………………………………………… (246)
小组优化的策略研发 ………………………………………………… (251)
两支红笔进课堂 ……………………………………………………… (258)
小白板的智慧 ………………………………………………………… (264)
"风格"教学 …………………………………………………………… (271)
"五个百分百" ………………………………………………………… (280)
知识创新学习 ………………………………………………………… (288)
个性化理学 …………………………………………………………… (297)
展学每一个 …………………………………………………………… (304)
生本化教学目标 ……………………………………………………… (312)
邀约式学习 …………………………………………………………… (318)
"卡·通"课堂 ………………………………………………………… (324)
伙伴助学 ……………………………………………………………… (330)

管 理 篇

导语：小班化教学管理创新

管理创新具有五项特性，分别是：在创新理念引领之下，成员共同对话和参与决策的结果；支持创新的环境设置；突破现状、挑战现况的管理过程；塑造创新、优越的组织文化；目的是为了激发成员创新潜能，持续维系及提升组织竞争优势。

以下将此定义绘制成管理创新流程图：

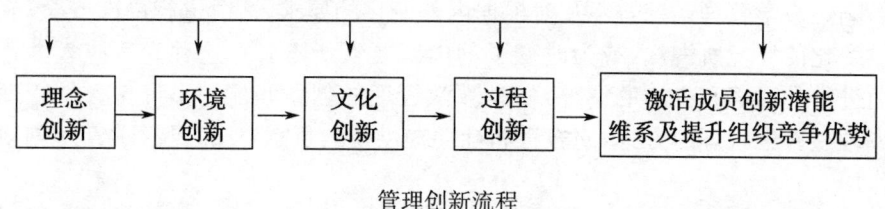

管理创新流程

小班化教学管理创新，即在小班化学校场域之中，管理者遵循创新管理理念，建构现代、卓越的教学管理环境，用优越的组织文化及创新的管理过程，最大限度地激活教师参与小班化教学的积极性，对教学工作进行科学的计划、决策、组织、实施、控制、调整、提升，提升学校效能，引领师生共同实现"幸福每一个"这一目标的活动。

首先，就"场域"而言，小班化教学管理创新是在小班化环境下进行，有其条件的独特性。小班化学校对学生的个体发展给予了更多的关注，社区、家长、教师和学生之间的联系更为密切，而教师的合作与凝聚力是小班化学校的另一个突出特征，因为规模小，人数少，全体教师作为一个团队去管理学校，他们易于形成一致的教学理念，并且共同合作来设计课程与学校运行规范。

因小班化学校教师人数较少，共享信息价值、团队合作的组织学习较灵活的关系，让教师能时常在近距离的对话、分享之中，扩散并应用新知识与新概念，因而教师较易掌握教育革新的理念，使其教学质量提升。

其次，就"方法"而言，它是采用创意管理的理念和策略，引领小班化学校的教学实践的变革行动，所以小班化教学管理创新是一种学校从理念引导到行动实践的过程。

小班化教学管理的对象可以分为两大类，即对人（教师和学生）的管理和对物（教学计划、项目、过程、环境等）的管理。对"物"的管理也是通过对人的管理来实现的，同时，"物"，也是"为每一个孩子的幸福成长"提供保障，所以，小班化教学管理创新从根本上来说主要是对人的管理创新。本书所提到的教学管理创新，主要涉及教师，即是学校、区域层面的教学管理活动中，如何激活每一个教师的潜能与责任，以实现小班化教学的本质追求。

小班化教学管理相对传统教学管理而言，更为立体、开放，只有充分意识到小班化教学管理创新的内在特性，才能更好地进行小班化教学管理的变革。

（一）"规范"与"创新"并举

作为小班化教学管理的基本内容,规范与创新对小班化教学管理都是非常重要的,理想的小班化教学管理是实现规范与创新最优组合的管理。

小班化教学管理的规范是保证小班化教学系统活动顺利进行的基本手段,"规范"职能要严格地按预定的规划来监视和修正小班化教学管理系统的运行,尽力避免各子系统间的摩擦,或减少因摩擦而产生的结构内耗,以保证小班化教学系统的有序性。没有规范,小班化教学管理系统的目标就难以实现,教学管理系统的各个要素就可能相互脱离,从而整个教学管理系统就会呈现出一种混乱的状况,所以规范对于小班化教学管理系统生命的延续是至关重要的。

小班化教学管理系统又是一个由众多要素构成的与外部不断发生物质、信息、能量交换的动态、开放的新型管理系统。小班化教学管理系统的外部环境与内部的各种要素不断地发生变化,这些变化必然会对教学管理系统的活动内容、活动形式和活动要素等产生一定的影响。教学管理系统若不及时根据内外变化的要求,适时进行局部或全局的调整,则可能被变化的环境所淘汰,或为改变了的内部要素所不容。这种为适应教学管理系统内变化而进行的局部和全局的调整,便是教学管理的创新职能。小班化教学管理系统不断改变或调整教学管理的方式,向教育和社会提供新的贡献,这正是教学管理创新的主要内涵和作用。

（二）"共性"与"个性"并存

小班化教学管理在实践操作层面是共性与个性并存的。当然,教学管理蕴含着丰富的个性色彩,每所小班化学校都有其独特的文化传统、办学历史、地域特征和传统习惯,每所学校面临的问题都是具体的、独特的,没有现成的模式可以借鉴,这就需要立足于校本,在了解学校真实情况、存在问题的基础上制定符合学校实际的管理措施,这样才能被教师和学生理解和接受,并内化为自己的行动准则。

小班化教学管理的个性特征不仅体现在不同学校之间管理的差异和特色之上,而且也体现在同一所学校内部的教学管理上。小班化教学是一种关注、发展每一个人的实践活动,教师是教学活动的主体,管理上越尊重这种个体形式,就越有可能取得实质上的集体协同的效果。因此,小班化教学管理既要有统一的要求和规范性,更要尊重每一位教师的教学个性,鼓励教师教学创新,形成自己的教学风格,倡导每一位教师都拥有自己的教学研究品牌。

（三）"技术"与"人文"并重

教学管理要关注技术过程和结构安排,但倚重于技术和结构的管理并不能产生真正的高效益。实际上,管理和伦理具有内在的一致性,管理中的每一项决策都携带着伦理意义,管理是一种伦理行为。教学管理的核心是人,它不是一种价值中立的活动,任何管理行为都代表了一种价值选择——做什么或不做什么、鼓励做什么或禁止做什么的价值选择。因此,我们不仅要关注教学管理的原则、方法等技术层面的问题,更要挖掘和思考原则、方法背后的思想内涵和价值假设,提升教学管理的人文关怀。这种伦理性不仅体现在关注学生的发展和良好品质的养成上,也要求管理者以伦理的方式对待教师的日常教学工作,不要过多地去压制和束缚教师的个性和潜能,而是要尊重和关怀教师。只有当教师成为教学的真正主人,教师的创造潜能和自我意识萌发时,教学实践的伦理品性才能得以彰显。

小班化学校为何要进行教学管理创新？传统型管理与创新型管理究竟会给学校带来怎样的不同？我国台湾学者吴清山认为，创新型学校与传统型学校，在组织形态、组织结构、组织文化、人员思维、专业发展、师生地位、变革态度、绩效表现等方面都具有相当大的差异，由于前者无法感受外在的挑战，经常表现出一种较为封闭、僵化、保守、消极的校园景象，而创新型学校充满着活力与创意，所展现出的是开放、弹性、革新、积极的校园气象，这和小班化学校"幸福每一个"的价值追求不谋而合。因此，小班化教学管理的创新成为必然。

管理创新也缘于小班化教学实践本身正发生着巨大变革。小班化教学实践的本质，是通过教学，实现"幸福每一个"。分析南京十年来小班化教育的实践经验和研究进程，我们发现一些关键领域显现出深度的、质性的改变趋势，已经构成了小班化教学当下独有的特质：自主性、人文性、开放性和个别性。小班化教学的变革，呼唤与其适配的，能保障小班化教学进一步走向革新的教学管理创新，对于它，我们有着以下三点价值期许：

1. 全纳性

"全纳"，首先意味着"接纳每一个个体，促进每一人发展"。每位教师、学生都有着不同的家庭背景、生活环境和成长经历，在人格修养、专业水平、工作能力等方面也都存在着差异。小班化学校的管理者更有可能真正了解每一个教师的个性、特长，竭尽所能发现每一位教师的优秀，发展每一位教师所蕴含的潜能和创造精神，为每一位教师提供创造性发挥教学智慧的空间，最终实现学校、教师双赢的愿景。

"全纳"的第二层内涵是"容忍度"，学校管理者应容忍成员在推动管理创新中所产生的错误，并鼓励成员继续勇于创新，营造有助于创新的组织文化，组成团队建立创新共识，举办各项有助于创新管理的活动。只有让学校每一位成员充分参与创新的行列，获得每一个教师、家长及学生的认同、支持与参与，小班化管理创新才能真正落实。

2. 前瞻性

创新不是在已有的框架内思考，它应当是一种突破性和前瞻性的想法，也必须是一种整体性、系统性和全面性的前瞻思维。因此，小班化学校管理创新是建立在教育面向未来，教育者拥有国际视野、系统思考、敏锐洞察的前提之下，根据小班化学校需求及特性，以及教育发展方向，系统地思考学校教学管理的策略及做法，让学校的教学管理有所突破，才能展现出学校教学的新气象，所以前瞻性思维是小班化学校管理创新的重要价值之一，亦是小班化教学管理创新的主要动力。

具有前瞻性的创新火花，需要在一个开放环境下才能滋润成长，又往往是在"头脑风暴"式的对话、互动中生成。若是处在封闭的环境，人际互动少，过于服从权威者言行，则难以点燃智慧的火苗，也无法激发思想的火花。因此，小班化学校管理创新还需要一个开放的学校气氛和环境，需要一种彼此愿意倾听和分享的对话方式，才能更好地增添个人与组织的智慧。

3. 精致性

创新是一种思维，亦是一种行动，也是一种价值的追寻，创新有其基本目标——教育价值实现。把细节做到极致就是创新。小班化教学管理因其"小"而更可能做到精致，所以小班化教学管理创新，应该是建立在优效和卓越基础上的精致。这里的"精致"内涵有三：卓越、优效和科技，具体包含这三层意思：

其一，讲究小班化教学的品质，不仅仅在实施，而且更优质，更美好；

其二,强调小班化教学过程的有效,重视教学内容附加价值的提高;

其三,小班化教学必须结合先进科技的应用,主张利用现代科技以改进教学质量。

精致的小班化教学管理是建立在卓越、优效、科技的基础之上,"追求精致"是学校管理创新的重要价值,也可视为学校创新管理的主要目标。通过精致的管理形成卓越的品质:校园绿色、安全、精美;教师关照每一个孩子,走访每一个家庭;学校气氛温馨,充满欢声笑语;教师善教,学生乐学;社区关爱学校,家长关心学校……最终获得满意和赞许,获得肯定和成就,这样的创新管理才有价值和尊严。

(南京市中央路小学　林　虹)

小班应该是"活"的，是活泼泼的，是充满活力的。首先从活化环境做起。怎样让小班环境"活"起来？怎样评估小班环境是不是"活"了起来……

校园环境活化

一、内涵

所谓校园环境活化建设，是指在"面向每一个"理念的指导下，把握全纳性、个别化、活动化的原则，努力体现环境建设中的精致化、专业化、个性化追求，充分利用校园、教室尚未开发或开发程度不高的空间资源，通过创新设计和师生互动建设，从而使环境更好地服务于每一个学生的学习和综合素质养成教育的改造活动。

二、背景

校园环境是重要的教育资源。一方面，它既是学校的硬件条件，通过看得见摸得着的显性建设，昭示学校的教育理念，凸显学校的办学品位，服务于学生的学习生活；另一方面，它潜移默化地影响着师生的观念和行为，成为学校的隐性课程。在过去的校园环境建设中，较多地强调学校环境的美化、绿化、文化，通过多年的环境建设，很多小班学校的校园环境、教室环境已经一定程度上达到了这一目标。

环境空间作为学校的教育资源，具有一定程度上的不可扩展性，较难变得更大更多。因此，当一个地方的空间被建设完成之后，环境资源即被相应地消耗。如果已经完成的建设在较长时间内一成不变，则对学生的教育影响的作用将相应地衰减。如何提升这些资源有效性，使得它能够持续地为学生的学习服务，对更多学生产生影响，这是下一轮小班环境建设必须思考的问题。

校园环境活化，主要指向于校园、教室中可以利用、尚未利用或无需固化的环境空间，如走廊、过道、教室墙壁等地方。通过环境活化的研究与实践，帮助师生形成：发现和分析未经开发与利用的空间潜在价值的能力，运用教育智慧设计和构想空间活化方法的能力，引领和指导学生共同创造利于学习和综合素质养成的校园、教室环境的能力。

三、操作

（一）空间评估，聚焦问题

校园环境活化是一个改进、完善的过程。活化的第一步是对现有环境空间的评估分析。我们设计了一个评估工具：校园环境活化评估表。评估表从"支持学习、美观、充满创意、人人参与、经济易行、持续互动"六方面来考量环境建设的质量，要求与该环境相关的人群，共同对以上六方面打分，并将分值综合后，形成该环境空间的活化雷达图。通过雷达图，我们可以很清楚地发现该处环境空间建设需要从哪个方面进行改进,也就成为进一步活化的聚焦点。

空间活化评估(示例)

评 估 人:_____ 评估时间:_____
评估项目:_____小学 楼梯转角墙壁活化

一、指标估值

序号	指标	指标估值
1.	支持学习	
2.	美 观	
3.	充满创意	
4.	人人参与	
5.	经济易行	
6.	持续互动	

二、活化程度图像及简评

图像	简评
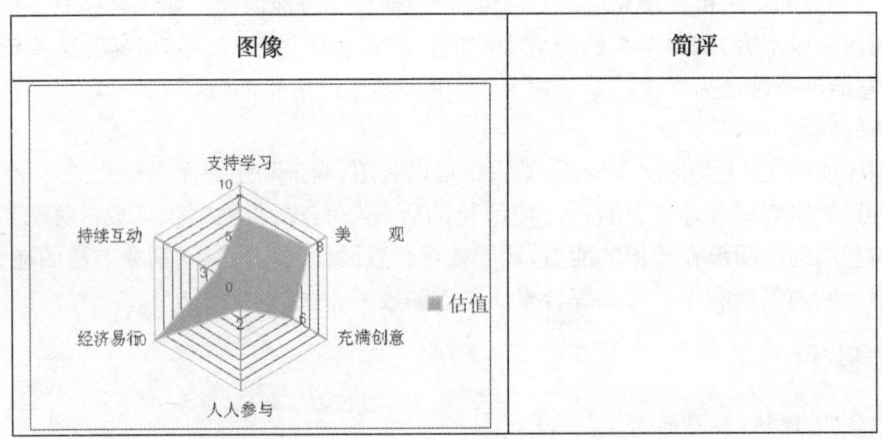	

(二)共同商讨,找寻方法

环境活化倡导所有与之有关的人共同参与。因此对于问题分析之后,应在学校或教师的组织下,对这个环境空间如何进一步优化利用开展共同研讨,使环境建设提高与人特别是与学生的相关性,变"少数人的事情"为"大家的事情",集聚每一个人的智慧,发展每一个人的能力。

(三)拟定方案,全员参与

当环境活化的思路确定后,要拟定一个可行的操作方案,明确人员分工、材料准备、效果预期、活化步骤等。尽可能让每一个相关者参与到动手实践中来。在这个过程中,要把握五个原则:一是,学习化原则。环境活化的理由、过程和结果皆应与学生的学习相结合。二是,全纳性原则。强调每一个孩子的参与,即便某一环境活化活动并不需要每一个孩子动手,亦应让全体学生参与其构思、建议、评价和维护。三是,活动化原则。强调环境改造的过程,避免教师包办代替或少数学生参与,评价成效时,避免只考量活化环境的结果,要重点观察其形成与维护的过程。四是,创意化原则。活化环境的成果评估强调师生的创意,体现教育的智慧和用心。五是,"绿色"化原则。是指要尽可能考虑物资循环利用等低成本方法,使得环境活化成为可行性更强的行为。

(四)再次评估,持续改进

在一个活化方案完成后,要再次运用环境活化评估工具,对已经完成的工作进行分析,不断提升活化的质量。

四、案例

慢慢转角遇到爱
——秣陵路小学楼道转角空间活化

1. 发现目标

根据《校园环境活化评估表》提供的标准,我们开始寻找校园里可以最大化地激发更多孩子参与其中,实施互动交流的活化之地。小小的楼梯间成为校园活化行动的开始。

2. 开始行动

首先,全校征集活化之地的名称,任由孩子们自由想象,自在表达,名称征集的过程就是活化活动的宣传与发动。最后,孩子们选定了"慢慢转角遇到爱"的主题。因为,伙伴文化本身就是一种爱的文化,伙伴文化就要让孩子感受爱、学会爱、主动爱;同时,校园环境活化建设从楼梯肚开始,这是学校校园活化工作的一个新转角,希冀每一个孩子在人生的转角收获更多的自信,希冀校园建设出现更多的活化之地。

3. 牛刀小试

第一次的"转角遇到爱"楼梯转角活化行动是"梦幻圣诞"。恰逢圣诞节前夕,学校大队部汇集了孩子们从家中带来的各种圣诞装饰物,大队辅导员带领学校大队干部和各班中队长,布置了缤纷多彩的圣诞转角,让孩子们进入小小的"梦幻圣诞"了解西方重大节日——圣诞节,感受西方的节日文化。孩子们很喜爱校园里这个微型的圣诞风景。

4. 作品评估

当作品完成之后对照标准,6项评分中,美观达到7分,其余都低于5分之下,因为,所有布置材料都来自于孩子们现成的捐赠,孩子们的参与就只是将商店里的商品带到了学校,校园只是多了一处养眼的地方,但是缺乏"创新创意""经济易行""持续互动"的教育价值。这提示我们,转角的活化必须有内在的教育目标,加之外在的美丽才会真正浸润孩子的心灵。

5. 持续尝试

从第一次的"梦幻圣诞"开始,转角如一方教育的池塘,教育的活水流动着,孩子的创意让转角时时充满了风景。

1月份,最传统的中国节日春节来临,转角就是"生肖文化"的展示,孩子们从不一样的生肖中,感受祖国生肖文化的特有魅力。

2月份,新的学期开始了,转角就是"安全故事"的流淌,用自己的画笔画出安全的校园,更要通过自己的故事绘画启迪各自的安全生活。

4月份,春天来了,转角就是"姹紫嫣红"的春天,孩子们巧手制作的各种创意之花,让春天的校园分外美丽。

5月份,转角就是"魔方的世界",收集的各式魔方,自创的各样魔方在转角汇合,小小的魔方也是一个奇妙的世界,等着所有孩子的光临。

6月份,火热的日子,孩子的节日,一起走进帽子的世界,转角就是"帽子秀·秀美丽",各种各样的帽子,传达着每一个孩子对帽子文化的理解,造型各异的帽子让转角分外亮丽。

9月份,陪伴老师度过一个有意义的教师节,转角就是"盘子风铃飘起来",巧手绘出最美的老师,写上真挚的祝福,一串串风铃在转角随风舞动,风儿听得见老师和孩子的欢笑。

11月份,走过和好书的约定后,转角就是"精彩读书小报"的悬挂,小伙伴们用自己的方式,合作完成精美的读书小报,一份份小报播下了一颗颗爱阅读的种子。

……

随着楼梯转角活化活动的开展,老师和同学们的创意被激活了,更多精彩的环境活化建设在秣陵路小学不断涌现。

6. 缤纷小开关

校园里,随处可见开启、闭合着电源的开关,原先,小开关只是小开关,仅仅有实用价值。能不能让小开关美起来?

少先队大队部向所有孩子发出"让小开关美起来"的活动宣传。科学课、美术课的综合学习跟进。科学课上,老师带领孩子认识小小开关的工作原理,了解不同样式的开关,加强节约用电的教育;美术课上,老师和孩子从不同的角度观察小小的开关,在小小的开关图上设计更多的图案,创意一幅幅开关图画。全校每一个孩子都获得了一张小开关原图,每一个孩子在小开关原图上再设计、再创造。小小的开关在每一个孩子的创意中变成了快乐行驶的货车的车厢,变成了女孩手中浇灌鲜花的小水壶,变成了狮子威武的面庞,变成了美丽花瓣的花心……每一个孩子的无限想象让小小开关顿时有了美丽的生命。

接着,各班评选最让大家喜欢的小开关设计图,"慢慢转角遇到爱"的转角张贴各班选送的最受孩子们喜欢的设计图,全校孩子再次评选"我喜爱的开关创意图",最后,经过孩子投票产生的开关创意图,由设计者寻找伙伴,在校园里的小开关上进行绘画创造,至此,校园里的开关经过孩子们的创作设计、绘画表现,如"凤凰涅槃"一般生动美丽。

"小小开关美起来"的主题活化活动是一次成功的活化活动,六条活化项目中五项的分值较高,首先,人人参与最为成功,全校100%孩子参与到活化活动中,虽然一到六年级的孩子,年龄、知识有差异,但孩子们都有自己的想象和表达,小开关给了每一个孩子创作的平台;其次,人际互动较为成功,转角的设计图展示,让孩子们相互学习,在欣赏评点伙伴作品中互相启发,孩子们以图会友,以图交流,相互认识,结交更多伙伴;其三,经济易行体现得较好,小开关的设计、再创造活动成本极低,学校只是为每个孩子发放了纸张,购买了绘制开关美图的颜料;其四,校园美观,因为朴素单调的开关美丽生动起来而增色不少;其五,创意体现,小开关的设计、绘画满足了孩子们喜欢画画的天性,更激发了孩子们的创造欲望。不足的是支持学习方面,以小开关为契机的学习视域、空间狭窄,孩子们从小开关的活化学习止步于美术课程的想象和绘画练习。

学校:南京市秣陵路小学
执笔:南京市教学研究室　杨　健
秣陵路小学　李晨妍

小班化学校,多半是小而精巧的。校园里的一花一草、一树一木、一砖一瓦,都是教育的资源,都在"无痕教育"之中默默浸润每一个儿童,与儿童对话。譬如南昌路小学的"艺韵校园",围绕"艺韵"二字,别具一格的布局,意涵深远的设计,让校园成为学生、家长、教师同成长的乐园。

艺 韵 校 园

一、内涵

　　艺韵:即艺术的韵味。韵,就是韵味。"韵"作动词用,是熏陶、浸润、润泽的意思。因而,艺韵一方面是指让学校充满艺术的韵味;另一方面是指用艺术去熏陶、浸润、润泽学校。

　　我们的追求:让小班化校园充满艺术的韵味,让"艺韵校园"润泽孩子的心灵。

二、背景

　　1. 新课程的核心理念是"为了每一位学生的发展",它的价值取向是人的发展,目的在于通过促进人的发展来推动整个社会的发展和民族的复兴。小班化教育的理念是"面向全体,尊重个性,让每个儿童都获得充分发展"。由于学生人数的减少,学生活动空间的相对增大,由此使小班化教育学校环境的创设与小班化教育理念的融合成为可能。

　　2. 小班化教育使师生关系发生了重大变化。在小班额的条件下,师生交往机会增多,交往的频率加大,师生之间更易加深了解,感情更加密切。小班化教育环境的互动性,打破传统的由教师单一指向学生的由上而下的模式,而使整个学习和生活的过程成为一种教师和学生双向交往的活动。这就要求在小班化教育的环境布置上要有亲和力,让每个孩子都有家一样温馨的感觉。小班环境呈现出来的"亲",在教师和儿童之间架起了一道心灵的桥梁。

　　3. 学校艺术特色的传扬,不仅需要在特色活动中有新的发展,而且需要建构与之相应的特色环境、特色资源。让艺术气息弥漫整个校园。

　　4. 美国学者杜威曾说:"要想改变一个人,必须先改变其环境,环境改变了,人也就被改变了。"在进行艺韵校园的环境设计时,让每一个学生都成为校园小小设计师,让每一个学生都成为校园护绿"小卫士",让每一个学生都成为民族文化的传人。

三、操作

(一)总体设计

　　总体设计是指设计和思考学校环境发展规划时,不仅规划创建校园建筑、校舍布局、校园艺术景点以及教学的基本设施等方面的整体格局,还要根据"为了每一个"、"幸福每一个"

的办学思想、培养目标、办学特色、校风学风等,积极创建师生乐学乐教的物质环境与健康和谐的心理与文化环境。

学校环境建设中,总体设计时要考虑到：

1. 全面规划。对校园建筑设施、植物及人文景观进行整体规划设计,大到主体建筑,小到角角落落、一草一木,都要做到全面规划设计,精心斟酌取舍,使其更加科学合理。如果要对现有教学楼、综合楼、办公楼、校门、校园道路、学生活动场所等进行二次改造时,要科学布局、风格统一、各具特色、相映成趣。

2. 塑造品牌。整体建构中,要有亮点,让标志性的亮点,成为学校环境的主要品牌。在校园环境建设中要突出学校特色和办学理念,彰显文化内涵,塑造学校品牌,把趣味性、审美性、艺术性、教育性作为环境建设的最高要求,形成有个性、有内涵、有品位的环境文化。以每一个学生为对象,考虑小班化教育的实际需要,将融洽的人际关系、轻松的学习氛围融为一体,体现对每一个儿童的关注,让学生在学校里活泼、欢快地成长。

3. 四时有景。利用四季变化创造四时景观,营造春有花、夏有荫、秋有果、冬有绿的四季景色;规划"无土不绿,无地不用,无处不美"的环境;修建假山、喷泉、池塘、雕塑等自然景观。使师生生活在四季分明、自然造景相得益彰的生态环境中,让每一个孩子天天喜欢来上学,留恋校园。

（二）扬长树名

扬长树名就是要张扬每个孩子的长处,展现他们的魅力,使每个孩子都能成为校园的明星。利用校园中固有的名人形象,在孩子们心中树立榜样,激励孩子发挥自己的优势,成为校园明星,成为同学们的榜样。每一个孩子都可以成为有绝招、有特长、有故事的校园"小达人"。

学校环境建设中运用各种布置,如：星光大道、名人坊等景物,利用名人名家、校园小"名人"等板块吸引学生的关注,并激发效仿的热情。利用身边的榜样对学生进行教育,让学生从同伴中习得真善美,树立"我是今日小明星,将是未来大名人"的信念。

学校环境建设中运用扬长树名策略时要注意：每个孩子可以有展示自己优点的方法,他们希望怎样宣传自己,他们希望自己得到怎样的肯定,一定是有自己的主张的,老师们应该尊重孩子的想法,将校园和班级布置的主动权交到孩子的手上,让他们自己来布置,自己来展示。

首先,要善于发现校园里的"小名人"。每个孩子身上的亮点、特长、优势各不相同,调动孩子的积极性,从自身和同伴中寻找、挖掘身边感人的故事,寻找进步的足迹,进行才艺的展示等。寻找身边"名人"身上的成功因素,在校园或者班级布置中,留下展示的空间。让这些校园小名人得以展示自己。他们的笑脸、照片可以成为班级中的经典,定期评比更换"名人"栏、笑脸墙、星光大道,让每一个孩子都有机会成为校园"小名人",分享成功的喜悦,激发前行的动力。

其次,巧用适度竞争,发挥"小名人"效应。教室可以布置成赞美学生学习成果的实验室,从而促进学生间的良性竞争。每个孩子都希望被别人关注,激发孩子展示自己的欲望,点燃进步的愿望,可以更好地调动学生的积极性,让学生愿意把自己的优势展现出来。可以将展台布置在墙上、教室的四角或者是教室后面的装饰柜平台上,目的只有一个,就是把孩子们好的一面、进步的一面、最闪亮的一面,布置在教室最显眼的位置,让每一个孩子能为自己欢呼、骄傲！可以是单项评比的展示，也可以是小组竞争的展示，还可以是多种学科交流的展示。老师要能够做到经常调整，变化，以便给更多的学生创造机会和空间。光荣榜上、展示栏上，学习成绩不再是唯一的亮点。"智慧之星"、"合作之星"、"小发明之星"、"体育小明星"、"小乐手之星"、"小画家之星"、"环保小卫士"、"故事大王"等等，让展示再也不是少数学生的专利。在这里，每个同学都可找到自己的名字，发现自己的优点。这些评比活动都可由学生自己组织评选，并可举行仪式，请老师或家长来给同学"授星"。

（三）化静为动

化静为动是指让看似静态的环境布置产生动态的教育功能。一方面要多建构让学生活动的环境；一方面要让静态的环境蕴涵"动"的要素。在教师启发与引导下，学生通过参与特定活动，在群体互动中，互相交流，互相沟通，在活动中学习，在活动中感受、体验、领悟，在活动中培养能力，提高个人文明素质。

活动场景要注重细节，设置要动静结合，能够达到移步换景，创造出多层次更灵活的空间，于细微之处加强对学生的人文关怀，要尽可能挖掘互动的细节和空间，起到润物无声的育人目的。根据整个校园环境的主题，利用走廊、楼道装饰美化，渲染活动氛围，设计与之相应的特色模块，结合不同年龄段的学生特点，布置主题鲜明，彰显个性，符合学生的心理、生理特点和身体健康状况的环境，激发学生积极参与，给不同层次的学生都留有活动的空间，创设出互动的区域，促进不同的学生有不同的发展，让每个学生都有成功的体验。

在班级环境的布置中，教室的窗台可以成为学生自己的生物角，橱柜的角落可以成为一个简单的"悄悄话信箱"等。只要能够调动起每个学生的积极性，教室中的每个地方都能成为学生互动的天地。在环境布置的过程中，要注意：

1. 明确特点。要有明确的年龄段特点。在设计这一类的环境布置内容的时候，老师要时刻关注孩子的年龄特点，通过学生愿意接受、喜闻乐见的方式在教室中加以布置，确定适合学生的基调尤为重要。

2. 多重设计。老师要发挥自己的创造性，多方面选择内容，调动每个学生积极参与的意识，为每个学生的学习服务。也可以让学生参与讨论和布置，在学生动手布置环境的过程中，也体现了"静环境，动布置"的特点。

3. 挖掘角落。充分利用墙壁、窗台、橱柜等多方位的功能，为学生创造条件。布置的核心可以是"角落会说话、窗台不寂寞"，挖掘每一处静态环境，使充满生机的角落、窗台成为学生生活细节中的动态色彩。

4. 引领开发。老师是环境布置的主导者，在老师的引领下，学生自觉、主动开展环境布置。要能够保证内容经常更新，不至于使学生产生厌倦感；要为每个学生创造机会，而且是多角度、多层次地创造机会。

（四）特色拓展

特色拓展是从学校的实际出发，经过长期的办学实践，多角度多层次研究开发，形成独特的、稳定的、优质的办学风格与优秀的办学成果。学校环境建设中，拓展学校特色的标志性景观和建筑物，从外显环境上让身其中的人能够感受到扑面而来的学校特色文化气息，从而对校园品牌形象产生认同感，对师生进行潜移默化的感染和激励。

特色是一所学校的特质所在。它无论是外显的还是内在的，都应体现于学校环境的方方面面。特色可以是学校的文化特质，也可以是师生的独特气质或者是校园的精神特质。

在环境规划、设计、创建、使用等过程中,始终要紧扣特色,多角度多渠道彰显学校个性风格、文化品位,让特色的精髓能在校园中处处生根、开花,让每一位师生都能感受其魅力,都愿积极融入其中开展实践活动。

学校的环境设计要在全面规划、凸显特色的前提下,将着眼点主要落实在校舍建筑、场地设施和校园环境上,在各个方面都能从教育性、知识性、艺术性出发,突出学校特色。特色的元素可以融入学校环境的各个方面,可以是独立环境的设计,也可以是与其他环境设计相融合、相渗透的元素体现。

(五) 以小见大

以小见大是指从小处着手产生大的教育功效,就是要在环境的建构中于细微处见"人"见"爱",以人为本,潜移默化地传递友爱、师爱、大爱。宋·苏辙《洞山文长老语录》:"古之达人,推而通之,大而天地山河,细而秋毫微尘,此心无所不在,无所不见。是以小中见大,大中见小,一为千万,千万为一,皆心法尔。"

学校环境建设要做到"细节为每一个服务"。环境实施中的每一个匠心独运的小细节都可以成为有效的育人元素。小细节的背后蕴含着无限大的教育空间,可以发挥其无限大的正能量。对小的元素,哪怕是一凳一椅都要进行全面、细致的考虑,最大可能地开发教育的效能。实现小景点,大文化;小景观,大境界;小环境,大教育。小中有我,小中有你,小中有他,小中有每一个学生,每一个老师,使每一个个体在有限的小环境中找到属于自己的一片天地。安排尺度适宜的人性化的小环境,让每一面墙壁,每一块展板,每一处设施,甚至于每一盆花、每一棵树,都要能彰显为每一个学生个体服务的功效,使小环境能够体现大情景,成为大环境的补充。在服务每个"小"学生的同时,体现对他们的"大"关爱。

优美的校园环境犹如春风化雨、润物无声。布局合理的校园建筑、美丽怡人的校园景致、特色鲜明的走廊文化、主题突出的教室文化等都给学生以巨大的精神力量。学生在优美的校园环境中受到感染和熏陶,舒心怡神,触景生情,因美生爱,从而产生热爱学校、发奋学习的情怀。

四、注意事项

1. 校园环境要站在"儿童立场"上,从儿童文化的视角审视环境,给儿童一个安身立命的精神家园,这也是小班环境建构的本质要求。

2. 传统的校园环境建设,更多地考虑"成人文化",用这样的文化去"型塑"儿童,很少考虑"儿童文化"。小班环境建构一定要破除这一思维定势,让环境富有儿童特点,充满童趣,既让他们在其中接受充满丰富的人文内涵的环境的熏染,拓展及深化自己的精神领域,为自身精神成长"固本厚根"。

3. 校园环境建构要让儿童喜闻乐见,格外关注其天性的自然流露,如纯真美好的情感,奇特丰富的想象,童稚优美的意境……让儿童像儿童,以儿童独特的眼光把他们个体生命对世界的真切体验自由灵性地表达出来,过充满德性的、灵动的、创造的生活。

4. 校园环境要充分尊重儿童的主体性、独特性、差异性和多样性,既要发挥"小主人"的能动性,让他们积极参与环境建构;同时,又要照顾到每一个孩子的独特性、差异性需要,富有多样性、选择性特质,让每一个孩子都能感受到环境对于自己的价值肯定,充分乐享童年的幸福时光。

5. 小班环境不能成为"死景",要让每一处会说话,要尽量刻画出每一名儿童成长过程,因而小班环境必须是动态的。班级环境的布置,要吸引每一名学生参与进来,与平时的学习、生活紧密相联系,常换常新,不断培养学生的审美能力及欣赏同伴的品质。在这个过程中,教师要用放大镜来发现每一个闪光点,及时记录下每一名学生取得的过程性成果。所以每一个班级可以有自己的个性化布置,同时彰示班级的共同追求。

五、案例

南昌路小学民乐博物馆

走进南小的民乐博物馆,那是南小最有特色的地方。

步入校园,迎面墙壁以音律"宫商角徵羽"的篆字书写作为装饰,将大家引向民乐的源头,引入涤荡心灵的音韵之旅。

"少儿民乐博物馆"馆名的上方是学校的校徽,它是一把琵琶,加上流动的音符,构成一张甜蜜的娃娃笑脸,这是南昌路小学"乐乐娃"的 logo。

少儿博物馆以《诗经》"六义"为设计主线,分为六大展区:风之篇章——神州器象、雅之篇章——音韵悠长、颂之篇章——琴瑟相调、赋之篇章——余音绕梁、比之篇章——博古通今、兴之篇章——乐为心声。

每个区域注重中国元素的运用和民乐氛围的营造,突破了传统的静态展示形式,将民乐教学以表演、互动等方式呈现。为学生提供了集知识性、艺术性、科学性、探究性和趣味性为一体的民族音乐文化学习和实践园地。

步入馆厅,馆标映入眼帘,馆标上描绘的是汉代乐手在演奏我国的代表乐器——石磬。浮雕墙主题是"风——神州器象",引领大家徜徉在民乐发展的历史长河中,驻足在这里,仿佛听见鼓声气势如虹,钟声悠扬悦耳,古琴声似流水淙淙,笛箫声若清风拂面。

拾阶而上,来到了"雅——音韵悠长",令人仿佛正在穿越中国音乐历史的长河,静静感受着祖国那悠久的音韵文化。

环顾四周,呈现在大家眼前的是以"颂——琴瑟相调"为主题而建造的学校多功能厅。观众席两侧的墙壁上设有乐器展柜,分别陈列了打击乐、弹拨乐、拉弦乐、吹奏乐等具有代表性的民族乐器。展示厅顶部装饰设计采用了具有中国特色的飘动祥云,典雅大方,与大厅整体的古风古韵相得益彰。正前方的舞台顶部是"和谐共融"的祥云,象征着民乐"中正平和"的审美趣味和情感态度。正面是"乐"字居中,舞台底座采用了传统器乐"鼓"的造型,以此衬托出校园民乐表演的活力和民乐文化发展的生生不息。这里既欣赏到乐团精彩的演出,又可以进行教育教学的交流活动。

走出展示厅,徜徉在高山流水、滥竽充数、对牛弹琴等民乐故事的画卷中,故事里流淌的不仅是音乐的旋律,更是我国古代人民相知、相交、相亲以及爱憎分明的情怀。从文字与画面中,大家能再次领略祖国悠久民族文化的魅力。

民族乐器展示厅的主题是"比——博古通今"。花格门、小铜锁,在这里可以从历史的角度去了解民族音乐文化的发展与变迁。展馆分四个主题,分别展示了古代器乐、近现代器乐、少数民族器乐、外国器乐。同时通过现场互动、场景模拟、"乐乐娃"藏品展示和小舞台等形式,让大家以古比今、博古通今,以中比外、融会贯通,在探索和创造中让民族音乐文化瑰宝更加灿烂。"互动区"存有100首中国经典民族乐曲,大家可以通过触摸屏来选择乐曲,点击播放,欣赏自己喜欢的乐曲。"辨音寻源",可以通过点击各种乐器来欣赏它们不同的声音与旋律,并追溯乐器的源头,走进音乐的文化中。

中国古代乐器展区,有古代的乐俑,他们或坐或立,在悠闲舒适中演绎着民族音乐带来的愉悦。展品中的铜琵琶,是因琵琶背板由铜制而得名,是唐宋时期的文人为追求浑厚、悲壮的音色而尝试进行的改革。

中国音乐史展区,它见证了中国数千年多民族、跨地域的文化融合,推动了世界音乐文明的进程。

"乐乐娃"藏品展示区的展品都是同学们搜集到的或自制的。这里定期更换,每个"乐乐娃"都是展区的小主人。

在张若虚的《春江花月夜》所描绘的景色中:春江潮水连海平,海上明月共潮生……江天一色无纤尘,皎皎空中孤月轮……这首诗被闻一多先生誉为"诗中的诗,顶峰上的顶峰",也是民乐中的名曲。

左侧编钟,悬挂在一个装饰得很精致的框架上,一套16个能奏出半音的黄铜钟,钟的大小和形状完全一样,由于钟壁的厚度不同,因而每个钟有不同的音高。右侧编磬,由一套16块"L"形的玉石板构成。最厚的石板发出的声音的音高最高,最薄的石板发出的声音的音高最低。在这里,可以静静聆听"乐乐娃"丁当敲击的"编钟与编磬"之曲,这金石之乐仿佛带领大家走进深邃的文化世界。

再往前,便是"雅韵流芳"展示区。造型独特的鼓上放着一架扬琴,是"乐乐娃"开小型音乐会的舞台。

步影随行,呈现在眼前的是现代、少数民族以及外国民族、地域的富有特色的各种乐器。徜徉于此,仿佛走进了民族乐器的大观园。

在近现代乐器展区,可以看到中国乐器在经历了漫长的历史阶段后分为吹奏乐、打击乐、弹拨乐、拉弦乐四个部分。这里有打击乐中最著名的云锣,有无固定音高的梆子、板鼓等,有吹奏乐,有少见的长尖,等等。在弹拨乐与拉弦乐展示区,有大家不是很熟悉的小三弦(著名的苏州评弹就是以与琵琶作伴奏与苏州方言相结合的一种说唱艺术表现方式)。

在拉弦乐器展示区,有大家熟悉的二胡。谈到二胡,大家一定会想到周少梅、刘天华,正是他们的努力奠定了二胡在音乐史上的地位,也让江苏成为了名副其实的"二胡之乡"。这还有民乐中大高个的低音乐器——革胡,它是上世纪五十年代由上海音乐学院杨雨森(1926—1980)在二胡的基础上吸取其他拉弦乐器的特点创制而成。革胡的音响低沉明亮,圆润雄厚,音域宽广,由于弓在弦外,演奏技巧也极为丰富。它吸收了二胡、中胡、坠胡、马头琴的演奏技巧并有所发展。在民族乐队中,它还能代替中胡和低胡,可用于独奏、重奏、合奏或伴奏等各种演奏形式。

在少数民族乐器展示区,可以看到各民族具有代表性的乐器。蒙古族最有代表性的乐器是马头琴,云南少数民族乐器有葫芦丝、巴乌等,哈萨克弹奏乐器主要有冬不拉、谢勒铁尔、萨孜、节特根和皮克利等,苗族、水族、侗族的乐器有芦笙等。

在外国民族乐器展示区,有韩国的长鼓、奥地利的齐特尔琴等。齐特尔琴是一种奥地利古代的民间拨弦乐器,号称奥地利最古老的乐器,有5根旋律弦和30至40根和声弦,由上等木材制成。

青砖白墙,古风新韵,在这样一个中华文化元素雅集的校园里,每个角落都自然地流淌着童年的趣味,蓬发出成长的生气。求知之乐、琴韵之乐、健体之乐、创造之乐等素质教育的音符相互交融,谱写出一曲"南小乐乐娃""乐享生活、乐享童年、乐享学习"的成长之歌。

良好的环境对学生成长具有积极的促进作用。在设计、组织和优化课堂环境时,教师要始终保持一颗爱心、童心,从心灵上和儿童贴近,赋予学生主体权,尊重学生的人格;赋予学生自主权,解放学生行为;赋予学生交往权,张扬学生个性,使课堂成为真正实现师生间心灵沟通的场所。

学校:南京市南昌路小学
校长:华　萍
执笔:张玉珍
案例提供:王铭敏　胡晓琦

整洁、优美的校园环境能为师生提供身心愉悦的学习场所。小班化要求发展每一个,单一的校园外部环境构建远远满足不了学生的发展需求,要想创设有助于每一个学生最佳发展的生态校园教育环境,怎样设计呢?

生态小环境

一、内涵

"生态小环境"是指环境营造以顺应儿童天性,适应儿童需求为主旨。借鉴教育生态理念中的"平等、互动、开放、包容"的核心概念,致力于在校园中构建一个健康的生态系统。生态小环境已经不仅仅是一种追求环境美化和熏陶的浅层环境,更是一个给学生提供了真实、完整的学习情景,产生丰富、有趣、生动的话题让学生参与的活化环境。

二、背景

一所学校应该让人感受到那里涌动着勃勃生机。漫步在校园里,遮天蔽日的树木、绿茵茵的草坪、争奇斗艳的花卉、挺拔摇曳的翠竹以及从楼体倾泻而下的绿色枝叶,无不让浸染于其中的生命个体享受着绿色生态环境带来的美妙。优美的校园环境,能够使学习、生活在其中的每一个学生的性情得到陶冶,生态环境对人的教育作用,也点燃了对于教育生态的憧憬与畅想,从而确定了"构建教育生态校园,提升学生生命质量"的核心教育理念,充分发挥绿色生态校园的优势,以"人育植物,植物育人"为核心内涵,打造生态校园。在此过程中,学校逐步摸索到了教育生态的脉络,在突破了以往单一的以校园物质生态环境建设为主的"生态校园"建设后,吸纳人文环境、课程环境、制度文化等多维度构建因素,通过与小班化教育理念的有机融合,创设了有助于学生最佳发展的立体校园教育环境,在这些生态小环境中,涵盖了自然环境、科学奇幻、探究天地、艺术熏陶、心理辅导等方面的内容,既有助于接纳每一个学生,也有助于发展每一个学生,实现"教育生态",由此提供给学生获得多元化发展的生态教育模式,使自然和人文相得益彰,物质和精神和谐相处。

(一)环境中的"每一个"

在小班化生态教育环境的构建中,光华东街小学以"不让一个孩子掉队"的宗旨去接纳每一个孩子、每一个生命,对每个学生都报以热情,让每个学生在校园之中都能体验到温暖。校园中,没有优等生和学困生的差别,没有听话的孩子和淘气孩子之分,每个孩子都是其中一员,都是教育中活泼泼的生命。

(二)环境中的"这一个"

在"面向每一个"的理念指导下,光华东街小学在全纳的基础之上进行了个性化生态环境构造,引导学生进行个别化的探究活动。学校立足学生个性化发展特点,结合"百草园"中丰富的植物资源,引领学生自主开发一门属于自己的课程——"一人一棵树"课程。

三、操作

学校坚持从校园整体生态环境打造入手,逐渐深入班级生态环境建设,渗透人文环境、活动环境,充分发挥学生的主观能动性,构建适合学生成长的十个生态小环境。

生态小环境之一:百草园

校园自然环境方面,"百草园"是学校打出的首张生态名片,学校在绿化层次上做到地面植被、灌木乔木与悬挂植物相结合;在绿化品种上做到普通植物与珍稀植物相结合;在绿化布局上做到植物品种相对集中与植物造型的审美需要相结合。学校开辟了普通植物园、珍稀植物园、沙生植物园、水生植物园、药物园、竹园、果园、月季园等,种类多达60余种,教师、学生每天生活在绿色的生态氧吧中。

种类繁多的植物园

在优美的外部环境浸润中,学校形成了一系列促使学生了解植物、爱护植物的活动模式:

第一,利用晨会、班队、黑板报、校园网引导学生走进校园植物,了解植物。

第二,动手实践种植物:请每班同学带一些植物到校,自行养护,供全校师生观赏。

第三,围绕"我与植物"开展主题活动:一、二年级画儿童画;三年级制作科技小报;四到六年级学生写环保文章。

第四,形成竞赛激励机制。定期组织学生进行校园植物知识竞赛、叶画制作竞赛。

在这美丽的"百草园"风景中,师生们尽情嬉戏欢笑,汲取新鲜的知识。

生态小环境之二:小树屋

学校将珍稀植物园、药物园、竹园全面开放,巧妙地将生态植物与童趣书吧融合在一起,让学生在和每一株植物亲密接触的同时,还能在大树下读书,让身体和心灵都能得到充足的"氧分"。一个个小树屋就是一类图书的专题角,分成经典名著、儿童文学、科普读物、儿童绘本四大类。每个小树屋都配备了"图书小蜜蜂",由各班热爱读书的学生自愿担任。这些勤劳的"小蜜蜂"每周都要亲自到图书馆去为自己的"树屋"挑选好书,每节课下课都要守在自己的树屋旁等候着小读者,同时还要将自己的读书心得和好词佳句发布到学校博客平台上,并要在各级各类的读书活动中展示自我。

通过"选书、放书、管书、评书"四个环节,让孩子们在爱读、乐读的同时,将读书的兴趣感染给其他学生,并用正确的方法去引导他们去读书,读好书,做到"书以致用"。

学生在小树屋下看书

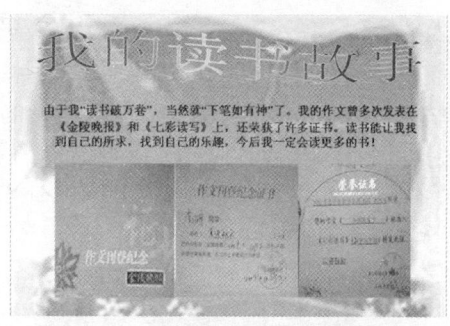
网络评书

生态小环境之三：生态 E 学室

学校将电脑房改造成 E 学习教室，为学生搭建自主学习平台，该平台下设四个模块：自主 E 学、微博互动、在线检测、在线答疑。其中自主 E 学由 10 个优质学习资源网站(先锋作文网、开心词场、中国古代科技文明网、角马网、维基百科、雏鹰网、中国数字科技馆、中国数字植物标本馆、儿童学习网、学乐世界)和 2 个主题学习网(城市梦工厂、红帆船)构成，四到六年级每班有 3 张自主学习卡，供班上的孩子轮流使用。学生们利用中午休息时间，上网自主学习，并通过微博平台完成学习体会。

学校 E 学平台

校园植物二维码

同时学校实现无线全面覆盖，制作每株植物二维码标签并挂牌，使学生运用智能手机扫描二维码，随时掌握校园内植物资源介绍，成为名副其实的资源教室。

生态小环境之四：资源教室

学校在小班教室生态环境建设中注重学生可学习资源的发掘，使之成为富有内涵的"活"的资源教室。学校设置"流动资讯"版块，每学期各班级根据本学期课本学习内容精心制作两块课外拓展知识板，每月一次在同年级教室内流动；学校设置"课堂加油站"版块，教师每节课后可即时把本节课教学中疑难点写在上面，供学生课后再学习；学校还设置"脑筋对对碰"版块，里面放置的是师生互提的小难题，留给老师与孩子们去思考、交流。优美的教室，说话的教室，更新的教室，成了一本无字的教科书。

生态小环境之五：伟人廊柱

动态的、有生命的生态系统固然能给学生创造身临其境的环境，但静态的环境氛围的创造所产生的力量，同样是一个我们十分重视的方面。伟人的辉煌成就和崇高形象是每个人学习的典型榜样，它可以勉励着人们勤奋学习，激励着人们奋发向上。学校装饰了八十多米长的

"伟人廊柱"。这些伟人中,有被誉为"人民教育家"的陶行知,有被誉为"发明大王"的爱迪生……

学校定期在教师与学生中进行伟人的相关知识竞赛,通过了解伟人、学习伟人的活动,用伟人的思想、精神和成就激励校园里的每一个人。学校鼓励学生学名人、做名人,挖掘每个孩子的潜能,培养孩子的专长,让每个学生都能自信快乐地成长。学校还专门为有特长的学生开辟个人网页,宣传介绍他们。

伟人廊柱

学生了解伟人事迹

生态小环境之六:名曲600

学校课间音乐独具匠心。每周利用课间时间播放25首不同的中外名曲,每首名曲配有简要的介绍,以便学生在欣赏名曲的同时,了解音乐知识、陶冶情操。课间音乐半学期更换一次,这样学生在校六年会欣赏到近600首中外名曲,因此命名为名曲600。

课间音乐形式多样,采用"我是大明星""点歌送祝福""名曲欣赏"等深受学生欢迎的呈现方式。其中"我是大明星""校园音乐角"是选用学生自己录制或推荐的音乐作品,具有很强的亲和力。"名曲600"为校园增添一份浓厚,带来一份情趣,为师生们健康快乐地工作、学习增添一点亮色。

生态小环境之七:太阳花心理猫猫站

为了实现"不让一个孩子远离团队"的目标,学校建立了"太阳花心理猫猫站",让学生和心情躲个猫猫。在"快乐小屋"里,孩子们带来了自己喜爱的毛绒玩具,"哈哈笑开心袋"造型可爱,电子发声装置让孩子在笑声中抛开烦恼。"魔法盒"可以让孩子发泄内心不悦。书柜上的"智囊袋"中装满箴言。"悄悄话信箱"方便一些想咨询而又不想面询的学生,值班的老师定期打开信箱,一封封归类整理,解读深埋孩子们内心的结。"猫猫站广播"每周五心育课时间,都给全校的孩子们送去"心灵鸡汤"。"心理猫猫站"成了师生心灵沟通的港湾,让孩子们体会到家的温暖,品尝到幸福的滋味。

生态小环境之八:生态体验岗

角色体验是学生社会化的过程。在校园里,同学们每天都会体验着有趣的岗位——生态体验岗。学校设立了文明、纪律、卫生等若干个角色的学生岗位,每天课间全校有半数以上的学生,佩带着不同的标志在校园里巡视,提醒同学要讲文明礼貌、讲究卫生等。这样的岗位培养了同学们的责任感、满足了其成就感和校园小主人的归属感。

生态小环境之九:科学探究园

科学的奥秘能引发人的好奇心,有了好奇心,人就会产生奇思妙想。为了进一步营造校园科学氛围,学校引进了一台价值40万元的气象站,组建了气象研究小组;建造了一座地貌模型,展现了不同地貌的名称以及形成的过程;为了进一步打造我校科技教育特色品牌,学校耗资12万元于2007年建成了江苏省首家"少儿室外科学探究园",该园集中了奇速飞机、空气琴、超级碰撞球、竞速轨道、太阳光的秘密、奇特自行车、超声雾化等项目,这些设备具有开放性、操作性、观赏性的特点。学生课间可以自由操作,通过一系列思考性、开放性、趣味性、生活性的实验,学生在玩的过程中感悟科学,激发学生的创新思维和敢于动手实践的能力,为师生开展科技研究提供了更为广阔的天地。本学期,学校又引进了华东地区第一个创意工坊的特色研究项目,其作用是激发学生想象,启发学生潜能,让学生的手脑并用,协调发展。

生态小环境之十:科学小会所

当孩子从室外的"科学探究园"回到科技楼,便来到"科学小会所"。"电脑绘图"、"三模制作"和"植物探秘"是最受孩子欢迎的。在"电脑绘图小会所"里,老师指导学生把所学习到的信息技术知识与传统美术绘画相结合,运用到电脑美术绘画中;在"三模小会所"里,老师带领学生将木块、木条、铁丝、轮子等杂乱的材料和零件制作成一个个轮船模型、航空模型和汽车模型;在"植物探秘小会所"中,老师指导学生如何观察植物以及怎样通过观察进行研究,并且指导学生撰写研究资料:观察记录、研究报告、科学小论文等。正是通过这些小会所,学生们发现了科学的魅力和大自然的奇妙。

在这里,孩子们爱上了探究与创造,近几年,学校有近百人次的小发明小创作作品获国际、国家、省、市各级奖项,目前已有四十余名学生的小发明作品获得国家知识产权局授予的专利证书。为了持之以恒地开发利用校园生态环境资源,激发孩子对植物、对科学的热爱,学校设立了多个"生态研究小课题",引导孩子把对科学的喜爱转化为科学探究的动力。在课题研究任务的驱使下,让孩子去完成"物候观察笔记",去记录下植物四季的变化,去探究科学园里的奥秘,去激发孩子的奇思妙想。这不再是一本空洞的笔记,而是一个动态的展现植物生长、科学发现的生态笔记。

四、案例

"成长生态日"

为了给学生的成长提供更好的生态小环境,创设更好的精神氛围,光华东街小学开展了"成长生态日"活动。所谓学生"成长生态日"是指每周三这一天通过期待性晨会、全优化作业、共生性班会、分享性交流为学生成长营造更加良好的外部环境,形成更加积极的内部驱动机制,让学生在平衡、和谐的教育环境中茁壮成长。

1. 期待性晨会

(1)自我期待。请学生说一说自己以往学习生活中的不足。以"我相信今天我能怎样做"的句式说说自己一天的努力方向。

(2)同伴期待。充分利用小班化资源优势,引导学生开展小组讨论:你给谁提个小建议?以"我相信他今天能怎样做"的句式说说你为同伴设计的努力方向。

(3)教师期待。以"老师相信你们今天能怎样做"的句式对学生在课堂学习、课间活动等诸方面提出具体的要求。利用教师的期待效应促进学生积极发展。

2. 全优化作业

"成长生态日"这天的所有学生的作业本上不打叉。采用面批的形式,遇到学生有做错的情况,擦掉后指导学生当面订正。让每个人的作业都得"优"。

3. 共生性班会

主题一:"进步"

(1) 自己谈谈一天中的成长进步。

(2) 小组互议后,以同伴角度谈别人的进步。

(3) 教师补充自己观察到的同学的进步。

主题二:"期待"

(1) 以小组形式谈对别人今后在日常行为、学习等多方面的期待。

(2) 由学校里的成长延伸到家庭中、社会中的成长。让学生自己谈谈今后在家怎样帮助父母或邻里做力所能及的事。在下周的生态日汇报自己的进步。

4. 分享性交流

学生回家后,把自己今天在校的成长情况向家长进行汇报,让家长共同分享自己成长的快乐,以此提高学生积极乐观的人生态度,培养坚定的自信心,同时营造和谐的家庭生活环境。

"成长生态日"尊重生命的个体,允许学生有这样或那样不足的存在,遵循生命化班级管理的发展性原则,构建促进学生生命发展的生态环境。期待性晨会激活了学生内部的成长需要,形成了成长的内驱动力,为学生一天的成长奠定了良好的心理基础,同时也形成了积极的外部期待,营造了良好的成长环境;全优化作业让每位同学体验成功的快乐;在共生性班会上通过学生的自我肯定、同伴肯定和教师肯定营造一种共生的氛围,让每位学生都能看到自己的成长,充分感受成长带来的幸福与快乐。

学校:南京市光华东街小学

校长:吴　宁

执笔:吴　宁　张淑芳　陈　婷

小班化教育,是现代、优质的教育。优在何处?——是教育环境的国际化,是用国际的视野、国际的胸怀、国际的标准来培养每一个孩子,来培养具有民族情怀的世界人才,幸运的是,我们正在这一进程中……

国际化的儿童校园环境

一所学校要有文化作为基石,师生的成长更要有一处富有生命活力的精神家园,环境建设离不开发展愿景和办学理念的支撑。儿童化国际校园环境的建设立足"儿童世界 世界儿童"的本源进行整体规划,融合民族文化特色和世界文化经典,依据儿童性、教育性和艺术性原则,从国际视野、民族情怀、家乡情结三个维度进行建构。

板块一:国际视野

【名称】国际广场

文化内涵:国际广场坐落于校园主体建筑中央,大面积绿色草坪上设有醒目的"Learning from life"红色立体字样,三个形态各异的小提琴、大提琴、钢琴演奏家雕塑镶嵌其间。草地两侧地面的铜板上镌刻着古今中外的教育名言,广场两侧设有英伦风格的邮桶,意寓国际化信息沟通与联系。"Learning from life"作为文化生长点,将世界各地的文化元素与具有中国特色的元素以校园景观的形式融合于一体,使之相互映衬、水乳交融,呈现出一种开放包容、海纳百川的国际胸怀。

资源背景:在全球化进程不断加快的背景下,立足于"具有民族情怀、国际视野的世界小公民"的培养目标,以加强国际理解教育、培养国际视野为目标,以校园环境建设为抓手,实现中外教育文化背景与民族文化背景的融合,使之成为学生了解与体验多元文化的窗口。同时也服务于学校国际交流,为国际友人创设亲切友好的归属感。

资源使用:国际广场是一个开放的空间,由主题草坪、植被绿化、景观建筑、墙壁、地面文化装饰构成,能够集中体现学校的办学理念。一方面,是学生学习生活的场域空间,另一方面,是学校开展特色文化活动、国际交流活动的中心场所。

【名称】行万里路

文化内涵:整个浮雕的画面是由全世界各地的著名景观组合而成:美国的自由女神像、法国的埃菲尔铁塔、挪威的小美人鱼、埃及的金字塔、悉尼的歌剧院、中国的长城等。英文"WE ARE THE WORLD"和中文篆刻的"行万里路"遥遥对望,寓意着学校走向国际化的道路。

资源背景：开阔视野，从中国走向世界，需要认识到不同文化背景的、不同种族的、不同宗教信仰的和不同区域、国家、地区的人们之间需要相互了解和相互宽容。"行万里路"旨在培养青少年在对本民族主体文化认同的基础上，尊重、了解其他国家、民族、地区文化的基本精神及风俗习惯，促使他们都能够通过对世界的进一步认识来了解自己和了解他人。

资源使用：行万里路集观赏与体验为一体，可与艺术学科结合，采用画一画、找一找、做一做、谈一谈的形式，在活动体验中更好实现民族和世界的交融。

【名称】西餐体验区

文化内涵：西餐体验区是一个开放的场所，以整体透明玻璃为墙体，内设西式餐饮操作间和餐厅。餐厅提供电脑、网络、中英文阅读书刊，四周有西餐文化图文装点。西餐体验区具有可视性和体验性，一方面从知识层面让学生了解西餐文化、餐饮礼仪等知识，从而感受世界各国地域文化特征差异，培养尊重、包容、开放的国际胸怀；另一方面创设轻松、阳光、开放的环境氛围，为学生提供一个体验式的文化场所，使其亲身感受西方餐饮文化，充分尊重了学生的探究性特征与活动主体地位。

资源背景：中西方社会文化与历史发展的不同造就了中西方餐饮文化的差别。一方面体现在饮食结构与烹饪方式的不同，另一方面体现在餐饮礼仪上的区别。西餐文化是在西方传统文化的基础上，随着现代社会的发展逐步形成的，其中无形地渗透着西方文化传统中"平等"、"自由"、"卫生"、"隐私"等文化内涵。对于西方饮食文化的了解与尊重是国际理解教育的一个部分，具有与国际接轨的开放精神。

资源使用：西餐体验区可分为展示与体验两部分，展示区主要通过对室内环境的装饰，传播西餐文化和餐饮礼仪知识；体验区中则可亲身品尝西方特色美食，学习西方餐饮礼仪，感受舌尖上的世界碰撞；亦可提供一个温馨、阳光的交流场所，让师生在轻松愉快的氛围中放松心情、交流情感。

【名称】英语俱乐部

文化内涵：英语俱乐部是一个开放的多元空间，这里既有文化展示墙，用以展示学校对外交流活动摄影采撷和学生个人作品，同时又是师生进行英语口语交流的场所。

资源背景：英语俱乐部是校园文化建设的重要组成部分，它既是一个对外展示的平台，将学校对外交流的历史与成果以及国际文化知识以文化墙的形式进行展示，促进学生的国际理解教育，同时

又给学生提供了一个良好的英语环境,将英语学习带出了课堂,并融入学生的日常生活。此外,英语角内还有一个有趣的3D图画墙,将目前国际上流行的3D概念带入校园,成为学生可看可摸可体验的实体景观,丰富了英语角的概念和意义。

资源使用:一方面作为学校对外交流活动采撷展示的窗口,以图文并茂的形式装饰布置文化墙;另一方面,可作为一个开放场所,在英语角开展丰富多彩的英语活动,包括口语交流、文化沙龙、英语游戏等,在一个轻松愉快的环境下拓展英语教学的外沿。

【名称】揽胜园

文化内涵:"揽胜园"以国际友好学校地域建筑(景观)微缩模型为主,融合中国古典文化特色,集观赏性、体验性、融合性为一体,是国际交流的特色场域。

资源背景:站在国际理解教育的高度建构学校环境,是国际化儿童校园环境建设的重要原则。在融合民族文化和世界文化,进行艺术化呈现的同时,需注重环境艺术性与功能性的融合。揽胜园在集中呈现中外文化、记录对外交流历史进程的同时呈现了情景化、体验式的特征,培养儿童在对本民族主体文化认同的基础上,尊重、了解其他国家、民族、地区文化,在国际视野下增进相互理解与宽容。

资源使用:揽胜园分两个部分呈现:一方面集中呈现学校对外友好交流学校所在国家、地区特色景观的微缩模型,是学生对外了解的窗口,在参观、记录中了解学校对外交流历史及进程,增加校园小主人和文化小使者意识;另一方面集中展示了以编钟等为主体的中国特色文化器具,中外学生均可以在体验中感受中国古典文化魅力。

注意事项:国际文化景观的构建需要从国际理解教育的高度出发,不仅具有文化的知识性、开放性、多元性,更要从体验的角度为中外师生打造交流实践的平台。

板块二:民族情怀

【名称】长城烽火

文化内涵:长城烽火仿造古长城遗址依山而建,包含墙身和烽火台两个部分。整个建筑由青色仿城墙砖构筑,内设两处体验区,其一为古城墙砖陈列台,其二为可操作触摸屏,内置由学生自己制作的展示长城相关知识的网站。城墙外侧登台处树立斑驳的古城墙桩基,映射出了长城厚重的历史。作为人类社会现存最宏伟的文化遗产之一,长城极具象征意义,承载着厚重的中华历史文明,有着智慧、坚忍、

肯奋斗、敢牺牲、坚不可摧、戮力同心的精神内涵。同时,它所体现的北方文化中粗犷、刚健、质朴、豪迈的特点,与校园中富有江南水乡文化特色的景观交相辉映,相映成趣。

资源背景:越是民族的,就越是国际的。立足于"具有民族情怀、国际视野的世界小公民"培养目标,以长城这一中华民族文化精神的象征,唤醒学生内在的民族责任意识;同时依

据儿童探究性特征,创设体验式的三维探究空间,将校园景观变成学生探秘的乐园、探究的文化场。此外,在加强国际文化交流的大背景下,校园作为交流的场域,应承担起传播民族文化的责任和义务。

资源使用:长城景观中的烽火台内设有两处体验区,其一为古城墙砖陈列台,让学生在观赏和触摸中感受长城的厚重感和历史感;其二为可操作触摸屏,内置由学生自己制作的展示长城相关知识的网站,可供学生阅读了解。

【名称】方堂

文化内涵:"方堂"取自"方塘",置身于人工开凿的水域之中,为深红色中国式古建筑。琉璃瓦顶、飞檐画栋,左、右、前三侧木质廊柱,檐下悬挂"方堂"二字,正门两侧廊柱上题有"三尺讲台传古传今传道德,一支粉笔绘天绘地绘乾坤",门前延伸水上观景台,上架汉白玉石柱围栏。在宁静的水面上,分布着各式各样的荷花,莲叶田田,碧波荡漾,具有典型的江南水乡风格。放眼周围,绿树掩映,

花木扶疏,水岸垂柳拂波,水面亭榭倒影。园林富于空间层次变化,造成"湖中湖"、"岛中岛"、"园中园"的境界,在体现中国传统园林式景观特色的同时,蕴含了南方文化清旷、灵秀、典雅的艺术特征和人文气质。

资源背景:校园环境的打造,不仅要满足审美的需求,更要注重将教育性与人文性融入校园景观之中,让学生时时处处浸润在美育与德育中。"方堂"取名源自宋代诗人朱熹的诗句"半亩方塘一鉴开,天光云影共徘徊",寓意学生学习要如源头活水,源源不绝。同时"方堂"二字又蕴含了堂堂正正做人的道理,教育学生做一个正直的大写的中国人。小桥流水、砖墙木窗、飞檐翘角,门楣楹联等元素,无不体现了浓厚的中国传统园林风格,让学生在校园里就能受到审美艺术熏陶,感受民族文化的博大精深。

资源使用:方堂作为典型江南园林式景观群,一方面可作为美育资源,通过对景观元素的欣赏,让师生直观了解园林景观特点,体会江南园林美韵,提高审美情趣;一方面可作为人文教育资源,为学科教育、素质教育提供广阔的课堂和素材,并可收到与课堂教学殊途同归的效果,使环境的潜在教育与课堂教学相得益彰。此外,水榭中的戏台,可作为学生才艺展示的舞台。在烟雾迷蒙的水榭边,在清澈见底的湖水畔,在开阔舒展的大看台上,孩子们既能载歌载舞,又能凭栏眺望,感受着自然的鬼斧神工,惊叹于人类的奇思妙想,更能从中领悟到堂堂正正做人的人生体悟。

【名称】梨园风华

文化内涵:梨园风华,包括一组刻有戏曲知识介绍的石碑和临水戏台。石碑镶嵌于中国式雕栏之中,上面分版块刻有京剧、昆曲、黄梅戏等中国经典曲艺文化。石碑两侧植有紫藤,营造出生动的自然景观背景。梨园,顾名思义指中国戏曲艺术。戏曲是中国传统艺术之一,剧种繁多有趣,表演形式载歌载舞,有说有唱,有文有武,集"唱、念、做、打"

于一体,凝聚着中国传统文化的美学思想精髓,在世界戏曲文化的大舞台上独树一帜,闪耀着独特的艺术光辉。

资源背景:校园景观应把一草一木、一砖一石视为知识的载体,并通过精巧、和谐、实用的设计,把人文资源和科学文化知识融入校园的每一个角落,从而提高校园环境的知识含量,营造校园的知识氛围。梨园风华作为校园景观的一部分,既是校园环境的装点,而其所蕴含的丰富知识性,亦能起到陶冶学生情操的作用,达到"润物细无声"的效果,同时也能作为课堂教学的补充与延伸。临水戏台作为学生才艺展示的舞台,将景观的艺术性与体验性融为一体。此外,作为中国传统艺术之一,梨园风华在对外交流中亦能起到展示本民族文化特色的作用,承担着传播民族文化的责任和义务。

资源使用:梨园风华,通过一组刻有戏曲知识介绍的石碑,向师生普及了包括戏曲基本常识、主要戏种、代表剧目等相关知识,展示了中华传统艺术的魅力,在提高学生文化素养的同时,增强民族认同感与自豪感。同时,临水戏台作为一个开放式平台,可以让学生亲身体验戏曲艺术的魅力,将知识性与体验性合而为一。

【名称】古瓷博物馆

文化内涵:古瓷博物馆是校园中半开放场馆,由古瓷文化图文介绍、封闭式博物架和展示台三部分构成,展出形态各异、多姿多彩的青花瓷、珐琅彩、粉彩等展品,不仅有着很高的审美价值,更代表着中国古代劳动人民智慧的结晶。

资源背景:博物馆是人类上千年历史文明与智慧结晶的凝聚和载体,而在校园中创建古瓷博物馆不仅可以传承中华文明与艺术结晶,唤起学生对民族、对历史最深沉的感悟与体味,而且可使之成为师生教与学的第二课堂,让师生能够实现知识的互动、超越时空的思维转换,把求知与探索转化为一种快乐和享受,浸润其间乐此不疲,是师生身心愉悦乐于求知的栖息地。

资源使用:可将博物馆作为学校第二课堂,开设校本课程,使学生增长知识、开拓视野、增强民族自豪感;亦可作为日常教学的补充与延伸,充分发挥其教育资源的作用;还可作为学校对外交流的展示资源。

【名称】琢玉亭

文化内涵:琢玉亭,中国古典飞檐亭,深红色木质结构,内设石台、石凳。亭体位于水榭上方,背倚山体,下临水域,四周种植庭院植物,为江南水乡典型建筑。"琢玉"二字取于中国古典文化中"玉不琢,不成器",寓意为教育、成长的过程。

资源背景:古人云:"玉不琢,不成器;人不学,不知义",这句话告诉我们一个人的成才之路如同雕刻玉器一样,玉在没有打磨雕琢以前和石头没有区别,人也是一样,只有经过刻苦磨炼才能成为一个有用的人。在教育者的眼里,每一个孩子都是一块"玉",都具有"成器"的潜质,需要我们用琢玉的精神,用智慧的方法,创造出千姿百态的"美玉"。

资源使用:琢玉亭集观赏、交流功能为一体。一方面,作为校园景观中地域的最高点,置身于亭中,可一览方堂、水榭等周围美景,是提升师生审美情趣的场域;另一方面,作为开放的空间,琢玉亭与山水风情融为一体,是师生、生生交流沟通的好地方。

【名称】听雨廊

文化内涵:听雨廊为红色古典木质回廊,廊柱上雕刻有"风声雨声读书声声声入耳,家事国事天下事事事关心"的名句,回廊内通道两侧设立长长的休息区。回廊南侧是美丽的自然风光,紧挨着回廊北侧的是名家碑林,绿色植被中坐落着历代推崇的楷书名家、草书名家、金陵四大家的作品碑石。坐在听雨廊中,聆听风声雨声读书声,或小憩、或赏景、或捧书阅读、或临摹名家书法,惬意之致。

资源背景:校园文化景观是校园中各种可见的、有形的、自然的文化特征,从人生发展历程来看,小学阶段是儿童向少年过渡,从不成熟到逐渐成熟的身心发展关键时期。在这个时期,我们通过富有"中国化"、"中华民族文化基因"的校园文化景观潜移默化地感染、熏陶学生,将对学生的一生发展起着重要的作用。

资源使用:流动的课本,开放的课堂。校园是学生学习生活的开阔空间,作为文化特色鲜明的场域,听雨廊是校园中韵味十足的第二课堂,更是学生体验中华民族文化的好地方。徜徉于听雨廊,置身于山水庭园中,读书、赏景、临摹书法、交流校园和社会生活见解,让学习自然而生动。

注意事项:民族文化景观的打造要从学校的办学理念出发,结合地域特色和学校地理特征进行选择性规划,结合儿童特征,融观赏性与体验性为一体。

板块三:家乡情结

【名称】逸少苑

文化内涵:逸少苑,徽派建筑景观区。总体布局上,依山就势,青瓦白墙,开放的布局将苑内风光与苑外景致融为一体。苑内一条青石小路向前延伸,一侧是厚重的大山,一侧为雕刻着学校教育人文历史的语句。掩映在翠色欲滴的竹丛和芭蕉丛中是两个开放的窗户,苑墙中央开凿了开阔的"画"门,紧挨着"画"门的是两株上了年岁的石榴树,树台与苑门融合为一体,形成画中有景、景中有画的

美丽景观。墙体外侧雕刻了踏雪寻梅、五子夺魁等四幅砖雕,吸收了绘画、木雕的艺术特色,采用了水泥雕的新形式。逸少苑得名自我国著名教育家陶行知先生的故居"逸少斋",旨在继承和发扬陶行知先生创新的教育思想和爱满天下的教育情怀,以树立学校的教育根基,激励每一位教师为教育事业奉献自己的青春与热情。

资源背景：校园是充满意义的生活世界，其物质文化景观凝聚着学校历史的、文化的、社会的信息，集中反映了学校文化价值观念的主流，反映了教育目标的价值取向。先进的教育理念是一个学校得以长足发展的根本，学校以逸少苑为依托，在传承陶行知先生优秀教育思想、教育理念的基础上，融入现代教育元素并结合本校办学理念不断创新和探索，从而树立学校教育根基，弘扬良好的师风师德。此外，逸少苑作为一处融自然风光与人文元素于一体的校园景观，它独特的"琴、棋、书、画"特色景观，亦给校园增添了一道亮丽的风景线，给人以独特的审美享受。

资源使用：逸少苑兼具欣赏性与教育性于一体，一方面可作为景观资源，引领学生培养审美情趣、陶冶情操、舒缓身心；另一方面可作为教育资源，将其内部的对联、碑文、篆刻、诗句等元素作为丰富的教育资源，以启发和培养学生意志品德。

【名称】华林桥

文化内涵：华林桥有着南京本土文化的深厚渊源，是校园水榭景观的一部分。一方拱形石桥，其上为厚重之南山，其下为锦鱼戏水，掩映于绿柳环绕、碧波荡漾中。漫步其间，感受水乡园林意趣的同时增添对南京历史文化的了解。

资源背景："华林"二字取自"华林园"，有其深厚的文化背景，与南京历史人文有着深厚的渊源。华林园原为南京历史上六朝时期的御花园，后来明朝国立高等学府——国子监也立于此。这里既有奇花异草、山水树木等自然景观，也有华林阁等人文景观，风景优美、人才辈出，现为中科院、南京市委、市人民政府驻地。华林桥承载着观录历史文化功能的同时，连接历史与现在，为学生的成长构筑了精神家园。

资源使用：华林桥是人文精神的一部分，可为学生营造积极向上的精神家园。漫步其间，倾听其历史文化典故，欣赏周围古典意味浓郁的园林景观，家乡文化的自豪感油然而生，是集教育功能和人文体验为一体的文化体验区。

【名称】碑林

文化内涵：碑林是集自然景观与人文景观为一体的校园景区，绿色植被中坐落着历代推崇的楷书名家、草书名家作品碑石。内有四座石碑，刻印着南京近现代四位书法名家"金陵四老"——林散之，萧娴，胡小石，高二适的书法作品，是了解南京、感受书法文化的体验区。

资源背景：南京是一个历史文化名城，其人文光华渗透至文化的各个领域。了解南京，不仅要从外在的景观中去感受，还需从文化的角度进行深刻而全面的体验。中国书法是一门古老的汉字书写艺术，被誉为无言的诗、无行的舞、无图的画、无声的乐。包含金陵四大家在内的备受历代推崇的楷书名家、草书名家的作品碑石，既为书法艺术创立了力度与美感交相辉映的欣赏平台，又可让学生在细细临摹中体会艺术与历史水乳相融的磅礴气概。

资源使用：碑林是一个丰厚的书法艺术体验区，风格各异的书法作品可在欣赏中提升学生的审美情趣，又可在临摹中体验书法艺术的魅力。

【名称】流动的书本

文化内涵：流动的书本以图文并茂的形式选取了南京具有代表性的文化景点，如阳山碑材、中山陵等，呈板块状立于一侧，便于行进中阅览，故名流动的书本。此景观以培养学生家乡情结为目标，通过对家乡自然、人文景观的介绍，增加学生对南京的认识与了解，加深对家乡的热爱，激发树立学生建设家乡的志愿。

资源背景：南京是一个拥有悠久历史和灿烂文化的六朝古都，它的一砖一瓦、一草一木都蕴含着丰厚的历史积淀与文化内涵。这一组校园景观以南京著名景点为内容，将家乡的自然风光与人文历史通过"流动的书本"的造型呈现给学生，在装点校园美化环境的同时，潜移默化地激发学生热爱家乡的情怀。

资源使用："流动的书本"景观主要以图文介绍南京著名景点为内容，在校园中可以让学生自由地欣赏和学习，从而了解更多有关南京的知识，激发学生对家乡的热爱。

【名称】仙麟石

文化内涵：此石造型独特，有如一头威风凛凛的麒麟。仙兽麒麟，飞落至此，故曰仙麟，正好与南京文化区域"仙林"同音成趣，寓意深厚，既包含着中国古代传统文化的底蕴，又寄托了扎根仙林、追求美好未来的希望。

资源背景：神兽麒麟，为麟凤龟龙四灵之首，象征着美好太平。这样美好的蕴意与家乡融为一体，成为家乡情结的文化载体，和"流动的书本"相依相存，亦成为了解南京文化历史的生动课本，唤醒学生对家乡的了解和热爱。同时，"仙麟石"、"流动的课本"、"行万里路"三处景观并存，形成景观的交融性，也寓意着从仙林走向南京、走向世界的广阔含义。

资源使用：仙麟石富有想象的留白，可让学生充分、大胆地展开想象，结合一侧的景观介绍，深入了解其文化意义；在此基础上，结合周围两处景观——"流动的书本"和"行万里路"进行描述和体验，扩展视野，丰富体验。

注意事项：南京本土文化景观的打造需要融合地区特色历史、文化、景观，进行选择性整体规划，还可以与学校的办学进程融合，勾画"学校—家乡—民族—国际"主线脉络。

案例

南京市金陵中学仙林分校小学部(以下简称金陵小学),又名南京大学仙林实验学校,被称为"最像小学的学校"。学校地处仙林大学城,是由南京大学、南京市教育局、栖霞区人民政府和仙林大学城管委会四方联合创办的一所现代化的公办学校。学校依山而建、错落有致,古典与现代交融的建筑风格与自然环境和谐统一。在南京市名校长林慧敏的领衔下,学校以"走进儿童世界,培养世界儿童"为理念,以"为学生一生奠基,对民族未来负责"为宗旨,努力培养一代具有中国胸怀、国际视野的世界小公民,建设出一所具有南京特色的现代化国际化的标志性学校。

一、源头设计:理念统摄下的环境表述

一所学校要有文化作为基石,师生的成长更要有一处富有生命活力的精神家园,环境的建设离不开发展愿景和办学理念的支撑。校园环境建设初期,设计小组即以"儿童世界 世界儿童"为根本,进行整体规划,融合民族文化特色和世界文化经典,从国际视野、民族情怀、家乡情结三个维度建构,依据儿童性、教育性和艺术性原则,谱写成校园四十八景中动人的旋律。

从学校大门拾级而上,艺体楼、行政楼、生活区呈"品"字形布局、开放而包容。位于楼群的中央,鲜红色"learning from life"英文语句与碧绿如毯的草地,加上草地中栩栩如生的三位音乐家铜雕像,构成了一幅精美的图画,这就是校园中的"国际广场"。"learning from life",意思是从生活中学习,这与陶行知先生的"生活即教育""社会即学校"的思想一脉相承。草地两侧的地面上嵌有铜板,铜板上镌刻着古今中外的教育名言;体育馆前的世界风情与对面的西餐体验区遥遥相对,打开一扇世界之窗。踏入"智慧彩虹",赤橙黄绿青蓝紫多色三角形立体管柱沿着走廊向前延伸,印刻其中的古典诗词、励志故事、校园生活,伴随着英语译文,在抬手转动时悄然浸润;左侧的"诚真勤仁"四园描绘出做人的根本;向右延伸的一路胜景从北方的"长城烽火"穿行至富有江南水乡特色的"方堂"建筑群,延伸至教育历史、学校历史兼具的"逸少苑"。听雨廊侧的碑文赏鉴、梨园风华中的名剧荟萃,绘就着金陵小学的古典风貌,校园的一墙一壁,跨过中外文化的长河,润化为无声的心间启迪。

二、建构融合:审美观察中的文化行动

从设计到实施,是校园环境从抽象的概念走向具体、丰满的过程。环境的打造并非各种美的堆砌,更非各种外在的文化装点。建构整个空间文化,需要在紧紧抓住学校办学理念的基础上,在硬件建设中凸显文化软实力,形成超越当下的文化生长点。

因地制宜的融合。金陵小学依山而建,绿意葱茏的桂山营造了"悠然见南山"的意趣,其复杂的地貌特征也成为学校环境建设中不可忽视的软肋。学校经过细致的考察,将南面临山部分进行了三部分划分:临山势较缓一带规划成"桂山茶园",感受浓郁的中国特色茶文化,体验荷锄南山下的乡间乐趣;山势陡峭、横沟穿越一代规划为"长城烽火"和江南水乡群建筑,北方文化中粗犷、刚健、质朴、豪迈的特点,与江南水乡文化的温婉秀美交相辉映,相映成趣,融合为中华民族的瑰丽画卷。

文化精神的融合。"石抱树"是学校一处重要的文化景观,于2012年10月18日自安徽省巢湖市一偏僻乡村移植于此。石抱树破石而出,顽强生长,树干挺拔,枝叶苍翠,是校园中一道独特的风景线,矗立在校园中最显要的位置,和"国际广场"连成一个有机的整体。"石抱树"象征了学校自强不息、虚怀若谷的精神,和国际广场"自由开放"的蕴意水乳交融,彰显学校国际化的办学理念。

审美功能的融合。站在国际理解教育的高度建构学校环境,这是金陵小学环境建设的重要原则。在融合民族文化和世界文化,进行艺术化呈现的同时,学校注重环境中国际交流平台功能的打造。"英语俱乐部"和"揽胜园"是校园中两处重要的国际文化交流场域。"英语俱乐部"由三个部分组成:英语文化展示区、交流区、国际交流记录区,融学生的英语作品、口语交流、对外交流照片墙为一体,营造了浓郁的交流氛围;"揽胜园"以国际友好学校地域建筑(景观)微缩模型为主,融合中国古典特色文化,成为国际交流特色场域。

三、本位彰显:活动体验里的丰厚呈现

儿童立场,是学校环境建设中遵循的基本视角。儿童是什么?儿童是"较幼小的未成年人(年纪比'少年'小)""走进儿童世界,培养世界儿童",告诉我们办学的出发点是基于儿童,归宿点是发展儿童,这是学校秉持的理念,也是素质教育的要求。"小学要有小学样",校园环境建设要为儿童的学习、生活、实践提供丰富的资源,让儿童在学习中获得知识,在生活中获得体验,在实践中得到发展。这是儿童成长发展的重要途径,也是培养具有民族根基、国际视野的世界小公民的主要着力点。

"梨园风华"中不仅以文字的方式呈现中国主要戏剧的品种及由来,水榭前的小舞台更是戏曲表演的绝妙场地,景、情、演融为一体,戏曲文化在情境活动中根植于儿童心间;"长城烽火"的烽火台内设有两处体验区,其一为古城墙砖陈列台,让学生在观赏和触摸中感受长城的厚重感和历史感,其二为可操作触摸屏,内置由学生自己制作的展示长城相关知识的网站,可供学生阅读了解;"西餐文化体验区"不仅可以品尝到风味独特的各国美食,还是感受西方餐饮礼仪及文化的温馨场所;桂山茶园中,孩子们细心采茶,精心烘焙,品茶问道,熏陶"采菊东篱下,悠然见南山"的情怀。校园是开放的课堂,活动的课本,是学生真实而丰厚成长的乐园。

作为人类空间设计的特殊产物——校园,它集中反映了一个国家文化价值观念的主流,尤其是反映了教育目的的价值取向。学生在与其反复"对话"中不断得到塑造,形成相应的文化价值观念,拓展了自身的生活视野。在金陵小学,学生不仅通过文化景观掌握一定的环境知识,而且从景观中领会特定文化的内涵,潜移默化地影响学生的态度、情感和价值观,真正落实具有中国情怀、国际视野,饱含中华民族文化基因的世界小公民的培养目标。

学校:金陵中学仙林分校小学部
校长:林慧敏
执笔:黄文峰 马 茵

学科资源教室是学生学习、生活,师生交往、交流的重要场所,通常划分为班级教室、学科特色教室、公共资源教室。小班化教育怎样充分利用教育教学资源,创设适合儿童的班级教室、学科特色教室、公共资源教室,让每个孩子在这里施展才华,增长才智,提升素养,共同演绎生命的精彩?请看他们的实践。

学科资源教室

板块一:学科特色教室

【名称】数学实验室

内涵阐释:数学实验室是开展数学实验的活动场所,是学生进行数学实验活动、自主学习、开展研究性学习的平台。实验室由器材存储柜、成果展示台、实验基地等三个部分组成。器材存储柜里存放实验教材、实验器材,供学生循环利用。成果展示台主要呈列学生的实验成果,实验报告等。实验基地是设有方便合作的实验桌椅,每组设有一台电脑,供学生及时搜索数据,进行数据计算、模型演示等。

资源背景:小班化背景下的教学活动应是适应学生需求,适应学生发展的。活动是最适合儿童学习的方式之一。让儿童经历数学学习的过程,参与丰富的数学活动,将促进其数学素养的形成。数学实验室为学生探索数学知识、研究数学现象、发现数学规律的行为提供了必要的时空。使得儿童的数学学习方式得以改善,数学学习真正成为生动、活泼的、适合儿童的活动。

资源使用:学生既可以在教师的组织下展开数学实验活动、兴趣小组活动,也可以自由申请使用数学实验室、借用实验室的器材展开数学问题的探索与研究。数学实验室应成为数学学习的资源中心,数学文化的集中载体与传播中心。

注意事项:小学数学实验室的打造还应当考虑儿童的年龄特征,实验室的布置风格、桌椅高度等应符合儿童的身心特点。

【名称】创意科技拼装馆

内涵阐释:创意科技拼装馆是儿童发挥想象、动手动脑、拼搭个性化创意模型的专用场地。教室分为材料区、演示区、操作区、作品展示区。材料区里设有透明橱窗的储藏柜,分类陈列了不同型号的拼装器材,方便学生选择。演示区内有教师桌椅、电脑、实物投影、电视等,供师生讲解、示范、演示作品。操作区设有教师和学生桌椅,学生桌面上有供学生摆放拼装零件的凹槽。作品陈列区利用博古架将学生的创意制作一一呈现。

资源背景：是否具有创新意识是衡量学生综合能力的重要标准之一。小学生学习中的创新常常是在活动中实现的。在创意拼搭的活动中，儿童可以创造、生成、发现新的方法，新的思路，新的作品，新的信息。创意科技拼装馆为培养、发展学生的科学创新素养搭建了平台。

资源使用：在创意科技拼装馆里，学生可以自由设计拼装的模型，自由选择拼装的材料，进行作品创作。教师可以利用展台、投影等仪器进行操作难点的示范、讲解。学生也可以走上展台，演示、介绍自己的作品、构思、制作方法等，令自己满意的作品还可以放置在作品展示区内，供大家欣赏。教室内的电视可以播放学生感兴趣的科学创新、科普知识、科技发展的短片，介绍科技创新的技法，激发儿童对科技创新的兴趣。

注意事项：材料储藏柜应当由足够数量的透明抽屉组成，便于分类存放拼装零件，供儿童挑选、使用、制作。学生创作后的剩余零件应根据类别及时放回原处。

【名称】国学经典学堂

内涵阐释：国学经典学堂是学生学习民族文化、感受传统的专用场所。教室内的桌椅应选用具有我国传统文化特色的木质书桌、圆木凳。每张书桌上均配置文房四宝一套。教室的墙面上悬挂书法、国画作品，角落设置古朴的书架陈列国学经典书籍。

资源背景：国学经典是中国传统文化精华，其绵延不绝的文化张力使得它具有永恒的价值，超越时间、空间的限制而长存于天地之间。国学教育是让孩子在大脑发育最迅速的年龄阶段，通过接触智慧的中国传统文化，充分开发智力，培养其健全人格，为孩子的成人成才奠定坚实基础。国学经典学堂为学生学习传统文化、传承民族精神营造了浓厚的氛围。

资源使用：立身于国学经典学堂，可以感受到古朴的民族文化气息。儿童可以在这里诵读国学经典作品，讲述经典文化故事，还可以挥洒笔墨，创作自己心中的书画作品。墙面的展示区，为孩子们展示得意之作提供平台。

注意事项：国学经典学堂应当安置在校园中相对安静的区域，便于营造出博雅的氛围，彰显国学的魅力。

【名称】艺术工作坊

内涵阐释：艺术工作坊是为孩子提供艺术排演、艺术创作活动的专用教室。一般分为美术坊、音乐坊、舞蹈坊等。

资源背景：艺术教育是素质教育不可或缺的重要内容，对提高儿童审美修养、丰富精神世界、培养创新意识,促进全面发展具有其他学科所不可替代的作用。艺术工作坊为儿童的艺术创作、艺术表演提供了必要的场地,工作坊本身亦是艺术的体现,为陶冶学生的审美情操、提高学生的综合素养奠定了物质基础。

资源使用:艺术工作坊的布置应当体现儿童化风格,采用鲜艳、靓丽的色调,以活泼、生动的形式呈现。坊内均应摆放电脑、电视、投影等多媒体设备。美术坊是学生进行美术学习、创作的场所,设有适合学生绘画、制作陶艺、雕塑的操作台,并配有水池、作品展示区。坊内有足够大的空间供学生进行绘画、雕塑等活动。儿童还可以根据需要申请,在坊内开设个人画展或艺术作品展。音乐坊可以摆放钢琴、提琴、古筝等乐器供学生进行艺术训练、表演,为孩子们的乐器演奏、合唱伴奏提供条件,是儿童合唱队、乐团的理想排练场所。舞蹈坊是开设舞蹈课、形体课的重要场地,应配备整体的镜墙、把杆等,便于学生排练艺术节目,话剧、歌剧等节目排演也可在此进行。

注意事项:学校可以因地制宜,根据自身的实际条件和需求,有选择地设置适宜的艺术工作坊。

板块二:公共资源教室

【名称】体育馆

内涵阐释:是儿童进行体育活动、开展体育竞赛、体验体育精神的重要场所。

资源背景:儿童的体育馆有别于成人的体育馆,它应照顾到儿童身心发展的特点,让每个孩子都能够体验运动的乐趣、理解竞赛的规则,促进其身心健康的发展。通过体育馆活动让学生积极参加健身锻炼,将所学知识运用到体育运动中去,让科技体育融入学生的体育生活中。

资源使用:体育馆内设备的设计应从儿童的生理构造出发,适合儿童的身心特点。可调节高度的篮球架、排球网、乒乓球台,增加了儿童获得成功体验的机会,激发了参与运动的热情。随之开展的各项科技体育活动,纸飞机、校园主题定向、科教创意模型、车模、海模、空模等项目,在最大限度地满足孩子们的兴趣需求的同时,提升了儿童的身体素质。

【名称】种植园

内涵阐释:校园开辟出可以种植瓜果蔬菜的区域。学生利用课余时间在种植园里亲自耕种,体验播种、施肥、收获的过程和快乐。

资源背景:陶行知主张"生活即教育"是给生活以教育,用生活来教育,为生活的向前向上的需要而教育。种植园的开发利用让学生回归到最传统的劳动方式,体验最朴实的生活。

资源使用:种植园分区域组成,采用班级承包制。发挥社区资源的功效,选聘技术顾问进行种植指导。学生参与到种植的全过程,可采用观察、记录蔬菜瓜果的成长历程,形成植物生长报告,感受自然科学魅力,体会辛勤耕耘的成就。

注意事项:有条件的学校可以在园内安置拍摄仪器,动态记录植物生长的过程,积累教育教学素材。

【名称】公共交通体验区

内涵阐释:公共交通体验区是增强学生交通安全意识,培养现代公民文明素养的体验区。

资源背景:教学内容开放,使得我们常常不可能从课本找出单纯的答案。教学空间开放,让我们不必拘泥于教室内。小班化的教学优势在于可以组织多样的活动,把课堂带出教室,让儿童在玩中学,学中乐。

资源使用:在学校安全通道上喷绘出彩色的交通标志,在路边树立交通指示牌,小交警在体验区内协调指挥。学生在现实情境中学习掌握交通知识,更能体会交通安全的重要性,将所学知识内化成自觉的行为习惯。班级利用体验区对学生进行模拟考察,给交通模拟考试通过的学生颁发小交警证,激发学生的参与热情,享受文明素养提升的成就感。

注意事项:应按照现实生活中交通安全标识仿真,为孩子营造具有真实感、生活感的立体场景。

【名称】亲近母语书吧

内涵阐释:是开放的阅读场所,书籍漂流的平台,是学生亲近母语的心灵港湾。它是书香校园建设的重要组成部分,让阅读随处可见、触手可及,真正成为学生校园生活的一部分。

资源背景:对母语的亲近也是了解民族文化、形成人生价值观过程,是培养学生成为具有中国根基的世界公民的重要途径。阅读是最贴合儿童生活的教育行为,学生阅读习惯的形成是一个潜移默化

的过程。亲近母语书吧作为开放的阅读空间,一方面拉近了学生和阅读、母语的距离,另一方面促进学校整体阅读文化氛围的形成。

资源使用:亲近母语书吧是学校依角落建设的温馨舒适的阅读体验区,配有舒适的阅读桌椅,拥有舒心的阅读环境。书吧里存放符合学生年龄特点和兴趣的、数量充足、种类丰富的高质量图书,孩子可以在休息时间来这里寻觅、品读有兴趣的故事。孩子遇到感兴趣的书籍,可以将书籍借走,看完后物归原处。亲近母语书吧对全校师生开放,将阅读空间从室内延伸到了室外。可以为每本书建立读书交流卡,学生在交流卡里写下自己的读书心得。漂流的书卡成为了一种人与人之间交流的新形式。

注意事项:书吧的环境打造要符合儿童的审美需求,体现开放性、自主性,使其成为儿童喜爱的场所。

【名称】旋转的课本

内涵阐释:具有趣味性的阅读资源,能拓宽学生的知识面,彰显校园文化特色。

资源背景:阅读贯穿于学生一天生活中的各个环节,校园文化无痕地渗透于学生的校园生活。根据儿童具有好奇心、爱玩的天性,设计出有意思、有意义的阅读平台,增添了阅读的趣味性,让学生主动去探索、研读,接受潜移默化的教育,体会文化的精髓。

资源使用:旋转的课本是在学校的廊道空间,设计了一排可旋转的三棱柱体,柱体的三面分别呈现了诗歌、童话、世界名著赏析、身边故事等作品。旋转的三棱柱,最大限度地拓宽了阅读空间,也增添了孩子阅读的乐趣。三棱柱体采用红、橙、黄、绿、蓝、靛、紫七色,寓意为智慧的彩虹。学生行走其间,驻足欣赏诗文,品读发生在自己身边的励志故事。

注意事项:公共阅读资源应依照学校环境特点创设出有趣有意义的开放平台。

案例

儿童的运动世界

金陵中学仙林分校小学部自建校以来一直秉承"走进儿童世界,培养世界儿童"的办学理念。在学校环境建设中力求体现"小学要有小学样",努力营造适合儿童的、利于儿童身心健康发展的育人环境。在体育馆的建设中,从精神与动力、科技与体育、激励与展示三方面入手打造体育馆文化,创建属于儿童的运动世界,为儿童身体素质的提高、综合能力的发展奠定基础。

一、营造"圆梦"的运动世界

"爱玩好动"是儿童的天性,小学阶段的学生兴趣广泛,总想参与到丰富多彩的体育运动项目中。这个阶段的孩子有强烈的好奇心、好胜心,每个孩童心中都有属于自己的"体育梦"、"冠军梦"。为了满足孩子的心理需求、圆孩子的成功梦想、鼓励孩子参与体育锻炼,学校在打造体育场馆时,所有体育器材的配置均从儿童本位出发,照顾到儿童的身体特点。可升降的篮球架,根据儿童的身高任意调节篮筐的高度,低年级孩子也可以体验到NBA篮球明星灌篮的酣畅感受。可升降的排球网,使得孩子能像专业排球运动员那样发球、拦网。乒乓球台也调整成适合儿童的高度,方便孩子训练、活动。适合儿童的运动器械、设备,为孩子搭建了体验成功的舞台,圆了儿童的明星梦、成功梦,促进学生自信、自尊的形成。

二、享受"科技"的运动世界

为了让学生们走向操场、走进大自然、走到阳光下积极参加健身锻炼,促进学生将所学知识运用到体育运动中去,"科技体育"的概念被提出。学校体育馆的墙面展板上布置有与身体健康、奥运会、体育运动相关的知识介绍。学生在运动之余了解到身体保健的相关知识,运动中应注意的安全事项,各项比赛的规则,丰富了学生综合性知识的储备,使得学生的运动、训练更加科学。

车模、海模、航模,既是孩子们喜爱的运动项目,也是科技体育的活动类型。学校体育馆内设有三模馆,供孩子们自由操控、竞赛。以体育馆为依托,还组织学生开展了丰富多彩的"科技体育"活动,"校园定向运动"就是其中之一。体育老师将20个濒危动物在全国的分布点,在校园内设计相应的对应点,给每个学生提出了不同的寻找次序和种类的要求,最快最好地完成寻找任务者获胜。学生在定向活动中,不知不觉中跑了近千米,同时丰富了许多学科知识,并培养了学生的逃生自救、野外生存能力,促进了勇敢、意志力等心理品质的形成。科技体育弥补了传统体育的许多不足,让简单的长跑运动变得生动、有趣,让孩子们从"要我体育锻炼"到"我要体育锻炼",真正做到愉悦身心,享受运动的乐趣。

创设"科技"的运动世界,以科技体育活动为中介,让每个孩子都能参与,让每个孩子都能得到锻炼和发展,让每个孩子都能体验"运动"的魅力,进而促进了儿童的全面发展。

三、打造"智慧"的运动世界

马克思关于人的主体性和全面发展的理论指出:活动是人的特征,自由自在的活动是全面发展人的根本特征。学校的体育活动是全体学生积极参与的活动,是体能、智能共同开发的活动。

在体育活动中,我们鼓励孩子在运动的过程中思考、发现运动中的科学,做一个智慧的运动者。如:组织学生开展"我的脉搏我知道"活动,在运动中、运动后测量、记录自己的脉搏跳动次数,探索脉搏变化的规律,了解运动过程中自己身体发生变化的情况。让孩子探索羽毛球、排球、乒乓球发球的最佳角度,并运用到球类训练中。孩子们将自己记录、发现的规律用小论文、小报告的形式呈现出来。体育馆内专门开辟出多个墙面展板,让学生展示自己的论文、报告。软木板质地的展板,方便学生个性化展示自己的作品,且利于定时更换。体育馆内的展示区为学生展示自己的有趣发现、智慧探索搭建了舞台,促进了儿童智力、体力的双发展。

在体育馆的建设中,我们立足于儿童本位,让体育馆的设置及随之产生的体育馆文化,能符合教育教学的规律、适应儿童的身心特点,促进每位学生的健康发展。使孩子走进梦的世界、走进科技的世界、走进智慧的世界,进而迈进自豪、自信的世界。

学　校:金陵中学仙林分校小学部
校　长:林慧敏
撰稿人:李　新　陈丽娟

小班化教育实验,如何让学生能够更多地拥有学习资源,更多地体验学习的过程,更多地在活动中学习?特色场馆的建设,无疑成为小班化学校学习资源品质建设的良好途径。当特色场馆与现代技术相遇,小班化学校则在更广阔时空领域腾飞,成为儿童潜能发展的"梦工场"。

学校特色场馆

一、内涵

特色场馆,是指学校根据社会资源及文化传统建成的具有一定专业含量的场馆。本文专指设在学校内的场馆。

各学校的特色场馆,既是校本化的教育资源,同时也应该成为具有更多受众的教育资源。这就需要对这些资源进行统整、协调、分享,甚至共建。

特色场馆教育价值的最大化,便是建立相应的课程系统,包括课程的研发,课程的实施,课程的管理,课程的评价等。

二、背景

自本世纪初,南京市部分小学开始出现一些主题性质的专业场馆,它代表着基础教育改革的触角已经从课堂深入到课外,传统的书本上的知识已无法满足学生成长的需要。在资讯尚不发达,课外学习资源相对单一的时代,主题场馆的出现为更好地拓宽学生视野,激发学习兴趣,提升学习品质作出了很大的贡献,当时涌现出几家在全市乃至全省、全国都有影响的学校资源场馆,最为突出的如中山小学的蝴蝶馆、鸟类馆、生态馆,凤游寺小学的六足园等。目前小学阶段涉及35所学校,共有43个特色场馆。

这些特色场馆无论在规模还是内容上都较以往有了较大幅度的提升,首先是涉及领域更加广泛,由生态领域扩展到了民间文化(武定新村小学的花灯馆)、民乐类(南昌路小学民乐博物馆)、人文类(南师附小的斯霞馆)、地质类(山西路小学的地震馆、青云巷小学古生物化石探究馆)等;其次是科技含量越来越高,多媒体、触摸屏、激光、情景模拟等一系列手段的运用,使得以往静态的实物展示转向互动式,更突出现场感,符合小学生的年龄特点、认知特点;超大容量的网络资源的有效梳理,让有限的场馆具有了无限的资源容量,拓展了学生学习的空间。

小班化教育实验,让学生能够更多地拥有学习资源,更多地体验学习的过程,更多地在活动中学习。特色场馆的建设,无疑成为小班化学校学习资源品质建设的良好途径。

三、操作

(1) 儿童性

场馆建设目的是为了儿童,是基于儿童的需求。儿童性主要表现在这几个方面:场馆主题与儿童发展之间的关系,场馆环境与儿童兴趣之间的关系,场馆管理与儿童成长之间的关系。例如致远外校小学部的科技馆陈列了本校学生的小发明小创造,包括机器人和电脑绘画展区、"纸张的力量"展区、民俗艺术展区、手的创意展区、软体材料创意展区、海洋的创意展区、"美得冒泡"展区、"包你满意"展区、科学小发明展区等10个部分,集中展示了学校各种选修课程,以及美术艺术专题活动中涌现的优秀作品。儿童成了这个场馆的真正小主人。

(2) 个别化

基于每一个孩子成长需求的角度,特色场馆与现代科技的结合对儿童个别化资源学习痕迹的捕捉与引导起到了非常重要的作用。如赤壁路小学(原山西路小学)的地震馆,其中设置了二维码管理,每个进入场馆学习体验的儿童,通过二维码的解读分析,就很快能得知他的关注点在哪里?探究比较深入的地方在哪里?还有哪些方面没有涉猎?二维码为每个人的学习构建了清晰的发展线路图。

 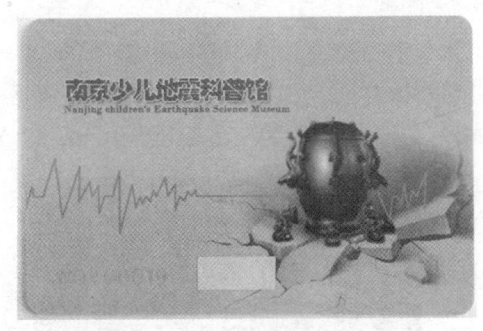

(3) 高端性

高端性主要体现在场馆的数字化硬件建设以及更为系统性、人性化的软件管理上,这其中人性化的设计与使用显得更为重要。

赤壁路小学(原山西路小学)的地震馆集数字化技术、网络技术、视频技术、射频技术、多媒体技术、二维码技术、智能终端技术、虚拟现实技术(VR)为一体,在地震馆里,学生可以形象地了解地壳的构成、什么是地震波,在体验区学生可以体验地震,在逃生小屋学生可以练习如何在地震中保护自己并设法逃生;青云巷小学的化石馆收藏有众多古化石,可以让学生亲身体验琥珀制作全过程;龙江小学的城市小农夫园拥有可以远程管理的电子温控、湿度控制设备,学生在网络上就可以完成养护任务;能够触摸古代版画历史,展开想象动手制作版画的石鼓路小学儿童版画博物馆……高端的技术将众多的学习资源进行了专项的整合与提炼,以新的面貌陪伴着小学生的校园生活。

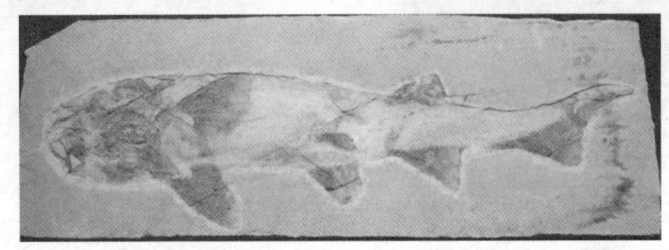

（4）丰富性

现有场馆的涉及领域非常宽广,涵盖科学、人文、教育、艺术等方面。每一大类又包含有若干小的单元,例如科学类场馆就可以细分为人文、生态、自然。丰富的场馆为学生提供了丰富的成长营养。

（5）互动性

互动性的最重要价值在于它会让场馆与学生之间建立起发现、体验、建构的深层关系。通过互动环节,学生能够触摸、领略、发现感兴趣的知识,能够增强怀疑、修订、改变、建构的能力,能够激发自主探究的潜能。具有互动性的场馆才拥有了对儿童持续影响的生命力。龙江小学的交通虚拟3D体验馆"嘀嘀叭叭交通体验馆"由交规学习区、交通安全游戏区、非机动车体验区、机动车体验区、警示教育区构成,教师通过引导学生参与各区数字化设备的体验,帮助学生掌握交通安全知识和技能,遵守交规,珍爱生命。

（6）思想性

基于小学生发展的特色场馆引领着他们发现一片知识领域,探究一方成长空间。

四、注意事项

(1) 场馆资源建设与学校文化建设的结合

场馆成了学校文化的标志性载体,学校文化因为特色场馆有了更加明确的体现。如南昌路小学的"乐韵文化"、青云巷小学"发现教育"等。

(2) 场馆资源建设与校本课程建设的结合

场馆衍生出的校本课程极具个性色彩。如南昌路小学的"韵润童心"、青云巷的"石头书"、中山小学的"走进生物世界"、石鼓路小学的"儿童版画与生活"。通过校本课程的实施,我们对场馆资源进行更加系统化、科学化、严谨性的梳理,从中遴选出适合儿童的具有校本特色的资源加以利用、深化。

(3) 场馆资源建设与学科教学改革的结合

立美课堂、按需乐学、启学课堂,三牌楼小学关注脑科学,关注学生的思维发展。场馆资源的利用不仅仅存在于综合实践活动中,很多学校基于顶层设计,将场馆、学校特色、课堂教学、办学理念紧密结合,使得场馆与学科教学有机融合,拓展了学科教学的视野,丰富了学科教学的途径。

(4) 场馆资源建设与开放性办学的结合(教育的社会性,教育的国际化)

石鼓路小学的国际版画节、行知小学的行知实验基地……

(5) 场馆资源建设与社会专业资源的整合

山西路小学地震馆与省地震馆的紧密合作、省科技馆、中山植物园、省美术馆对青云巷小学、中山小学、石鼓路小学的专业指导……引进社会专业资源,利用社会专业资源。社会专业资源的介入,一方面提升了学校场馆的专业品质,一方面宣传了学校特色文化。

(6) 场馆资源促进学校顶层设计

顶层设计框架(以儿童版画博物馆为例)
场馆资源简况(如:儿童版画博物馆)
场馆资源建设与开发的教育理念
场馆资源建设的育人目标
基于场馆资源的课程架构(如:版画的历史,版画与名人,版画与社会,版画的技能,我们的版画……)
场馆资源与课本资源的整合(如:版画与诗文,版画与音乐……)
生长于场馆资源的微课程系列(如:"版画童谣"微课程,"版画与金陵名胜"微课程……)
特色场馆的数字化平台(如:儿童版画E博园,场馆课程的微视频……)
基于场馆及课程的国际理解教育(如:儿童版画与世界儿童)
场馆课程的评价与管理
场馆资源及课程的分享(如:国际儿童版画节,儿童版画学校联盟……)
基于场馆及课程的特色教师专业发展
学生团队建设(如:儿童版画院)
场馆及课程的文化标识(形象标识,经典仪式……)

（7）学校特色场馆资源整合及课程建设行动

小学特色场馆资源整合及课程建设行动
学 校：

		学校行动	备 注
1.	一个场馆		
2.	一个教育主张		
3.	一个文化标识		
4.	一个专业导师		
5.	一个课程		
6.	一个网站		
7.	一张地图		
8.	一组视频		
9.	一个二维码		
10.	一个微团队 （三五个人，重点介绍领头人）		
11.	一个经典特色活动		
12.	一个学生组织		
13.	一个研究项目		
14.	一个学生作品		
15.	一个牵手伙伴		
16.	一个跨境课堂		
17.	一组课例		
18.	一个校外联系单位(专业基地)		

整合学校特色场馆是一项极有意义、建设性地充分利用教育资源为学校、为老师、为了每一位儿童的成长服务的举措。它呼唤我们多角度地看待教育资源，创造性地开发教育资源，在更广阔时空上构筑符合儿童生活的"梦工场"。

五、案例

青云巷小学古生物科普室设计方案

一、古生物科普室的建设背景与实际意义

1. 项目背景

科学技术的普及程度，是国民科学文化素质的重要标志，事关经济振兴、科技进步和社会发展的全局。广大青少年从小养成"爱科学、学科学、用科学"的良好习惯，可以提升青少年科技素质、拓展青少年创新思维、开启青少年想象空间。青云巷小学是南京市首批科技特色学校，周边有着丰富的科普教育资源，学校一直以古生物科普展示为特色。

化石是古生物学的主要研究对象，是研究古生物的唯一媒介。青云巷小学通过多年的收集，已经拥有一批代表各个地质年代的化石标本，其中有几件"珍宝"是比较罕见的珍品。

2. 青云巷小学概况

南京市青云巷小学创建于1965年,1995年9月重新扩建与改造。是南京市首批科技特色学校和南京市优秀少年科学院,学校以古生物科普展示为特色,原设有古生物化石壁和少儿古生物专用陈列室。

2009年度,学校将全面落实科学教育发展观,进一步提高抓好科学教育的意识,并以此为载体,将学校的古生物特色科普展示充实完善,努力培养学生的实践能力、培养学生的科学态度和科学方法、培养学生独立思索和自主探索的精神与能力,并以古生物科普教育为突破口之一,打造学校的品牌亮点。

二、青云巷小学古生物科普室功能定位

1. 受众分析

青云巷小学古生物科普室的主要展示对象是年龄分布在6~12周岁的小学生。

2. 展示功能

古生物科普室通过声光电技术,利用图板、视频播放、标本陈列、互动游戏等手段,系统介绍古生物的知识,使得参观者可以清楚地了解地史时期的生物界及其发展的基础知识。丰富学校课外教育内容,增长学生在生物进化知识体系方面的探索兴趣。同时增加学校在科技特色教育方面的亮点。

3. 特色体现

主题鲜明,手段创新,融展项于环境氛围布置之中。面向小学适龄儿童,强调知识的普及与应用。

4. 设计思路

(1) 科学的内涵、艺术的手法、娱乐的氛围。

(2) 体现素质教育理念、培养科学兴趣和动手能力。

(3) 展项尺度的设计充分以人为本,充分考虑少年儿童作为主要受众的实际情况。

(4) 感受、体验、操作、互动。

(5) 强调环保、节能意识。

(6) 本次灯光设计对整个展区采取全面人工采光的做法,不采用自然光,以便于控制光线,营造效果,灯具定位不采取阵列均分做法,而采取按需布置,按需设定原则,以使得光照充分为展品展项服务,为氛围营造服务。

(7) 色彩控制对整体环境印象的塑造至关重要,色调上我们对展项采取了整体配置,使得色彩配合展品展项的特点,对观众产生一定心理影响,使之融入展览。

三、青云巷小学古生物科普室的整体实现方案

1. 主线定位

展项设置以时间进度为故事主线,根据地球地质年代的划分,系统介绍每一个年代的古生物特征,典型古生物等相关知识。

展项形式多采用图板写真,液晶视频播放器、互动游戏、标本陈列等手段,力求在有限的空间内实现整个展示效果,融展项于环境氛围之中,达到烘托主题的展示目的。

展线围绕展项展开流线,在有限的空间内通过特殊灯光照明,造型与隔墙的设立,尽可能延伸展线,营造出一个小而精致、空间立体感好的展区。

按照大众传播学的观点,以小学生为中心,设计中以崭新的装饰装修手段,强调展区陈

列主体化、个性化的主流思想,以多组合、多形式的展陈手法,将展厅营造成一个个娓娓道来的故事,情景交融的科学场景体验;将展厅营造成一个个鲜活生动的观展语境,跃跃欲试的交流擂台。

2. 陈列中"亮点"的构想

(1) 活的图表。例如关于图文一览表、古生物分布图等,可作声、光、电图版,让参观者动手触摸产生闪亮的地域图像,并可以出现背景解说等。

(2) 动的场景。例如采用影视和动画相结合的表现手法,使场景能够动起来,一改传统静态陈列的单一形式。

(3) 可以走进的环境。采用可让游人身临其境的场景,产生可游、可居的感受。

(4) 精美的工艺。模型、场景复原应体现技术与工艺之美。

(5) 工艺方面的永久性或半永久性与时效性结合的原则。长久使用的东西,当考虑一次性到位,完善工艺用材的最优化。可更替性及可更新的考虑,完善与前瞻的设计为今后改造与修整,提供可行性和合理性。

3. 设计目标:内容与形式的统一

陈列设计力求做到内容与形式的完美结合,并将思想性、科学性、艺术性、知识性、互动性融为一体。本案的设计着重强调作为科普教育基地的古生物科普馆,是有别于其他周边地区,具有个性化地域的特征。以立体的、互动的个性化的多媒体手段充分展现古生物在时间历史长河中的一段段闪光的篇章。

古生物展示内容特性有别于一般意义上陈列展示,只有将相关的史料物证逻辑地、有机地组合在主题的框架中,通过"场景"空间的整体营造,形象地呈现在观众的面前,形成一个体验、互动和审美的"场",一个思维感悟和精神升华的"境"。体现可读性、易读性、可视性、参与性,丰富扩展了观众层面的历史视角和教育空间,效果是显而易见的。

4. 互动展品概述

(1) 地球历史的 24 小时

若把地球历史的 46 亿年比作一天的 24 小时,我们会发现:地球形成于零点、生命起源于凌晨 4 点。

此展项选用地面时钟造型,指针指在 6 点左右,那段时间是生命大爆发的辉煌阶段。墙面的显示器循环播放生命进化过程中的经典生物图片。

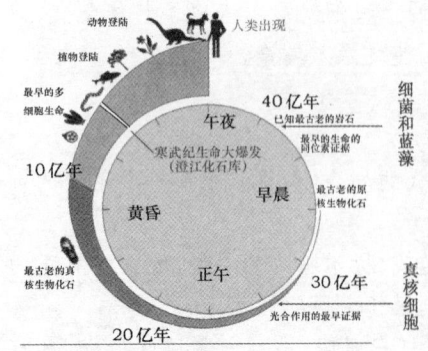 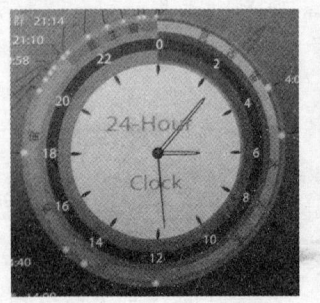 

(2) 生命的史书

采用虚拟阅读的方式,在一个倾斜放置的书本模型前,由吊置在顶部的投影机将相关内容的多媒体画面投射到书页上,观众可以在书页两下角处挥手翻书,多媒体画面随手而动,多媒体中播放动态视频,内容采用图像加解说的方式,既活跃展示内容,又节省展示空间。整个展项表现形式新颖,表现内容丰富,多媒体播放方式决定了展项内容可以顺应社会发展的潮流而变化。

(3) 小小研究员

展项采用真实的显微镜,采用顶部放大投影的展示形式,将参与者在显微镜下看到的镜像投射到房屋的顶部。显微镜下看到的是古微生物化石标本的切片。

(4) 考古小博士

该展项通过多媒体触摸答题机进行游戏互动,海量的题库考察参与者的考古知识量,连续答对一定数量的题目后,答题机自动发放小博士证书(卡片)。

(5) 娃娃考古

参与者自己动手,发掘化石,体验考古勘探人员的工作过程。

(6) 我从哪里来

通过声光电技术结合小型沙盘介绍人的进化发展历程。

(7) 幻影剧场(失踪的恐龙)

采用小型幻影合成剧场的形式,介绍白垩纪恐龙消失的秘密。

(8) 标本陈列柜

陈列校方的古生物标本。

学校:南京市教育科学研究所
执笔:祁海燕
案例提供:南京市青云巷小学

小班化提出"关注每一个,发展每一个,幸福每一个"的追求,这是价值追求,更是一种承诺,是小班化学校对学生的承诺,对家长的承诺,对社会的承诺。"面向每一个的承诺"应运而生。

面向每一个的承诺

一、内涵

小班化的"承诺"是一种教育的姿态,是一种衡量的标准,更是一种教育质量的保证。

二、背景

1. 小班背景:小班化是以学生发展为本、在现代化教育思想指导下的一种优质教育,其根本是促进每一个学生全面而富有个性的发展。小班化教育使学生可以充分分享各种教育资源,有更多的机会处于教学活动的中心地位,有更多时间与教师交流、沟通,得到个别化的指导,增加获得优质教育的机会。

2. 课改背景:关注人是新课改的核心理念——一切为了每一个学生的发展。学校教育应该关注每个人,关注的实质是关心、尊重、牵挂,关注本身就是最好的教育。"十项承诺"正是面向每一个学生的承诺:挖掘每个学生的潜力、为每个孩子提供展示的平台、对每个孩子给予充分的肯定。

3. 生本背景:我们常常感到,实施小班化教育,必须树立"学生主体"意识。学生是教学的主体,学生处于教学活动的中心地位,他们有更多时间与老师交往,得到老师的个别化教育,能充分享受教育资源。实施小班化教育,教师必须树立服务意识。教师应该全心全意地服务于学生,服从学生的发展、需求,更新教育手段,创设和谐的教育氛围,提高教学质量。在小班化教育中,教学过程是师生互动过程,双方共同探索,发现规律,教学相长。每个学生应该享有老师同等的关怀。师生交流的机会增多,学生的学习效率也会提高。因此,小班化的教学管理是面向每一个学生的管理。

4. 校本背景:多年的小班化教育实验使我们深切地感受到小班化教育的优势,课堂中,学生百分百地被关注,课堂效率大大提高。近年来,学校各科教学质量稳步提升。活动中,学生百分百的参与,学生的表演能力、人际交往能力有明显发展。在许多市区重大活动中都能看到他们活跃的身影。

三、操作

为进一步加强面向每一个学生的管理,适应每一个学生的发展需求,满足家长对小班化优质教育的期待,学校根据已有实践操作经验、存在问题并在广泛征集学生、家长、教师意见

的基础上,推出了"小班化教育教师十项承诺",与家长委员会订立操作协议,向全体学生进行公布。具体内容如下:

××小学小班化教育教师十项承诺

小班化教育是以学生发展为本、在现代化教育思想指导下的一种优质教育,其根本是促进每一个学生全面而富有个性的发展。为使每一个学生在小班化教育的沃土上更健康、更快乐、更优秀,××小学全体教师向社会、向每一位家长、向每一个学生郑重承诺:

① 让每个孩子掌握一项体育艺术特长,培养孩子健康的身心和优雅的品质。
② 为每个孩子制定阅读规划,使孩子养成每天阅读的习惯。
③ 让每个孩子每学期做一次班级管理者。
④ 让每个孩子每学期都能主持一次晨会或班会。
⑤ 与每个孩子的家长每月有一次交流。
⑥ 让每个孩子每月过一个自己创意的节日。
⑦ 与每个孩子每周至少进行一次面对面的交流。
⑧ 让每个孩子每天都能得到一次同学或老师的赞赏。
⑨ 对每个孩子的作业每天至少面批一次。
⑩ 让每个孩子每节课发言不少于两次。

(一)让每个孩子掌握一项体育艺术特长,培养孩子健康的身心和优雅的品质。健康的身心与优雅的品质会让学生受益终身。学校注重挖掘学生的潜能,自主研发体现学校特色的体育校本课程《快乐乒乓》,音乐校本课程《诗语音画》。以社团形式,利用每天下午课后时间活动(体育特色类:周一、周四;艺术熏陶类:周二;信息特色类:周一;语言文学类:周四)。

(二)为每个孩子制定阅读规划,使孩子养成每天阅读的习惯。学校以打造一个充满浓郁文化气息的"书香校园"为抓手,着力关注"每一个的阅读"。建设读书长廊,快乐读书吧,优化阅读环境,保证晨读、午读、课读的"三读"时间,每周三开展"读书晨会",交流感受推荐新书,定期开展"书香"系列评比。由于每个学生阅读能力、阅读兴趣、阅读背景各不相同,老师们分类指导,使不同类型的学生都养成愿读、乐读的好习惯。

(三)让每个孩子每学期做一次班级管理者。这是培养学生责任心的重要举措。首先班级公布学生自己设立的各种岗位,自主选择适合自己的岗位。利用班队会时间举行竞选,中高年级提前一周准备演讲稿,从竞选的岗位、自己的特点、岗位的职责、打算怎么开展工作等角度来谈。投票表决,确定落实每个孩子的岗位。开始第一周,老师进行观察与指导。真正做到"人尽其才"。

(四)让每个孩子每学期都能主持一次晨会或班会。每周三安排15分钟"读书晨会"时间,每周五下午的班队会,班主任根据学校各项工作计划,整理出相应的主题,由学生根据感兴趣的主题自主申报。每周的"读书晨会"和班队会,由学生轮流策划主持,制作PPT,每学期每个学生都有机会主持一次。

(五)与每个孩子的家长每月有一次交流。每一个家庭对孩子的成长有着极其重要的影响,小班人数的减少为每个月与家长的一次沟通提供了可能。接手新班的老师要在开学前一周家访,写下家访日记。学校每学期坚持开展"家长开放日"的活动,家长担任"一日观察员",填写"一日观察反馈表",参与到学校的管理中来。定期开展形式多样的家长会、家长学堂,家长甚至可以预约听课。每位学生都拥有一本家校联系本,架起了家长、老师交流的桥梁。

(六)让每个孩子每月过一个自己创意的节日。这增加了学生童年生活的幸福感,激活学生的创造精神,提升学生发展自我的能力。利用班队会下发创意征集问卷,学生展开奇思妙想,学校进行评选,挑选出56个有创意的节日公布,每一个节日的具体策划用招标的形式,由班级、班级中的某一小组,或学生自由组合承担,并设计活动标志和海报。这样就使得每个学生每个月都能过一个自己创意的节日。

(七)与每个孩子每周至少进行一次面对面的交流。面对面交流的时间、地点没有硬性规定,可分为课前、课上、课后、活动前、活动中、活动后和随机。有时是学习问题的沟通,有时是行为习惯的引导,有时是课外读物的反馈,有时是家庭生活的介绍。了解学生对教育的期待,更好地改进教学,更适应每一位学生。学生感受到了老师更多的关爱。

(八)让每个孩子每天都能得到一次同学或老师的赞赏。赞赏能激起学生内心深处的自信,激发潜能,点燃学习的热情。课堂上,老师用鼓励、智慧的语言引导学生有效学习。批改作业时,学校流行奖励小纸条,用漂亮的便利贴写上贴心的鼓励之语。每个班级设置了符合自己班级文化特色的评比栏,形成人人争优秀的良好局面。老师及时在《家校联系本》上写下对学生的赞赏,让家长也获悉孩子在校的点滴进步;在期末评语中,用激励点燃学生的学习动力。

(九)对每个孩子的作业每天至少面批一次。课堂上,作业当堂有选择地面批,及时发现问题,加以补救。课后,老师充分利用早读、午间、课间、自习课等时间在教室里当着学生的面,完成批改。教师能准确把握每个学生知识的学习情况,提供最有效的个别指导,尤其对学困生提高学业成绩有极大的帮助。

(十)让每个孩子每节课发言不少于两次。关注每一个学生,既要有全班互动的个别发言,又要有小组合作式的人人交流。为了对课堂教学进行客观、量化、显性的实证研究,学校自主设计的课堂观察表和评价表发挥了独特的作用。带着《个人发言和小组学习记录观察表》走进课堂,"学生座位及老师活动区域"用图例的形式记下老师的走位,采用"正字记录法"统计学生的发言次数,以科学的态度诊断、调控课堂教学。

亮点一:开发适应学生的课程

南京市教育局明确提出:教师要积极引导学生学习一样乐器,或学习书法、绘画,或爱好一项体育运动,为提高学生的生活质量打好基础。近几年,学校积极探索国家课程校本化以及校本课程的开发途径与方法,并以此为载体,根据学生的年龄特征、兴趣爱好,努力为每个学生设计适合的校本课程。学校成立"校本课程研究与开发指导小组",由外聘专家教师、教研员、学校校长、副校长组成,将必修课、选修课、微型课有机结合,根据学生需求,教师的经验、特长以及学校的传统和优势,开设了乒乓球、舞蹈、合唱、电子琴、书法、少儿装饰画等课程。在学习过程中激发每一个学生的学习兴趣,形成一项或几项体育、艺术特长,为今后的学习和生活打下良好的基础。

亮点二:让每个学生都承担一份责任

学生参与班级管理,一人一岗,所有同学都有管理的岗位。每个人负责的岗位,职责明确。班干部并非终身制,每一个岗位,定期改换,改选后,原任干部留职的不得超过三分之一,每人担任一个岗位不超过2次。降任者并不意味着他不胜任原职,而是为了让他人也有锻炼的机会。这种做法极大地调动了孩子们参与管理的积极，更增强了每个孩子的责任心。让每个学生在集体中承担责任、服务于集体，并在此过程中提高管理能力。这个承诺不仅增强了学生的集体意识与班级的凝聚力，而且能使学生获得班级管理主人的积极体验，从而激发学生主动参与班级管理的积极性，并从管理者的角色中学会管理他人、学会自我管理。班级人数的减少为每个学生都能担任班级管理者提供了更多的机会。

亮点三：家校和谐合作

教育的很多方面都需要来自家庭的关注、支持与配合，因此，学校的主动沟通与服务机制也显得更加重要。小班化教育使教师与家长有了更多、更直接、更有效的交流与合作，开创了学校教育与家庭教育互相协调和配合的新格局，家校有效、和谐合作，提高了每个学生接受教育的充分性、全面性和完整性，让每个学生都享受成长的快乐。

亮点四：提供展示的平台

学校定期组织丰富多彩的特色活动，培养学生参与的兴趣与热情，激励每个孩子主动加入到活动中来，并在活动中不断获得被赞赏的机会。

1. 开展"读书班会"：每月的最后一周班会课，是单元主题阅读活动课时间，由读书俱乐部的各小组分别策划组织。小组成员自主分工，人人参与，交流本月阅读情况。

2. 进行"读书论坛"：每学期，学校定期进行"读书论坛"。学生在论坛中与成人（家长、教师、作家）面对面，从孩子的视角与他们探讨阅读的感受。

3. "我的节日我做主"：每一个由孩子们创意的节日，全校所有的孩子共同参加，每项活动都做到百分之百的参与，让学生充分体会节日给自己带来的无限乐趣。

这样的展示机会在课内、课外还有很多，学生在参与过程中，可以不断得到老师和同学的赞赏，自信心不断增强。同时，学校的学生只要每周至少参与一次各类展示活动，每月就会获得单项表彰的机会，这些举措保证了每个学生都有被表扬、被激励的机会。

亮点五：让每一个孩子有同等的机会

如果没有教师智慧的引导，小班与大班并没有本质上的不同，都有可能成为几位优秀生的发言堂，而大多数学生都只能是成为"听客""看客"。学校要求每一位小班实验班教师在课堂上必须做到使每个孩子获得一次又一次表现和被肯定的机会，这样可以使孩子变得自信、大胆、活泼。性格决定命运，小小的举措，也许在不经意间改变着一个人的生活。让每个孩子在课堂中至少拥有两次以上的发言机会，已成为每一个小班化教师的教学习惯。同时，教师明确了，比给予机会更为重要的是激发学生表现自己的欲望，让学生在发言中得到自我的满足，以获得再次发言的动力。教师给予每个学生同等的机会与关注，使不同层面的孩子在各自的最近发展区得到充分发展。

四、注意事项

1. 学生个别差异：学生之间的差异是客观存在，比如，我们分析发现，由于家庭环境、识字能力、阅读方法等方面的差异，一部分孩子识字量不足或过低，造成阅读面比较狭窄、阅读品质不高，阅读情况不理想，而有些孩子的阅读品质已远远超过了同龄的孩子。因此，在充分了解和分析每个孩子的阅读情况后，教师根据学生的年龄，在书籍选择、阅读进度、阅读方法等方面制定全方位的两年阅读规划，利用好学生间的个别差异，更好地服务于学生的成长。

2. 年段整体差异：小学阶段，不同年龄段的学生特点也有所不同。低段学生活泼、爱想象、好动，中段学生独立意识开始增强，高段学生日趋沉稳，求知欲望强。因而十项承诺在各年段的侧重点和表现形式也不尽相同。如同样是表扬，低年级的孩子以小红花贴画、卡通图案等物质刺激孩子学习的热情，中高年段就可以以奖励做"一日班长"，奖励做一周领读人，奖励与老师一个美好的拥抱等精神鼓励为主。尊重年龄的差异，以各项承诺的落实真正促进儿童的发展。

3. 关注学科差异，践行承诺：根据每门学科的特点，不同任课老师确保十项承诺的落实时，也是有所侧重的。比如音乐、体育老师侧重承诺一项体育艺术特长的实施；语文老师承担制定阅读规划的任务；德育老师发挥孩子的奇思妙想，策划创意节的方案；班主任老师安排学生轮流主持晨会、班会、管理班级等，这样有所侧重，确保十项承诺有条不紊地逐条实施。

4. 关注硬件支持，践行承诺：

（1）成立"一个中心"：儿童阅读文化研究中心。教师在这里研究儿童阅读的特点，儿童阅读的兴趣，儿童阅读的资源，儿童阅读的策略等，不断促进学校阅读文化建设可持续发展，提升学校阅读文化建设的品位。

（2）举办"一个课堂"：每月一次教师成长课堂。包括艺术鉴赏篇、异域拾贝篇、书韵飘香等，教师们既是听者亦是讲者，定期将自己的学习所得与同伴分享，不断丰富教师的文化底蕴。通过长时间浸润，形成一种主动学习、积极向上的氛围。

（3）创办"一个刊物"：《悦读》。读书月报《悦读》是师生妙笔生花的土壤，是学生作品展示的舞台。看着自己的作品成为铅字文，同学们阅读写作的激情更高涨了，渐渐地，学校出现了一批拥有专版专刊的"小作家"。

（4）开设"一个学堂"："心灵握手"家长学堂。学校每两月组织一次"家长学堂"活动，活动形式多样：邀请专家、特级老师进行学生学习及习惯的辅导；"知心姐姐"报告团进行心理辅导报告；坚持每学期以班级为单位举行一次"家长联谊活动"等。新颖的形式，取得了事半功倍的效果。

五、案例

"我的节日我作主"节日名称

节日名称	策划人	节日名称	策划人
灯笼节	邵睿雅等	喷水节	李靖宇等
感谢节	朱宇轩等	玩具节	李千惠等
快乐节	牛懿等	狂欢节	徐乐等
互助节	王丽妮等	笑话节	秘泽宇等
好习惯节	王陈昊志等	科技节	郑子清等
化妆节	管赟等	反话节	赵欣悦等
气球节	许一璇等	文明节	柳佩君等
校花节	朱域等	分享快乐与美味节	陈天晟等
购物节	柏凡等	交换节	马天俊等

续表

节日名称	策划人	节日名称	策划人
皮皮鲁鲁西西节	刘伟超等	动漫节	许可欣等
心里话节	顾思鑫等	忆苦节	陈辉等
保护动物节	王子愚等	亲子贸易节	王君珂等
时装节	施瑷等	艺术节	窦语佳等
雕塑节	孙嘉琪等	象棋节	陈金晨等
美术节	周雪婷等	登山节	朱天奇等
发明创造节	丁沁怡等	面具节	嵇婷等
手工节	张阳坤等	自制食品节	陈菲等
拾废品节	徐磊等	自由节	陈润妍等
捐赠节	陈龙飞等	发泄节	汤浩炜等
创造节	吴仁杰等	魔术节	叶雯雯等
免费节	窦蓉等	运动节	邓嘉昊等
自立节	李莎莎等	音乐节	沈心语等
才艺展示节	许思宇等	作文节	黄博文等
故事节	杨仁杰等	健身节	卜宇轩等
不吃零食节	吴悠等	设计课本剧节	林晨等
野炊节	韦嘉等	游戏节	宣月等
电影节	杨海林等	交友节	丁颜等
折纸节	王哲等	小小教师节	严家鸣等

学校：南京市同仁小学
校长：程元春
执笔：张晓艳

每个人都有一定的管理自己情绪的能力,小班化教育环境下,如何引导每一位学生学会更好地管理自己的情绪?请看——

个别化情绪管理

一、内涵

儿童因性别、人格特质、成长环境等因素会表现出不同的情绪管理能力。个别化情绪管理是在尊重儿童情绪管理差异的基础上,通过多种形式引导儿童发展情绪管理能力,从而促进儿童心理健康发展。

二、背景

(一)基于儿童的成长与全面发展的需要

儿童期是一个人社会化的开端和基础,儿童的发展特点也是其需要进行情绪管理的原因。在这一时期,儿童的主要特点就是发展,除了身体上的快速成长外,心理、智力等也面临着快速的发展,但却处于不成熟的阶段,不能像成年人一样较为自如地处理自己的情绪问题,更容易出现情绪困扰的现象,处理不当则会进一步发展为情绪障碍,影响儿童的健康成长。由此可见,从预防和发展的角度培养儿童情绪管理能力,对他们的健康成长具有重要意义。

(二)基于儿童个性发展的需要

现代社会需要的是创新者和创造者,需要具备21世纪核心素养的劳动者。在这种环境下,学校对学生的培养不再仅仅局限于教授学生基本知识技能,而是要促进学生全面的、有个性地发展。让儿童学习情绪管理,促进其心理健康发展正是满足儿童个性发展的需要。

(三)基于落实小班化教育理念的需要

小班化教育的本质,是通过"幸福的教育",让每一个儿童"幸福地成长",在学校的小班化教育实践中,应当"面向每一个",尊重儿童个体差异,提供适性个别的帮助。所以,尊重儿童情绪管理的差异,帮助他们发展情绪管理能力,健康、阳光地生长,也应成为小班化教育关注的重要方面。

三、操作

(一)心育晨会

利用每周一次的心育晨会,为全校学生普及心理健康知识,其中就有情绪管理的专题知识。形式可以是讲几个小故事,可以是解答一个孩子提出的具有代表性的问题,可以通过心理知识帮助孩子认识自己的情绪,也可以是一起做做健脑操,放松身心,让心情更愉悦……

(二)绘本阅读心育课

最早的绘本起源于欧洲,英文名叫"picture book"。从字面上的含义进行理解,"绘"有绘画之意,"本"即书本。"绘本"的字面含义也就是指绘画的书本,但现在所指的绘本却不仅仅如此。有位儿童文学家曾指出:绘本是用图画与文字共同叙述一个完整的故事,是图文合奏的结果。

儿童绘本是考虑到儿童的年龄和性格特点以及注意力集中的时间和方式而专门设计的,儿童绘本的设计符合其心理特征和理解能力,内容非常丰富,一般从日常生活中选材,涉及文学、科普、教育、生活等各个方面,作者通过生活中一些平凡的小事展开丰富的想象,把知识、道理和情感通过画面传递给儿童。儿童绘本色彩鲜艳明亮、语言简洁易懂,内容富有情节性和幽默性,同时也具有教育意义。阅读好的绘本,能够让儿童获得视觉上的审美体验,同时也能潜移默化地增强他们内心的喜悦和幸福感。

情绪管理主题绘本指通过为儿童呈现有关某种情绪状态的故事,帮助儿童认识、理解常见的情绪状态,引导儿童恰当地表达、抒发自己的情绪状态,进而调节自己的情绪,增长情绪知识,提升情绪能力。在情绪主题绘本中,情绪主题的呈现往往都是通过多种表达方式来共同完成的,比如文字的描述形式、图片展示的形式、画面与文字配合的形式,无论哪种方式图画都发挥着传递与表达情绪知识的重要作用。绘本图画直接描绘了当某种情绪产生时,故事主人公的情绪行为表现与调节方式,这就为儿童体验和感知情绪提供了认知对象,同时也为儿童将情绪知识内化为自己的行为方式奠定了一定基础。钓鱼台小学心育组教师根据《南京市学校心理健康教育实施纲要》低、中、高年段学生的心理特点、心理健康的标志、常见心理问题,结合本校孩子的特点,在众多绘本中精心挑选,编写了校本课程绘本心育教材——《心田上的幸福树》。情绪管理是校本教材中的重要主题。每个年段绘本的选择都考虑到本年段儿童的心理发展特点以及生活学习中最困扰他们的问题。例如低年级的《我好害怕》、中年级的《生气汤》、高年级的《我变成了一条喷火龙》。

绘本阅读心育课通常有以下几个环节:

(1)热身活动。热身活动有助于儿童建立亲密的关系,以愉快的心情投入阅读与活动中。

(2)阅读绘本。在教师引导下通过边读边猜、全班阅读、自己阅读、小组阅读等形式了解故事内容,用角色扮演、情境再现等方法帮助儿童体会故事中人物的情绪,评价人物处理情绪的方法并联系自己以往经验,学习如何进行情绪管理。

(3)反馈活动。通过游戏、绘画、填写反馈单等形式巩固学到的管理情绪的方法,并尝试在生活中运用。

课堂上,教师在进行情绪管理主题绘本阅读时有目的地引导儿童读图,关注图画中所蕴含的各个情绪主题要素,并在此基础上帮助儿童总结、归纳情绪知识,完成情绪知识的迁移和内化。通常用以下方法来引导儿童读图:

猜:从封面猜测

每本书都由封面、封底和扉页构成,有的还夹杂有环衬,绘本也不例外,但是绘本的这些组成部分自有独特之处。多数绘本的封面都是源自正文,当然也有例外。通过绘本的封面,老师可以引导同学猜测故事,激发起阅读绘本的兴趣。

比:以细节为线索

前后比较

绘本中有很多前后关联或者互相照应的图画,读图时要指导学生学会前后对比来读图。《小猪变形记》第一幅图和最后一幅图相似中又有不同,通过比较可以感受到小猪正享受着做自己的快乐和满足。

发现细节

绘本中的很多细节处都很能体现绘者的智慧,引导孩子去捕捉这些细节有利于我们更准确、更深入地理解绘本,培养学生的观察能力,让他们能静下心来品读文字和图画。《你很快就会长高》中阿力被别人取笑,他的感受如何?在课堂上,对于此处的理解有的学生先没有注意观察阿力面部表情,就根据自己的经验来猜测,完全不符合绘本的原意。引导学生关注阿力涨得通红的脸和泪珠就能更准确地把握阿力的内心世界。对此处细节的关注让学生的心静了下来,这时候,他们沉下心来仔细读图了。后面学生就观察到阿力房间墙壁上的画,阿力被子的图案都是长颈鹿,感受他长高的愿望多么强烈。

品:理解风格

带领同学读绘本的时候要注意引导孩子观察色调。例如《生气汤》中汤的颜色灰暗,直观地告诉孩子,负面的情绪给人的感觉就如同这灰暗的颜色。武田美穗的绘本《同桌的阿达》中的小美穗因为受到同桌阿达的欺负,心情很差,不愿意上学,作者就让美穗周围的街道都没有色彩,表现出美穗灰暗的心情。

关注构图特点。《我为什么快乐》是一本帮助同学们认识情绪的多样性和了解各种不同情绪的书。全书结构相同,都是先提问,如"我为什么快乐",然后用一组图画回答在什么情况下我会产生快乐的情绪。作者在用多幅图回答为什么会有这种情绪时,构图形式多种多样,打破了刻板效应,让学生读时更具有趣味。

(三) 小团体辅导

小团体辅导是将6—8个在情绪管理方面有共同困扰的孩子聚在一起,有针对性地培养情绪管理能力。小团体的成员可以是心育教师张贴招募团体成员海报后,孩子自愿报名的,也可以是往开心信箱投递的有共性问题的学生,也可以是其他教师或同学推荐的。小团体成立后,这几个孩子每周在固定时间聚在一起,通过教师精心设计的一系列有延续性的体验活动,解决困扰,学习认识情绪,提高情绪管理能力。

由于小团体辅导人数少,没有学习上的压力,还有各种游戏活动穿插其中,所以孩子们没有心理负担,活动气氛十分融洽。同时小团体成员较少,辅导老师能够关注到每一个孩子的行为,有针对性地予以帮助。

小团体辅导针对部分孩子,是对绘本心育课的补充和延伸,也是个别化关照的体现。

(四) 个别辅导

对于不愿参加小团体辅导,或者只想与教师单独交流的孩子,可以安排个别辅导。心育组的教师在了解孩子想法与困惑的基础上设计个别辅导方案,每周固定时间在心理咨询室为孩子进行辅导。个别辅导是一对一的辅导,针对性更强。

四、注意事项

1. 绘本阅读心育课的重点是"心育",教师要根据心育目标发掘绘本中的教学资源,避免上成语文课外阅读指导课。

2. 无论是阅读还是游戏反馈,教师要重视孩子的心理体验,引导孩子审视自己的内心,避免教学落在讲道理的层面。

3. 小团体辅导通常应设计一个有趣的名字,如"开心俱乐部",让孩子带着愉悦的心情来参加。

4. 无论是小团体辅导还是个别辅导,教师务必保护好辅导对象的隐私。

五、案例

绘本心育课教学设计
克服恐惧:《我好害怕》

◆ 实施年级:小学低年段

◆ 活动时间:一课时

◆ 活动目的:

1. 了解每一个人都会有害怕的感受。
2. 运用健康的方法表达害怕的需求与感觉。
3. 藉由身体活动,体验适当处理害怕情绪的方法。

◆ 绘本介绍与解析:

《我好害怕》曾经被美国CBS晨间儿童节目,作为"9·11事件"之后,帮助孩子处理恐惧的最佳素材。"这本温和的书是针对年幼孩子所写,告诉孩子觉得害怕是没有关系的,并鼓励他们勇敢说出心中的感受"。这是美国媒体对这册书的赞誉。作者在书中描述了小熊害怕的处境,害怕的感觉,以及如何消除害怕的情绪。由小熊把害怕的情绪转换到"害怕的时候,我知道我该做些什么",启迪成人要关注孩子害怕的感觉,帮助他们克服这种情绪,树立自信心。

◆ 活动准备:《我好害怕》PPT、恐怖箱(一个箱子:正立面是透明的,上方只留单手可进出之大小);及若干物品,例如:洋娃娃、绒毛物品、昆虫造型的物品等)、悬疑音乐。

◆ 活动过程:

活动主题	教学活动内容	关键问题设计	备注
热身活动	一、《恐怖箱》 1. 教师将班上学生分成若干组，每组学生人数相当，并请各组学生依序报数。 2. 教师暗中将物品放进箱中，避免让参加游戏的学生看到。 3. 教师抽出各组参加游戏的学生号码。 4. 参加游戏的学生出场后，轮流将手伸入纸箱中，每人有10秒钟的时间，所有人摸完之后，请说答案。 5. 教师揭示答案，答对的组别加五分。 6. 重复2~5的过程，直到大部分学生参与了游戏。 7. 在游戏的过程中，未上台的学生负责观察参加游戏学生的表情及动作，如果有泄露答案的学生，则以扣除该组的分数处理。 8. 最后摸出小Bug。采访结束后，告知刚刚小Bug是一只害怕变成蝴蝶的毛毛虫，希望同学们抱一抱互相安慰——"抱抱传"。	教师展示箱子，让学生猜猜看，要玩什么游戏。 教师归纳学生意见，揭示答案，说明要进行恐怖箱的游戏。 当你的手伸进箱子里时，还不知道箱子里有什么东西的时候，心中有什么感觉？为什么会有这种感觉呢？ 你发现同学们将手伸进箱子时，脸上有什么样的表情？身体有什么样的动作？说说看，他们为什么会有这样的表情和动作呢？	注意事项：基于学生安全及保护动物的考虑，箱内请勿放置动物；为增加游戏的气氛，背景可播放些渲染悬疑氛围的音乐，此外也可以将物品事先冷冻。
阅读绘本	二、绘本阅读《我好害怕》 为了感谢同学们的热情，小Bug为大家带来一个故事	出示封面，猜猜绘本名称。 教师公布答案，鼓励猜对的学生 1. 认知： (1) 故事中的主角是谁？他发生了什么事呢？ (2) 看完了这本书，你觉得它想告诉我们什么？ 2. 省察： (1) 小熊最先有什么样的感觉？ (2) 为什么小熊会害怕呢？ (3) 小熊害怕的时候，身体有什么样的感觉？ (4) 小熊害怕的时候，想做哪些事情让心情好过一点？ 3. 比较： (1) 如果你碰到让小熊害怕的事，你会害怕吗？为什么？ (2) 还有哪些事会让你害怕呢？ (3) 你害怕的时候，身体会有什么样的感觉？ (4) 你害怕的时候，会想做什么事让心情好一点？ (5) 你看过别人害怕吗？为什么你知道他在害怕？他为什么会害怕？ (6) 别人害怕的时候，你该怎么办？ 4. 自我应用： (1) 现在你对这个故事有什么新的看法？ (2) 这个故事告诉我们，在生活中要注意哪些事？	如果学生猜不出来，老师可以发问来提示。

续表

活动主题	教学活动内容	关键问题设计	备注
反馈活动	帮帮小Bug 1. 小Bug很害怕飞翔,但他很想学飞。让我们一起来帮助他克服害怕情绪。 2. 我们轮流向小Bug说鼓励的话,使他勇敢起来吧!(正面的自我对话可包括:"我一定可以做到的","勇敢一点","我以前也曾克服困难的事"。) 3. 把小Bug传给一名学生,请他向小Bug说一句正面的自我对话词,如:"我一定可以做到的。"当学生说出这句话后,请他把小Bug的小翅膀拉出来。把小Bug传给另一位儿童,邀请他也以同样的方法鼓励小Bug。 4. 当小Bug的翅膀长出来后,告诉学生:"小Bug想大家帮助他围绕教室飞行20秒!"让学生互传小Bug玩偶,直到你数到20为止。 5. 当小Bug返回到开始传玩偶的学生手上时,感谢儿童帮助小Bug获得飞行的勇气		

评析:

害怕是低年级儿童最常见的情绪之一,也是最困扰低年级儿童的情绪之一。本课的教学设计先通过恐怖箱的热身游戏引导儿童体会、回忆自己害怕时的感受,接着通过阅读绘本《我好害怕》认识害怕这种情绪。阅读过程中,教师创设情境,将儿童带入故事,体会什么时候会害怕?害怕时身体有什么反应?将情绪具体化,引导儿童观察自己心理和身体的变化。儿童通过阅读,了解到害怕是一种正常的情绪,人人都会有害怕的时候,并且在老师引导下了解害怕也有好处,可以帮助我们避免受到伤害;反馈活动中,教师以鼓励小Bug的形式引导儿童学习在害怕时如何鼓励自己、鼓励他人,将情绪管理落实到操作当中。相信上完课后,儿童再遇到害怕的时候也会鼓励自己、鼓励他人。

学校:南京市钓鱼台小学
校长:袁　方
执笔:李　欣

小班化的学习评价应是个性化的,是有针对性的,如何科学地了解"每一个"的学习状况,充分利用当代先进的技术手段来评价每一个?请看——

"数字化"评价

一、内涵

"数字化"评价异于传统的评价体系,是运用多种数字化终端对学生的学习情况以及教师的教学情况进行记录并在同一时间进行评估,最终将评估的结果呈现给师生,当然,评价并不是为了用成绩去衡量学生与老师,评价是为了促动教师们的自觉反思与学生们合理的自我分析。

二、背景

(一)小班的优势显现

相对于大班而言,小班化课堂教学过程中的学习反馈和评价是具有鲜明特点的:"四高四全"。而"数字化"评价可以让每一个学生都参与到发言活动中,也能让每个学生展示自己的思考,更让每个学生都能得到当堂的反馈与评价。

(二)课改中"评价"的多元化

2011版的课程标准提出要注重对学生进行多元性评价和数据记录,而且我们的时代已经迈入了"大数据"时代,"大数据"教育的幕帘已经缓缓拉开,美国的《地平线报道》上已经明确地提出"学习分析"这一理论,学习分析是指为了预测和指导人们的学习,通过智能数据、学习者产生的数据以及分析模型的应用,来发现信息和学习者之间的社会联系。利用数据挖掘、数据解释与数据建模的优势来改善对教学和学习的理解,以及为个别学生量身定制更有效的教育。

我们可以发现"学习分析"是一种非常有效的方法,但是"学习分析"的进行是有前提条件的,因为"学习分析"的意义和价值在于有理有据的分析与反馈,所以它的前提与保障是数据来源的多样性和准确性,这就需要"大数据"的保障,我们的"数字化"评价体系在学生数据记录与存储上具有极大的优势。

(三)学生的需要

运用了"数字化"评价体系后,实验班级的每个学生都有一个自己的账号,系统将记录下学生每一题的情况,通过一段时间的积累,学生能十分清楚自己的学习情况:哪些知识点是已经完全掌握的,哪些知识点还有所欠缺,哪些知识点还需要努力,它让每个老师更了解学生,让每个学生更了解自己。

三、操作

这两年龙江小学在"数字化"评价的道路上,做了如下的研究:

(一)反馈——让每个孩子的学习力透明,突出个别关注

课堂上,对于每个学生的学习状况,老师要能够及时了解,所以当堂反馈至关重要。数字化评价利用设备的优势,运用信息技术的"快速"反馈能力,帮助老师在课堂上就能对学生进行准确的判断。设备情况:一至三年级使用答题器,四至六年级使用平板。

1. 即时反馈

数字化评价网站中老师们设计了一套与我们现用的教材紧密结合的练习题库。课堂上,学生通过数字化终端进行答题。答题结束后,每个学生的答题情况:正确答案、答对人数、完成时间、错误情况等详细信息能够即时反馈在屏幕上,老师对每一个学生的学习情况一目了然,实现了学生学习力的透明化。

以英语学科的单词教学为例,新授结束后,紧接着进入巩固环节。通常,教师展示任务,学生按要求进行口语表达。此时的课堂上就会存在这样一个问题:进行口语展示的始终是一小部分学生,老师并不能全面地了解每个学生的学习情况。而在数字化评价中,就很好地解决了这方面的问题。通过有趣的剧情和学生们手中的答题器,边说边练,口语和认读相结合,从多方面考察了学生的学习能力,大大提高了学生的参与度,也让老师能在第一时间,掌握第一手资料,及时调整教学环节和进度。

在常规教学中我们发现,一节课结束,课堂上难以实现呈现每一个学生的参与和发言,课后练习也要等老师批阅后才能弄清学生掌握知识的程度,这一切需要等待学生的练习交上来批改后才能知晓,而这时教师与学生在教学活动中的兴奋点已经发生了转移,老师也难有那么多精力去辅导每一位学生。当堂反馈呈现学生的即时评价,为教学任务"堂堂清"提供了可能。

2. 分类标示

我们进一步尝试将题库中的习题进行分类标示,不仅要标示出题目考察的知识点,还将依据学生的能力进行分层,为班级不同的学生服务。这一工作是老师发挥我们自身的专业特长,借助"信息化"技术的手段彰显个别关注,只有信息化技术与教师结合才能发挥更大的作用。

3. 推送"题群"

任务设计上开展"一次推送一个题群"的尝试,让每位学生坡度提升。以数学课为例,新课上完后,老师向学生派送8道题,题目的难度分配为5:2:1,5道基本题、2道提高题、1道拓展题。5道基本题与前面的教学内容紧密结合,为必做题。后3道题着眼于孩子的能力拓展和延伸,难度加大,学生可以选择性完成。尤其最后一道题目,可能部分学生不能完成,但至少大家都参与了思考。教师在做数据统计时以前5道数据为准。

借助信息化手段实现课堂上的即时反馈为下一步的统计、矫正提供可能。

(二)统计——形成个人与班级成绩走势,构建学生、教师、学校立体化评价体系

1. 学生个人成绩走势图

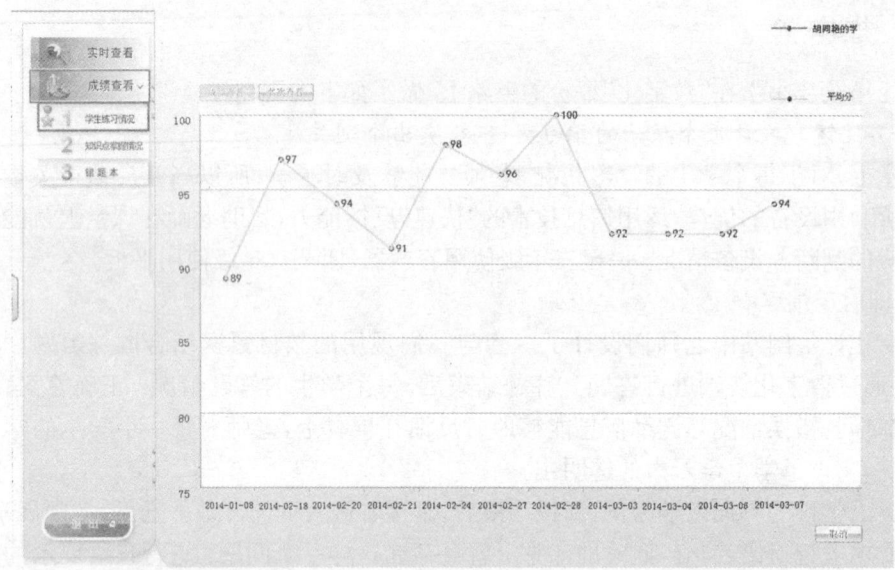

学生每堂课的个人成绩形成记录后,一段时间下来会形成其个人成绩走势图,教师与家长对学生这一时期的学习情况了如指掌,便于对下一阶段的学习提出合理化建议。

2. 教学知识点掌握图

教师身份登录后,可以查询自己布置过的所有练习及学生完成的情况,统计每一个知识点学生的掌握情况,便于有侧重地进行复习。

3. 班级成绩走势图

选择身份登录后,可以了解每个班级布置练习的情况和学生的完成情况,形成班级成绩走势图。借助图表可以分析出班级整体学习情况是上升、下降还是持平。

我们借助极具说服力的数据,实现教师对学生的学习评价,教师的自我教学评价,学校对教师的管理评价,三方结合构建立体化的评价体系。

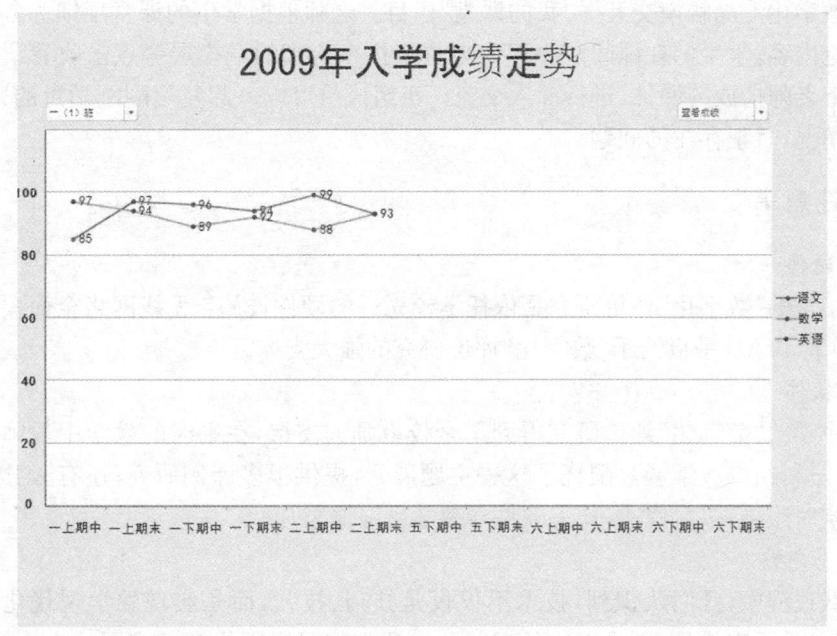

(三)矫正——哪壶不开提哪壶,实现学习者的学习与自我管理

反馈和统计之后我们应该做什么?数据意义是什么?我们认为评价之后老师关键要做的就是"矫正",所谓"哪壶不开提哪壶",信息化手段让我们知道了"哪壶不开",接下来我们就通过一系列的实验去矫正,让孩子的学习思维"正",学习行为"正",以帮助学习者实现学习的自我管理。

1. 课中矫正——错题本实验

我们的每一个答题器,平板等终端与学生的编号是对应的,它将学生每堂课的错题存储到电子错题本中,方便学生在学习中不断总结、纠错、巩固所学知识点。学生有了这个"电子个人错题本",也方便教师针对学生个人制定有效的矫正教学。这一功能同时可以通过数字化评价网站的通道让家长及时了解自己孩子对于知识点的掌握情况,以便在家对孩子进行针对性地辅导。

2. 课后矫正——微录播(个人)实验

通过"数字化评价"的当堂反馈的功能,老师在及时了解学生的问题所在后,还可以依据个别学生的需要运用"微录播"设备录制一个7到12分钟的在线视频,学生可以放学后在家观看这些教学视频,解决自己学习中存在的问题和疑惑,解惑后再完成作业,这又可为学生节省第二天到校的订正时间。其实这就是在美国日渐流行的被称为"翻转课堂(The Flipped Classroom)"的创新教学模式,我校依据我们的校情进行本土化改良,透过学生在课堂学习中遗留的问题为教学点制作微课,辅导学生矫正学生的行为与思想。如数学课上教学《解决问题的策略——画图》时,有些学生在练习时画图有问题,老师就可以录一节有针对性的微课手把手地对学生的画图进行指导。

3. 课后矫正——走廊课(小组)实验

当然除了针对个人课堂后矫正的微录播课程,我们还有针对小组学习的课堂后矫正课程——走廊课,语文、数学、英语三大学科的教师将上课的课件、课后拓展练习等上传至学校各楼层的数字化液晶触摸交互屏"我的课堂"栏目。老师根据学生的课堂反馈为各小组布置相应的讨论内容,学生们在课间以小组为单位聚拢在走廊的触摸屏旁点击收看语文、数学、英语课堂上老师播放的课件,进行深入交流。小组成员可以一起复习刚刚学过的知识,互相检验学习情况,矫正存在的问题。

四、注意事项

(一)硬件

龙江小学的"数字化"评价研究是依托学校先进的硬件设施:无线网络全面覆盖学校各个角落;50台IPAD平板给予"数字化"评价研究的强大支撑。

(二)软件

龙江小学的"数字化"评价研究得到了全校教师的支持,在平时的教学中教师们进行实验研究,各学科组的教学紧紧围绕了这一主题展开,提供很多课例研究;还有"幻魔学堂"这套系统的实时跟进,多次修改,使得软件与教学更好地契合。

(三)易忽略

在实践过程中,我们认识到,技术不仅仅是技巧、技艺,而是实现教学现代化的途径之一,不仅仅是手段现代化,更是思维的现代化。我们将紧紧围绕智慧校园这个中心,努力将硬件设施优势转变成教育质量强势,以数字化评价实验为抓手,实现每一个孩子度身定做的学习策略,实现学校文化、课堂文化、课程文化、教师文化的整体提升!

五、案例

二年级数学 复习(1)

教学内容

第九课时:复习1~5(教材62页)

教学目标

1. 巩固三位数减三位数的计算和解决一些简单的实际问题。

2. 弄清算式间的联系和区别,进一步掌握减法的算法。

教学重、难点

注意把统计和估计等知道和解决问题结合起来。

教、学具准备

实物展台;短焦投影;三角板。

教学过程

一、谈话导入

谈话,前几节课,我们学习了三位数的"减法",在减法计算过程中,我们遇到了减法的哪几种类型?(板书)

今天我们就到魔幻学堂去检查自己学得怎么样。

首先它给我们出了一道口算题。

二、口算练习

1.(出示口算:8题。)

准备好答题器。依次发送答案。

2. 查看正确率,正确和错误人数。

问:你是怎样想的?

咱们口算得不错,笔算怎么样呢?来看看今天的小组研究。

三、笔算练习

(一)小组研究十分钟(复习第1题)

A 出示第一组算式:503-302=　　503-392=　　503-409=

1. 观察这一组三道算式的被减数和减数,你有什么想说的?在小组里说说,每组推选一位同学来代表(发言)。

师到组里参与讨论:引导:会不会遇到这三种情况?

汇报:哪个小组来汇报?

2. 要求:打开练习纸,第一行。计算验证我们的推测。

3. 汇报得数。

小结:说一说:在计算过程中,你发现了什么?有没有遇到这样的三种情况?

B 再来看看这一组呢?还是这样的规律吗?

出示第2组:448-234=　　428-234=　　420-234=

追问:为什么这样猜?

说得对不对呢,咱们再请数据来说话。在练习纸上第二行。

通过计算,你发现了什么?把你的发现跟你的同桌说一说。

小结:看来有一双会观察的眼睛能帮助我们更快地解决问题。

(二)竖式改错题

我们来做小法官。

过渡:从前几天大家做过的竖式计算中,我抽选出这样几个例子。看看他写得对不对。明确要求:准备好答题器,对发1. 错发3. (切换)

接收答案后:咦?都认为是错的?哪里不对?(指名回答)

查看结果,正确人数,错误情况。继续下面3题。

(答题器摆在一边)小结:这是我们班同学曾经出现过的错误。为了让他不再犯错,你想提醒他什么?(　　　)

你们几个的提醒很具体、很有价值,真是个细心的孩子!让我们带着这些提醒,来解决这三个问题。

(三)用竖式计算并验算(第2题)

1. 出示题:3道。独立解答。

2. 投影展示有问题的作业。我们有了给自己检查的习惯,也来帮它查一查,你觉得他这题写得怎么样?应该怎样算?

3. 小结:通过我们自己去计算,和帮别人找错误。你觉得在计算减法时需要注意些什么?学好了三位数的减法,能帮我们解决哪些问题呢?

(四)解决问题

(复习第3题)

1. 谈话:生活中,咱们都提倡"节约用水"。现在来看看有几户人家五月份的用水情况。

(出示课件)从这个表格,你了解到了什么?要我们求什么?说明:"立方米"是用水量的单位。

你觉得怎样可以算出5月份的用水量?(用5月份读数减4月份读数)

2. 师说:这个表格要求李小芳家五月份用水量,就是要求什么?

3. 指名汇报。702－693＝9,你是怎么想的?

(复习第4题)

1. 出示图。图中,已经知道什么求什么?"花园村再增加22人就和河西村人数同样多"是什么意思?(花园村比河西村少22人)那花园村有多少人?怎样列式?

2. 独立计算,根据练习显示情况,筛选具有代表性答案的学生汇报。

四、估算练习

(复习第5题)

现在正是春天,为了绿化环境,我们需要多植树造林。

这道题应该用什么法计算?从哪个词看出来用减法的?

要不要算出具体得数?你怎么看出来的?

指名回答。

五、你会在□里填上合适的数吗?

1. 独立计算,发送答案。

2. 反馈答题结果。

3. 追问:你是怎样想的?

六、全课小结

通过今天的复习,你有什么收获?你觉得我们要想做好减法,需要注意哪些?

学校:南京市龙江小学
校长:林　敏
执笔:王　娟
案例提供:汤　波

每个孩子都蕴藏着丰富的成长能量,如何视儿童的个性需求,尊重他的个体权利?
请看——

儿 童 赋 能

一、内涵

赋能(empowerment)又称赋权增能,最早出自社区心理学,乃指个人、组织与社区借由一种学习、参与、合作等过程或机制,获得掌控自己本身相关事务的力量,以提升个人生活、组织功能与社区生活品质。儿童赋能,指的是在教育中,通过赋予儿童相应权利,搭建平台,提供途径,增强儿童能量,让他们有一种内在的控制感、效能感、力量感与有资源的感觉,从而去达成自己理想的目标。它主要有这三个特点:

1. 重视个体内在的需求。康格和卡纳格把赋能看作是"一种力量与控制力,它是源自个人内心的期望需求与动机"。教育只有激发起受教育者内在的需求时,它才有可能发挥作用。这种内在的需求,在马斯洛需要层次理论中我们可以看到,从低到高依次为:生理上的需求,安全上的需求,情感和归属的需求,尊重的需求,自我实现的需求。因此,赋能和一般的教育不同之处就在于,赋能不主张灌输,不主张将教育者自以为好的东西强加给受教育者,而是主张吸引受教育者从自己的需求出发接受教育。

2. 尊重个体的权利。教育是一种互动过程,双方均有权利和义务。赋能更加强调受教育者的权利,这不仅是从公民身份的角度去看,更是认为只有让受教育者充分发挥其权利,参与到教育教学活动中来,他才能感受到被尊重,才能够自主去发挥、去创造,能量才被激发。

3. 强调积极视角。赋能理论强调个体拥有有效地应付各种生活挑战的能力,应该从积极正向的视角去看待他们,鼓励他们充分展示自己正向的一面,并在这过程中感受自己的力量和效能。如果一个人直觉到自己能够影响到某些事件的时候,那么他就会感到获得了权能。有了自我效能感,他前进的力量将会更足。

从这个意义上说,赋能主张每一个人都是向善的,每一个人都拥有成长的力量,他们的内心中蕴藏着丰富潜能。教师以学生的生命发展为教育使命,珍惜学生生命中潜在的可能性,在教育中,以积极的框架来看待学生,肯定学生已具备的优点、已经尝试过的努力,发掘学生独特的禀赋,使学生能在正向而非责备贬抑的氛围中,不断地赋能,获得自身能量的提升与成长,才是真正的教育。

二、背景

（一）儿童赋能是回归教育原点的教育变革

随着人们对教育的关注度、需求度越来越高，日益功利化的教育正在不断地受到诘问。许多学校把分数与就业看成教育至高无上的追求，异化为我们整个教育的原点和教育的重要追求。这不由得引起我们对教育的重新审视：教育到底是为了什么？教育的原点在哪里？鲁洁等专家认为教育的原点是育人，教育源于生命发展的需要，教育的根本要旨就是为了促进人的发展。新课程改革强调以学生为中心，以"一切为了学生的发展"为核心理念，就是在自上而下地推进学校教育回归原点。儿童赋能强调以人为本，儿童利益高于一切，就是努力打造一个真正属于儿童成长的"巴学园"，学校的一切制度、课程、环境等均是因儿童的发展所设。在这样的学校里，教育其实就是创造机缘，唤醒儿童成长的意愿；优化环境，呵护儿童向善的萌芽；提供支持，增强儿童积极的能量。我们相信，这样的变革才能真正促进人的发展。

（二）儿童赋能是儿童全面发展的必然之路

教育的培养目标是使学生成为德智体等方面全面发展的人。如何才能促使学生全面发展？从外部环境来看，学校应该通过课程设置、机制创新等为学生全面发展搭建平台、开拓途径，这正契合赋能本意。同时，赋能也强调儿童内部动力的激发，相信在儿童的生命中，本已蕴藏无尽的发展潜能。这种生命力是一种积极的、活动的、发展着的存在，它具有无穷无尽的力量。教育的任务是激发和促进儿童的"内在潜力"的发现，并按其自身规律获得自然的和自由的发展。而只有学生积极参与，主动自由地发展，才能全面发展。

（三）儿童赋能是小班化教育的必然追求

小班化教育的核心追求是什么？当我们在鼓励小班学校"关注每一个，成就每一个，发展每一个"之时，实际上，我们是期待在小班实现教育公平。在一所学校里，"给每一个人平等的机会，并不是指名义上的平等——机会平等，而是要肯定每一个人都能受到适当的教育，而且这种教育的进度和方法是适合每个人的特点"。从这个意义上看，教育公平是指使学生最大限度地获得发展，并突出学生作为个体所具有的个性。那么，教育者就要尊重学生的个性，并赋予学生应有的权利，以确保个性有生长空间。扬子二小作为南京市小班化教育示范小学，借鉴《国际儿童权利公约》和《学习权宣言》相关条款，结合目前小学教育实际，提出在学校里要重点赋予学生学习权、发展权和参与权，提升学生的能量，促进学生生长，真正指向小班化教育的核心追求。

三、操作

（一）保障学生学习权，努力成就每一个

学生是学校的主人，可惜常常只停留在口号中。学校应从学生权利保护的视角，尝试在课堂和课程之中最大限度地赋予学生学习权，确保每一个学生得到适合的发展。佐藤学认为，学校和教师的责任并不在于"上好课"，而在于实现每一个学生的学习权，给学生提供挑战高水准学习的机会。为此，我们鼓励学生参与教学，推行生动课堂的改革，在课堂显性指标上追求学生活动起来，课堂生动活泼；在课堂功能上尝试实现三动一长，即心动、互动、触动和生长；在课堂时间上尝试2-1-1分段，即20分钟公共时间，10分钟小组时间，10分钟个体时间；在学习评价上除考虑学生的目标达成度外还兼顾学生的信心指数和兴趣指数,尝试通过创设绿色学习指标来指引老师尽可能地让每一位学生在课堂上得到关注,得到发展。同时,我们通过量表调查和教师观察,对学生的学习个性特征做了测评,具体了解到每一个学生的学习类型,并给教师、家长提出教育建议,要求教师在备课时照顾到不同学习类型学生的需要,以促使教学让每一个学生受益。

【案例1】

新学生·新生命

在"百草园班"(六1班)的英语课上,各小组正在"备展"——英文会话。同学们或站或坐,凑在一起讲得神采飞扬。他们不时纠正同伴的发音或用词错误,偶尔有学生跑到老师身边请教问题。在预习展示阶段,各小组轮流上台表演,情境创设巧妙,对话和谐自如。评价人随时在评价表中打分并讲出意见,例如:"对话中缺少'疑问句'","句型运用不当"等等。在巩固展示阶段,老师请大家运用"一般过去式"编一段对话。各小组同学进入状态,一部分人口头编对话,另一些人埋头记录。他们脸上洋溢着创造的兴奋和幸福。

"向阳花班"(六2班)的数学课内容是"复习课——图形"。学生们自己总结几年来学习的各种图形的特点,小组交流自学的成果。轮到班级展示阶段,一名男生在用"教鞭"点着黑板上的多边形大声讲解,并随时写出计算的面积公式,一招一式都显得沉稳老练。讲到某一步骤的时候,同学们发出一阵哗然。讲课同学吃惊地停了下来,另一名同学快速从座位上走到前面开始讲解——原来,有一种简便方法刚才的同学没注意到。

在扬子二小,这样的"课堂插曲"比比皆是。学生打心眼儿里认定了自己的"主人"身份,独立思考、合作探究、积极争论已成为课堂常态。在交流碰撞中,学生一方面获得了更为准确扎实的知识,另一方面提升了语言和思辨能力,培养了独立的个性。

短短2年多的时间,这里的课堂发生了巨大的变化。其实二小80%的孩子来自农村或是外来务工人员子女,过去在生人面前甚至不敢大声说话。而如今,自主学习、合作学习能力大大提高,大大方方地展示交流,精彩的质疑对抗,往往让区内外前来参观学习的人们赞叹不已。

课堂变革所带来的"后果",对于二小的老师来说,面临的挑战不仅仅是基于这种课堂组织形式的学科教学,更大的挑战是如何营造和构建基于学生自主的"课堂生态"、"班级生态"甚至"学校生态"。

(二) 尊重学生发展权,全心发展这一个

发展权是指每个儿童都有充分发展其全部体能和智能的权利。为此,学校提供了丰富的课程资源鼓励学生发展。如乒乓球、羽毛球、瑜伽、吉他、足球等特色课,还有快乐周三的各类社团活动课程。同时,我们还重点打造了"巧嘴巴"儿童演讲课程、读写绘课程和"阿福童"课程。这些丰富的可供选择的课程,为学生的成长奠定了基础。当然,学生之间存在差异,共同发展并不意味着齐步发展。我们在小班的基础上,开展成长伙伴活动。每一位教师与十名左右学生结为伙伴,定期沟通交流,开展成长会活动,做个案研究,给予这些学生更多关注和引导,让每一个学生在校园里都有一个可倾诉心声的教师伙伴。学校除原有一间心理咨询室外,还新启动了三间"能量加油站"。我们认为,当学生学习困难之时,他的身体、大脑、情绪、生态等也处于"非整合"状态,需要通过运动来加以调和。这些"加油站"就是为了有需要的学生所设置。我们期待通过这些专业的个别化辅导,促使学生健康发展。

【案例2】

成长伙伴

在学校,教师除了应该具有的专业知识、师德修养外,更要能"读懂"孩子的心,有倾听孩子心里话的耐心和引导孩子认识自我、处理不良情绪的技巧。我们立足于学生主动发展、终身发展的思考,努力建构"师生伙伴文化",搭建"成长伙伴"平台,运用积极心理学,从不同的视角研究学生在学习、生活中与教师伙伴间的交往方式、交往能力、交往意愿,意在让学生在情感认同的基础上积极自主地参与到活动中,并与教师伙伴紧密合作、积极分享,在活动过程中能掌握交往的策略,提升交往的能力,满足交往的需求,最终达成在学习和生活的过程中享受友谊的快乐与成长的美丽,实现个体主动发展的目的。

成长伙伴,指的就是每一位教师与十名左右学生结为伙伴,给予这些学生更多关注和引导,让"关注每一个"成为可能。58名导师,572名学生,合理安排是费心思、花时间的工作。主课老师任教、熟悉的学生少,学生相对集中;技能学科老师任教、认识的学生多,学生分散在不同年级中。同时,老师有自己的"得意门生",学生也有自己的特殊喜好。我们先把班级学生人数划分到每一个导师名下,然后由班主任和导师根据学生的特长、特点协商,最后每位导师和学生双向选择,自此,导师和学生结伴成功。

2011年,学校申请将本区心理健康教师培训放在校内,全体老师参加培训。经过一年的学习,绝大多数老师获得了南京市学校心理健康教育教师资质。让我校的"成长伙伴"更有底气,更加专业。

实施一年来,我们的"成长伙伴"体制已经较为完善。

(1)成长会制度:学生每周一次向"成长伙伴"报告学习生活情况。成长伙伴,显然是学生倾诉心声的最佳伙伴。

(2)家长联络制度:"成长伙伴"每月至少一次电访,每学期至少一次家访。"成长伙伴"了解学生本人及其家庭情况,注重家庭背景和学生的思想、学业、心理相关分析,并给予切实的指导。

(3)个案分析制度:目前正在进行。在本学期至少重点关注一个学生,并对该生进行一学期的个案研究。在研究中,与该生及其家长共同努力,力求该生在情感、态度、价值观等方面发生较明显转变。

(4)档案袋制度:学生档案袋由"成长伙伴"个人和班主任共同制作,内容包括:学生一般状况、基础分析、成长记录、成果记录、潜能分析。档案袋记录必须实事求是,充分肯定学生发展成果,对问题必须持十分慎重的态度,必须用发展的眼光看待问题。

在我校的"成长伙伴"活动中,教师的职责现在已经越来越少地传授知识,而越来越多地激励学生思考;他将越来越成为一位顾问,一位交换意见的参加者,一位帮助发现矛盾而不是拿出真理的人。他须集中更多的时间和精力去从事那些有效果的和有创造性的活动:互相影响、讨论、激励、了解、鼓舞。扬子第二小学的师生伙伴文化已成为一道和谐、亮丽的校园之景。

（三）给予学生参与权，培养学生公民意识

教育现代化的目标是实现人的现代化，而人的现代化的重要标志就是国民成为公民并具有公民意识。美国现代教育运动之父霍拉斯·曼从共和国生死存亡的高度来论述公民的价值。他指出："假如共和国不准备使儿童成为好公民，不发展他们的能力，不利用知识去丰富他们的头脑，使他们的心灵富于对真理和责任的热爱，那么，共和国就必定会趋于灭亡。"为此，我们加强公民意识培养，鼓励教师利用儿童内在的力量，如智慧、关爱、团结等美德去武装孩子，强大自己并影响他人。学生应该是学校的主人，给予学生的参与权，即允许学生对学校的各项事务表达自己的见解。我们选聘学生做校长助理，行使管理权和建议权；在学生中征集校园环境布置建议，从儿童视角出发美化校园；成立校园仲裁小组，招募学生加入，鼓励他们依据规则对学生的违纪事件进行仲裁等。同时我们也鼓励学生参与各项志愿服务等公益活动，积极学习阿福童课程，培养学生公民意识。

【案例3】

自主创业，儿童在赋能中生长

一、儿童自主创业是什么：儿童设计、策划、组织活动

"我们终于可以做主了！""六一节终于是我们自己的了！"同学们开心之余，开始叽叽喳喳吵起来。"我想玩游乐项目。""我要表演在社团里学的舞蹈。""我喜欢看书，六一就看书吧。"方案还未制定，同学们就争论不休。现在，他们开始犯愁了："六一"一整天时间，该安排什么活动？很多同学想法不一样，无法满足所有人的心愿，怎么办？是组织全校活动，还是只组织班级活动？还有，怎样安排活动？怎么教同学参与到活动中？一连串的难题冒了出来。无奈，他们找到潘校长求助……

此刻，同学们处在有心愿有想法但困于具体设计的纠结中。他们不知道，他们心中悄然升腾起自主创业的火苗了。

扬子二小提出的儿童自主创业，就是让儿童去设计、策划和组织他们自己喜欢的、建议的活动。以往由学校、教师一揽子做主设计教育活动，现在大大增加了由学生策划和实施他们喜欢的活动。教育活动的主持人变了，儿童从传统的教育接收者转变为主动学习者、发现者。教育角色的改变焕发儿童对活动的无限热情。

儿童创业与成人创业有不少相似点。在创业中，儿童和成人都憧憬未来，都做创业前调查，都要学会利用资源，都经过反复论证；都是白手起家，都是摸爬滚打，都是团队协作，都是付之行动。在儿童自主创业时，学生创新型素养和操作技能就得到了培养。

二、为什么做儿童创业：培养理想儿童素养

扬子二小提出了培养具有探究力、有自信心、有表现力、有责任感、有赤子情的理想儿童的目标，那么，最好最简单的办法就是让学生在儿童创业中自然生长、自己生长、自由生长。

"同学们，当众口难调的时候，我们就要选择大多数人喜欢的活动。你们看呢？"担任六年级"阿福童"课的潘校长说。得到大家的认可。最终大家选择以人人爱读的绘本为主题，来策划活动。

"围绕绘本，你们喜欢哪些活动？"

一阵头脑风暴后，诵读绘本、绘本剧、绘本人物秀、绘本美图展、制作绘本书签、绘本游乐园、画绘本、绘本创作比赛……一系列小项目诞生了。大家根据兴趣度、难度指数选择了六

个小项目。

"这些小项目要同学负责哦。你们挑喜欢的项目吧。"很快,大家就选择好了。

"怎么做小项目的策划和设计呢?你们要思考并确定一些关键,如这个项目适合哪些年级学生参加,参加人数有限制吗?活动时间呢?如果要表演,你希望在学校哪个地方演?观看区域可以坐多少学生这些都要实地看看哦……"

同学们分组开始讨论……

同学们开始了开心的儿童创业之旅了。

在这个过程中,策划、设计自主创业的同学们,喜欢请教,喜欢观察,喜欢探究,喜欢设计,渐渐地,他们的探究力在提高;他们在策划和组织活动过程中,自信心在悄悄增长;他们愿意表现自己所学所知,能说、敢问、愿展示,表现力越来越强;他们懂得对自己的项目负责,自己的职责要履行,在挑战更多的角色和岗位中,承担更多的锻炼,身上荡漾着责任感;他们热爱学校,热爱班级,热爱身边的人,热爱自己,我们看到他们的一份浓浓赤子情。他们在创业经历中,不知不觉变得爱探究、有自信、会表现、担责任、有热情,扬子二小理想儿童素养和美德烙在他们身上。

学校正是通过儿童创业,把儿童应有的学习权、发展权、参与权交还给了他们,为儿童创造多种发展的途径和空间,给予儿童积极的能量,让儿童心中滋生一种控制感、效能感、力量感和有资源的感觉,从而去达成自己理想的目标。这,就是扬子二小赋能理念的内核。

三、儿童创业怎样做:把设想一步步做成现实

六一儿童节这天,全校学生全部融入活动中。绘本剧和绘本人物秀是全校学生一起参与的活动。每个年级绘本剧演员攒足了劲,要拿下最佳表演奖。每班1个绘本人物秀演员穿着自制的服装道具,上台展示经典造型和台词,不时与场下观众互动,争取博得同学们的喜爱,拿下"最可爱人物秀"大奖。表演结束后,观众们意犹未尽,有的到小老鼠的花轿里坐坐,有的戴上匹诺曹的长鼻子……表演结束后,绘本故事组的同学们在幸福长廊里佩戴小喇叭给同学们说故事呢。说完故事,有奖征答,同学们开心极了。操场上绘本游乐园吸引了更多的同学。这些设计师只是穿上绘本人物服装,玩得还是同学们平时课间常玩的运球跑、套圈等,就足够吸引同学们的了。

策划、设计活动的同学成为总导演。他们拿着活动安排表到小项目演出点询问负责人准备如何,开展活动有困难吗;他们到各个班级,再次提醒各班到不同项目点的时间和互动安排。小项目负责人独当一面,既要忙着演员表演,又要组织同学们有序活动,忙得不亦乐乎。"深呼吸:幽幽书香沁心脾"的儿童创业活动取得圆满成功。

在扬子二小,并不满足于只有纸面的设计,我们更要让儿童将设计转化为现实。因为,只有实践的过程才是儿童道德成长、美德塑造之时。学生在这个过程中,真实地经历了策划一个项目的过程,品尝了设计一个项目的艰辛,体会到完成一个心愿的不易。就这样,他们把一个虚虚小小的念头,做成清清楚楚的方案,再转为实实在在的行动,成为真正意义上的儿童创业。

四、儿童创业效果如何:成长过程是财富

如今,学校已经顺利实施了同心结、六一联欢、绘本游乐园、春秋游、学生自治中心、星光小记者站、书友会等20余个项目,主要设计和策划的学生100多人,参与的学生基本上涉及每一届四至六年级绝大多数学生。

儿童创业项目究竟给扬子二小学生带来了什么？从他们身上能看到哪些理想儿童特质？请看"同心结"儿童创业项目。

"同心结"，是项目组负责人龚雨辰、朱悦含两位同学给它起的名字，表达六年级学生与一年级学生心连心。这个项目组负责人还有四年级的张沈逸阳、邹逸楚同学。他们在上一届同学设计的新生欢迎会的基础上，加以补充和完善。她们觉得，一次新生欢迎会虽然热闹，但对一年级学生实质性帮助不大。于是，她们在开学第一周，集中两天观察一年级学生的生活。他们发现一年级学生不会做操，下课乱跑。因此，他们先提出同心结——带领同学课间玩游戏和指导大课间足球活动。接着她们又找到一年级班主任，询问他们有什么需要帮助的地方，自己可以做些什么。一年级班主任说，学生太小，不能帮助自己布置班级文化，因而很辛苦，希望可以增加助手。于是，"同心结"项目又增加了一项：每月安排同学去一年级帮助布置教室环境。一年级班主任拍手称快。语文老师说，希望孩子们从小就爱读书，可是很多孩子不识字，不会读书。于是"同心结"项目庞大起来，增加了午间六年级同学带着一年级小同学共读的内容。

当项目组负责人经过"市场调查"后筛选出项目内容后，他们发现，四个人根本做不了这么多事情。于是，龚雨辰找到张主任求助，请学校集中六年级同学，由他们介绍、宣传"同心结"项目。在宣传中，他们还介绍了这个项目活动对参与学生的意义和好处。果真，报名踊跃。他们又按足球大课间组、课间游戏组、午间阅读组和班级文化志愿组四个组排出了项目人员安排表。这下，校园秩序一下子改观很多。课间，低年级学生跟着大姐姐玩钻城门、跳格子、编花绳、接沙包；去足球大课间，他们不再傻傻站着了，也在做着揉球、传球练习……每当"同心结"工作人员经过一年级教室时，得到的是小弟弟妹妹们热情招呼，他们觉得非常幸福。

我们欣喜地看到，儿童自主创业让学生的探究力、自信心、表现力、责任感、赤子情急剧增长，他们真的是"忽然间长大了"。老师们热切地陪伴学生做自主创业；家长们感谢学校让孩子在自主创业中懂事了；来学校的领导、专家、教授们欣喜地看到朝气蓬勃、纯真可爱的上进儿童；已经毕业又回到学校参与活动的学生羡慕着学弟学妹们的好福气……

学校：南京市扬子第二小学
校长：潘月俊
执笔：潘月俊　陈　宁

细节决定成败,关注细节,关注孩子成长的细节,关注教育的细节。细节管理如何更有效呢?

细 节 管 理

一、内涵

随着精细化管理时代的到来,教育管理者更加注重细节,把小事做细。教育专家认为,培养正在成长中的孩子,对他们空讲大道理已没有多大作用,过多、不当地说教有时还会产生负面影响。对于年幼的儿童来说,真正要从根本上触动孩子的心灵,还得多从学生生活、学习、交往中具体的小事、细节抓起。小事做好了,品质养成了,成就大事就有了基础和条件。中小学教育管理应从学生的成长特点出发,更加关注细节,优化关键性细节,促进每位学生健康成长!

建宁小学在细节管理的过程中,更加关注发现学生的优势,发展学生的优势,从而发展学生,发展教师,发展学校。作为教育者首先要善于发现学生的优势,承认每一个学生都是有优势的;通过引领,去进一步发展学生的优势,营造师生优势成长的和谐校园,实现优质办学的理想与追求。

二、背景

小班化教育中由于班额人数减少后,教育活动在时间与空间上会得到重组;教育活动参与者的活动密度、强度和效度以及师生互动关系会得到增加或加强;教育教学内容的方式、技术、评价会发生全新的变化,并促进或推动教育理念的进步。这些突出的优势为关注细节、进行细节管理提供了大量的机会。小班化教育更加关注学生的个体差异,为发现学生的优势,发展学生的优势,为学生的优势成长创造了优越的条件。

新基础教育课程更加以生为本,更加关注学生的全面发展。"一切为了每位学生的全面发展"是新课改的核心理念。建宁小学坚决贯彻"育人为本,德育为先、全面发展"的方针,始终坚持"善小教育",引导学生从学习、生活和交往等细小行为着手,引导建小的师生"乐于做每一件小事,学会做每一件小事,善于做好每一件小事"。坚持做到"每天尝试一点点、每天发现一点点、每天进步一点点"。通过对课堂细节的点点关照,了解每一个学生的点点优势,激励每一个学生的点点优势,展示每一个学生的点点优势,拓展每一个学生的点点优势,从而促进每位学生的优势成长!

三、操作

（一）优势关照的细节优化

每位学生都是天使，教师要小心呵护，让他们健康成长；每位学生都有闪光点，教师要善于发掘，让闪光点变得更大、更亮！

了解点点优势

教师可通过观察、调查、测试等手段，了解每位学生的学科优势、智能优势、性格优势等等，为每位学生建立优势档案，分析学生优势成长的信息，探究影响学生优势成长的各种因素，进而优化每位学生的优势成长的细节。

设计点点优势

在平时的教学中，各科的教师需要改进教学设计。尽量考虑增加让学生展示优势的内容和环节。备课时，教师认真钻研教材，发掘学生优势成长的生长点，结合教学内容，分析学生的优势，确定每堂课重点展示与分享的学生，发给展示的学生"优势成长大拇指"邀请卡，正式邀请学生参加课堂教学，并且和学生一起设计展示的内容和形式。

创设优势平台

教师在了解每个学生点点优势情况的基础上，创设平台鼓励学生积极展示自己的小优势，可以根据不同学科课堂的需要进行选择，邀请学生展示自己的优势，可以同学之间互相发现、举荐对方的优势进行展示，也可以进行自我推荐，展示自我。学生的优势可以在课堂上展示，可以在学校的"艺术节""科技节"等全校性活动上进行展示。

展示点点优势

在课堂上学生进行展示的时机根据教学的需要来定，但是展示的形式可以是多样的。学生可以事先准备PPT便于介绍和感情朗诵，可以表演，可以和学生互动等。总之，选择自己喜爱的方式，能凸显自己优势的方式。

小班化教室里"会说话的墙壁"也是学生们展示优势的小小舞台，书法、绘画、手工作品、作业、作文、小报等，五花八门，应有尽有。板报的设计、图书角的管理，也是进行分工合作，自主管理，充分发展优势的平台。

激励点点优势

每一个学生的优势发展，都需要教师、同伴、家长的激励，为了发挥肢体语言的激励作用，学校对教师提出了这样六个需要注意的细节：弯下腰和孩子说话；摸摸孩子的头；给孩子一个微笑；给孩子一句鼓励的话；主动和孩子问好；作业本上的勾大些、叉小些。合理有效的体态语言，既经济又有效，一个微笑的表情，一次亲切的注视，一个翘起的大拇指往往胜过千言万语。

学校还鼓励教师在作业批改时使用"微型批语"。如"字迹清秀，赏心悦目"、"你的解法独特、简便，太棒了！"……这些批语，寥寥数字，却能引起了学生和家长的共鸣。

每一位任课教师都参与学生成长档案袋的搜集、整理、反思的评价过程，帮助学生发现进步，总结不足。及时鼓励学生的每一点进步，力求让学生每周得到至少一次的表扬，给参与分享展示优势的同学授予"优势成长大拇指"卡并记入成长档案袋。

（二）预习导航的细节优化

凡事预则立。预习是一个细小但是又很重要的一个环节。在预习中，教师应努力构建预习导航,规范学习细节,发掘学生优势,培养学生自主学习的能力,让每一个学生会自主学习,培养良好的学习品质。建宁小学以尊重每位学生的差异、发展每位学生的优势为教育理念,在《预习导航细节优化方案》中创新设计了四种预习导航的方式:

自助式预习导航:关注差异

要想让课堂中不同层次的学生都能在完成预习的过程中获得成功的体验,教师就必须因材施教,设计多元的预习导航单,让每一个学生都能利用自己的优势智能,在原有的基础上主动积极地发展。如将作业设计成难易有别的星级作业,由易到难,由简到繁,让学生根据自己的实际情况选择适合自己的题目。

这样的设计满足不同层次学生的要求,使不同层次的学生都能体会到成功的乐趣,个性得到张扬,能力得到发展。

自创式预习导航:开发潜能

自创式预习导航即学生根据自学情况,根据自己对课文的理解和自己的优势智能进行自主出题,自问自答。自主出题改变了原先呆板的作业形式,增加了许多趣味性。学生还可以给自己的题目取有意思的名字。如语文读音方面的练习有"金嗓子"(辨别读音),"署名字"(难读字注音)。字形方面的练习有"火眼金睛""双胞胎"等。学生从每一篇课文的预习中,不断积累,不断创新,作业的类型也会不断增加,可谓"包罗万象"。

自主出预习题也是照顾到了学生不同的需要,开发了学生的潜能,成为预习作业的一大亮点。

个性化预习导航:调动兴趣

教学实践证明:兴趣是最好的老师,是学生学习的不竭动力。如何在预习阶段充分调动学生学习语文的兴趣,应当值得教师关注。单调乏味的预习作业应当被摒弃,个性化的预习作业,可以消除学生对预习的"审美疲劳",让学生在感受新鲜的同时,对所学课文充满学习期待,这也符合小学生的学习心理。

例:预习《少年王冕》这篇课文,学生可以用不同的方式来表达对课文的初步了解,学生可以根据自己的兴趣爱好及特长把课文当作故事讲给家人听,可以和王冕比一比画雨后的荷花,可以收集一些孝顺母亲的故事等。

合作式预习导航:提高效率

合作预习强调小组中每个成员都积极参与到学习活动中,并且每个成员都带有极大的热情,学习任务由大家共同分担,集思广益,人人都尽其所能,这样问题就变得容易解决。合作式预习导航,根据每组学生的不同特点,安排明确的责任分工,鼓励学生在完成共同任务的过程中有所收获。也可以给学生选择合作学习伙伴的权利,让学生自主选择学习伙伴,提高学习兴趣,张扬学生个性,促其发展。

例:在预习课文《恐龙》这篇课文时,可以找自己喜爱的学习伙伴(可以 2—4 人),给恐龙设计名片,或者编制恐龙小报等,根据自己的优势,进行明确分工:内容的确定、文字的抄写、排版、画画等,共同合作完成预习作业。

(三)多元作业的细节优化

根据多元智能理论,我们知道每个学生都有自己的兴趣、擅长的项目和独特的学习方式,教师要充分考虑和关注每位学生的学习差异和学习方式,提供适合每个学生最优发展的空间和资源,诱发、驱动并支撑他们自主探索、思考与解决问题这种积极的学习活动,鼓励他们采用自主、合作、探究的学习方式。所以,教师要为学生提供更加开放、灵活,有更多生成空间的作业。建宁小学成功开发完成《作业多元细节优化方案》。方案指出以下设计多元作业的指导思想:

写什么作业,"我"说了算

学生的差异性是客观存在的,教师在设计作业时应尊重学生的个体差异和不同的学习需求,设计层次性的作业,由学生自主选择,因材施教。

一般情况下,老师都是一厢情愿地布置作业,作业的数量、难度、形式都是统一的,有的孩子能认真完成,但是也有一些孩子由于能力、习惯等问题会采取偷工减料、逃避、拖延等办法。教师面对的是一个个基础不同、能力不同、兴趣不同、特长不同的个体。所以要面向全体学生,考虑每个层次的学生,设计分层的练习,学生自主选择完成,让优等生吃得好,中等生吃得饱,学困生吃得消。凭着个体的优势潜能与爱好,基础与经验,对知识有选择地汲取,学生的个体生命在这自由的空间里渐渐成长。

如学完了《庐山的云雾》这一课后,可以设计以下三类作业:A. 摘抄文中你喜欢的词语和句子。B. 模仿文中第2小节,以第一句为中心句写一段话。C. 模仿课文写一写《南京的(　　　)》。这样的作业由易到难,知识与能力并重,课内与课外结合,学生自主选择,有利于激发不同层次学生的积极性,使每个学生都能体验到成功,在成功中发展学生的优势。

作业怎么写,"我"说了算

对于作业的形式,不再局限于文本,可以在这基础之上辅以图片、照片、剪报、互联网资料等,甚至以手工制作来表现,用排练的小品来表现,鼓励学生以看、听、闻、尝、摸和想象等喜欢的、擅长的手段来感受知识的存在,完成精彩纷呈的作业,张扬自己的优势。

如:在学完《荷花》这篇课文后,为了表现对荷花有了新的认识,学生根据自己最擅长的本领,可以用笔来画荷花;用歌来唱荷花;用笔来写荷花;用舞来赞荷花;用相机拍荷花;用小报来介绍荷花等等。

这样学生不会把作业看成是负担,不仅能按时完成,更可喜的是他们能把自己的作业完成得与众不同,独具匠心。学生也在完成作业的同时巩固、发展了自己的优势智能,并且,优势智能带动弱项智能的发展,从而促进学生的全面发展。

作业的设计形式和方法是多种多样的,在新课标下,我们教师敢于创新,用内容丰富、形式多样、充满情趣的开放性作业拓宽语文学习途径,使学生在广阔的时空中学语文、用语文,在玩中学、在实践中学、在生活中学,拓宽视野、丰富知识,发展能力。

作业怎么评,"大家"说了算

学生作业的讲评,不再是老师一个人说了算,班上的同学、家长都是可以发表意见的。教师可以把孩子们的部分特色作业进行装饰,然后贴在教室的展板和其他展示窗里,供学生欣赏、学习,更可以提出意见和建议。根据学习的内容不同,展板等展示平台定期更换主题、更换内容。每当看到自己的手工作品、绘画作品被展示,学生的自豪感和归属感就会油然而生。

班级主页也是学生作业的展示空间。在这里可以浏览、留言、评论和发表,不但老师、学生可以参与,家长也可以参与其中,感受孩子的收获,见证孩子们的成长。

(四)小组合作细节优化

小组合作学习是小班化教育的一种重要形式,但是,在实际操作过程中会出现小组学习设计不合理,时机不恰当,分工不明,管理不当,评价机制不够健全等因素,造成小组学习效率低下,形同虚设。建宁小学以完善、优化小组学习细节为突破口,规范小组学习行为为抓手,真正落实高效的小组学习。具体做法:

明确小组学习的目的、意义

教师要认真学习小组学习的理论,更新观念,增强对小组学习的认识。新课程标准所提倡的是既要面向全体学生,又要承认和尊重学生的个体差异;既要改变学生学习的方式,又要调整评价的方式、手段和内容。

小组合作学习是一种内涵丰富、有利于学生主动参与的多样化的教学组织形式。有效的小组合作学习,可以在小组成员间形成开放、包容的学习氛围,使小组成员间相互激励、相互促进;可以提高学生的学习效率;培养学生的合作精神;激励学生的学习兴趣;促进学生之间的共同进步。

组建科学合理的学习小组

学习小组的组建是小组合作学习活动顺利开展的前提。合作学习小组成员的组成一般遵循"组内异质,组间同质"的原则,这样既可以增加小组成员的多样性,同时又可以增加小组间的可竞争性。小组合作一般以2至4人为宜。要实现有效的小组合作学习,应从学生的年龄特点和思维特点出发。在构成上要求小组成员在性别、个性特征、才能倾向、学习水平、家庭背景、社会背景等方面有着合理的差异,以便学习时发挥各自的特长和优势,使各个小组总体水平基本一致,以确保全班各小组展开公平的竞争。

设计有挑战性的学习任务

小组合作学习是课堂教学的一种重要方式,但不是唯一的方式。教师要根据教学内容、学生实际和教学环境条件等,选择有价值的内容、有利的时机和适当的次数让学生进行合作学习。教师要根据教学内容的特点精心设计小组合作学习的"问题",为学生提供适当的、带有一定挑战性的学习对象或任务,把学生领进"最近发展区"。合作学习的"问题",可以是教师在教学的重点、难点处设计的探究性、发散性、矛盾性的问题,也可以是学生在质疑问难中主动提出的问题,但一节课中不宜安排过多的小组合作学习次数和时间,每节课安排一至两次小组合作学习即可,每次学习时间不低于3至5分钟,防止随意性与形式化。

建立一套有序的合作常规

(1)组员合理分工,明确职责。小组内可设小组长、记录员、汇报员、提示员各一名。小组长应选有较强的组织能力和合作意识的学生担任。小组长的主要职责是对本组成员进行分工,组织全组人员有序地开展讨论交流、动手操作、探究活动。记录员的职责是将小组合作学习过程中的重要内容记录下来。汇报员的职责是将本组合作学习的情况进行归纳总结后在全班进行交流汇报。提示员主要是提示、鼓励其他组员。教师应根据不同活动的需要设立不同的角色,并要求小组成员既要积极承担个人责任,又要相互支持、密切配合,发挥团队精神,有效地完成小组学习任务。

小组中的角色又不是永远固定的,角色应该经常轮换,这样小组成员有机会担任不同的角色,明白各个角色所应承担的责任和义务,以此增强合作意识和责任感。同时,各小组成员应形成一个利益共同体,发展为一个整合的群体。

(2)培养良好的合作学习习惯。"小组合作学习"的精髓是独立思考、合作探究、交流展示。因此要养成学生这几种习惯:一是独立思考的习惯,合作前先要独立思考,以避免小组交流"人云亦云"盲目从众的现象;二是积极参与、踊跃发言的习惯,在合作时要充分表达自己的观点,与组员广泛交流;三是认真倾听的习惯,要认真倾听他人的发言,并给予必要补充;四是遵守课堂纪律和合作规则的习惯,互相尊重,互相学习,避免不必要的争论和争吵。

营造民主宽松的学习环境

教师要为小组合作学习创设一个民主、和谐、宽松、自由的学习氛围,尊重和保护学生的参与热情,采用多种形式鼓励学生尤其是学困生积极地参与活动。同时,教师也应平等地参与到小组合作学习中去,并对各小组的学习情况及时地进行鼓励、引导和帮助,让学生充分体会到合作学习的乐趣。

教师在小组合作学习的过程中应进行适时有效的管理。在小组合作学习的过程中,教师必须仔细观察各小组成员的合作情况,并及时发现小组合作过程中所存在的问题,采取一定的调控措施。

没有一定的时间,合作学习将会流于形式。因此教师要给学生提供充分的操作、探究、讨论、交流的时间,让每个学生都有发言的机会和相互补充、更正、辩论的时间,使不同层次学生的智慧都得到发挥。在合作学习之前,还要留给学生足够的独立思考的时间,因为只有当学生在解决某个问题百思不得其解时进行合作学习才有成效。

采用多元全面的评价方式

合理的小组合作学习评价机制是提高小组合作学习效果的有效途径。评价的主体要多样,有教师评价,也有学生评价。小学低年级一般以教师评价为主并引导学生学习如何评价;中高年级可以学生评价为主,但教师要做好相关指导。评价一定要有鼓励性、针对性、指导性和全面性。一是重视个人评价与小组集体评价相结合。通过评价促进小组成员之间互学、互帮、互补、互促;二是重视学习过程评价与学习结果评价相结合。除对小组学习结果进行恰如其分地评价外,更要注重对学习过程中学生的合作态度、合作方法、参与程度的评价,要更多地去关注学生的倾听、交流、协作情况,对表现突出的小组和个人及时给予充分肯定和生动有趣的奖励。

四、注意事项

1. 课堂教学中的细节管理必须建立在"以人为本"的思想上。要懂得尊重学生,承认学生是有个体差异的,每个学生都是至少有一项优势智能的,教师的职责是发掘、发展学生的优势,促进每个学生个性化的发展。

2. 课堂教学中的细节管理是一个不断积累的过程。管理者要不断地去总结、规范,形成相应的管理制度和方法。

五、案例

"优势成长大拇指"在教学中的实践

解读

"优势成长大拇指"是教师在课堂教学中加入学生优势项目的展示与分享的一个教学活动环节。教师在发挥小班的优势,充分了解班级每个学生的优势智能的基础之上,备课时,结合教学内容,预约一到两个孩子在课堂上进行优势项目展示,孩子在课前稍作准备,在课堂上进行充分展示与分享。如，在教学文字优美的课文时，邀请朗诵比较好的孩子进行配乐朗诵；在进行课外知识拓展时，可以邀请课外知识比较丰富的"小博士"给学生介绍；也可以安排会跳舞的、会跆拳道的……在教学中进行展示与分享，增加学生的自信，促进学生的优势成长。

实施背景

根据多元智能的理论，每一个学生所拥有的各项智能的程度参差不齐，每个学生只会在某一二方面的智能特别突出，而其余的智能相对较弱。教师应从学生的智能分布去了解学生，来发掘学生智能的优势，并进而为他们提供合适的发展机会，使他们茁壮成长。在学校大课题《善小：促进小班学生优势成长的校本研究》的背景之下，项目组开发了"优势成长大拇指"的活动，是趋于以下方面的考虑：

1. "优势成长大拇指"的活动设计是学生优势的自我发现、自我展示、自我分享的需要。每个学生都有空间，有机会展示，并且在活动中也更加明确、更能发展自己的优势智能，增加了自信。

2. "优势成长大拇指"的活动设计是适应学生主体发展的需要。新课程理念告诉我们，要把以教为主的课堂转化为以学为主的课堂，在课堂上充分发挥学生的主观能动性，让学生在课堂中充分展示自己、发挥自己。

具体实施

1. 改进教学设计

教师在"善小：促进小班学生优势成长"的理念下，在各科的教学过程中改进教学设计，在备课时尽量考虑增加让学生展示优势的内容和环节。

2. 确定学生名单

备课时，教师认真钻研教材，发掘学生优势成长的生长点，结合教学内容，分析学生的优势，确定每堂课重点展示与分享的学生。展示的学生不宜过多，每次一、两个学生就可以了。

3. 发送邀请卡片

确定学生名单后，教师发给展示的学生"优势成长大拇指"邀请卡，正式邀请学生参加课堂教学，并且和学生一起进行"优势成长大拇指"展示的课前准备。

4. 多样化的展示

在课堂上学生进行展示的时机根据教学的需要来定，但是展示的形式可以是多样的。学生可以事先准备PPT便于介绍和感情朗诵，可以表演，可以和学生互动等。总之，学生可以自主选择自己喜爱的方式，能凸显自己优势的方式。

5. 建立优势档案

班主任给每个学生建立"大拇指档案"，记录每个学生被邀请了几次，展示了什么内容，档案的资料可以是文字的，也可以是图片、视频，以此来激励学生，更好地发展自己的优势。而老师也可以了解到被邀请的学生的次数和全班被邀请的情况，从而调整自己的邀请计划，努力做到关注到每一个。

成效

1. 研制成"善小大拇指"卡。卡片上有一个"大拇指"图案，和"善小大拇指"的字样，有优势的主题，比如："我是小小演说家""我是小小书法家""我是小小博士""我是小小舞蹈家"等，还有需要展示的项目，以及怎么展示。老师在确定本堂课进行展示的学生后，发给学生

"善小大拇指"卡,正式邀请学生参与教学活动,学生收到"善小大拇指卡"都非常高兴,积极准备,上课时也非常专注。

2. 每个学生都有"大拇指,小档案"。这档案可以了解学生的优势所在,也可以进行跟踪,了解学生优势的发展,更能让老师掌控本班的学生是否机会均衡,做到关注每一个。

3. 课堂更加生动,学生更加主动。在实施"优势成长大拇指"的活动过程中,学生变得更加主动了,认真听讲、主动参与小组学习、主动表达等,都有明显的改观。而被邀请过的孩子则更加自信、更加快乐。

愿景

1. 录制系列视频。录制系列微型视频,记录孩子的优势成长。

2. 充实档案。密切关注每一位孩子的优势成长。

3. 个案跟踪。对一些典型案例进行个案跟踪,探索促进学生优势成长的策略。

4. 汇集典型教案。将汇集教师在实施"优势成长大拇指"活动时一些成功的案例,给老师们一些借鉴和启示,积极推广此项活动。

英国教育家洛克说过:"每一个人的心灵都像他们的脸一样各不相同。正是他们无时无刻地表现自己的个性,才使得今天的这个世界如此多彩。"学生就是一个个有个性的活生生的人,教师应该在教学中发掘学生的优势潜能,培养学生自主学习的能力,促进学生的全面发展。

学校:南京市建宁小学
校长:张　锋
执笔:许宁凤

一次考试结束之后，教师在做什么？通常会分析哪些数据？这些分析方法存在哪些不足？与考试相关的数据实际上蕴含了哪些信息？如何让考试起到鼓励和帮助每一个孩子发展的作用？又该如何分析和利用这些信息，才能更好地长善救失？……个性化学业水平分析系统，或许能帮助师生从数字中获取丰富的信息，更好促进学业水平发展。

个性化分析系统

一、内涵

个性化分析系统，是用于帮助教师、学生分析考试蕴含的丰富信息与资源的工具，利用它可以将孤立的考试数据纵横结合、立体化开发、汇总分析，发掘考试的评价、反馈、激励的作用，进而为每一个孩子设计个别化的教学策略。

二、背景

试卷中的数据蕴含着丰富的教与学的信息。但从现有情况来看，无论是学校管理者，教师、家长或者学生，对于试卷数据的分析情况，有这样一些典型性问题。

——考试数据分析的单一化

学校、家长和教师往往只重视学生的学习结果，关于数据的分析较多的眼光停留在总分、均分、排名、优分率等结果性的数据，另一方面教师关于知识点的分析也只能停留在单次试卷分析上，不能发展性地，瞻前顾后地进行分析。对于教师教学、学生学习的特点、近期考试的发展变化，潜能结构的个性分析关注也明显不够，使得考试不能更好地发挥诊断、反馈、预测和激励功能。

——考试数据分析的舍本逐末

关于考试信息的分析运用，也有特别细致的教师会自制表格，对于学生每题的得分情况进行分析统计，计算出某一知识点，或者某一类知识学生的掌握情况，使得试卷分析会深入些，得出的结论接近教师教学的问题的本质，也可更洞见学生学习的特点。但是因为把更多的精力耗费在了登记、统计、计算等任务中，使得这样的分析方法的运用在付出和收获上不成正比，不仅显得舍本逐末，也很难被更多的教师接受。

——考试数据分析知识与技术的缺乏

对于考试数据的深度个性化的评价，除了需要繁琐的数据收集以外，真正的利用和分析数据也是一项技术性很强的工作，对于教师相关统计学、教育学的知识背景的要求也比较高，而实际教学中，绝大多数教师这一方面的知识的缺乏，运用得不熟练，使得有的教师即使有了一些好的想法，但也无法有效实施。于是技术的缺乏造成教师在进行试卷分析和评价的时候，主观性，经验性特别严重。

如何让考试起到鼓励和帮助每一个孩子发展的作用呢?除了改进考试的内容形式还能做什么呢?其实,充分深入地挖掘和利用考试数据背后所蕴含的丰富信息,也可以使考试评价内涵变得丰富起来。从现有情况来看,教师在考试结束后,通常会分析哪些数据?这些分析方法存在哪些不足?考试数据实际上蕴含了哪些信息?应该如何分析和利用这些信息,才能更好地长善救失呢?于是,在小班教学研究的过程中,我们尝试建立"个性化学业水平分析系统",力图从数字中寻求丰富的信息,帮助每一个孩子成长。

三、操作

一线教师的工作量非常大,很难有多余的时间和精力对每一次考试的试卷做如上分析。如果没有简单有效,省时省力便于操作分析的方法,硬性要求教师手动处理这么多数据无疑将加重教师的负担,甚至可能会引起教师的抵触情绪,要想发掘考试数据背后丰富的信息就成为空想,相反,如果能将多维的分析构想,运用现代信息技术设计出相应软件,教师或教务人员于每次考试后,将各项的失分情况及时输入,然后经由软件处理后就能自动进行多维度的数据分析,无疑可以为师生提供更多的考试信息和继续学习的建议:

1. 纵向的拓展:作为一次考试,首先需要对于单次的个人总分、班级均分、年级均分、优分率、标准差进行统计。其次还可以将考试数据信息的分析向纵深方向发展,统计出每一个单项的得分率,了解每一项的掌握情况。最后,还可以根据每项的得分情况针对不同的知识板块进行分析,便于有效把握问题的关键所在。例如:可以将数学知识分为概念、计算、操作、解决实际问题四大板块,将单项的得分情况归类后,容易更清楚地发现问题出在哪一板块,使运用的指导性更强。

2. 横向的开发:考试数据蕴含的信息,其实还可以如辐射状的横向开发、挖掘其蕴含的丰富信息。一方面无论是学生个体还是某个班级,都可以对其成绩进行跟踪式关注,使得一张试卷的信息不再孤立,通过连续性观察,所得信息将使分析者获得发展性的评价结论。另一方面无论是学生个体还是班级都可以通过与同类的对比,更加清楚地看到自身的优势劣势,需要努力的方向。借助数据的长期分析,发现一些教师可能更擅长某些领域的教学,那么可以有针对性地指导他有所改进或者在年级安排上有所考虑,促进学生成绩提高的同时也能促进教师专业的发展。

3. 立体的架构:将学校的成绩分析作为一个整体来考虑,不仅可以对于数学学科的考试数据进行分析,语文、英语学科也可以进行类似的分析,这样如果将学生个体、班级个体的各科成绩进行对比分析,还能较好地分析出优势、劣势差异,这些差异更多地来自学生本身学习能力的差别还是教师教学能力及方法的差别。

下面以原珠江路小学数学成绩个性化分析系统的建构和运用为例来谈考试数据的开发与运用。

每次测试之后,教师只要将学生各具体项目的失分情况进行输入,便可为数据库提供足够的进行数据资源分析的原始数据。

数据输入如下图:

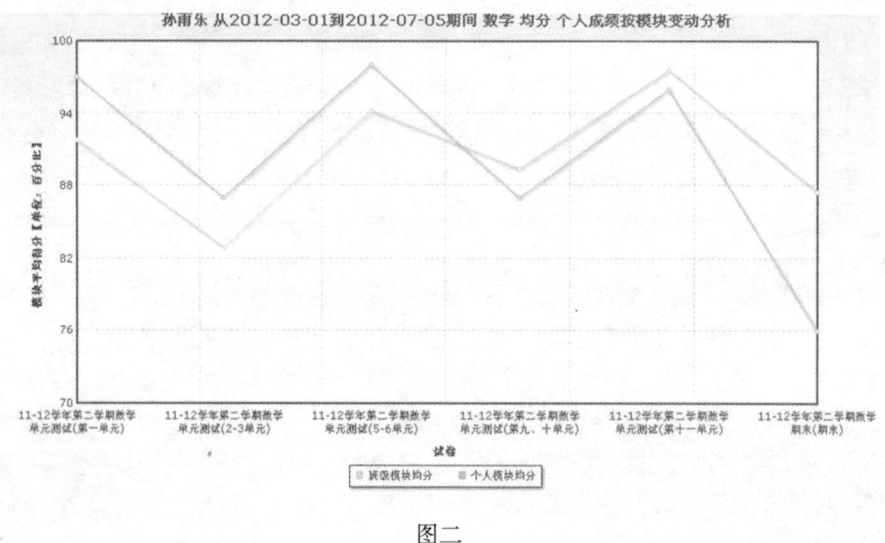

图一

（一）便于学生、家长，分析了解知识掌握情况

学生和家长将自己总分、各板块得分与班级均分相比，不仅可以看出单次测试的情况还可以看出一段时间的发展变化情况。

图二

从上图分析，不难看出这位同学自3月1日至7月5日相关测试与班级均分之间的关系，由明显高于班级均分转变为明显低于班级均分，呈显著的下降趋势，是什么原因造成的呢？此时系统会发出警报，引起学生、家长的关注，同时可以提供几个维度的建议，关注非智力因素的变化、关注具体失分的知识板块。此时学生、家长可以对这个学生计算、概念、操作、解决问题四个板块的得分情况依次进行查询。结果发现计算板块的得分，与之前水平相当，而解决问题板块的滑坡情况却特别显著。借助个性化分析自动分析情况的反馈，可以有针对性地帮助学生提高成绩，矫正他学习中存在的问题。其实教师也可以据此信息，有针对性地在课堂教学中关注这个孩子这一方面的学习状况，采取相应的弥补措施。

（二）利于教师，对于课堂教学效果做及时反思

个性化分析系统生成的分析，还可以帮助教师实现对于课堂教学的自省，明确课堂教学研究的方向，促进教师专业技术水平的提高。

图三

例如：六(1)班教师通过单次考试与平行班级的对比，发现第二项也就是竖式计算部分明显低于其他班级，而六(3)班的第七项操作部分，明显薄弱。通过这样的对比，可以便捷地帮助教师分析和其他教师的差异所在，寻找解释的过程就是促进教师专业成长的契机，除了一些客观因素外，教师的主观教学方面，有没有可以改进的地方呢？多问几个为什么使得下一阶段的教学研究方向变得更加明晰了。细致的教师还可以借助图二对于每一个个体进行关注，便于平时课堂教学的关注指向性更加明确。

除此之外教师也可以通过类似图二的变化趋势图，去了解班级一段时间的变化。

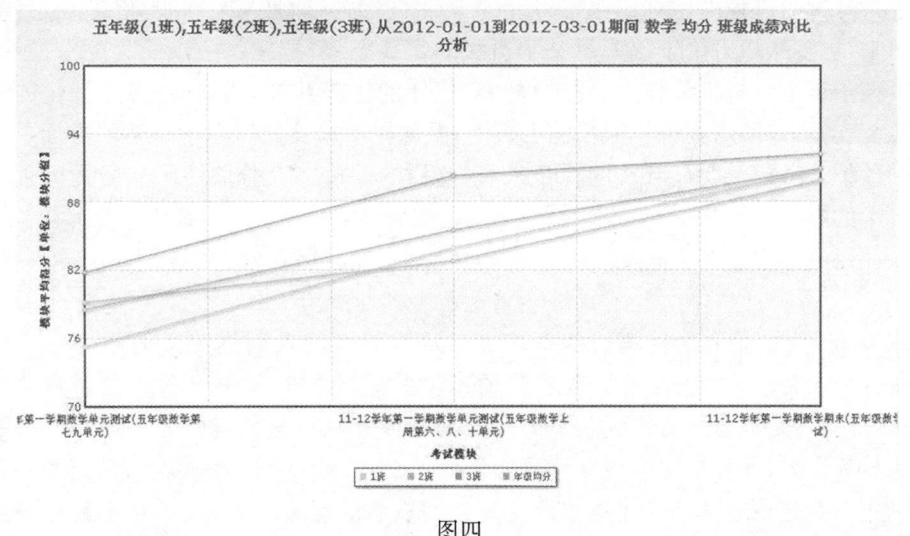

图四

如图四，教师通过2012年1月至2012年3月三次测验的成绩对比不难发现，尽管1班成绩仍低于均分，但与均分之间的差距明显缩小，足以见得学生的进步，教师努力的成效。教师同样可以依据数据分析总结前段时间工作经验，以便促进教师的专业成长。

（三）协助学校教学管理者明确学科扶持的方向与目标

作为学校教学管理者，也可以利用这些数据进一步了解每一个教师课堂教学的优势与劣势，有利于依此明确需关注的具体教学问题，对于进步的老师可以及时鼓励，帮助提升进行经验的总结。对于退步的或与其他教师教学水平差异较大的,也可以有目标有重点地进行详细分析,找出根源。

还可以借助教师集体智慧,通过开展小课题研究的方式实现备课组内共同研究的方式,提升数学教学质量。例如:教导主任借助系统分析的数据发现,三年级一位教师执教班级的应用题的掌握较好,概念教学不理想。针对数据反馈,结合教师访谈了解到,教师自己也觉得概念的教学缺乏理想的教学方法,平时教学中对填空题训练也显不够。学校建议这个年级可以开展概念教学的研究。考试数据的充分利用为学校教学质量的监控提供了很好的着力点。

一个完整的、可跟踪的、个性化的学业水平监控系统,能够多方面、多角度反馈考试的数据情况,既能对学生个体和群体掌握知识与技能的状况作出精确的诊断,也能对教师个体专业水平提高、学校教学质量和命题质量提升提供实效性的数据,为学生、家长、教师、教学管理教研人员提供丰富的信息,从而更好地发现问题,并将其转化为有效的教学科研行动研究。同时这个系统还可以不断开发新的观察和分析角度,有效推广教学经验、扶持教学研究能力薄弱的教师找准学科教研的方向与目标,促进学校教学水平提升。

四、注意事项

从小班化所主张的"个别化"教育视角来看,该系统可以全程记录每一个学生的学业发展水平经历,还可以完整记录一个班级、一个年级的学业水平发展状态,便于生生、班班横向、纵向进行数据对比以及个别化评价。系统能自动生成教师所需的分析数据,教师在运用该系统进行分析的过程中,不仅对每一个孩子的关注加强,而且从费事低效的数据计算工作中解脱出来,更多的精力用于统观每一个班级的发展态势,把握每一项能力的掌握趋向,激励每一个孩子自主分析长善救失,促进每一对伙伴的优势互补。教师还将适性化的建议和评语,用短信的形式发送到每位家长的手机上,温馨提示家长如何在学科学习方面更好地指导与帮助孩子。从"全学习理论"的视角来看,这样的评价亦充分关注了非智力因素对大脑及学业水平的影响。

五、案例

2012年起,学校尝试让教师们将每次考试后的成绩输入刚刚建立的学业水平分析系统。分数的输入繁琐吗?会不会加大我们的工作量?领导说,这样会很方便对考试的数据进行分析,那是不是很容易看出我们教学水平的差异?我所教的班级是三(1)班,又是年级里非常薄弱的班级,每次考试的均分总是低于平行班级5分甚至5分以上,那领导会如何评价我的工作呢?这些假设让我并不欢迎这种新的教学管理方式的出现,对于数据将给我带来的变化和影响感到惶恐和不安……

每一次考试结束,我被动地输入成绩,作为小班学校的教师,每个班级的人数不多,每次考试结束只需输入学生每项的失分情况,便能自动生成很多数据,用起来倒也不算太繁琐,但我从来未用它进行过任何分析。

期中考试后学校进行了第一次基于个性化学业水平分析系统的质量分析。

		1班	2班	3班
实考人数		24	26	25
均分		90.67%	95.13%	96.6%
合格率		100%	100%	100%
优分率		79.17%	96.15%	100%
各项得分率	第1项	100%	100%	100%
	第2项	96.55%	98.41%	98.21%
	第3项	95.83%	92.31%	94%
	第4项	89.58%	95.19%	100%
	第5项	93.75%	100%	100%
	第6项	80.95%	90.27%	93.14%

图一

三年级教研组长对我们年级的三个班级学业水平进行了分析,除了那个惯常的信息,我任教的班级低于平行班级均分在5分以上之外,组长还发现,我们三个班在计算这一项上都拿到了满分,我的班级也不例外哦。而且通过下图组长肯定了我的努力,虽然我们班学生在概念理解、解决问题方面还明显弱于其余班级,但是从计算部分来看,大家看到了我的努力。包括概念部分也正在逐步缩小与其他班级之间的差距。

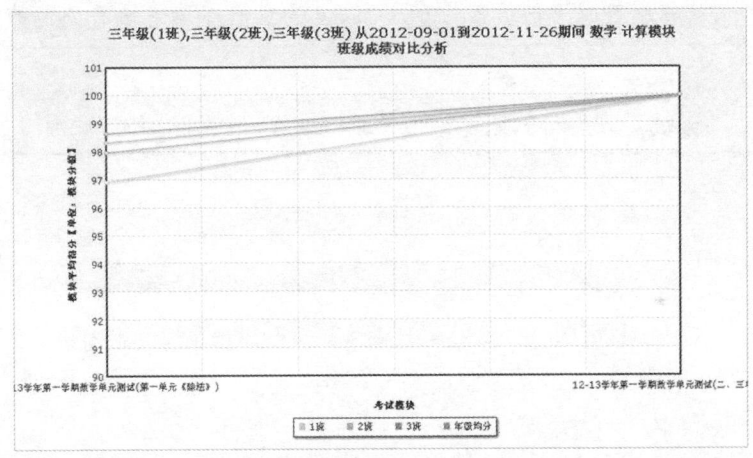

图二

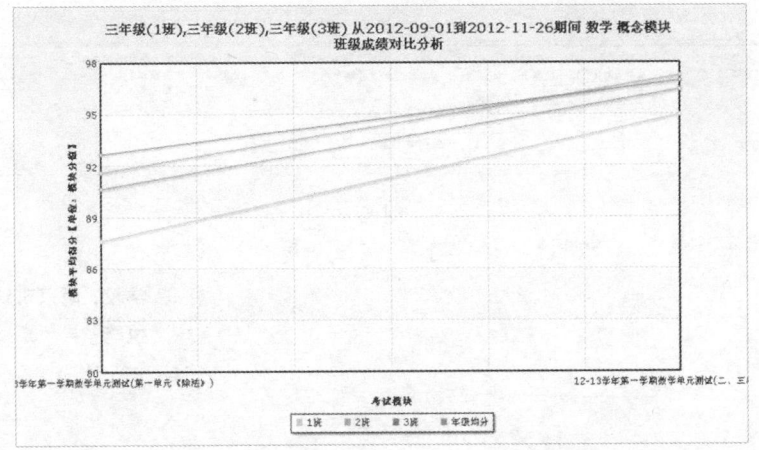

图三

获得组长的肯定,我真的很激动。任教这个班级的数学之后,因为均分总是低于其他的班级,让我有特别的挫败感。尽管我真的很努力,但是这一次也是第一次通过这样的方式让我看到了一个不一样的部分。如果说这是丰富的数据给我带来成功的体验,不如去感激组长独特的分析视角。

原来会说话的数据并没有我想象的那么可怕,透过数据分析可以看到事物的本质,组长的做法更让我感受到,或许这个数据时代,核心并不是数据本身,而是对于数据分析的维度和深度。经过这一次,我决定在今后的工作中,更加主动地运用这些数据,让它帮助我分析思考自己的教学,分析思考我的学生在学习中所需要给予帮助的地方。

后来的教学中,我会主动地借助图一去观察我所教的班级和其他班级的差距在哪一项,是概念部分还是计算部分,这样既可以主动向那些教学比我更好的班级询问并学习方法,也能准确地找到自己后续教学应该努力的方向,使得工作更加有的放矢。

我还会运用图二、图三去观察班级教学最近的发展趋势,比较年级各班的差距是缩小了还是变大了,对于自己工作的绩效能进行更加客观的评价。

我也试着用这样的方式对于个别学生的成绩进行个性化分析,准确地找到学生进步和存在问题的地方,能够更加准确地给予个性化的帮助。就像陈同学(见图四)这个曾经全年级都出名的学生,尽管学习成绩仍然落后于大家,但是我们却清楚地看到他的努力和进步。感谢会说话的数据。

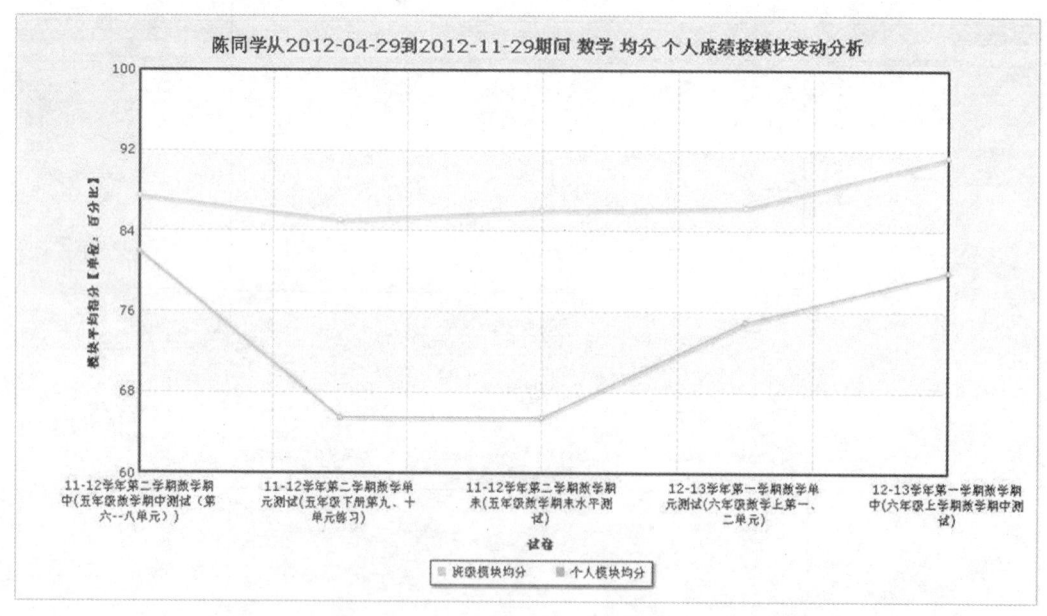

图四

学校:南京市珠江路小学
执笔:吴　卓

课程篇

导语：小班化课程的文化特质

国家新一轮课程改革背后的深意在于授予学校和教师更大的课程自主权。推进国家课程的最优化实施是课程改革的主要任务，将国家课程校本化是国家课程最优化实施的唯一途径。

南京小班化学校以"幸福每一个"为核心思想，依据学校的文化特质，充分凝聚广大教师、学生、家长的智慧，通过校本课程的建设，体现对各自学校文化特质和师生品格素养的独特追求。这些学校在课程建设方面有这样几个特点：

本土化。即立足学校的文化根基、教育教学的主流思想，充分发掘本校的教育资源，彰显课程的独有魅力。如：珠江路小学基于学校长期对书法教育的实践经验，"朴拙、浸润、灵动、格致"四个核心要素，凝炼出具有浓郁校本特色的"墨韵"课程；八卦洲中心小学结合学校地处"一江春水将绿绕，举头远眺是二桥。芦蒿马兰随处见，喜鹊斑鸠满地跑"的八卦洲地区，拥有丰厚的自然及人文条件，构建极富地域特色的"鹂岛野韵"课程。

生本化。即关注学生的发展，让学生成才。成才的第一步是成"人"，尊重学生的主体地位、价值和个性，为每一个学生的发展积极创造条件和机会，让他们得到充分、自由、全面的发展，引导他们实现自我管理、自我教育、自我发展。如：光华东街小学的"一人一棵树"微课程，围绕"生本教育"这一主题，确立"让每一位学生自己设计课程"的校本课程开发理念，引领学生自主开发一门属于自己的课程，以拥有开放的学习，自主、幸福的学习，促进每个学生全面而富有个性的发展成为可能；小营小学的"班本"课程，由班级中的孩子共同参与开发。从班级实际出发，关注班级自身的问题，由教师、学生、家长共同探讨，挖掘班级潜力，利用班级资源，释放班级的生命活力。

个性化。小班化教育尊重每一名学生，重视他们的兴趣爱好，尽可能把学习的主动权交给学生。鼓励学生自主操作、尝试、交流、讨论、质疑、解疑。依据学校现有资源，让课程变得更适合每一个学生的独特性。例如：龙江小学的"交互式走廊"课程，借助学校数字化系统及设置在每一个走廊上的数字化液晶触摸屏，每一块大屏里都有为孩子们量身定做的特色内容，孩子们可利用零散的时间查阅学校的所有课程，进行自主学习；五十四中的"V-I-P"课程为每一个孩子的发展提供个性化、适性化的优质课程，为每一个孩子成就"奇迹"提供优质服务。

小班化教育给学校课程改革创造了更多的可能，学生主体性在课程的建构中得到充分发挥，更有利于不同性格和禀赋的学生成长。教师的主导性在课程的建构中得到充分的展示，更助于课改的推进。

小班化校本课程建设基本标准

一级标准	二级标准
以生为本	1. 课程以学生发展为根本目标,关注差异发展。 2. 课程体现出学生的积极参与,激活"每一位。" 3. 课程遵循学生的成长规律,符合本校学情。
理念先进	4. 课程以先进教育理论为引领。 5. 课程有明确的小班化教育的理念与主张。 6. 课程理念与主张与学校文化高度契合。
科学规范	7. 课程具有科学性。 8. 课程有基本的规范要求。 9. 课程有基于小班的常态化的实践范式。
系统架构	10. 课程具有系统性。 11. 课程有清晰的结构。 12. 课程的系统是动态生长的。
内涵丰富	13. 课程信息量大。 14. 课程具有思维的深度。 15. 课程的地域与校本资源丰厚。
多元开放	16. 课程的样态多样化。 17. 课程具有层次性、可选择性。 18. 突出活动化的学习方式。
亮点突出	19. 课程有很多创新之处。 20. 课程有不少亮点。 21. 课程有标志性的物态化载体。
成效显著	22. 课程促进每一位学生成长。 23. 教师课程能力得以提升。 24. 课程有较高的社会认可度。

(南京市紫竹苑小学　姜　玲)

(表格提供　南京市江宁区教育局　马富平)

大学旁的小学,小学走进大学,如何充分发掘大学丰富的人文和科技教育资源,为小学的孩子们提供更广阔的成长空间,实现学校小班教育的个性成长、特色成长呢?

微型图本课程:小学·大学

一、内涵

学校发掘南京大学资源,系统、科学地使用南大资源,精心地将南京大学资源与小学课程进行充分的整合,让小班教育与大学资源对接,以微型图本的方式呈现。用"大学"滋养"童心",让"大师"引领"童星",让南京大学文化的雨露润泽小班的成长。

二、背景

南京大学(以下简称南大)与汉口路小学(以下简称汉小)仅一墙之隔,是汉小得天独厚的资源,南大的大学精神、大学风气无时不穿透围墙,弥散在汉小的校园里。南大对学校的影响既是宏大的,更是细微的。学校是南大教工子女的主要就读学校;一批知名的学者、专家也是从汉口路小学跨进南大,沿着相同的轨迹成长,最终走向不同的领域;学校的家长很多都是南大的教授、学者,也热心为学生们奉献;南大的多个重点实验室都对学校的孩子开放;南大的青年志愿者长期以汉口路小学为实践和活动基地⋯⋯南大与汉口路小学的关联不仅体现在文化与精神上,也存在于这些可以触摸的现实中,因此,学校秉持南大"诚朴雄伟、励学敦行"的校训,结合学校的文化基质,形成了"励行"的校训精神,更将办学定位确立为"南大文化滋养,小班茁壮成长",希望通过充分发掘南大丰富的人文和科技教育资源,为学校的孩子们提供更广阔的成长空间,从而实现学校小班教育的个性成长、特色成长。

三、操作

南大是汉口路小学学生的精神富矿。大学的人文素养、自由与创新精神,值得每一个人细细品悟。通过怎样的方式手段利用好这一地域优势,让汉小的学生亲近大学,汲取更多的养分?汉小的老师和南京大学的老师、研究生组成了校本课程联合研发团队。

(一)了解并研究大学的文化特色

为了能够更好更全面挖掘大学资源,前期研发时,老师主要准备以下工作:一是广泛调查,通过对学生家长及南大的教授广泛征询及书面调查,获得基本素材。二是通过查阅文献,网上检索获得信息,收集有关资料。三是实地调查,先后考察校史馆以及地质系、物理系、新闻系等相关院系。通过一系列准备使编纂主题更加明确,工作更为缜密,增强了老师们的体验性。

（二）寻找大学与小学的教育连接点

大学资源正如一座富有的宝石矿，哪一颗宝石才是真正适合我们自己的，如何打磨才是最美丽的？校本课程的使用对象是小学生，他们需要什么？想了解什么？什么对他们是最重要的？老师唯有站在学习者的立场上来思考。学校根据学生的年龄特征、心理水平和学习习惯的需要，找到大学与小学之间的教育连接点，共同确定了编制校本课程的几个要素：① 强调小学生学习特色，突出大学元素，拉近小学生与大学的心理距离。② 图文并茂，语言浅显明白，具有良好的可读性。③ 科学性、知识性、趣味性、开放性有机结合。④ 留给学生思考、质疑、探究的实践空间。在这些原则的基础上，确定编纂课程的体例、风格以及内容呈现方式。

（三）分学科与小学课程整合

南大有着丰厚的文化内涵和浓厚的文化氛围，她的历史遗迹、文化纪念地、旅游风景等，都是一部部鲜活的、立体的、天地人合一的好教材，只需立足一个角度，切入一个方面，取其一点，就可开设出符合学校自身发展实际的好课程。目前"小学·大学"已经形成独立的、系统的，具有学科特质的特色课程教材体系，已开发上下两册。

《小学·大学》上册语文学科内容包括：1. 校训的启示，2. 文学院的故事，3. 培养新闻人才的摇篮，4. 图书馆之旅；数学学科内容包括：1. 走，一起去南大找图形，2. 走，一起去南大找时间，3. 走，一起去南大做统计，4. 走进南大数学系；美术学科内容包括：1. 童画北大楼，2. 趣印东、西大楼，3. 探寻纪念性建筑，4. 拉贝故居；科学学科内容包括：1. 美丽的植物，2. 地质馆里看化石，3. 科学实验我来做，4. 科学家的故事。

《小学·大学》下册数学学科内容包括：1. 南大"数"的秘密，2. 走进南大找规律，3. 南大的数学家，4. 南大建筑对称美；语文学科内容包括：1. 对联的学问，2. 南大的老建筑，3. 南大校园里的名人故居，4. 我向往的南大院系；英语学科内容包括：1. Food，2. What do you want to be? 3. My Christmas，4. Open Day；体育学科内容包括：1. 花样可乐·健身足球，2. 走进南大篮球场，3. 到南大去踢足球，4. 身边的南大体育明星。

（四）分主题与小学课程整合

除了以学科划分课程板块以外，课程的设计还可以主题为研究板块，将不同学科在同一主题中进行融合教学。

比如老师们就"南京大学的建筑"这一主题，在校本课程教材的基础上进行了二次研发升格。语文小组通过寻访、调查、交流等形式探寻了南大建筑中的文化；美术组尝试用多种形式表现南京大学的建筑；数学组采用实地研究的方式绘制了南京大学的平面图。在研究的过程中，孩子们不由地对一幢幢古老的建筑，产生亲近之感，经历过这样一节课的学习，孩子们再去看这些建筑，可能也不仅仅就是一幢房子这么简单了，而是真的去感觉到，建筑是会说话的，是有温度的。也许真正在校门口遇到几个外地来的游客他们也可以非常自信地带着游客们，去参观南京大学。

教师是特色课程开发的主体，更是学校课程的重要资源，课程设置不拘泥于课堂，不拘泥于校园，突破原有学科教学的封闭状态，为学校多彩学习文化的空间环境赋予更多的社会性。

四、案例

在南大，遇见我们的数学

一、走进南大，营造氛围，参与数学

罗杰斯说：有利于创造活动的一般条件是心理安全和心理自由。的确，心理快乐能使人处于积极向上的状态，对一切充满希望，充满信心，充满创造力。

南京大学是一所百年老校，是孩子非常向往的地方，它有着丰富的数学资源，非常适合营造生动活泼、主动和谐的课堂氛围，创造一种心理安全、自由舒畅的环境。行走在南京大学校园，如同开启一场时空交错的穿越之旅：百年校门、百年钟楼、大礼堂、北大楼等文物群与现代建筑交相辉映，厚重的历史感扑面而来。带着崇敬、疑虑和探究的心情，孩子们很容易进入情绪高昂和智力振奋的内心状态，拉近学生与枯燥的数学知识的距离，为学生的学习作好充分的心理准备，让学生亲近数学。

案例一：《走，一起去南大做统计》

活动前：（谈话导入）

1. 同学们，我们刚刚学完统计，想不想去南大进行统计呢？
2. 思考一下，南大的哪些数据是你想知道的？
3. 指导学生可以从哪些方面去进行统计。

分组开始设计活动方案，并实施。

此类数学活动的设计，从激发学生的情趣开始，运用"南大"有效的资源，在认知的"最近发展区"为学生提供丰富的背景材料，从学生喜闻乐见的实物、实例入手，创设生动、有趣的学习氛围，使学生进入"心求通而未通，口欲言而未能"的境界。

二、对话南大，动手实践，体验数学

爱因斯坦认为："学校的目标应该是培养有独立行动和独立思考的个人。"南京大学是一所有特色的大学，因善于创新，坚持走自己的路而成名。因而引导学生在动手操作感知中，亲身体验新知识的产生、形成的探究过程，能有效地调动学生多种感官参与学习活动，培养学生的实践能力和创新意识。

案例二：《走，一起去南大找图形》教学实录片断

活动中：

师：上一节课，同学们在南大校园里进行了寻找图形的活动，能告诉我们你都有什么样的收获呢？

生1：我和刘世阳一起画了一张北园平面图。

生2：我拍了很多照片。

生3：我拍了南大北大楼的照片，我发现，它是一个轴对称图形……

生4：我找到了很多我们认识的平面图形。地砖是正方形的，还有很多花砖是六边形的。

生5：我还发现，房子上的窗户，基本上都是长方形的，那些圆形的和三角形的窗户基本

都不能开。

生6：我设计了一条参观南大，不走回头路的参观路线。

……

在实施的过程中，展示作业是一个非常重要的环节。用积极的眼光从多个角度、多个方面、多个特质看学生，发现学生的优点和长处，综合运用多种方式全面评价学生，鼓励学生的创新意识，渗透对学生的人文关怀，让每个学生在自尊自信中成长！

学生作品

三、生活应用，实践数学，感悟南大

在我们的数学活动中，主张让孩子们深入南大，了解南大，自主地设计自己的数学活动。使其从大量的活动中受教育、起作用、作贡献、长才干，体会大学精神。孩子们的活动串成了一道亮丽的风景，他们从南大习得拼搏向上的实干与自我完善精神，更成为汉小最顽强的生命力和标志性的精髓。

案例三：晒一晒：我所统计的南大数字

【学习内容】

各个小组分别展示自己小组的成果，展示科学研究、自然情况、娱乐体育、文学艺术、交通等内容的精髓和值得小学生学习和借鉴的内容。各个小组分别进行展示，其余小组记录和学习。

【学习目标】

1. 知识与技能

通过本课，学生能够了解南大的文化；数学的观察、实验、猜测、推理能力，语言的实际应用能力得以提高，清楚地表达自己的观点。

2. 数学思考

通过本节课的学习，学生统计并对统计的结果分析和预测，从而感受南大的人文与精神，并在学习过程中积累经验、获得数学发展和提高处理问题的能力。

3. 问题解决

通过小组展示和汇报成果，其余学生记录并学习自己不知道、没学过的内容，从而达到共同学习、共同进步的目的。

4. 情感态度与价值观

学生虚心学习其他小组整合的信息，提升自身的文化素养，陶冶自己的情操。

【学习方式】

小组展示成果、学生记录学习、聆听、交流和探讨、请教、提问。

【学习过程】

活动阶段

1. 展示。各小组分别展示自己整合的成果，其他组学生认真记录学习。

活动阶段

2. 提问。对自己感兴趣的内容或不理解的内容提问，负责该兴趣组的同学解答同学的疑惑。

3. 讨论。探讨各个文化方面对自己有哪些启示，取长补短。

4. 总结。学生自己总结自己在本节课学到了什么，并学以致用。

南大微课的实施过程中，我们不仅注重引导学生把所学的数学知识应用到现实中，体会应用数学的价值，而且更注重引导学生感悟南大的文化内涵。

"大学精神是教授故事的传承"——北大前校长许智宏。孩子们对南大数学家进行了专访，他们探求真理、追求卓越、科学的奉献精神让孩子们深受触动。当您身临孩子们精心布置的汇报大厅，吟听校歌优美的旋律和她们慷慨激昂而又亲切的汇报，您会感受到南大百年深沉的文化底蕴、一脉相承的优良学风和催人奋进的南大精神。

大学是文化的产物，文化是大学的灵魂。它无处不在，无时不在发挥作用：南大的精神固化在校园的一草一木、一砖一瓦上，渗透在每一节课、每一个活动中，体现在师生的言谈举止、待人接物上。因此，在南大，除了遇上我们喜欢的数学外，孩子们还得到了很多的启迪和引领。如，在进行统计的时候，孩子们发现从南大走出了很多的伟人和科学家，这让孩子们很震撼，他们纷纷表示要好好学习，将来也争取做个南大人，成为南大的骄傲！在学习《南大的时间》时，孩子们发现，很晚了实验室的灯还亮着，教学楼的晚自习灯还亮着，图书馆还有很多查找资料的身影……慢慢地孩子们懂得了学习是一个不断积累、不断探索的过程……

南大微课的实践表明，给孩子多一些再多一些的时间、大一点再大一点的空间，孩子就会向我们展示一个又一个的精彩，让我们静等花开。

学校：南京市汉口路小学

校长：周　婷

执笔：王　曦

案例提供：许　红

当课程产生并实践于由教师和若干有着不同家庭背景、文化背景、不同性格、不同气质的学生组合而成的文化生态组织——班级时，会呈现怎样的教育功效呢？

班 本 课 程

一、内涵

班级是学校进行教育教学及管理活动的基本单位，是由教师和若干有着不同的家庭背景、文化背景、不同性格、不同气质的学生组合而成的文化生态组织，整个学校教育功能的发挥主要在班级中实现。班级不仅是教育性的学习组织，也是教育性的生活组织。在各种教育因素的共同作用下，给学生的成长提供一种整体、动态的生活时空，是促进学生社会化和个性化的重要教育环境。它既是开展教学活动的基层单位，又是学生开展活动的集体单位，也是学校教育管理工作的基本单位。

班本课程是在学生需求的基础上，以学生成长过程中面临的问题、班级建设的愿景、学科知识生活化、社会化等为基点，把班级场域中各种要素实现有效整合，把班级集体蕴藏的各种资源充分利用而开发出来的课程。

二、背景

班级共同体通过班主任和任课老师之间对学生各方面情况的汇总分析，做出客观而又全面的诊断；通过生生之间和师生之间的沟通实现自主管理和自我教育；通过家长和教师之间的沟通及他们各种隐性资源的充分发挥，为学生们提供丰富的教育资源等等，来影响和促进学生的发展和成长。班级共同体是充分整合、优化各类教育资源，探索更高效的教育途径，形成教育合力、发展合力的教育共同体和成长共同体。"班级共同体是一个以学生为主体的现代社会群体，是一个具有客观必然性的自在之物"（美国教育核心期刊 ETR&D，2001，Volume49，Nov. 4）。素质教育以及基础教育课程改革所倡导的核心价值观即是学生个性与价值的充分展示与实现，这无疑对学校教育教学、管理提出了新的要求。

基于以上的思考，学校提出了"班本教育"的实践构想，开始了班本课程实践研究，学校作为一个教育的"团体"，其成员包括教师、学生、家长等。其中学生是核心，教师是学生探索知识王国的引路人，家长是来自社会各阶层的重要参与者。无论何种角色的成员，都是这个团体的参与者、缔造者、受益者。在研究的过程中，学校体会到班本课程有利于开发和整合班级建设的资源和力量，能增进班级共同体各成员间的沟通，有利于建设高素质的班级教师专业团队，能促进家长发展和家庭建设。学校的"班本课程"研究主要建立在三个维度上：一是"为了班级"，即以改进班级工作，解决班级所面临的问题为指向；二是"在班级中"，即班级自身的问题，要由教师、学生甚至家长共同探讨、分析来解决；三是"基于班级"，即从班级实际出发,课程开发充分考虑班级实际,挖掘班级潜力,利用班级资源,释放班级的生命活力。"班本课程"就是以班级为教育实施的载体,以班级的实际情况为前提,以满足班级学生发展需求为宗旨,充分尊重学生的选择权,充分发挥学生的主体性的课程开发模式。班本课程的研究是对教育资源整合研究利用的率先探索,但它并不是学校资源、社会资源等各方面的简单叠加,而是在各自深度发展的基础上发挥最大优势,协同发展,做到各因素完美配合,发挥最佳作用,并以此为基础探究适合不同学生发展的课程方式,实现真正的"因材施教"。

三、操作

孟子曾称赞孔子:"孔子之谓集大成,集大成也者,金声而玉振也。"孔子思想集古圣贤之大成,正如奏乐,以钟发声,以磬收乐,集众音之大成。班本课程的愿景,即是集教育之大成,博采众长。把班级场域中各种要素实现有效整合,让场域渗透教师、学生、家长的道德情感、愿景以及真实自我的内心世界,体现教育平等的价值内涵,具有明显的尊重人、发展人的倾向。"为每一个学生的幸福人生奠基"(美国学者诺丁斯教授语)是班本课程实践的核心价值观。我们主要从四个方面开展课程开发与实施的研究。

(一)班本课程视野下的班级德育与管理——从"共性"走向"个性"

教育的出发点是回归学生的生活世界,构建个人意义上的知识、技能、情感模块,落脚点是关注学生作为"整体的人"的发展。班本教育的核心理念是"关注每一个",近几年的实践,让我们对"关注每一个"有了更深入的理解,我们经历了由被动关注走向主动关注,由表面关注走向深度关注的嬗变过程,经历了共性化的"齐步走"向个性化的"马拉松"的发展过程。现在我们知道,只有直抵心灵的关注,只有立足个性发展的关注才是真正有效的关注。

为了在班级管理中落实"关注每一个",学校为每一个学生建立了成长档案盒,每个档案盒分为四个部分:我之初、未来的我、我真行、夸夸我。"我之初"主要是学生的基础材料,主要包括出生年月、家庭住址、父母姓名、个人血型等。"未来的我"是学生在老师、家长的指导下自我规划的发展目标,分为阶段目标和长远目标,根据小学六年的学习时间,阶段目标又分为低、中、高三个子目标,每一个子目标的内容涵盖德、智、体、美、劳各个方面。"我真行"主要是收集学生每个阶段每个方面取得的成果。"夸夸我"主要是评价,从三个方面对每个学生进行评价:一是自评,二是学生互评,三是教师评。一套成长档案盒将伴随学生六年的小学生活。它记录了学生成长的每一步,随着学生的发展,它的内容越来越充实,越来越丰富,这也是每一位教师了解每个学生的窗口,为每一个学生量身定制成长方案的依据。

除了为学生建立成长档案盒,很多老师创新了与学生交流的形式,把过去那种与学生公开化的、教导式的"面谈"改为了隐私性的、对话式的"纸语"——有的在作业本上"留言",有的用小纸条"飞鸽传书"……后来,学校把教师寄语作为所有老师在作业本上的"规定动作",吴炯老师的"心心相印"、袁云老师的"老班手记"、郭东霞老师的"连心桥"、郭远乐老师的"心语本"、马睿老师的"每周关注"……这些都是各个班级实施班本教育的"独门秘籍"。很多老师通过温馨的方式努力走进学生的灵魂深处,为每个学生建立"心灵档案",为每一个学生"煲"一罐"基于这一个"的"心灵鸡汤",了无痕迹地把营养输送给学生,让孩子们的心田姹紫嫣红,鸟语花香。

无论是"成长档案盒"还是"悄悄话",每个老师都在为每一个孩子量身定做适合"这一个"的教育模式,个性化教育是班本教育的独特路径。

（二）班本课程视野下的班本课程建设——从"校本"走向"生本"

学校依托南京军区和南京空军司令部这一地域优势，重点开发建设了"童心军营"校本课程。

班本课程，是基于班级特色，把教材整合、学生需求与校外资源三者结合起来，凭借班级共同体的合力，建设满足学生需要的、便于实施的课程。

在"基于学生"、"基于班级"、"基于教材"、"基于家长"的指导思想下，学校与高校结亲，依托教育专家的指导，积极开发对学生有益的班本课程，让学生获得知识，掌握技能，拓宽视野，习得方法，养成习惯。规定各班每2—3周开设一门课程，每门课程都要确定主题、目标，设计教学方案，至少开展3次以上的实践活动，确保课程实施的效果。二(2)学生洪文艺的爸爸是知名的营养师，针对班上不少孩子有挑食、爱吃零食的坏习惯，二(2)班开设了"人人争当营养师——儿童餐饮的合理搭配"课程，一个课程周期下来，全班学生通过听讲座、看资料、搞调查、做分析、开讨论等形式，充分了解了儿童餐饮方面的许多知识，深刻地认识到饮食习惯对人一生的影响，教育效果不言而喻。五(2)班刘忆的父亲是省人民医院的眼科医生，看到班级里的"小眼镜"越来越多，五(2)班开设了"你了解眼睛吗"课程，刘忆的爸爸多次到班上给孩子们讲眼睛的构造和用眼小常识，还带同学们到医院实地观察一些病例。理论知识和实践考察，让同学们亲身体验到注意保护眼睛是多么的重要。

经过一个学年的努力，很多班级进行了个性化的探索，初步形成了一个个具有班级特色的班本课程。

班本课程的开发，充分利用了家长和社区资源，解决了实际问题，满足了学生的需求，同时又具有非常强的操作性，再加上实施周期短，实施形式多样，极大地缩短了知识技能传递的时空，拓宽了知识技能传授的领域，班本课程已经成为学校在课程建设上的一大亮点。

四、注意事项

1. 班本课程的开发需在"基于学生"、"基于班级"、"基于教材"、"基于家长"的指导思想下进行。班本课程的开发是"基于学生"的，以学生的需要为出发点，比如，一个班级戴眼镜的学生比其他班级多好多，这主要是因为学生不注意用眼卫生，导致近视，在这样的情况下，班主任老师开发了《喜羊羊漫游眼睛王国》的班本课程，通过课程的实践，让学生了解眼睛的结构，掌握用眼卫生，解决了学生的需求。班本课程的开发是"基于班级"的，是以班级为单位实施课程的开发与研究。班本课程的开发是"基于教材"的。教材是班本课程开发的一个生长点，不能拔高，不能脱离学生的实际。班本课程的开发是"基于家长"的。家长是开发班本课程的重要资源，利用家长的专业知识，为课程开发与实施提供智慧支撑。

2. 班本课程建设主要从三个大的方面——特色建设型、教材拓展型、问题解决型，分低、中、高三个梯度进行开发实施。特色建设型主要是围绕班级特色建设开发的课程，比如有的班级为了打造书香班级，开发了《名著共读》课程，有的班级为了培养领袖型人才开发了《模拟联合国》课程，这些课程的开发与实施指向的是班级的特色建设。教材拓展性课程主要是对教材的延伸。有老师教了《林冲棒打洪教头》之后，开发了《水浒人物大家谈》课程，一课延伸到一部名著。在学习了面积计算以后，老师和学生开发了《我爱我家》的课程，通过对家的设计，加深对图形面积的了解。问题解决型课程主要是根据学生在成长过程中存在的问题开发的课程，比如六年级某班开发了《青春期的烦恼》课程，就是针对部分孩子青春期的心理问题,解决孩子在成长过程中遇到的问题以及他们的困惑。

五、案例

小营小学班本课程

课程名称	执教者	课时安排	执教场所
我是小小旅游者	蒋馨怡妈妈[一(5)班]	2	教室
秋姑娘是个大画家	美术老师[一(5)班]	2	校园、教室
班级网上交流平台《小蜜瓜的小豌豆》博客	班主任、王知萌妈妈[一(5)班]	2	教室
我是班级形象大使	班主任、乔一茗爸爸[一(5)班]	2	教室
儿童保健常识知多少之"无烟金陵"	何抒阳爸爸[一(5)班]	2	教室
"我是小小厨师"菜肴烹饪的常识介绍	洪艺文家长[二(2)班]	2	教室
"人人争当营养师"儿童餐饮的合理搭配	洪艺文家长[二(2)班]	3	教室
眼科知识及爱眼护眼基本保健	王浩博家长[二(2)班]	3	教室
"祝福送给亲爱的老师"贺卡	班主任[二(3)班]	2	教室
万圣节学做"南瓜灯"	刘浩天妈妈[二(3)班]	2	教室、校园
制作圣诞小礼物	王清华妈妈[二(3)班]	2	教室、校园
我看明孝陵	翟思筠妈妈[二(3)班]	3	教室
秋天来了	各科老师联合授课[三(2)班]	4	教室、校园
国防课程(飞机知识+参观军营)	刘正哲家长[三(2)班]	4	教室、军营
飞机大冒险	王圣杰家长[三(1)班]	4	教室、机场
我是小小急救员	鲁康翔妈妈[三(1)班]	4	教室、操场
学习如何使用电脑查找资料	许靖雅妈妈[三(3)班]	2	教室、机房
玩转你的博客	季炜凯妈妈[三(3)班]	2	教室、机房
遇到坏人如何自救	张鸿越爸爸[三(3)班]	2	教室、操场
遇到灾害如何自救	陈振寰爸爸[三(3)班]	2	教室
如何沟通与交流	班主任、周骏涛妈妈[三(4)班]	2	教室
学会理财	刘心怡妈妈[三(4)班]	2	教室
如何挑选健康、绿色食品,合理购买	叶皓然妈妈[四(3)班]	2	教室
冬爷爷给我们带来了什么?	班主任、冯聿璟妈妈[四(3)班]	3	教室、操场
金器知识介绍	颜丙淇妈妈[五(2)班]	2	教室
用眼卫生小常识	刘忆爸爸[五(2)班]	3	教室

学校:南京市小营小学

校长:毛丽萍

执笔:崔小春

小学校园中的数字化影院系统,带来的仅仅是纯粹的艺术天地、美的熏陶吗?走进龙江小学的数字影院课程,会让你体会到它的独特魅力。

数字影院课程

一、内涵

电影中富含文化信息,将它作为一种课程资源来开掘,其学科价值不可估量。将电影这一重要的资源引入各科教育教学中,通过有目的、有组织、有计划地开发和利用,激发儿童内在的学习动机,能实现一种更有价值的学科学习。

数字影院课程是基于学校数字化影院系统,整合国家课程、环境和学生的校本课程。主要构建以经典书目为蓝本、以影片为载体、以阅读为途径、以学生成长为目的的数字影院课程体系。

二、背景

(一)开放的小班数字化学习

小班学习的特点是既开放,又互动的,承载着丰富的知识信息,是学生求知的乐园。数字影院课程就是改变以往把书本作为唯一学习资源和对象的单一学习方式。将教材从单一文字载体变为集"形、声、光、色"于一体的生动、直观的多载体形式,相信未来必将以其独有的特性引起教育思想、教学理论、教学模式、教学方法等的重大变革。开放学习环境下的小组学习,教师只是引导者,学习的主动权交给了学生。他们从"要我学"变革为"我要学",从"圈养着赶路"变革为"自由、主动地学习"。学生在学习的过程中探究,在探究的过程中提升学习力。

(二)改变传统课程学习方式

数字影院课程的开设是时代发展的需要,是全面提高学生综合素质的需要。当前社会对人才的综合能力要求越来越高,但目前学校教育还是以学科教学一统天下,因而软化学科边界,促进学生综合能力的提高,使学生积极、主动、全面发展越来越成为基础教育课程改革的重中之重。观看影片,是学生业余生活的主色调,学生从电影电视中获得的知识、观念要比从其他渠道得到的多得多。通过优秀电影能提高育人实效,有效地培养学生的综合素质。优秀影片中蕴含着丰富的美育内涵,充分发挥电影的美育功能,有利于提高学生发现美、感受美、鉴赏美、创造美的能力,促进学生健康、快乐、力学、永续地发展。

(三)给学生身心以美的熏陶

电影应该被视为儿童文化传统的重要部分,经典儿童电影应该在课程中获得与经典文学作品同等重要的地位,应该成为儿童生活的一部分。学生不仅是学校人,更应是社会人。

放眼世界,接受丰富多彩的世界文化的熏陶,才能获得更加全面的发展。电影以生动的画面、逼真的形象、感人肺腑的故事对学生进行熏陶;启发他们辨别善恶、辨析对错,潜移默化地对学生的道德培养和人格完善起着积极的作用;优秀影片中蕴含着丰富的美育内涵,是对学生进行整体施教时不可多得的载体。在与学科知识的碰撞中,学生增强了自己的综合素养,丰富了自己人生阅历,让孩子们在经典电影的陪伴中快乐成长。

三、操作

(一)影片的选择

小学低、中、高三个年段的学生在认知水平、注意力和意志情感等方面有着巨大的差异,他们对电影的类型也有着不同的需求。针对各年段的年龄特点和认知规律,挑选出每个年段学生适合观赏的影片,科学地安排好这些影片的观看顺序,使之成为一个有机的整体。

低年段以优秀动画故事片为主。一、二年级时,学生开始表现出一定的独立性,会出现一种强烈要求独立和摆脱成人控制的欲望,他们喜欢与伙伴共同游戏、学习,玩得投入时,高兴快乐;与小伙伴有了冲突时,常常为一点小事争得面红耳赤,各不相让。同时,他们很在乎别人对自己的评价。这个时期,也是自信心形成的关键时期;所以,鉴于年龄特征与接受能力,一些优秀的动画影片是首选,一个个银幕形象,成了学生崇拜和模仿的偶像。例如,《不一样的卡梅拉》中机智勇敢的小主人公特别受欢迎!围绕他们的一个个精彩的故事充满了神奇和悬念;莫扎特、马可波罗、富兰克林这些历史上的名人都出现在主人公的生活里,当然,也出现在学生的视野里。

中年段与课文名著相结合的影片最受欢迎。到了三、四年级,学生的思维发展水平由具体形象思维向抽象逻辑思维过渡。想象能力也由模仿性想象、再现性想象向创造性想象过渡。这一时期,学生的记忆力、理解力和表达力也都在快速发展,是提升阅读能力和写作能力的关键时期。而这一年段的课本中,文章也变长了,故事情节、人物形象也更加丰满了。所以,可以将儿童电影课程与语文单元主题教学、名著阅读欣赏自然而然地融合在一起,这样不仅能有效激发学生的兴趣,还可以培养学生良好的人文素养。

高年段渗透人生哲理、励志的影片,常引发无尽的思索。到了五、六年级,学生处于十一、二岁的年纪,自主和独立判断的特点开始显现;有了自己的思考,不再轻易接受别人的观点;他们的内心世界也日趋丰富,除了注意事物外表的形式之外,更注意对事物的分析和主观体会。世界观、人生观、价值观也在此时期初步形成,所以,要引领学生正确认识、定位自己,把目标与有目的的行为结合起来。优秀的励志影片,渗透人生哲理的影片,就成了学生的良师益友。这时候的影片选择不再局限在纯儿童影片中,触角开始伸向哲学感更强的艺术片,有时学生觉得自己什么都不行,心灰意冷,可以观看《放牛班的春天》;有时学生觉得自己不被家长理解,郁闷难平,可以穿插《音乐之声》的片段。

(二)放映的过程

围绕学科知识,广泛搜集整理能够提供支持和帮助的相关电影,对电影资源进行整合,建立对应学科的电影资源库。学科电影整合,可以运用世界上最优秀的影视资源,将其与学科教学有机整合;改变传统的以教师为中心的教学结构,创建新型的以学生为主体的教学模式,推进学科教学的数字化改革。

教师在学生感兴趣的主题阅读背景下,将数字影院课程与阅读相结合。以小组为单位每位同学一个IPAD,围绕该主题选取适合的读物进行观影,同时积极参与互动交流活动。

整合资源,提炼主题。将课堂教学与电影、研究性学习融为一体,从中提炼主题,可以极大地提高主题的信息量,便于设计运用电影的教学方案,有利于师生利用电影自主学习,达到拓宽知识面,提高教学效益的目的。例如《爱如茉莉》一单元,教师就可以按本单元内容,将几篇课文进行整合,提炼出主题,进行课内外结合的以"爱"为主题的电影观看。或者也可整合一节课的知识内容来提炼主题,如《长城和运河》等类似课文,可根据课文内容,挖掘相关电影中蕴藏的教育价值、审美价值等,感受中华文明的魅力。

根据主题,设计教学。在教师钻研教材,整合课程资源,明确适合学生主题内容的基础上,根据提炼的主题来设计教学方案,研究如何利用现有的电影资源,满足不同学生、不同小组的阅读需要,以期实现在开放的网络环境下最大最优化的小组自主电影学习活动。

(三)观影后的延伸

建资源库,师生共享。学校在实践的过程中,要重视建立并不断地完善主题式电影学习资源库。主题式网上学习资源库为教师查阅资料、提炼主题、设计方案提供服务,也为学生自主学习、拓展知识和探究性学习提供信息资源。

观看影片后,教师应引导学生思考怎样表现才能更生动、形象地刻画一个人物或者表现一件事情;怎样才能使人物的形象更加深入人心,使故事情节更加引人入胜;回到书本中,你对主题又产生怎样的感性认识等。总之,可以是多方面的,不拘一格。通过一系列举措,学生开阔了视野,陶冶了情操,更在不知不觉中丰厚了艺术涵养。

四、注意事项

(一)观影之前,做足功课

为提高学科知识与电影的紧密结合,促使他们更深刻地理解知识的内涵,教师在课前设计时要做好精心的准备。教师要在观影前将影片仔细看一遍,掌握影片的时代背景,中心内容,结合学生的心理特点、情知状态,找准放映中需要激发学生体验、讨论之处。

(二)观影之中,静心沉浸

观看过程中,以静静地欣赏为主,也可以适当把握情感激发点、审美关键点、心理作用点,进行一些巧妙的设疑、点拨。引导学生更好地感悟、品味与体验,使学生受到人物形象的感染,获得真切的体验和智慧的启迪。当然,次数不宜过多,否则就破坏了影片的整体感。

(三)观影之后,提升眼界

观赏完影片后,要趁热打铁。师生可以再进行一些讨论,特别有感触的,还可以用文字的形式记录下来。旨在通过讨论与点评,形成每个人个性化的感受。根据不同学生的欣赏水平,应从多方面进行讨论……可以是对影片主题的提炼,对故事中人物的表现或结局的评价,对精彩情节和印象深刻之处的回味。

五、案例

《海伦·凯勒》是苏教版小学语文五年级下册第三单元的第一篇课文。这篇课文以感人的笔触向我们介绍了一位与命运抗争的英雄——海伦·凯勒。课文字里行间充满了爱的温馨。爸爸、妈妈、沙利文老师以及周围的人们对海伦的关爱,唤起了海伦对生活的热爱;从不幸中站起来的海伦又把自己的全部的爱倾注在残疾人的身上。这是一篇对学生进行爱心教育的好教材。

学生在初步读正确、读流利，初步感知课文内容的基础上，整体把握了课文内容，初步感知了海伦·凯勒的一生。接着，老师组织学生观看了电影《海伦·凯勒》。通过电影将文本的语言得到了再现，学生的心也被海伦·凯勒曲折的命运所吸引，与她一起经历，一起成长。电影中，随着剧情时急时缓的音乐，人物充满激情的对白，使学生深陷于海伦·凯勒挑战生命的惊叹之中，一定比教师的讲解来得更加生动，丰富了课文里有限的文字，电影与课文融为一体，带给学生唯美的诗意。教师再引导学生走进文本，仔细读课文，充分地与文本进行对话，带着自己的情感去理解和朗读课文。这样自然而然就突破了课文的重点和难点，海伦高大的形象在学生的头脑中逐渐清晰起来，学生内心的情感得到了升华。这样的学习才是充满情感的，才是真正读懂了文字背后的含义。

课后，同学们写下了自己的观后感。学生在感悟到人物精神之后，已经走进了人物的内心。从海伦的身上受到教育，把海伦的精神永留心间。这样的数字影院课程已经成为了学生语文学习的一部分。

教师还可以把数字影院课程作为课内智育的有效补充与拓展。电影以其直观形象的特点，广泛激发着学生的兴趣，使学生在愿意接受电影这种形式的同时，接受电影所表达的思想内容，从而扩大知识面，并深化了课堂学习。教师在讲解《地震》一节时，结合放映《张衡》这部电影，使学生了解：古人是怎样认识地震的，怎样预测地震，最早的预测仪器是怎样发明的，通过观看电影，使学生形象地感知地震时的情景。这样，书本中的理论与直观生动的电影教学有机地结合起来，学生对文化知识的理解难度减小了。在讲解《蒸汽机》时，结合放映《世界名人传记》中的《瓦特》，既增强了学生的兴趣，又减小了学生理解蒸汽机原理的难度，对本课的印象颇深。教师还指导学生写出观后感，不但能强化基础知识，增加知识积累，还能锻炼作文水平，提高实际应用能力。运用电影将课本中古今中外、天文、地理等方面的内容，活生生地再现在学生们眼前，有益于理解与记忆，课堂教学与电影相得益彰，促进了科学文化素质的提高。

儿童心理学指出：儿童的学习中，有意注意必须付出巨大的紧张的意志努力，不能一直保持很久的时间。有意注意和无意注意互相轮换，就可以使课业成为学生感兴趣的活动，并可以减少儿童的疲劳。数字影院课程给孩子提供更为开放的、自由的学习空间。课堂应是向未来方向挺进的旅程，随时都可能发现意外的通道和美丽的园景，不是一切都必须遵循固定线路而没有激情的行程。

学校：南京市龙江小学
校长：林　敏
执笔：佘　璇

学习,在校园中无处不在。走廊中的数字化液晶触摸屏,为孩子量身定制的课程体系,把"尊重每一位学生,重视他们的兴趣爱好,尽可能把学习的主动权交给学生"的目标变为现实。

交互式走廊课程

一、内涵

小班化教育尊重每一名学生,重视他们的兴趣爱好,尽可能地把学习的主动权交给学生。为了鼓励学生自主地操作、尝试、交流、讨论、质疑、解疑,学校借助数字化系统及设置在每一个走廊上的数字化液晶触摸屏,来展示老师为孩子们量身定做的特色内容。同时,学校的所有课程内容都可以在上面显现出来,便于孩子们下课进一步查看;通过校园全覆盖的无线网络,整合国家课程、学校特色课程,并将这些课程之间的内容实现互通,逐步形成了学校的交互式走廊课程。

二、背景

交互式走廊课程以间接的、内隐的方式,对在校师生实施不自觉、无意识、潜移默化、润物细无声的影响,由此构成了学校隐性校本课程。与显性课程相比,隐性课程涉猎范围更宽广,它打破了显性课程固有的时间和空间的限制,呈现一种使学生随时随地获取经验的状态;产生效果明显,通过学生心灵的体验和领悟,因而作用深刻而持久;精神文化多样,隐性课程就其内涵而言,它不直接指向学科内容,也不直接关乎学生的学业,它更多地体现为非物质性的精神文化。

三、操作

(一)专屏专用,学科对接

一块块显示屏,有的是"专屏专用",如"小豆苗美术馆""交通体验馆",就"专业"介绍相关知识。有的是"一屏多用",包含不同的栏目、不同的内容。

1. "小豆苗美术馆"。置于学校美术馆门口,集发布、查询、欣赏、学习为一体,能够存储绘画作品,发布小画家绘画活动,孩子们能通过手机、电脑在家实现查询。"小豆苗美术馆"电子屏有4个栏目,分别为艺术欣赏、走进大师、民间美术进课堂、学生作品及美术馆介绍。

"艺术欣赏",给孩子们介绍了各种各样的艺术形式并欣赏作品。教师平时收集的一些艺术家的作品都可以展示在这个栏目里。"走进大师",在这个栏目里,为孩子们介绍了各个国家的绘画大师们,如:凡·高、毕加索、齐白石、张大千等。"民间美术进课堂",结合学校的美术校本,在这个栏目里展示孩子和老师及民间艺人的葫芦画、脸谱、布艺和泥塑等作品。

"学生作品"栏目展示了孩子们在各级各类绘画书法比赛中的作品及获奖情况。"美术馆介绍"对美术馆的各个板块做了一个介绍,并展示各板块的精致作品。

2."嘀嘀叭叭交通馆"。置于学校交通馆门口,录入交通安全读本相关内容,回顾学校少年交警队开展的活动,有"一本在手 安全无忧"、"实践活动 精彩纷呈"、"纵横世界 联系你我"等栏目。

3."小农夫体验园"。小农夫体验园是基于物联网种植的数字化灌溉系统,让孩子们在动手的同时体验种植的快乐,种植中如果遇到问题,可以通过电子屏查阅相关种植知识,解决实际问题。

4."大厅漂流站"。屏幕呈现历次演奏钢琴同学的介绍,GPS定位学校地理位置,每天滚动播放校园风貌,学校活动集锦,来往的人只需触摸电子屏,就能瞬间收看到感兴趣的内容。孩子能通过搜狗、百度来搜索图书和资料。同时这块大屏还能实时接收校园内电子气象站感应到的温度、风力、湿度,将每周、每月的感应数据汇总呈现。

(二)一屏多用,栏目丰富

其他大屏分挂于不同楼层的走廊上,每块大屏都设计了以下栏目:

1."我的课堂"。学生通过点击大屏幕的"我的课堂"栏目,就能收看到语文、数学、英语课堂上老师播放的课件,不但能帮助学生复习刚刚学过的知识,检验学习情况,还能帮学生提前预习下一课的内容,可谓是"温故而知新"!

2."乐活语文"。有孩子们喜闻乐见的成语乐园、古诗天地、乐豆苗圃、趣味语文、习作园地、语文明星等板块。

3."数学广角镜"。分为数学达人、每日一题、生活·数学、数学故事、数学百科、优乐题库等栏目,将数学课本知识联系生活,呈现数学在生活中的应用。

4."艺术天地"。展示学生以综合课程为主题展开的活动,分为"乐·英语"、"乐·音乐"、"乐·体育"、"乐·美术"几个板块。

5."阅读漂流"。以学生阅读为主的特色课程,其中收录了阳光书页从这里开始、师生同享书香滋养、大手小手漫步书林、读书节狂欢派对、读书践行多彩生活这五个板块的内容,从校园各个方面展示师生和家长的阅读风采,让学生在手指轻轻地碰触间浏览校园内外的阅读新闻,同时也能第一时间与学校的阅读小达人零距离交流。

6."校史馆"。有学校概况、教师风采、我和母校、历年大事、特色活动等栏目,真实记录校史,展示学校风貌。

7."我的家"。有乐活娃们自己小屋的照片、布置,是孩子们展示自己的小天地,分为小屋秀、乐活表情、家庭聚会等栏目。

8.数字化学习中心。分设3个栏目,分别为奇奕小画笔、e行e秀、数字化校园。"奇奕小画笔"这个栏目,主要展示一些学生在课堂上利用小画笔画出来的一些优秀作品,以及老师在小画笔课堂上上课的一些情景。"e行e秀"这个栏目,主要展示的是信息课上学生们完成的一些优秀的作品,如电子小报、画图等。"数字化校园"这个栏目上传的是学校在数字化教学实验中的一些措施,如邀请专家进校辅导,老师上平板课等。

学校:南京市龙江小学
校长:林　敏
执笔:封翠萍

什么是"迷你"课程?这其中教师又承担了怎样的角色?请看——

教师迷你课程

一、内涵

"迷你",有三层含义。一是"小"。相对于现行的课程,迷你课程的授课时间短,5—15分钟左右。二是"令人着迷"。迷你课程的内容相对于规定的课程,具有自己独特的魅力,更能吸引学生,激发学生的学习兴趣。三是灵活,迷你课程的授课时机灵活,可以用碎片时间随时随地进行教学。一节课开始的几分钟,或者一节课临近结束,甚至是午间休息的时间,教师都可以进行迷你课程教学,可以是在教室里,也可以是在某一事件现场,它不受教学时间、空间、场地的限制。

综上所述,迷你课程是基于学生的兴趣和需要,由教师、学生、家长或非教育类人员开发的,以课程标准为指南,以培养学生能力,提高学生素养为最终目标的课程,是属于教师自己的,属于这个班级学生独有的课程。它短小,灵活,贴近学生,贴近生活,它为落实学科教学的根本任务提供了新的可能,为国家课程和校本课程提供了必要的补充和完善。

教师迷你课程,就是指由教师个人或团队联合开发的迷你课程。

二、背景

开发迷你课程是儿童生命成长的需要,是基于儿童立场的需要。它关联儿童的当下生命,丰富儿童的精神生活。迷你课程为每一个孩子提供合适的课程,弥补了长期课程的不足;它关注每一个儿童发展的差异性,满足每一个儿童不同的发展需要;它将课程和生活紧密联系在一起,丰富了长期课程的内涵。

开发迷你课程也是教师专业发展的需要。不少教师,在经历了几年的教学生涯后,便会产生职业倦息。而开发自己的迷你课程,就必然引起教师知识结构的重组,以构建一个合理的知识结构,在教学实践中不断完善和提高,并进行创新,构建成为自身新的知识结构体系。这样,可以帮助教师从职业倦息中走出来。在开发迷你课程的过程中,教师逐渐了解并掌握课程知识与开发技术,如课程目标的制定、课程方案的设计与撰写、课程实施策略和课程评价技术,并且具备一定的课程决策能力,教师的专业素养得以提升,专业生活也不断得到完善,而这些最终也将促进学生的发展。

三、操作

（一）基于学校文化

迷你课程的开发目的之一就是要让本土的资源和教师的教育经验、学生的日常生活进入教学之中。校园文化作为学校生活的一个不可分割的重要组成部分,直接进入学生的经验世界,对学生的思想观念和行为方式产生着广泛而深远的影响。迷你课程的开发应考虑与校园文化的紧密结合,让课程设计更接近学生的生活世界,更容易为学生所理解、接纳。中华附小的校园文化主题为"江河文化",教师开发了以长江为主题的迷你课程,学生利用各种渠道收集了解有关长江的资料。低年级读和长江有关的童谣,讲和长江有关的故事;中年级欣赏和长江有关的诗歌,如《诗意长江·李白》;高年级围绕长江制作手抄报,进一步了解古老的长江文明,在微课程的学习中,学生不知不觉爱上了长江,爱上了长江文化。

（二）基于地方文化开发

任何一个地方都蕴含着丰富的课程资源,迷你课程的开发,首要强化的便是善于发掘课程资源的能力。因地制宜地开发和利用各种课程资源,从而把学生融入地方生活发展的历史文化过程之中去,让学生在对历史文化的了解中学习语文,并强化社会责任感,增强社会实践活动能力。

南京,作为六朝古都,十朝都会,有着丰富的文化内涵。千百年来,奔腾的长江不仅孕育了长江文明,也催生了南京这座江南城市。南京的自然景观、建筑风格、城市标志,南京人的衣、食、住、行,南京的人文、历史都可以开发成迷你课程。如"诗话金陵",阅读赏析关于南京的诗歌、美文,在隽永的文字中欣赏南京;"舌尖上的金陵",介绍南京的美食小吃,在视觉和味觉的转换中品味南京;"足尖上的明城墙",了解明城墙的建筑特点,在厚重的历史中回望南京……这些迷你课程,让学生通过阅读、体验、实践,学习语文,感受金陵文化的魅力。

（三）基于班级文化开发

班级文化作为校园文化的一部分,也蕴含着丰富的教育价值。首先,可以利用班级环境资源开发课程。如利用班级的植物角,开发"观察与写作"迷你课程,指导孩子观察植物的生长过程,并用文字记录下来。还可以根据班级活动开发迷你课程。除了班级环境、班级活动可以作为开发迷你课程的资源,每个班级都有自己的班风、学风,有自己的特点。比如,有的班级孩子特别爱读书,有的班级孩子爱运动,有的班级孩子喜欢画画。因此,迷你课程的开发也可以从班级特点出发。有教师开发了"我的朋友"这一迷你课程,让孩子画动物,写动物,为动物设计名片,根据几个动物编故事,为保护动物设计公益广告,一系列的课程实施,不仅让学生对动物朋友有了更深的了解,更加爱动物,而且学生的语言表达能力、概括能力都得到提高。

（四）基于学生需要

迷你课程是为学生服务,其宗旨就是要提高学生的素养。因此迷你课程的开发,可以基于班级学生的学情及学生的需要。例如,有班级学生对植物感兴趣,教师就利用学校空置的花坛,开发了种植微课程,带领学生了解土壤,了解不同植物种子的种植要求等,并亲自体验,种植植物。

（五）基于教师优长开发

教师是迷你课程的开发者,同时也是重要的课程资源。教师睿智的谈吐,丰富的阅历,广博的知识,独到的人生感悟……都是对学生终生受益的精神资源。教师开发迷你课程,可以依据自己优长进行。如学校体育教师专业是健美操,擅长健美操的表演和创编,而学校有排舞社团,于是,她在自己专业基础上,通过学习,熟悉排舞曲目、编排方法和竞赛规则,开发了排舞微课程。将教师的优长和迷你课程的开发结合起来,有利于教师自身专业素质的提高,也更能拉近教师和学生的距离。

目前,学校主要是从两个方面进行迷你课程的开发。一是,每个教师根据自身特点或学生需要开发迷你课程,在自己班进行教学。二是,每学期从教师开发的迷你课程中选出 24 个迷你课程,在每周三进行教学,学生根据自己的兴趣爱好,自己选择课程。

四、注意事项

在迷你课程的开发过程中,有两点值得注意:

1. 及时性

开发迷你课程需要有一双慧眼,及时发现学生的需要和学生的兴趣所在,并将此开发成迷你课程。

2. 必读性

开发的迷你课程要有必读性,这需要开发者有敏锐的洞察力,准确把握热点和学生兴趣点。当今社会是瞬息万变的,随时随地都有新的事物产生,新的事件发生,其中有些是应该让儿童及时了解的,但是教材在这方面存在缺陷,无法满足这个要求,迷你课程恰恰可以弥补教材的不足,它可以及时将这些热点开发成迷你课程,让儿童及时学习了解。例如,2014年青奥会在南京召开,有教师就抓住这个热点,开发了"我与青奥"迷你课程:第一单元,我知道的青奥(搜集资料,交流介绍);第二单元,我为青奥设计口号(创作设计);第三单元,假如我是青奥志愿者(演讲、情景剧表演)。三个单元的课程,让学生不仅了解了青奥的知识,更重要的是在课程学习中,学会搜集资料,提取信息,提高运用语言文字的能力,并学会交际和礼仪。

五、案例

诗 意 长 江

背景分析:我校地处高楼林立的河西新城,毗邻扬子江。从 1905 年的"龙江学堂"到蒋介石亲自批复更名"上新河小学",再到现在的"中华中学附属小学",滚滚的长江水养育了一代又一代的学子,见证了学校的一步步发展。全校师生一直都对母亲河长江怀有特殊的感情。

本学期,学校开展以"江河文化"作为校园文化的主题活动。在充分尊重学生的基础上,我们选择了"长江"作为研究的对象,开发了"诗意长江"迷你课程。学生利用各种渠道去了解长江,在丰富多彩的活动中不知不觉地爱上了长江,爱上了长江文化。而在与长江有关的诗文中,李白的诗篇广为流传,具有代表性,从而选择李白的长江诗篇为切入点,以此来拉开"诗意长江"的序幕。

目标设定

1. 诵读三首李白有关长江的古诗,理解诗意,了解李白的为人和诗歌风格。

2. 了解诗歌背后的故事,感悟意境,体会诗情,初步提高欣赏诗歌的能力。

内容架构

"迷你"课程最重要的是形成系列的学习,开发出与之相关的课程资源。在《诗意长江·李白篇》学习的基础上,老师带领孩子们一起研究其他诗人描写长江的诗句,阅读有关长江的散文、现代诗、童谣等,感受长江独特的魅力。

效果评估

"诗意长江"迷你课程的开发,以学生的兴趣为出发点,在课堂上,将学习的自主权放手于学生,让他们通过自学、小组合作的方式进行思想的交流碰撞,更深入地理解诗的意思,感受诗的意境,体会诗人的情感。

"诗意长江"迷你课程的开发,是语文学习的延伸,对于发展学生的想象力、审美能力和创造力有着重要的意义。围绕"诗意长江"这一主题,在带领学生大量地阅读了与长江有关的古诗为基础上,进行系列性的学习:读(背)与长江有关的现代诗、散文等,开展主题式的汇报活动。用丰富多彩的活动激发学生学习的兴趣,提高参与的热情,拓宽江河诗文的诵读面,使他们从小受到优秀文化的熏陶,茁壮成长。

特色课例

一、谈话引入

1. 长江(板书),是我们中华民族的母亲河,养育了一代又一代的华夏儿女。今天老师就给大家带来了一组长江的图片。看了这些图片,你想说什么?

2. 长江在古代是交通要道,许多文人墨客在长江边留下了脍炙人口的诗篇。你积累了哪些,能吟诵给大家听一听吗?

【以长江的图片导入,让学生对长江有整体的意象认识,调动学习的兴趣,为课堂教学创设了意境。在吟诵的过程中,学生获得学习的成就感,自信心得到了提升。】

3. 长江,正如你们所吟诵的这样,充满了诗意。(板书:诗意)刚才大家在吟诵时,不止一次地提到了李白的诗句。(板:李白)是的,李白与长江的关系非常密切,他出生于四川青莲,24岁学成出川,随江而下,在长江边留下了许多有名的诗篇。今天老师就给大家带来了三首。

二、出示诗作

峨眉山月歌

峨眉山月半轮秋,影入平羌江水流。
夜发清溪向三峡,思君不见下渝州。

登金陵凤凰台

凤凰台上凤凰游,凤去台空江自流。
吴宫花草埋幽径,晋代衣冠成古丘。
三山半落青天外,二水中分白鹭洲。
总为浮云能蔽日,长安不见使人愁。

早发白帝城

朝辞白帝彩云间,千里江陵一日还。
两岸猿声啼不住,轻舟已过万重山。

1. 自读三首诗。
2. 指名读,纠正读音。
3. 这三首诗,虽然创作的年代不同,但却都是李白在不同生活阶段中的心态写照。

三、借助资料,自学古诗

四、组内交流

五、全班汇报

教师在学生发言的基础上,适时点拨,指导朗读。

1.《峨眉山月歌》:乾隆皇帝在读完这首诗后曾叹曰:"但见其工,则妙处不传。"自己读一读,看看这首诗妙在何处?(诗人连用五处地名,精巧地点出了行程,也为读者展示了一幅千里蜀江行旅图,展现了少年李白内心的豪迈之情。)

2.《登金陵凤凰台》:自读用红色标注出来的字,看看你有什么发现?(我们常说一切景语皆情语,诗人就是借长江边的景物来表达内心的愁。)

3.《早发白帝城》:这首诗在写法上有什么特点?(夸张)这让你想到了李白的哪些诗?

【采用自学—小组交流—全班汇报的学习方式,让学生在独立思考的基础上,通过同伴间的交流和补充发言,使他们的智慧火花得到碰撞,学会了合作与分享,将学生个体间的学习竞争关系改变为"组内合作""组际竞争"的关系,将师生之间单向或双向交流改变为师生、生生之间的多向交流,不仅提高了学生学习的主动性和对学习的自我控制,也提高了学习效率。】

六、对比诵读

江还是这条江,人还是这个人,可是处于不同年代、不同心境下的李白为我们带来的诗篇也是不尽相同的。

李白24岁学成出川,辞亲远游,顺江而下,追寻梦想,读——

然而,一身才华,满腔热情,却遭到奸人所害。故地重游,满心忧愁,读——

58岁,流放夜郎,半途被赦,此时李白如释重负,满心愉悦,读——

教师用富有诗意的引语串起了三首诗,串起了诗人的一生,让学生在一次次有感情地诵读中走进李白,走近"诗意长江"。

同学们,这节课我们一起学习李白三首长江的古诗,这只是我们走近长江的第一步,希望同学们不要停下脚步,在课余时间搜集更多关于长江的诗篇,让我们的诗意长江更加丰盈。

学校: 南京市中华中学附属小学
校长: 潘文彬
执笔: 封海蓉　韩　玮　周　丹
　　　　沈　军　彭红雨　刘宁霞

如果你的学校也有这样一棵大树,你会想到用它来为孩子们做些什么呢?是课程?还是一个精神家园?请看汉中门小学的——

大树下的家园

一、内涵

"树木"与"树人"的道理是相通的,树根是"稳固"的,人,要有"旺盛"的生命;树干是"挺拔"的,人,要有"昂扬"的精神;花朵是"绚烂"的,人,要有"丰盈"的情感;果实是"饱满"的,人,要有"智慧"的生活。教育的目的,就是实现人的自由充分的发展。

"树"是实在的,是意象,更是隐喻。一是学校是大树,给师生提供了绿意盎然的田园;二是教育是大树,给师生提供了精神栖居的家园;三是人是大树,给自己构筑安身立命的心灵家园。大树下的家园,是在大树庇荫下的家园。大树下的生活是有氧的、有梦想的生活。

"营造大树下的家园",是学校实施"开心教育"的愿景,意在立足于学校文化传统与现实,形成一套系统的、全面的、个性化的课程体系,力求通过课程的实施,为"儿童健康成长和长远发展"服务,让"生命旺盛、精神昂扬、情感丰盈、智慧卓越"濡染成为每个人的文化气质,让校园里的每个人抵达"开心"的理想生活。

二、背景

小班化教育最重要的理念与优势都是为教育公平服务,在教育过程中公平地满足所有儿童的发展需要,使每个儿童都得到充分的发展。

具体分析:第一,班额减少,理念和培养模式的转变,促进了教学组织形式和教学方法的改革,提高教学质量,促进教师成长,为小班化课改提供了师资储备;第二,学生主体性得到较充分发挥,更有利于不同性格和禀赋的学生成长;第三,增加了师生、生生交流频率和密度,教师进行个别辅导、因材施教机会增多,有助于小班化课改的推进。

在这样的背景之下,汉小"大树下的家园"课程建设应运而生。

从人文历史中走来——1925 年,基督教长老会建立起汉中门小学。学校有 135 岁的古银杏树,"树"给人诸多教育启示,学校由此确立"大树下的家园"课程建设项目。基督教义所倡导的"博爱"精神,"大树下的家园"建设,正是学校对"爱"的教育个性化的诠释。

在现实需求中生长出来——生命的要义在于处理好自己与社会、与自然的关系,"大树下的家园"建设,正是对这一哲学思考直白的表达。

向着未来发展走去——试着在喧闹中筑起一个平和、恬静的家园,每一个生命个体"生命旺盛、精神昂扬、情感丰盈、智慧卓越","大树下的家园"正是对这一发展愿景的设计。

三、操作

学校从以下几个方面具体实施：

(一) 建"成长乐园"环境课程

(1) 乐在回归自然。自然界充满着各种奥秘，老师可以和孩子一起去寻找答案：花生从何而来？桂花树上是哪种鸟儿悄悄地安家？这些小问题可以激起孩子对自然的回归，学校里有一方池塘水清浅，带给孩子几多欢喜；"开心农场"来种植，感受自然让人惊叹的力量。

(2) 乐在儿童立场。"孩子是由一百组成的！"学校尊重儿童世界的独特性与多样性，这里有"海洋风铃放飞"画廊，孩子的作品装饰了别人的风景，也启迪了自己的无限潜能；"大树爷爷讲故事"，赋予校园生活童话的意味。

(3) 乐在存留好奇。引导孩子不断地产生和满足"好奇心"，这个探究的过程就是学习！这里有 3D 教室，孩子们制作"3D"动画，享受探究之趣；钢琴楼梯显艺韵，孩子的创意融入美学，让普通楼梯有了格调；书吧和钢琴前的琴凳虚席以待，欢迎孩子们在乐海里徜徉。

(二) 建"开心学园"活动课程

学校以课程变革推动教育教学质量的内涵提升。整合学校原有课程，丰润课程的内涵，丰富课程的体系，完善课程实施评价体系，形成特色鲜明的课程体系，让学生富有个性地成长。课程框架图如下：

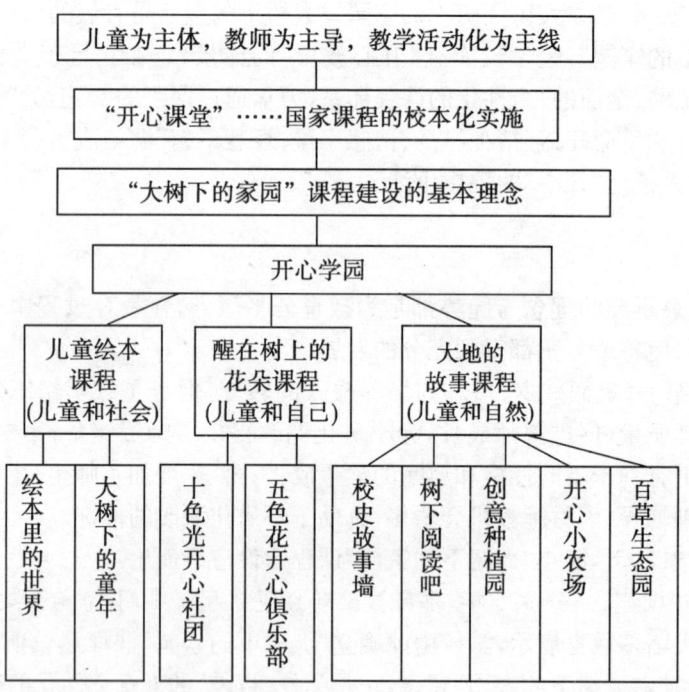

学校挖掘具有地域特色的课程资源，整合原有学科课程、活动课程、环境课程，建立学生活动俱乐部，开展经常性活动，培养学生的兴趣爱好，为不同潜质、不同个性学生的发展提供多样化的选择和帮助，为他们健康成长、长远发展增添活力，它包括三类：

第一类：儿童绘本课程 (侧重：儿童和社会的关系)

依托绘本馆，开展两项课程——

"绘本里的世界",读绘本,看大千世界。

"大树下的童年",做绘本,讲童年故事。

第二类:醒在树上的花朵(侧重:儿童和自己的关系)

每个孩子都是花期不同的花朵,开设适性的课程,满足多元需要。课程划分:

"十色光"开心社团——传承"小票友"梨园、"小豆子"健美操队、"小叮当"鼓乐团、"小石头"等孩子喜欢的内容。

"五色花"开心俱乐部——从"身心素养、人文素养、科学素养、艺术修养、公民素养"五方面涵养孩子们的气质。

类　　别	科　　目
身心素养	游泳班、羽毛球班、溜旱冰班、滑板班、溜溜球、跳绳班、踢毽子班、田径班、国际象棋班
人文素养	小小演说家班、小导游培训班、小小博客班
科学素养	航模设计班、科学发明班、做中学、手工创意班、探究实验班、电脑绘画班、动漫设计班、创意设计班
艺术修养	竖笛班、金话筒主持班、剪纸班、泥塑班
公民素养	快乐星期一、值日小校长、公民听证会

第三类:大地的故事课程(侧重:儿童和自然的关系)

学校开展校园实践体验活动,陪伴儿童回归自然,润泽心灵。校史故事墙:陪伴儿童以感性的方式走近学校历史;树下阅读吧:大树下陪伴儿童亲近自然,惬意阅读;创意种植园:"杯子里的小森林",创意种植,趣味无穷;开心小农场:班级师生同种百种蔬菜,品百味生活;菁菁百草园:每个孩子种植一盆花草,关爱生命成长。

四、案例

其实有一百——环境课程实践案例

环境现状描述	教学楼前一面墙壁,是学校与民居之间的围墙。曾经做过学校的校史展橱,后因校史厅重新设计施工,墙面空白,等待创意来美化装点
空间资源分析	教学楼前的这一面墙壁,是进入教学楼必经之地,所以宣传效果非常重要。因与教学楼距离太近,墙面不宜做成占用空间过多的设计,又要符合师生的心理需求,内容有可读性、有艺术性、有意义、值得回味
结果与成效	这样的设计,不仅赋予了墙面色彩,更有了内容,有了情节,有了深度,有了情感。让人不仅有看的,而且还有回味,有惊喜。 来到学校的人,对这处文化设计都比较感兴趣。因为墙面彩绘多见,但有主题、有思想的彩绘值得回味,更具文化与个性

续表

所需资源分析	从时间、物力、材料角度,分析本次活化活动所使用的资源。 时间跨度比较长,差不多有半年。因为观点的统一、画面素材的选取花费了很多时间。物力上,彩绘难度较大,所以请广告公司代劳,使用了丙烯颜料画和有机玻璃板刻字。学生的手编则简单了,请草编老师指导,一般的草本即可,老师的创意、智慧是珍贵资源
教师、学生设想	1. 要有新意,做出我们自己的想法; 2. 寓教于其中,给人以启迪; 3. 以孩子喜欢的方式呈现,尊重孩子在学校里的地位
活化思路	1. 确立主题:其实有一百; 2. 研究呈现方式:彩绘; 3. 确定选择内容:几米漫画,逐篇选读; 4. 选定一本:我的心中每天开出一朵花; 5. 选定几幅:探险、坚持、自信、快乐、乐观…… 6. 联系广告公司设计、实施; 7. 进一步用创意完善
需要的支撑性条件	1. 学校理念; 2. 合适的内容; 3. 能帮助实现的绘画者; 与绘本内容相适合的学生的手编作品

活化过程(1 000字以内)	学校在"开心教育"理念指引下,丰富内涵,想要把学校办成孩子喜欢的学校。当我们读到了意大利教育家马拉古兹写的《其实有一百》这首诗时,被他诗中传达的对儿童世界的独特性与多样性的尊重所折服,决定把这首诗通过绘本呈现在师生面前:"孩子是由一百组成的。孩子有一百种语言,一百只手,一百个念头,一百种思考问题的方式,还有一百种聆听的方式,惊讶和爱慕的方式。一百种欢乐,去歌唱,去理解,一百个世界,去探究,去发明,一百个世界,去梦想……"
	  有了想法,如何实施却是个难题。经过较长时间的考虑,我们征求孩子们意见,在孩子们喜欢的几米漫画中精心选择内容,选定了"知道有些事情不可能成真,但,我还是想试试!"(探索)、"月亮还在,想象还在,希望还在,我每天重新打造一条美丽的小路!"(坚持)、"人不是鱼,鱼不是鸟,鸟不是人,你不是我,你怎么会了解我?"(自信)、"我倒挂在枝头,轻轻摇摆,找寻颠倒世界可爱的那一面!"(快乐)、乐观几种主题的彩绘,以图文结合的方式,既美化墙面,又留有回味的余地。不管是那首隽永的小诗,还是"孩子,一本读不完的书……"都给人留下了深刻的印象。
	  只是绘本,又平面化了。我们又想结合学生创意课的学习,把学生的作品与画面有机融合。所以,就有了草编植物进入了画面的草丛中,并且情境切合,风格统一。就在平淡中添了新意,并且多了孩子们的气息

续表

活化过程及结果（照片结果与成效分析）	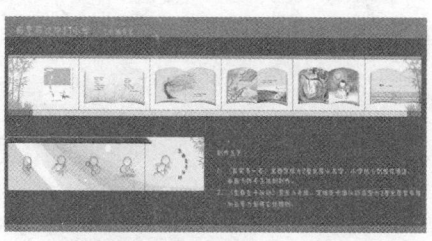  《其实有一百》主题墙面绘本，是学校物质文化建设与校园文化的理性对接。走进汉中门小学，绿树成荫、红花掩映、窗明几净、清新雅致。 　　《其实有一百》传达的儿童立场值得品味，"孩子，一本读不完的书"耐人寻味；契合学校的办学理念：开心教育，办孩子们喜欢的学校，以这样主题呈现的绘本，可以开启心智，也可以让孩子会心一笑，是办学理念的合适载体；具有一定的美化功能：画面活泼，色彩清新，绘制精致，主题明确，起到了较好的美化作用；展示了学生的作品：结合学生的手编活动，把学生的作品巧妙地放进墙面，因为学生的参与，更增添了"我的校园我作主"的气息；赋予了一定的创意：手编的小鱼、螳螂、蝴蝶，与画面有机融合，让物在画中，有趣、有创意，也启迪大家用创意做事，做出独特的风格。

学校：南京市汉中门小学

校长：周　俐

执笔：周　俐

课程结构的变革,是小班化教育变革的重要内容。"顶层设计"是现代科学设计方式。那么,当"课程规划"与工学概念"顶层设计"相遇,会怎样?原珠江路小学依据"顶层设计"的路径,进行"种墨园课程"的构建,力图通过小班化课程结构的变革,更大程度地促进学生适性、自主、多元的发展。

种墨园课程

一、内涵

种墨园课程,是学校探寻小班化教育幸福的核心要素,以课程审视的目光,关注每一个学生的发展可能,适应每一个学生的学习需要,顶层设计的课程规划及实践体系,旨在实现每一颗"种子"幸福成长,是为了幸福生活的课程,是基于儿童立场的课程,是关注"每一个"的课程。

学校课程理念是:让每一个孩子在"种墨园"中幸福成长。学校顶层培养目标:培育"健康、关怀、智慧、尚美"的人。课程的核心理念和顶层目标是从意识形态和预期状态上提出要求,二者的具体落实需要再通过课程目标、课程结构、课程内容、课程实施和课程评价等支撑来实现。几者结合各自的职能将核心理念和顶层目标进一步细化,它们构成了基于顶层设计的种墨园课程的二级系统。

课程的参与者,包括教师、学生、课程专家、学校、家庭、社会等,根据二级系统的要求,设计出切实可行的实施方案以及相应策略,制定评价标准,并付诸实践,就构成了立体多元化课程理念的三级系统。

二、背景

为了让校园中的每一个生命享受快乐、多彩、高品位的学校生活,为了使校园成为充满魅力的"巴学园",学校开展了一系列课程建设行动。但课程开发的切入点究竟在哪里?如何让课程更好地服务于学生成长?如何让课程设置关注到学生的个别差异,更大程度地发挥"小班化教育"优势……诸多的问题引发思考,倘若不转换视角,对课程上位的理念、目标进行透彻全面的分析和重构,倘若缺少对于课程"顶层设计"的系统思考,课程的开发与实施将会走向盲目,走入误区。于是学校开始了"顶层设计课程"的行动。之所以建设"种墨园课程",是源于学校多年来的教育特色——"墨韵教育"。学校以写字(书法)教育为切入点,塑造"墨韵"教育环境,形成"墨韵"办学特色,整体推进素质教育的一种理论与实践样态。学校要发展"墨韵教师"、打造"墨韵课堂"、培育"墨韵学生"。学校期望通过"墨韵教育",给学生种下美德,种下健康,种下知识,种下智慧,将学校建设成能激活师生潜能,让师生共同幸福成长的"种墨园"。

三、操作

（一）成长的基点：幸福的、儿童的、每一个的

在最古老的拉丁语中，"教育"即"耕种"，那么，每一个孩子，就是珍贵而独特的种子了。珠江路小学的办学理念是"墨韵教育"，致力于在墨韵教育的浸濡之中，让每一颗种子，种下健康，种下智慧，种下美德，种下艺能。学校的课程理念是"幸福教育""儿童文化""关注每一个"，期望建设一所"种墨园"，其内涵包括"墨韵雅园""融和心园""潜能慧园""幸福学园"，最终将培育健康、关怀、智慧、尚美的儿童。

（二）成长的环境：优化的、适性的、创新的

"种子"的成长离不开适当的空气、阳光、水分，课程外部环境资源正如种子成长所需的空气、阳光、水分。因此学校进行了种墨园课程 sowt 分析和区域资源调查分析，充分解析外环境的优劣强弱及其可利用资源，以实现教育资源优化重组，开发课程资源，最终形成了种子成长的蓝图。种墨园课程的四园三径模型，包括"美德体验园""健体训练园""启智魔力园""尚美艺术园"的四大课程模块，通过"学科型基础课程""拓展型活动课程""潜能型童本课程"这三种路径的课程实施，共同从纵向、横向，知识、能力、情感等多维度规划了种子的成长。如下：

课程	类别	学科、活动	各年级活动内容、形式	设置年级
美德体验园	基础型学科课程	相关领域学科课程	品德与生活	一至二
			品德与社会	三至六
	拓展型活动课程	美习银行	学习类：读写双姿、快快作业、认真听课、整理书包、大声发言、善于质疑、热爱阅读、留心观察、乐于实践、善于反思。	一、二
			社会类：爱护公物、关注社会、爱读新闻、热爱学校。	三、四
			人际类：换位思考、关心父母、关心同学、尊敬老师、善于交际。（每月存入一个好习惯）生活类：按时起睡、热爱劳动、学会自理	五、六
		种墨园之节	三月：礼义节；四月：异想天开节；五月：昆虫节	
			六月：儿童节；九月：微笑节；十月：汉字文化节	
启智魔力园	基础型学科课程	相关领域学科课程	语文、数学、科学、英语、信息技术学科	一至六年级
			方式："墨韵课堂"，让每个孩子的潜能大大放光，各学科国家规定课程实施校本化教学	
	拓展型活动课程	墨韵书人	"墨韵十景"环境课程，是基于校本文化资源的浸润型课程（晨会、班会）	一至六年级
			"快乐识写"阅读、写字课程，是基于学科课程标准的嵌入式课程（每周二课时，校本课、地方课）	一至六年级
			"玩转汉字"主题探究课程，基于合作学习的探究性课程（每周一课时，综合实践课）	三至六年级
			"书画印社"潜能发展课程，基于自主多元需求的个性化课程（部分潜能学生，每周二小时）	一至六年级

课程	类别	学科、活动	各年级活动内容、形式	设置年级
启智魔力园	拓展型活动课程	科学DIY	引入科学实验项目,做各种趣味性科学实验,以此与现有科学课程整合(地方课程,每周一节)	一至二年级
		e游珠江路	嵌入国家课程,利用家长资源,带领学生去"百脑汇"实践、学习(每学期信息课中安排一次)	三至六年级
		悠游博物馆	带领学生去博物馆进行参观、访问活动,拓宽学生的知识面。(每月最后一周,半日)	一至六年级
	潜能型童本课程	航模魔法师	帮助具有航模潜能的孩子成长(每周五下午一课时)	一至六年级（选学）
		IT小达人	帮助具有信息学习潜能的孩子成长(周五下午一课时)	
		英语小剧院	帮助具有英语学习潜能的孩子成长(周五下午一课时)	
		数字智慧园	帮助具有数学学习潜能的孩子成长(周五下午一课时)	
		昆虫蝶报站	帮助具有自然学习潜能的孩子成长(每个周末上午)	
健体训练园	基础型学科课程	相关领域学科课程	体育学科	一至六年级
			方式:"墨韵课堂",让每个孩子的潜能大大放光,各学科国家规定课程实施校本化教学	
	拓展型活动课程	阳光宝贝	理念:游戏、活动是儿童成长的权利,活动给儿童的不仅仅是"玩",更是成长所必需的营养	一至六年级
			阳光大课间——书法操、跳绳变变变	
			吼吼,跆拳道!(一、二年级)(挖掘校本教育资源——学校跆拳道馆)	
			墨韵娃娃大比拼(各种趣味运动会)	
	潜能型童本课程	我型我秀	帮助具有健美操学习潜能的孩子成长	一至六年级（选学）周五下午一课时
		闪电小子	帮助具有跑步潜能的孩子成长	
		无敌拳手	帮助具有跆拳道学习潜能的孩子成长	

续表

课程	类别	学科、活动	各年级活动内容、形式	设置年级
尚美艺术园	基础型学科课程	相关领域学科课程	美术、音乐学科	一至六年级
			方式:"墨韵课堂",让每个孩子的潜能大大放光,各学科国家规定课程实施校本化教学	
	拓展型活动课程	魅力少年礼仪课堂(学生开发教材)	问候礼仪(晨会、班会)	一年级
			楼道礼仪(晨会、班会)	二年级
			游戏礼仪(晨会、班会)	三年级
			集会礼仪(晨会、班会)	四年级
			餐桌礼仪(晨会、班会)	五年级
			课堂礼仪(晨会、班会)	六年级
	潜能型童本课程	天籁之音	帮助具有声乐学习潜能的孩子成长	一至六年级
		琴音袅袅	帮助具有古筝学习潜能的孩子成长	
		舞动精灵	帮助具有舞蹈学习潜能的孩子成长	
		童心童画	帮助具有儿童画学习潜能的孩子成长	
		金陵剪纸	帮助具有民间剪纸学习潜能的孩子成长	

(三)设计成长的路径:本土化、活动化、童本化

1. 本土化。即立足校本研究根基,充分发掘本土资源,彰显课程独有魅力。

每一所小班化学校,在具有共性的同时,又都有各自的文化特质和本校师生对教学独特的追求,并且在课程建设中有所体现。例如:"以墨韵课堂教学规程实施为策略"的基础型学科课程,正是基于学校长期对书法教育及小班化教学的研究与实践经验,在全体教师共同参与的理论分析与实证研究中凝练而成的。"墨韵精神"是什么?学校在珠小博客发起讨论,邀请教师们在轻松愉悦的氛围中展开关于"墨韵精神"的文献研究、讨论争鸣、品茶论道,更请来南师大吴永军教授跟进指导,结合课堂教学实证研究,提炼出"朴拙、浸润、灵动、格致"四个核心要素,最终酝酿形成了具有浓郁校本特色的小班化"墨韵课堂教学规程"。

2. 活动化。即课程主张通过丰富有趣的项目活动,驱动每一颗种子参与"探险",主动发展。以拓展型活动课程为例,其重要策略是"以儿童为主体,以探险为主线"。例如,"种墨园之节"这一拓展性活动课程,奇思妙想节、微笑节活动,都是这样实施的。

3. 童本化。即种墨园课程是属于儿童的,儿童参与共同开发,获得适性发展可能。

四园课程板块中的每一个子课程,都通过童趣奇特的名称在邀请"小种子"们的主动参与。例如:吼吼跆拳道、航海魔法师、悠游博物馆、种墨园之节……这些富有儿童味道的子课程名字背后,还隐藏着对儿童充满磁力的教学内容和新颖的教学形式。

"童本化"还体现在儿童自己创造课程:根据加德纳多元智能理论,每个儿童都有自己独特的潜能优势,有的擅长音乐,有的擅长逻辑、动觉、语言、自然……,种墨园课程,应该给每个儿童均等的发展潜藏智能的机会。因此在这幅成长地图中的"潜能型童本课程",就承载了这样的存在价值,它关注每一个孩子真正的成长,力图给学生种下一段幸福的记忆,全

程传递积极快乐的信息,给予"关于学习"的美好情感体验和积累。学校在潜能型童本课程实施过程中,通过"多元智能评价分析"帮助学生了解自己的智能发展倾向,由教师先期开发潜能型童本课,再结合学生问卷了解学生对课程的需求,让学生自主创造潜能型童本课,目前生成了27类分别指向八种智能培育的童本课,并且还在不断生长、发展。例如其中"旋转溜溜球课",就是由五个不同班级的孩子不约而同提议创设的童本课。

(四)探索成长的评价:多元化、促进化、过程化

从管理的角度看,"种墨园课程"包含这样五个要素,如图所示……最终通过"多元评价"的方式,给每一个种子适切的指引与促进。关于评价,崔允漷教授这样说:"学校不再被看作是区分学生、培养少数精英的地方。相反,我们的学校期望促使全体学生的全面的、个性化的发展",学校使命的这种变革迫使我们去重新审视与每一个学生发展的关系,用评价"促进每一个学生学习"成为评价的核心理念。

种墨园课程中,无论是对课程内容的评价,还是对课程开发者、实施者的评价,或者是对学生的评价,均以诊断、优化、激励为原则。自2009年以来,学校还研发了"个性化学业水平分析系统",主要用于学生基础型学科课程的评价——它可以全程记录一颗"种子"的学业发展水平经历,还可以完整记录一个班级、一个年级的学业水平发展状态,便于生生、班班横向、纵向进行数据对比以及个别化评价。

三级系统:课程的实施与评价

四、注意事项

(一)课程应当为每一个孩子搭建适性的成长平台,潜能得以均衡发展

"种墨园课程"是以学生的差异和需求为原点建构起来的课程,是顺应每一个孩子发展的课程。在这个课程中,实施者无论是在教材内容的甄选上,还是在教学策略的选择上,都是从研究学生开始,以发展学生为归宿的。

(二)应使教师结成"课程建设共同体",创生积极的"课程文化"

在"种墨园课程"的建构实施过程中,教师们通过亲身参与教材内容的选编、课堂教学的验证式实践,以及专家的反思型指导,大大提高了专业能力和专业素养,牢固树立起包括"学生主体"、"教会学生学习"、"培养创新意识"、"竞争与合作"、"质量与效益"、"培养学生实践能力"等现代化的教育观念。

（三）学校应形成多元、开放的课程体系，持续融合学习的新资源

在"种墨园课程"的建构中，特别关照学习资源的整合，多样的学习资源整合，衍生出多样的学习情态、学习内容、学习风格、学习环境和学习方式，为学生提供了丰富的选择，切实实现了"为了每一个孩子的幸福成长"这个课程核心目标，也为课程提供了无数"可能"，无数"生长点"，有力地推动了课程的可持续发展。

五、案例

在种墨园课程的"启智魔力园"课程模块中，学校关注每一个孩子的发展，以书法教育为切入点，立足"小视角"，开拓"大视野"，围绕"墨韵"二字，由点及面，由单一到多元，深广并举，创意设计了墨韵拓展型课程。从专业的、微观的、实证的层面，探寻了既符合汉字书写规律，又贴合儿童认知规律的书法教学微策略，开创了书法教学新品质；通过"墨韵环境浸润""书写能力培育""汉字文化探究""书法潜能发展"四种路径，构建了儿童课程的独特范式，创生了"浸润、嵌入、活动、适配"等墨韵课程实施策略。形成了无处不书香、入目皆墨韵的校园文化氛围，滋养了儿童的心灵，培育了具有墨韵气质、品味儒雅的人。具体研究成果如下：

（一）厘清了小学语文"墨韵课程"目标

立足墨韵教育、儿童文化以及"每一个成长的需要"，审视墨韵课程，厘清本课程的总目标：四维构建小学语文墨韵课程，让每一个儿童在墨韵芬芳的"种墨园"中，在书写、探究汉字的同时，形成墨韵气质、儒雅品味，具备良好写字素养，了解中华传统文化，培养合作、探究意识与能力，个体蕴藏的艺术潜能获得发展。

（二）创建了小学语文"墨韵课程"模型

小学语文墨韵课程在"墨韵教育、儿童文化、发展每一个"课程理念的驱动下，以"书法教育"向四极辐射，通过"墨韵环境浸润""书写能力培育""汉字文化探究""书法潜能发展"四条路径，形成饶有趣味的儿童课程文化；创建了基于学科课程标准的嵌入式课程，基于主题探究的活动型课程，基于学生个体潜能发展需求的适配型课程，基于校本环境资源的浸润型课程，构成了小学语文墨韵课程的四大模块：

模块一：浸润型课程——"墨韵环境"；模块二：嵌入型课程——"快乐识写"；

模块三：活动型课程——"玩转汉字"；模块四：适配型课程——"书画印社"。

（三）创生了小学语文"墨韵课程"实施策略

【策略一】浸润——"墨韵环境"课程，滋养儿童形成良好的墨韵气质。

"浸润"，有无痕、默化的意涵。墨韵环境课程，正是基于校本文化资源的浸润型课程。目的在于滋养儿童的心灵，培育具有墨韵气质、品位儒雅的人。因此，学校刻意营造无处不书香、入目皆墨韵的校园文化氛围，使袖珍的小校园成为一本打开的"经典"。

【策略二】嵌入——"快乐识写"课程，培育儿童的汉字书写认读能力。

"嵌入"，有结合、融入的意涵。"快乐识写"课程，是基于语文课程标准的嵌入式课程，是对国家课程的校本化实施，目的在于让儿童在愉悦的学习过程中形成良好的书写、阅读能力。"快乐识写"课程的时间，首先包括每周1节书法课、每天一节15分钟微型习字课、每天语文课10分钟习字指导。学校教师编写了《小学书法辅助教程》书写教材、《珠江路小学街区识字课本》《快乐读写》，凭借"教学微策略"让写字、阅读成为趣事。

【策略三】活动——"玩转汉字"课程,发展儿童合作探究汉字的能力。

活动,是通过新奇有趣的项目,驱动每一个儿童参与课堂"探险",主动发展。玩转汉字,正是基于合作学习的语文书法综合活动课程,目的在于培育对汉字文化的兴趣,以及合作、探究的能力。学校教师合力编写了《"玩转汉字"主题探究课程》教材,围绕"汉字"学习,进行9大板块、36课主题活动资源的开发,引领学生探究汉字的文化,习得研究方法,提高学习能力学会合作探究。

【策略四】适配——"书画印社"课程,适性发展学生的书法艺术潜能。

"适配"是适性、匹配的意思。"书、画、印"潜能发展课程,是基于自主多元需求的适配型课程,目的在于帮助有潜质的儿童发展优势。我们每周三、五分别开设"硬笔书法""软笔书法""儿童水墨画""篆刻"等潜能发展课程,邀请了国画研究院的篆刻师、书法家、画家,协助本校教师对学有余力、有兴趣的孩子,进行书法艺术潜能的开发。

"墨韵"子课程的开发,在小班化课程建设研究领域具有多重创新意义:

其一,微视角,基于校本的创新。

基于校本,找准"墨韵教育"切入点,以"小视角·大视野"构建学校"墨韵课程"。课程设计与研究成果都是草根原创,大量的研究论文、研究案例都是来自于真实的教学教学,来自于一线教师教学实践的写真。研究成果也是采用草根式的应用推广的方式,从在部分学校推广应用到全面推广应用,从市内推广应用到省内乃至全国,慢慢生长出去,既切实可行又很有效果。

其二,立体化,多维设计的创新。

墨韵课程是基于对书法教育的深度认识,从"书法"向四极辐射,通过"墨韵环境浸润""书写能力培育""汉字文化探究""书法潜能发展"四种路径建构的多维、立体、童本的课程。课程结构立体多维,目标明确,跨界联动,实现课程资源的重组与优化。

其三,融合式,实施策略的创新。

"墨韵课程"的实施采取了"三融三全"的策略,也就是说融合到校风当中去,融合到环境当中去,融合到课程中间去;面向全体师生,面向全部学科,面向全过程。

本着边开发、边实施、边评价、边改进的原则,不断创生,不断丰富和生长。墨韵课程在学校全面普及,学校制定出台了《课程实施指南》,有力保障墨韵课程达到在校内100%的应用,促进了学生、学校、教师全面发展。

学校:南京市原珠江路小学
校长:林　虹
执笔:林　虹

从民乐兴趣小组起步,把民族音乐文化引进课堂,汲取中华传统文化的精髓,用民乐艺术开启智慧,陶冶情操,为每一个孩子的童年生活增添无限乐趣,这就是乐韵课程的精彩。

乐 韵 课 程

一、内涵

乐韵课程是通过民乐艺术为切入口,将国家课程校本化、民乐课程艺术化以及综合课程校本化的方式,使得每一个生命浸润着艺韵,为儿童主动学习、快乐实践、个性化发展、幸福成长,拥有、享受艺术化人生奠定基础。

二、背景

南昌路小学的民乐艺术教育源起于1984年的民乐兴趣小组,逐步发展到民乐走进课堂、走进生活,融入教育工作的过程中,成为学校鲜明的办学特色,开创了素质教育的一种新模式。特别是在小班化教育背景下学校教师大胆实践,不断探索,把民族音乐文化引进课堂,用民乐艺术开启孩子的智慧,陶冶孩子的情操,促进孩子综合素养的整体提高,探索出一条具有南小特色的素质教育发展之路。孩子们在获得民族音乐文化知识中,汲取中华传统文化的精髓,提高了人文修养,为童年生活增添了无限乐趣。

学校充分发挥小班化教育优势,让民乐走进小班课堂,让民乐与语文、数学、美术、科学、体育等学科有机整合。培养学生善于发现问题、解决问题的能力,培养学生的人文素养和审美意识,培养学生的思维与创新能力。小班倡导的是"不一样的学生,一样的精彩",针对每个孩子的不同情况,给每个孩子创设了不同的发展空间,给每个孩子创设发展的机会。学校在全面实施民乐艺术课程教育的基础上,就空间、时间、兴趣等多个方面,给不同孩子创设了不一样的平台。尽管每位学生的艺术起点不一样,但民乐艺术教育这个新载体,为学生提供了一个多元选择、个性化发展的契机,发挥着"雅乐传深情,琴韵润童心"的育人功能。

乐韵课程文化呈梯级发展,它让每一位孩子都沉浸于"艺术化"的课程之中:学校的每一个孩子,入学的第一天,就开始接触到民乐艺术的学习,每周两节校本课程,让每个孩子都能真正接触到民族乐器,让民乐学习走进每个孩子的生活。它让每一位孩子有选择课程的权利:理解和呵护每一个学生是教育的基础。为了每一个学生的发展就需要设置多元化的课程,让每个学生都能根据自己的兴趣爱好选择自己喜爱的课程,快乐学习,健康成长!学校每周一、二、四开设的"民乐中心"是孩子们的兴趣乐园。内容有琵琶、二胡、大提琴、古筝、打击乐等二十多个乐种,学生们能够获得广泛的选择空间。它让每一位孩子的能力都能在课程学习中得到发展:教育的基本目标是使受教育者对未来生活有所准备,这种准备包括了理想的、道德的、心理的和知识技能等各个方面。孩子成长过程就是学习的过程,在学习中丰厚自己。它让每一位孩子的个性在课程学习中得到张扬：课程设置满足了学生的选择和需求，真正做到通过乐韵课程实施，让每个孩子在各个方面都得到提高，得到不同方面的发展，收获不一样的精彩。

三、操作

（一）课程设置注重三化

1. 国家课程艺术化——让每个孩子焕发主动学习的热情

结合小班化教育的优势，让民乐走进小班的课堂，在民乐与语文、数学、美术、科学、体育等各门学科有机整合中，培养学生善于发现问题、解决问题的能力，培养学生的人文素养和审美意识，培养学生的思维与创新能力。一首优美的民乐曲背后，蕴含的是祖国的地大物博、历史悠久、深邃的文化。语文学科主要挖掘民乐曲中所表达的思想情感，引导学生借助语言文字来表达自己的感悟，体会到优美的文字其实与音乐也有着内在的丝丝联系，这在学习理解古典诗词时的感受是最明显的。科学学科则是借助对乐器构造的解剖、发声原理的分析、动手制作等来领略民乐与科学之间的关系，感受到运用科学的好处。美术学科则从纹样的美丽、丰富的色彩上去感受每个民族自己特有的文化，了解色彩在情感表达上独特的魅力。至于体育、信息那就更能很好地结合学生的需要，渗透民乐所蕴含的文化，在搜集资料中，在运动时，达到既锻炼身体，又提高学生的课外学习能力。

2. 民乐课程特色化——让每个孩子拥有开启民族文化的钥匙

"不一样的学生，一样的精彩"，尽管每位学生的艺术起点不一样，但都有一颗爱美的心，有一份追求进步的愿望，民乐艺术教育这个新载体，为学生提供了一个多元选择、个性化发展的契机。

3. 综合课程校本化——让每个孩子都获得综合素养的提升

小班化教育为校本艺术综合课程的开发与运用提供了温床。学校总结编写了以培养学生综合素质为目的的校本教材《韵润童心》，以民族音乐文化为切入口，整合音乐与文学、美术、科学等多方面的内涵关联，挖掘出音乐背后的人文素养、品德修养、科学态度、创新意识、信息素养、批判性思维、探索精神等。这套校本教材是多种艺术形式的交融。音乐、美术、文学、戏剧等，都是不同的艺术形式。虽然它们所使用的"语言"有所不同，但在表达对自然、对人生、对世界的感悟这一点上却是相通的。如此，这些不同的艺术便有了可以相互印证、相互支持、相互通约的可能。艺术的相通性，产生了诸多的综合艺术，如配乐朗诵、诗配画、乐伴舞，更有集大成者——影视艺术。

南京师范大学课程研究中心郝京华教授这样评价我们的艺术综合课程：它让民乐与多种艺术形式结合，使抽象的音乐具象化，在帮助孩子们理解民乐作品的同时，也让他们领略到其他艺术形式的风采，还可以减少审美疲劳。它对学生的艺术修养乃至全面素质培养做了积极的、有益的探索。

（二）实施个性化民乐学习

学生个体之间差异是客观存在的，在民乐艺术教育中，更加要求老师关注学生个体，尊重个体差异，实施因材施教，让学生在自由而充满个性的民乐艺术学习中生成智慧，锻造能力，提高素质。

1. 民族器乐学习分层推进

学校的民乐艺术教育分为三个层面推进。

第一层面：民乐进课堂全员普及，让每个孩子都参与到民乐活动中来。这一层面的教学目标为：学生人人知晓民乐一二，人人能演奏民乐一二，人人能欣赏民乐一二。第二个层面：民乐中心小课分层教学，让每个孩子的艺术素养都能得到不同提高。学生如果还有进一步提升民乐演奏技能的需求，就可以根据自己的兴趣爱好、水平高低进民乐中心，通过分层教学实现自己的需求。教师根据学生的水平，制定不同层次的教学目标，师生也可以共同制定目标，不同的学生可以有不同的目标，以适应不同学生民乐艺术发展的特定需要。第三个层面：民乐团演出风采展示，让每个孩子都能收获主动发展的综合能力。民乐中心的优秀学生，经过选拔进入民乐团参加国内外的各项演出，在更大的舞台上展示他们的个性风采，培养艺术成就感。

2. 民乐艺术与学科教学有机整合

学校将民乐融入各学科课堂。教师们将民族文化知识体系分为"了解、理解、应用"多个水平层面；将器乐技能培养转化为"模仿、独立演奏、迁移"等多元要求；将学习过程与方法细化成"感受、尝试、讨论、合作、分享……"多种形式，引导每个学生在小班化的课堂里，在自主、合作、探究的过程中能找到适合自己的艺术学习方式。打破了学科的壁垒，民乐与各学科得到有效整合，使得学生的文化知识、艺术素养、道德修养乃至全面素质得到了和谐发展。

3. 校本教材创新艺术教育载体

民乐艺术教育为校本课程的开发与运用提供了温床。2004 年开始，学校积极向省教科所申报课题——"民族音乐文化与学生综合素质的培养"。2005 年课题正式得到立项批复。其研究结果可能对更上位的理论问题——如何发掘特殊课程资源的教育价值作出贡献。

（三）多元化实践活动

为了让每个层面的孩子都能够收获艺术成就感，学校开展了丰富多彩的教育实践活动。

1. 班级小乐队，人人都是不可或缺的一员

每个班级都有很多孩子是民乐中心的成员，他们在班级中成立了自己的小乐队。这样的乐队不仅活跃在班级内部，学校以班级为单位的各项活动中也活跃着他们的身影。每周集体晨会，很多班级都会让自己的小乐队一展风采，形成了南小的特色。

2. 校园小舞台，人人都有展示才艺的空间

在校园的风雨操场，有一座校园小舞台。这座舞台不大，却是每天中午最吸引师生的地方，因为在这里，每天中午都会有精彩的文艺表演。每周一至周五，一到六年级的乐乐娃们，都能申请在这里进行自己班级的特色表演。

3. 家长开放日，为孩子的成长喝彩

在每次的家长开放日上，班级都会组织学生，在家长面前，进行民乐表演和才艺展示。看着自己的孩子在讲台上的表演，每个家长都喜笑颜开，而孩子们更是觉得激动万分。

4. 新年音乐会，乐乐娃风采齐绽放

每年的元旦前夕，学校都要进行民乐中心的汇报演出。新春音乐会上，会邀请每个学生家长来参加，感受自己的孩子在专业上的进步。很多家长都将这样的经历录制下来，作为珍藏，成为孩子们校园生活中的精彩篇章。

5. 校本节日,让乐乐娃童年更精彩

学校每年的"读书节"、"花蕾艺术节"等特色节日,少不了与民乐艺术的结合。"读书节"上《我与民乐的故事》征文,唤起了每个孩子学习民乐的记忆;"花蕾艺术节"上班级的民乐展示,民乐名曲推荐、音乐小短剧的演出等,都将艺术融入学生的学习生活之中,在丰富学生生活之余,更提高了学生对民族文化的兴趣,形成了学校的教育特色。

6. 家庭音乐会,让美妙的音乐走进千家万户

学校还利用各种假日,让民乐表演进入每个孩子的家庭。比如在寒假和暑假,总会有一项比较特殊的假期作业,那就是"举行一场家庭音乐会"。

……

这些丰富多彩的实践活动,让南昌路小学的每个孩子都有展示自己艺术特长、享受成功喜悦的机会。

学校的操作平台主要是:

(1) 民乐曲库;

(2) 中国古曲网;

(3) 自编校本教材。

自编校本教材共三个系列六册,分别是:以培养学生民乐演奏技能和音乐欣赏水平为目的的《雅韵流芳》,目前制作了二胡、笛子、琵琶、古筝四个民族器乐专集,并将不断开发出其他民族器乐专集;以培养学生高尚情操为目的的《琴韵怡情》,通过师生自述与民乐的故事的方式,引发学生对音乐、对民族、对人生的感悟,净化、升华师生的道德情操;以培养学生综合素质为目的的《韵润童心》,以民族音乐文化为切入口,整合音乐与文学、美术、科学等多方面的内涵关联,挖掘出音乐背后的人文素养、品德修养、科学态度、创新意识、信息素养、批判性思维、探索精神等。

四、注意事项

1. 符合小班化教学的特质;为每一位学生的发展考虑,既考虑每一位孩子的发展可能,也注意适应每一位孩子的发展需求。

2. 目标切合学生与学校的特殊需求;以校本资源为基础;教学中注重引导学生主动发挥潜能、培养学习能力。

3. 对于没有学习基础的孩子,要关注学习需求,要灵活运用教学方式进行有效引导。

4. 课程的设计不是简单演艺技巧的培训,而是综合素质的培养,要能与国家课程进行有机整合,成为学生可以内化的内容。

五、案例

江 南 印 象

(音乐、美术、语文三位教师共同执教一节课案例)

【设计说明】以《韵润童心》校本教材中"江南"一课为例,进行学校省级课题《民乐艺术教育与学生综合素养的培养》阶段性成果展示。整合资源,传承中华情韵。"江南"单元的主题教学,就是打破学科壁垒,让多学科的教师能够围绕一个主题,从不同的角度去呈现,在展

现的过程中,既有学科的特色,又不拘泥于学科,在相互的融合中自然地传承中华情韵。让我们的学生不仅熟悉民乐,更多的是了解民乐背后的文化。教学环节分为:文学篇——诗韵江南;音乐篇——琴韵江南;美术篇——画中江南。执教教师为语文、音乐、美术三个学科的教师。

【教案呈现】

一、教学目标

1. 通过语文诗词的赏读、音乐《紫竹调》的欣赏、美术留白艺术的学习,来感受江南水乡的韵味。

2. 了解江南的音韵美在文学、音乐、美术方面上的体现方式,在欣赏的同时能自由创作。

3. 通过对江南的认识与了解,建立起对家乡的热爱之情。通过对江南水乡特色的理解与表现,逐步提高学生的生活情趣与审美能力。

二、教学重、难点

诗意江南的梦中情怀;音韵江南的优美旋律;画中江南的留白魅力。

三、教学形式:语文、音乐、美术三门学科融合

语文解读诗意江南;

音乐解读音韵江南;

美术解读画中江南。

四、教学过程

文学篇——诗意江南

一、由歌曲引出《忆江南》。(上课前就播放)

1. 同学们,老师播放的曲子好听么?特别的悠扬、婉转,你有没有听出里面的歌词?知道是谁写的么?(唐代大诗人白居易)

2. 出示《忆江南》:同学们打开书来读读看,多读几遍,从这首词中你感受到什么啦?(江南的景色非常美丽)

3. 那你是从哪感受到江南的美呢?(是呀,这画面有红有绿,色彩是那样的明艳)你来读读。你也想说,再谈这两句(比喻的手法把江南的春天渲染得多么绚丽多彩,生机勃勃),你也来读读。

4. 你还能感受到什么?(诗人对江南的景色十分熟悉,风景旧曾谙)

因为他曾经在江南杭州和苏州做官,江南的风光给他留下了非常美好的印象,后来离开了这里,他却久久不能忘怀,写下了《忆江南》。(学生朗读)

5. 还有补充了?(结尾这个反问句,更是诉说了诗人对江南深深的情意,再读读。而今却没有那样的机会了。诗人不禁叹息地说:叫人怎能不怀念江南呢?)指名读。

6. 听着同学们这么深情的诵读,把我们的思绪都牵到了风景如画的江南之中。全班读。

二、同学们知道哪些地方就是江南呢?引出板书:江南

1.(出示地图)江南一词由来已久,广义地说长江是公认的南北界限,长江中下游的地方都是。而狭义地说特别是在现代人心目中认为是处于平原地带、水网纵横的地区,主要就

是江苏南部和浙江北部。我们南京就在其中。

2. 江南有一些代表城市,你知道么?如苏州、无锡、常州、杭州、嘉兴、湖州地区,这些地方都是人们心中的梦里江南。

3. 让我们在美妙的音乐声中走进江南,领略一下江南的柔美、细腻,那浓郁的地域特色。(播放图片)

4. 同学们看得真入神,一定是被江南的美景打动了,这就是白居易笔下的梦中江南,不止是他,还有很多文人墨客都在江南留下他们的梦,他们的情,他们的诗文。同学们在课前都搜集了很多。

5. 谁来诵读并与大家简单地交流。

请同学们简洁地描述诗的意境,从中仿佛看到什么,听到什么,感受江南怎样的美景?如:《江南春》《汉乐府采莲曲》《晓出净慈寺送林子方》《泊船瓜洲》《雨巷》《乌镇》等。

三、江南留给大家的感受是多么美好,多么富有灵气,那是因为每个人的内心对江南一直有着深深的眷恋,尤其作为江南人那是一种从小就根植于心的情怀。

1. 同学们对江南的印象,想用一个什么词来描述?小组商量,推荐一人把要写的词写出来。(板书:印象)

小桥流水、古色古香、烟雨迷蒙、细雨潇潇、如诗如画、人间天堂。

2. 总结:江南的特色已不是我们用一两个词可以概括的。江南的碧水柔波,江南的粉墙黛瓦,曲折清幽的小巷,古朴秀气的河畔人家,随处可见的纤纤垂柳,江南含蓄婉约的气韵……在人们的心里,江南,早已不是一个地理方位,不仅是小桥流水人家的古朴风景那么简单,她已经在唐诗宋词的浸染下,在古今文人生花妙笔的描摹下,抽象成了一种诗意的气质,一种深入骨髓和灵魂的情结,她是在我们心头萦绕挥散不去的一个烟雨朦胧的梦……

民乐篇——音韵江南

一、为江南诗句配乐

1. 老师也陶醉在这江南烟雨之中,刚才听你们朗诵江南诗句时,觉得这么雅的诗如果配上合适的音乐,那将更完美。

2. 老师今天带来了三段音乐,请同学们选择合适的音乐。

3. 你们选择哪首,为什么?说得真好,完美的江南就是这么秀美古朴,使无数人忆江南。朗诵《忆江南》。

二、欣赏《江南好》

1. 真美!这段音乐就是我们江南著名的丝竹乐,名叫《江南好》,这部作品是根据江南丝竹八大名曲之一的《欢乐颂》改编而成的,不仅描写了江南小桥流水人家的秀美景色,更有江南人民的淳朴。

2. 整首乐曲可以分成两部分,老师从每部分节选了一段经典有代表的旋律希望和同学们一起细细品味一番。在欣赏的同时,老师这里还有欣赏要求:每个小组讨论一下,愿意选择哪一个?讨论好了吗?开始欣赏第一部分、第二部分。

3. 小组汇报。

(1) 听了乐曲片段。你印象中的江南是什么样子的?哪组先说说?

(2) 师总结。你们组同学觉得哪几幅江南美景适合第一部分?哪几幅适合第二部分?

第一部分乐曲把我们带入了如诗如画的江南美景中,那潺潺的流水,秀丽精致的小桥流水人家,真是称得上人间天堂。江南不仅景美,人更美。乐曲的第二部分就充分地描绘了人们热火朝天劳作的情景和欢天喜地庆祝节日的景象。

（3）可以用什么样的词语来形容这两部分不同的旋律风格？哪组来说？

（4）演奏这首乐曲有哪些乐器？你们听出来了吗？

4. 介绍丝竹乐。

你知道吗？这些乐器小、巧、轻、雅,组合在一起的合奏就是我们的丝竹乐,是我们江南独有的合奏形式。丝是指丝弦类的乐器,有古筝、扬琴、琵琶、三弦等。竹是指竹制的吹奏乐器,一般是指笛子、箫、笙等。还配有一些轻打乐器,有板鼓、木鱼、板等。丝竹乐的旋律风格就像我们刚才听到的《江南好》一样,如行云流水般的音乐风格,很适合室内演奏。

5. 就让我们完整地欣赏《江南好》,感受丝竹乐那独特的魅力！

三、其他丝竹乐曲

1. 在江南丝竹乐中,我们的丝竹乐美吗？你还熟悉哪首？出示《庆云》《行街》。

2. 一起听听《庆云》片段。《庆云》又称《庆云极》,曲调平衡优美,是对美好生活的憧憬与赞美。

一起听听《行街》片段。《行街》又名《行街四合》,行街是指乐曲按习俗在节日庙会,或喜庆时,边走边演奏的形式,四合是曲牌原名,这首乐曲情绪欢快,具有浓厚的生活气息。

四、学生弹《紫竹调》

就让我们用自己的乐器弹奏,边弹边体会丝竹乐。

五、江南其他音乐（舞蹈《小城雨巷》）

我们的江南音乐除了丝竹乐为代表的器乐作品,还有以民歌小调代表的声乐作品,你知道哪首？是的,江南的歌声甜,琴声雅,我们江南的舞蹈更独具特色,今天老师带来了一段舞蹈是在2007年春晚由前线歌舞团演出的名叫《小城雨巷》,把江南的小街雨巷搬上了舞台,一起来欣赏。

美术篇——水墨江南

一、进江南

师：如果说音乐是流动的画面,那么绘画就是定格的诗和凝固的音乐。让我们再次走进江南。

师：通过这段影片你发现江南最多的是什么？

生：水。

师：水是生命之源。江南最多的就是水了。这里的人们自古以来临水而居,河的两岸就是民宅。水就像是一棵粗壮的大树,它的枝条就是无数生命的延续。不仅是水乡,江南的园林也是如此,宅园的选址大多在靠近水系的地方。即使没有,也会刻意在自家园中挖条小河。所以说江南总是离不开水的,它仿佛是嵌在碧水中的一块璞玉,晶莹剔透。有水也就会有什么？

生：有船,还有桥。

师：桥可谓在江南建筑中起着十分重要的角色。虽说江南建筑的美不全在桥,然而没有桥,江南就是去了一半的美,失去了灵魂,失去了浪漫。水乡的桥简简单单,有的只是几块青石板搭成的石梁桥,也正是这简单的桥将两岸人的心紧密相连。桥,到处都是,却又是那么的不同,每一座都是那么有新意。画家陈逸飞就是周庄人,一幅《故乡的回忆》寄托了他对家乡的思念与热爱,同时也让周庄闻名天下。江南传统建筑特色当然不仅仅是水和桥,还有他们的房屋。

生:江南建筑一般只有两种颜色,白色的墙、黑色的瓦。

师:粉墙黛瓦的黑白世界,恐怕是江南传统建筑的又一非常鲜明的地域特色。黑与白这种在绘画艺术中的两极色彩,在中国传统文化中代表阴阳两界、象征天与地的色彩,建筑的最高境界就是简约,我们古人成功地将这神秘的色彩运用到江南建筑上,为江南披上了一层质朴的外衣。有了粉墙黛瓦的缀饰,江南的山水就更加如诗如画了。正如前面你们和语文老师总结出的那16个字,让我们轻声地一起读一读。(小桥流水　粉墙黛瓦　户户临水　家家枕河)

二、画江南

师:如果用绘画的方式来表现江南,你会选择哪个画种?

生:油画、水墨画、水彩画……

师:黑、白、灰三色,是江南水乡传统建筑的主色调,使得江南成了一幅具有水墨画灵韵的美妙世界。

师:其实我们用线描的手法也可以表现水墨画的效果。借助点、线、面体现江南的黑、白、灰这三种色调。(出示范画)

师:水墨画中的景物可以借用。(板书:借景)将绘画对象有机结合;水墨画中还讲究意境,也就是留白,利用空间造成虚实相生的艺术效果。(板书:留白)点线面的合理运用就可以表现出江南的美景了。(师做示范)

师:在我们的手边有一个纸盘,你能不能把你对江南的印象记录在纸盘上?

生:可以。(出示范作)

师:请拿出记号笔,用线描的方式把它画出来。(学生创作,配乐)

(中间插话)师:如果在留白的地方题词或句,能让画面更增添几分诗情画意。

师:画好的同学上来相互交流一下。(通过实物投影,请学生将作品作一个解说)

三、送江南

师:时间过得飞快,而我们对江南的认识才刚刚开始。江南不仅有美景,还有独特的民间艺术,要想了解得更多,就常到江南来,江南欢迎您!(播放音乐)

学校:南京市南昌路小学
校长:华　萍
执笔:胡晓琦
案例提供:蔡　莉　胡贞贞　吴华静

如何充分利用学校现有资源，建构从初始学段到毕业学段分别实施的系列大单元整合学习，帮助学生建构具有内在联系的、递进的、层次化的课程体系呢？

"六足园"校园生态实验室

一、内涵

"六足园"校园生态实验室是建在学校内的户外学习中心，是校内开展科学探究和创新学习的基地。在2004年建成"六足园"以后，在很长一段时间里，在科学探究领域，孩子们持续不断地深入研究，获得了很多成果，学生在理解、技能、态度等方面得到进一步的发展。

"六足园"作为学校的一个动态资源，不仅需要向纵深发展，更需要与国家课程有机结合，互相联系，互相强化，提供更有意义和更具统一性的观点，从而形成更有效的教育计划。

学校将"六足园"校园生态实验室课程目标定位于"关注环境、珍爱生命"。将蝴蝶作为载体，通过对蝴蝶生长奥秘的探究，激发学生对大自然的好奇心和探究欲望。并与其他学科领域正在开展的、正在学习的内容联系起来，逐步完善了"六足园"里的基础建设，开发不同年段不同的学习内容，设置不同的年段学习目标，构建具有内在联系的、递进的、层次化的校本课程。以整合为学习方式，利用"六足园"校园生态实验室这一独特的校本资源，探索出一条具有校本特色的课程实施之路，促进所有教师真正参与到学校课程开发中来，成为课程的开发者、建构者和实施者，提升课程能力，发展学生探究学习能力的广度和深度，提高学生的行为和涉及的相关要素的统一性。

二、背景

学校不断拓展学生创新实践活动的视野，在校内建设一个能够提供丰富资源支持的基地，让学生在一个真实的环境中去观察蝴蝶成长变化的过程。不同的年龄阶段，有不同的体验感受。全校师生围绕现实情境中的各种问题展开探究学习，各年级之间探究活动呈螺旋式上升趋势。课程关注探究学习的实践性、开放性和综合性，培养学生初步形成科学态度，掌握科学方法，实现知识与技能的整合、拓展和深化。

低年段的学生，以形象思维为主，且具有好奇、好动、模仿力强的特点，各学科的教学标准也围绕着自由、有趣、直观展开，因此，学校将这一年段的大单元主题课程设计为"会飞的花朵"。需要学生达成的目标是：欣赏蝴蝶的美，发现大自然的美丽；能够朗读、学唱有关蝴蝶的作品；乐于寻找生活中的蝴蝶装饰和饰品。

中年段的学生，随着生活范围和认知领域进一步扩展，体验感受与探索创造的活动能力增强，对具有一定挑战性的内容表现出更大的兴趣，因此，学校将中年段的大单元主题课程设计为"认识蝴蝶"和"教室里的蝴蝶"，分别在三年级和四年级进行教学。学生在三年级先认识蝴蝶的一生、分布、分类、习性,了解文化生活中的蝴蝶,如民间故事中的蝴蝶、诗歌中的蝴蝶、邮票中的蝴蝶、音乐中的蝴蝶等,通过实验设计、展板设计、诗歌童话创作等形式,让学生了解蝴蝶的科学属性及人文属性。有了三年级的基础,学生在四年级到"六足园"亲自采集蝴蝶幼虫,在教室里进行养殖。他们能够利用测量、分类等方法去研究蝴蝶,对蝴蝶生长数据进行收集与整理,了解蝴蝶的食物及生活习性,初步感悟生命成长的艰辛和神奇。

高年段的学生,感兴趣的问题已拓展到客观世界的许多方面,他们逐渐关注来源于自然、社会中更为广泛的现象和问题,因此,学校将高年段的大单元主题课程设计为"蝶报行动"和"蝴蝶节",分别在五年级和六年级进行教学。学校安排学生在五年级走出"六足园",认识南京常见的蝴蝶品种,在长干里等一些地区探索蝴蝶及其生态环境,通过与社会的不断接触,感受到保持良好环境的责任,并愿意承担相应的义务。六年级的学生经过前面五年的学习,对于蝴蝶已有一定的知识技能储备及丰富的情感态度,他们开始研究蝴蝶与人类的关系,思考人类发展与环境保护之间的关系。这一时期,主要通过蝴蝶个性化作品创作、蝴蝶主题研究发布会、蝴蝶小论文评比来实现关注环境、珍爱生命的课程目标。

以"六足园"为基地的系列大单元整合课程使学生在整合学习的过程中经历了关于蝴蝶的有趣的合作任务、多样的合作方式、广泛的合作时空、持久的学习情境和整体的认知视界。他们分享学习资源和成果,使得学习变得更有活力。更重要的是,通过一系列的亲历学习,学生在珍爱生命的情感中,充分认识到人总是与他人和自然界共存,我们需要承担起对自然、对社会的责任,懂得人类是地球生态系统中的一部分,树立可持续发展的科学发展观。

三、操作

(一)六足园校园生态实验室课程的大单元整合实施

六足园校园生态实验室课程实施在每年的春夏时间交替进行。全校各年级大单元主题分年级召开课题组会议,研讨各年级大单元整合教学的教学目标,实施目标定向引导,甄选整合程度高、学生参与度高的活动。年级组教师甄选出各个学科参与整合的主要活动后,排定教学计划日程。

如《教室里的蝴蝶》这个单元,科学课《蝴蝶的一生》需要学生为蝴蝶写宝宝日记,而语文课"生活中的发现"却可以指导学生用日记的形式去记录蝴蝶的变化,可以说语文为科学提供支持。同样,学生在数学课上学习了折线统计图,也会通过读图有所发现,从而对语文习作《生活中的发现》提供支持。学生通过科学课用测量的方法记录蝴蝶生长数据,学生利用数学课上的折线统计方法进行汇总,并绘制折线统计图。这时,学生就能够从折线统计图中获得一定的科学发现。更重要的是,学生能真实地感受到折线统计图的作用。

同样在《教室里的蝴蝶》这个单元教学活动中,美术课、信息课、音乐课都会为学生的学习活动提供支撑和帮助。

在大单元整合教学之前,教师会给家长写一封信,告知本学期将开展的整合教学主题,说明教师的理念和教学方法,鼓励家长为孩子的学习和课外活动提供支援,以使学生的学习得到更多的支持,从而得到更多的收获。同时,教室环境布置也是在家长的高度支持下,贯穿大单元整合教学的全过程,师生持续营造教室环境,教室成了每一个孩子学习的资源库、学习过程的记录库和学习成果的展览室。

最后各年级教师利用"单元统整日"带着孩子回顾大家学习了什么,让孩子们商量如何展示学习过程中的作品,与别人分享自己的收获和感想,并且帮助孩子把自己的作品整理入成长记录袋,促进学生进一步理解这个主题学习的意义。同时,学校还会举行全校性的"蝴蝶节"活动,从多个维度总结展示学生的所学内容。

就整个学习过程而言,传统的纸笔测试的评价方式并不能解决对技能领域和情感领域的评估,我们采取了传统评价、档案袋式评价与表现性评价组成的三维评价模式。评测结果表明,整合教学的丰富性和有效性在学生学习质量上得到了验证。

(二) 六足园校园生态实验室课程的学生社团推进

自2004年建立以来,学校就充分利用六足园生态实验室良好的生态环境,组织了四至六年级部分学生成立了蝴蝶保育小组。他们利用课余时间观察记录中华虎凤蝶、丝带凤蝶、玉带凤蝶生长情况,积累了大量的观察记录和观察日记、蝴蝶成长每个阶段的数码照片和DV视频,为蝴蝶保育小组的同学撰写研究报告和研究论文提供了资料。

学校利用每周三开展"六足园"学生社团活动,在学校范围选拔同学参加,开展专项蝴蝶生态研究。他们还利用假期开展夏令营和冬令营活动,开展蝴蝶主题的课外学习。他们与日本、广州、浙江等项目研究学校,建立长期的联系,建立同盟学校,一同开展生态研究活动。与区域内的星光计划学校及周边学校,进行互访。

四、案例

一、核心理念

珍爱生命。

二、总目标

1. 通过在教室内养殖玉带凤蝶,使学生了解玉带凤蝶的生长过程、生活习性。

2. 在饲养活动中,运用多学科的知识和技能参与对玉带凤蝶的研究,并形成一定的研究成果,反映其研究过程;并创作一些关于蝴蝶的作品,表达对于蝴蝶的情感。

3. 珍爱生命,尊重生命,敬畏生命,对大自然有好奇,对于问题乐于探索,能够长期关注探究,观察测量细致认真,能够欣赏大自然的美好。

三、分目标

科学:在养殖的过程中,能够进行长期的跟踪观察和记录,发现问题,并对其进行探究;学会观察记录和测量的方法,并应用。

数学:能够用数学的方法对观察数据进行整理、分析;

语文:能够用文字记录下过程中自己的真情实感;

信息:能够运用数码设备记录玉带凤蝶的生长过程;能够运用网络搜集关于蝴蝶的知识;能够制作PPT来展示整个活动过程;

美术:能够运用画笔记录玉带凤蝶宝宝的主要特征,并能创作以蝴蝶为主题的作品;

社会:通过活动,认识人与大自然的关系,并能以此规范自己的行为。

音乐:学习关于蝴蝶的歌曲与舞蹈。

四、具体活动指导

科学:1. 采集玉带凤蝶幼虫,指导观察任务单填写。

2. 给蝴蝶宝宝安家。(注意食物的选择和保持饲养盒卫生)

3. 蝴蝶宝宝什么样。(细致观察)

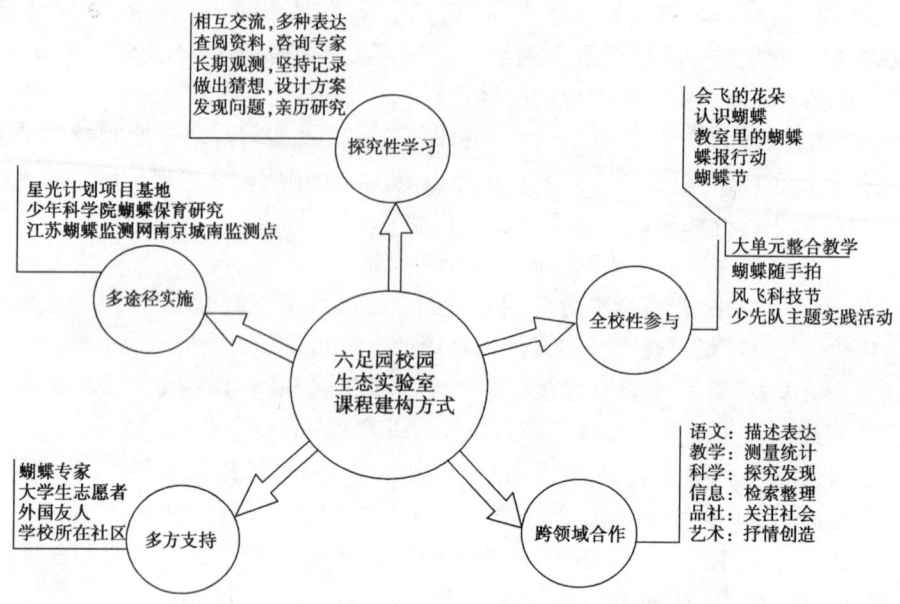

《教室里的蝴蝶》四年级主题整合教学实施方案初稿

4. 蝴蝶宝宝大变样。(观察蜕皮)

5. 园内园外不同吗?(对比"六足园"里和教室内的幼虫)

6. 观察发现交流会(指导学生总结观察发现,并指导制作展板,PPT)

数学:1. 数字的作用。(强调数据对于观察的重要性,指导测量的方法)

2. 怎样让人们更明白。(整理数据,制表)

3. 还能更清楚吗。(绘制统计图)

语文:1. 如何记录观察日记。

2. 将自己的心情记录下来。(一周总结)

3. 关于蝴蝶的诗歌,散文赏析。

4. 指导蝴蝶诗歌创作,心情文字创作,课本剧创作。

5. 改歌词,唱蝴蝶。

信息:1. 数码相机的使用和文件存储。

2. 在PPT内插入文字、图片,简单的特效制作。

3. 百度搜索的运用,键入关键字,搜索网页、图像、视频,并学会筛选。

美术:通过简单的线条,突出蝴蝶幼虫的主要特点;创意涂色;创作蝴蝶主题画作。

社会:根据教材内容,了解环境问题,思考人与自然的关系,针对蝴蝶饲养活动,制定《"六足园"学生活动行为指导》。

音乐:选取动听的蝴蝶歌曲,教唱,编排一段蝴蝶舞蹈,作为五月统整日汇报节目。

五、单元统整日流程(略)

学校:南京市凤游寺小学

校长:刘　红

执笔:刘　红　江盛元

案例提供:陈　晨

如何赋予学生课程的"参与权""个人话语权",将"为每一位学生设计课程"升华成"让每一位学生自己设计课程",给学生提供充分发展个性、特长的空间,从注入式教学转变为尊重学习者自主活动的教学呢?

"一人一棵树"微课程

一、内涵

"微课程"即是指微型课程,是基于学校资源、教师能力与学生兴趣,以主题模块组织起来的相对独立与完整的小规模课程。南京市光华东街小学的"一人一棵树"微课程便是基于学校的植物主题文化、围绕学生的兴趣、整合各学科的知识点,由学生自主开发的生本课程。赋予学生课程的"参与权""个人话语权"是光华东街小学在校本课程开发中的基本原则,将"为每一位学生设计课程"升华成"让每一位学生自己设计课程",通过自主开发给学生提供充分发展个性、特长的空间,拓宽学生视野,活跃学生思维,培养学生动手、动脑的良好习惯,从注入式教学转变为尊重学习者自主活动的教学。其课程虽然"微小",却由主题、目标、计划、模式与评价五大要素所构成,在培养了师生自主构建微型课程能力的同时,将校园植物资源发挥到了最大化的育人功能,实现了学校"以树育人"的办学目标,有力地促进了学生素质全面、协调发展。

二、背景

新的课程改革给基础教育注入了新的活力,校本课程的开发与实施,给学校的发展、给教师专业的发展、给每一位学生个性的发展提供了新的舞台,而小班化教育的校本课程则更是以学生为本的课程,应当为学生的全面而富有个性的发展服务。南京市光华东街小学作为一所小班化实验学校,植物文化始终是学校校园文化的一大特色,校园内栽培植物近千株,品种达60余种,丰富的生态植物资源以其深厚的文化底蕴潜移默化地影响着每一位学生,启迪学生的智慧。每个孩子在从一年级踏进校园的那一刻起,就会有一棵属于自己领养的小树,在校园学习中和小树一起成长,在悉心照料小树的过程中,学生会关注与小树相关的知识。如:品种、习性、形态特征、树文化等,在不知不觉中积淀为一定的知识体系,形成属于自己的课程。因此,确立"让每一位学生自己设计课程"的校本课程开发理念,引领学生自主开发一门属于自己的课程——"一人一棵树"微课程,促进每个学生全面而富有个性的发展成为可能。

小班化教育追求让每一个孩子都享有优质教育,让每个孩子都得到全面而富有个性的发展。为了实现这种追求,光华东街小学在学生"一人一棵树"课程自主开发中,以发展每一个为基本指向,凸显个性、注重合作、关注差异、讲求适性,尽可能多地彰显学生的主体地位,让他们做学习的主人。

（一）课程的设置是个性化的

多元智能理论认为几乎每个人都是聪明的,但聪明的范畴和性质呈现出差异,学生在自主开发"一人一棵树"课程时,由于受智能与个性特点的影响,所侧重研究的方向必然不同。因而,学校给予了学生个性化的发展空间,有的学生形成了"一人一棵树诗歌课程",专注于研究与自己喜欢的树相关的诗歌;有的学生形成了"一人一棵树美术课程",专注于研究相关的美术作品,并尝试用自己的画笔记录小树的成长历程;还有兴趣广泛的学生在不同领域有所涉及,形成了一个综合性的课程等等。个性化的课程促进了学生个性化的成长,同时成就了班集体的多元文化氛围,提升了学生的综合能力。

（二）课程的呈现是合作的结晶

小班化背景下的小组合作学习教学模式有利于促进学生个性化发展,有利于学生形成合作、竞争的氛围,有利于学生创新精神和创新能力的培养。在课程的开发中,学生可以根据自己的交往特点、兴趣爱好,自主选择合作学习伙伴,形成小组合作的"同一棵树专题课程"等。经过思维的碰撞,学生的课程开发能力得到进一步提高。

（三）课程的开发是注重差异性的

教师关注学生个体间的差异,了解并熟悉每一个学生的学习品质或风格,将差异作为一种重要的课程资源进行合理利用,无论是小组合作,还是集体汇报,教师都会进行恰当的分工和组合,尽可能地使每一个学生都能在原有的起点上得到最大限度的发展。全校一至六年级学生由于年龄的不同,以及同年龄阶段学生的个体差异性,学校在引导学生进行课程开发时倡导:一至三年级建立泛兴趣性的活动内容,包括欣赏、简单养护、制作叶贴画等,四至六年级就可以注重规范性的实践操作,如形成"一人一棵树课程"的基本体例,开发校园植物图鉴。能力相对较弱的学生只要求比较单一的知识性呈现,思辨性强的学生则可以结合自己的课程提出更高层次的问题,开展研究,形成系列的知识链。

三、操作

"一人一棵树"课程基于学生的发展需求来确定课程目标,基于激发学生自主创造来确定课程开发主体,基于学生生活实际和身心发展特点选择组织课程内容,基于激扬学生生命的角度来选择课程评价方式。光华东街小学在课程开发与实施过程中,形成了以下策略:

（一）课程的需要评估

学校把需要评估作为开发设计校本课程首先要做的研究性工作,从分析学校的课程资源、学生的发展需求、教师培养需要到学校发展需要等方面进行了综合考量,得出了"一人一棵树"课程的必要性与可操作性。

首先,对学校绿色植物资源进行进一步梳理,校园内栽种植物近千株,品种达60余种,每种植物蕴含丰富的相关知识;同时以每位学生选择一棵树为基数去进行观察、记录,逐渐形成课程体系,有足够的资源量。

从学生发展需要出发,学校不仅仅要学生只研究一棵树,更为需要的是在与小树共成长中,培养团队合作意识,拓宽视野,活跃思维,因此可以以"小组甚至全班共同研究的一棵树"为开发模式,形成课程体系。通过课程构建激发学生探索人与植物之间奥秘的兴趣,培养科学发现、科学探究的品质,形成学生爱护花草树木,热爱大自然,保护生态环境的良好习惯。

（二）课程资源构建的立体途径

1. 责任驱动中自主发现资源

在每年的一年级幼小衔接活动中,学校会组织孩子到校园里参观,认识各种树木,寻找一棵属于自己领养的小树。在领养形式上,学校做到班本化、多元化,可以每人领养一棵,也可以小组共同领养一棵,甚至可以全班领养一棵,和小树一起成长。在悉心照料小树的过程中,教师结合学生的年龄与身心发展特点,逐步培养学生的责任意识,引导他们去观察与记录植物的生长情况,自主查找相关的知识,基于自己的兴趣围绕小树开展研究,从而构建真正属于学生自己的微课程资源。

2. 网络环境下的植物资源搭建

从信息技术手段整合入手,充分开发校内的植物学习资源,学校加入数字化手段,无线网络全覆盖,配上植物二维码介绍,学生、老师随时都可以用手机、IPAD 扫一扫二维码,使学生在网络环境下对植物形成多渠道丰富认知。教师、家长、学生通过 QQ、微信、360 云盘等网络共享平台,实施交流互动,实现资源共享。

3. 国家课程校本化实施中开辟资源

在学生自主开发"一人一棵树"课程的基础上,学校根据学生课程开发的需求和能力,在全面实施国家课程中,根据适性化和个性化的目标,引导学生进一步发掘课程资源。

① 语文学科素养培养中发掘植物资源

结合学生对校园植物的认同感,利用每双周的语文阅读课,形成了低年段的"生态识字"和中、高年段的"生态阅读"两个特色学习单元。针对低年级学生识字量少,对新奇事物有积极的探索欲望的学情特点,开展"学校树名我记录课程本"活动,学生可以将在学校中认识的新的树种、树名记录在班级的专题角中。中、高年级以植物相关的文学常识为载体,开展阅读分享活动,同时四年级以上的学生写一篇环保文章。

② 数学实践课堂中充分利用植物资源

在数学课的综合实践单元中,创设"一人一棵树"课程开发载体。将数学学习与校园植物相结合,形成"校园植物与数学"单元,让学生通过亲历观察、实验、猜测、计算、推理、验证等数学活动过程,在了解校园植物以及植物的生长情况和特性的同时,掌握数学学习能力。

③ 综合学科学习中开拓植物资源

在综合学科中开展科学课的植物观察与研究,植物图鉴的制作;美术学科的"我与植物"主题画;主题式综合实践课中开展种植等活动,不断发掘植物资源,继而成为课程资源。

（三）课程的多样化呈现方式

1. 学生个体思维的"智慧树",呈现学生的思维内涵

"一人一棵树"课程基于学生的发展需求,激发学生自主创造。因此,在课程呈现方式上不拘一格,鼓励每一位学生有属于自己的课程,有的学生形成了"一人一棵树诗歌课程",专注于研究与自己喜欢的树相关的诗歌;有的学生形成了"一人一棵树美术课程",专注于研究相关的美术作品,并尝试用自己的画笔记录小树的成长历程;还有兴趣广泛的学生在不同领域有所涉及,形成了一本用思维导图式的"智慧树"形式呈现一棵树的综合性课程等等。

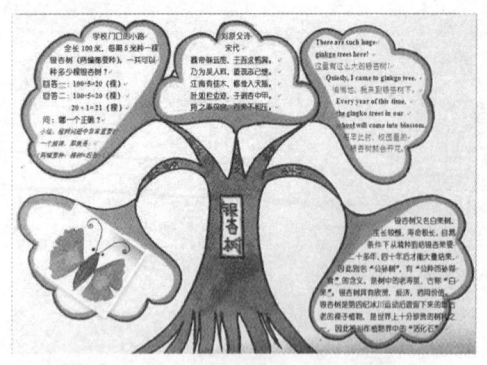 

"智慧树"综合课程　　　　　　　　　　"一人一棵树"美术课程

2. 班级主题式研究，凝聚集体的智慧架构课程

学校的"一人一棵树"课程资源开发在激励学生自主探究的基础上，更注重发挥集体的力量，培养学生的合作意识与能力，因此逐步引导学生在自己独立课程的构建中形成班本特色：有小组共同开发的树课程，有全班依据不同学生研究视角形成的班级"同一棵树课程"。（见案例）

（四）课程的多维度实施与评价

学生自主开发出的课程不仅仅是成果，而且是促进学生更加茁壮成长的土壤。因此学生依赖的学校与教师要创造课程实施的空间与时间，设定形成性、发展性的课程评价，注重引导学生在平时的课程展示、交流、竞赛中的及时评价，成就学生参与课程开发与实施的兴趣与能力。

1. 班级课程角中智慧共享

将学生个人或小组合作完成的课程在班级专门板块展示，成为班级课程角，激发学生的成就感。通过互相学习借鉴，进一步发挥了"一人一棵树"课程资源辐射作用，实现资源共享，拓宽学生的知识面。

2. "生态五分钟"课程推广

结合各学科中的相关内容，学生在课堂学习的前五分钟或课堂学习中的某一环节进行展示，将自己的课程进行系列推广，既展示了自己的课程，又锻炼了学生的综合能力。学生在展示之前根据自己展示的内容填写学生课程申报单，经过精心设计，在课堂上作为一名小讲师进行授课、推广。

3. 植物图鉴制作传递资源

学校利用科学课的时间，以"5E学习环"模式在四、五年级中开展植物制作图鉴活动。由参观校园开始，师生共同认识校园内的各种植物，在多样的植物中选定想要研究的对象，制定计划，根据春、夏、秋、冬不同季节，利用相机、IPAD拍照记下植物四季的不同形态，制作植物插画、拓印画，在不断的修改中，完善植物图鉴的制作。学生们通过学习并共享自己制作的植物图鉴，更明显地关注到身边的各类植物，并能自发地对这些植物展开科学探究。

4. 知识竞赛中积淀文化储备

形成竞赛激励机制。定期组织学生进行校园植物知识竞赛、"一人一棵树"课程竞赛、植物写生、叶画制作、"我与植物"科技小报设计等竞赛，学生在竞赛中丰富了植物知识，发展了动手能力。

学校的资源平台主要为：校园网、微信群、360 云盘、QQ 群。

四、案例

"一人一棵树"微课程
——我的"桂花树朋友"

微课程实施班级：光华东街小学二(4)班

微课程形式：小组共同研究一棵树——桂花树

微课程实施时间：课堂学习的生态五分钟

微课程实施片段：

"大家好，我是今天的小主持人——聪明可爱的王曦睿，今天的生态五分钟的内容是'小小桂花树鉴赏会'。第一场正式开始。这3位展示者都是大家积极票选后的'人气王'，每一位都不会让大家失望。"

欢迎第一位展示者——他是谁呢？他是我们班所有同学的学习榜样，写得一手好字，老师每一次批改他的作业总是啧啧称赞，他就是——我们的小书法家——（全班齐答李君昊）。

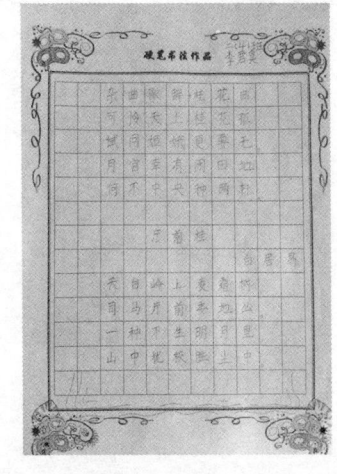

李君昊：我给大家展示的是我的书法作品，这次作品主题是桂花，我选取的题材都与桂花诗相关。这是大诗人白居易一首歌咏桂花的好诗。我很喜欢，拿出来与大家分享。大家一起跟我念一遍吧，（全班跟着念《厅前桂》）希望大家喜欢我的作品。

王曦睿：果然是书法高手！实在是太厉害了！下面有请第2位展示者，她是能歌善舞的百变小精灵——刘雪颜，上次她的舞蹈《小桂花》给大家留下了深刻的印象。今天她带来了一幅别具一格的桂花树小报。

刘雪颜：我的作品就是这一幅桂花树主题小报，上面有我在妈妈帮助下搜集的各种桂花树的小知识。我这张小报可是经过精心设计的哦，中间是桂花盛开的样子，芬芳雅致。每一瓣花瓣上分布着各种桂花树的小知识，包罗万象。请听我逐一介绍……我不仅重视知识性，美观性上面我也很有自信。请大家慢慢欣赏，慢慢体会它的妙处。请懂得欣赏美的同学投我一票吧。

王曦睿：刘雪颜绝对是这次生态五分钟冠军的有力竞争者！下面有请第3位展示者——俗话说民以食为天，傅语涵同学的角度绝对独特。大家欢迎！

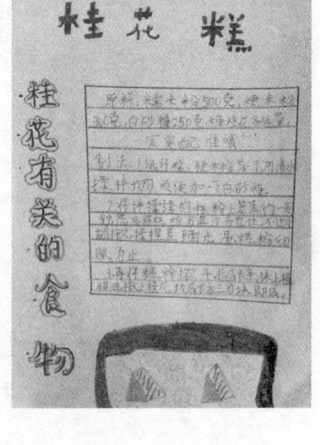

傅语涵：我很爱吃，是一位美味达人哦，今天给大家主打桂花糕。喜欢吃甜食的各位，不妨把我的小秘方带回去与爸爸妈妈做一次，我的独门秘方是：大家请看（出示制作方法图示）。我的秘方步骤详细，操作简单，一定能让你们吃得上这人间美味！

……

王曦睿：哇，光听都直流口水！今天3位展示者实力都很强，哪一款是你的最爱呢！请您慎重使用你们手中的打分牌，打分牌只能投一次……

案例评析：

"我的桂花树朋友微课程"系列，是以儿童的视角去看待研究这件事情，学会自主开发课程中的学习资源。"生态五分"作为这个微课程展示的一个阵地，是短暂却充满魅力的五分钟或者十分钟，此时此刻，我们的老师，已经学会退居幕后，平视学生。

学校：南京市光华东街小学
校长：吴　宁
执笔：吴　宁　张淑芳

生活即教育，田间、地头、小河、沟渠、桥梁、大江……基于野的"文"之韵，基于野的"艺"之韵，基于野的"劳"之韵，课程的魅力无处不在。

"鹂岛野韵"课程

一、内涵

"鹂岛野韵"中的"鹂岛"指八卦洲，同时隐喻着具有地域特色的"野韵"系列特色课程。"野"有两层含义：原义指田野、自然；引申义指自由自在、无拘无束、无忧无虑的状态和品质。"鹂岛野韵"意寓让学生走进田野和自然，让学生探究田野和自然，体现出教育之韵、课程之韵。

卢梭认为，自然教育的核心是教育必须遵循自然，顺应人的自然本性；苏霍姆林斯基的教育理念中最集中的也最深刻的一个观点是要把青少年培养成为"全面和谐发展的人，社会进步的积极参与者"；中国近代教育家陶行知先生认为"生活即教育"，生活无时不含有教育的意义。

"鹂岛野韵"的课程理念正是在学习、借鉴、融合、传承卢梭"自然教育"、苏霍姆林斯基"全面发展"、陶行知"生活教育"等教育思想上而形成，"鹂岛野韵"的特质是淳朴、自然、自由、美丽，充满活力，体现了学校的教师、学生所特有的品质，反映了学校所倡导的办学风格，同时也阐明了学校所追求的教育目标。

二、背景

（一）基于小班化育人目标的思考

学校立足于"让每一位学生全面而有个性的发展"这一育人目标，充分发挥小班化办学优势，构建"鹂岛野韵"课程规划和实践体系，让学生根据自己的兴趣爱好选择合适的课程，满足学生的多元发展需求。

（二）基于国家课程改革发展的需求

"学校在执行国家课程和地方课程的同时，应视当地社会、经济发展的具体情况，结合本校的传统和优势、学生的兴趣和需要，开发和选用适合本校的课程。"这也是《基础教育课程改革纲要〈试行〉》的明确要求。

（三）基于当下儿童状态的分析

现在的孩子过于压抑拘束，少年老成，缺失"野趣"。因此"教育更要解放孩子的空间，使他能到大自然、大社会去取得更丰富的学问"，让课程开发的品质蕴含"野趣"和"野韵"。

（四）基于地区特色资源的利用

"一江春水将绿绕，举头远眺是二桥。芦蒿马兰随处见，喜鹊斑鸠满地跑"。"鹂岛"环境优美、植物茂盛、野菜遍地,更有"中国芦蒿第一乡"的美誉。学生走出校园就是广阔而又多彩的田间、地头、小河、沟渠、桥梁、大江……丰厚的自然及人文条件为建设具有地域特色的学校课程提供了优质的资源。

三、操作

课程目标

(一)学生发展目标"1+X"

"1"指达到国家课程标准的要求,完成国家课程标准的发展目标。

"X"指学生的特质。通过特色课程建设让孩子更多一些野趣,对田野、对自然多一些热爱之情、探究之欲;对环境多一些呵护之行,对家乡对祖国多一些建设之志。让孩子更多一些野味,培养学生的健美、淳朴、自由、活泼、开朗、奔放的天性。让孩子更多一些野韵,基于野的"文"之韵,多一点文化知识及素养;基于野的"艺"之韵,让孩子有更多的田园艺术素养;基于野的"劳"之韵,让学生经历更多的田园劳作,体味劳动创造了世界。总之,通过特色课程的建设,使我们的学生既有野趣,又高贵、高雅。

(二)教师发展目标

(1)增强课程建设意识,提升教师课程开发与建设能力,使每位教师结合所教学科和自身特长主持或参与开发一门"鹂岛野韵"的微课程。

(2)在"鹂岛野韵"特色课程的建设中,打造一批特色教师。

(3)让教师在和学生走进田野、亲近自然的同时,丰富生活,愉悦身心,多一些田园诗情。

(4)增强教师热爱鹂岛、热爱学校、热爱孩子的情感。

(三)学校发展目标

(1)学校环境要有新发展,建设"野趣园",完善学校课程特色景观。

(2)打造特色项目,提升特色项目的品质,在已初显品牌特色的儿童农民画、水环境研究所等基础上,再打造一批有品质的特色项目。

(3)结合"鹂岛野韵"课程,对国标课程创造性地开发和利用,形成具有"鹂岛"特色的乡土课程,提升学校的课程品质。

课程实施

(一)课程内容

在"鹂岛野韵"理念的引领下,学校一方面能够较好地实施国家基础课程,另一方面又能开发符合地域特点的校本课程。

1. 基础课程

在保障国家课程优质实施的基础上,以教材为基点,围绕一个主题进行二度开发与拓展延伸,形成更为丰富的微课程。

(1)主题拓展型

挖掘一个课内学习的主题内容,拓展成若干个课外训练。例如:苏教版语文四下教材第20课《古诗两首》中《小池》《小儿垂钓》这两首诗充满了农村生活气息,写出了童真、童趣。"诗韵"的指导老师在教完这课之后,以诗中描绘的采莲,垂钓的场景为引子,让孩子们回忆有趣的田园生活,并尝试让学生创编属于自己的田园诗歌。

(2) 主题整合型

把教材中不同单元中有联系的相关知识整合在一起进行教学。例如：苏教版科学五年级《它们是怎样延续后代》和六年级《植物的一生》教学单元，教师有机地整合单元知识，并与学校的野菜种植相联系，帮助学生认识野菜身体各部分的构造和野菜的种植方式。

(3) 主题综合型

围绕一个活动主题，综合不同学科的相关知识进行教学。例如：苏教版美术五上教材第17课《风景如画》中认识风景画面元素时，教师引用东晋陶渊明的《桃花源记》一文，引发学生通过文章联想相应的情境，从而了解田园式风景画的表现内容，学生结合生活，生发出不同的画面感，创作出独具个性的"世外桃源"。

(4) 主题运用型

把学科内教学的知识灵活地运用到生活中去，帮助学生加深理解，丰富认知。例如：苏教版数学教学"三角形的稳定性"这一内容时，教师适时地展示各类桥梁图片和学生制作的桥梁模型，让学生通过桥找到三角形，认识它的稳定性；教学数学六上"按比例分配"的内容时，教师利用学校开发的野菜食谱设计练习，充满趣味性和实用性。

(5) 主题创造型

通过一个活动主题，发挥学生、教师和家长的创造力，形成多主体的创造综合。例如：综合实践课中教师围绕"家乡的野菜"这一活动主题，通过发动家长带着学生走进田野，去认识不同的野菜品种，采摘野菜，烹饪野菜；联系家长走进课堂，亲身示范讲解野菜的习性和烹饪技巧；组织学生开展野菜绘画、厨艺比拼等丰富的创造活动，充分利用家校互动的资源，培养学生的创造能力。

2. 校本课程

根据八卦洲的地域特点，学校开发了"鹂岛野韵"系列校本课程。

(1) 鹂岛野韵之"八野情趣"

"八野"即芦蒿、马兰头、荠菜、枸杞、苜蓿、香椿、马齿苋、菊花脑。围绕"八野"建构"野韵"校本课程，让学生认识、使用劳动工具，了解野菜的生长过程，做好田间锄草、施肥、浇水等管理；采摘各种野菜，学习烹饪，编写菜谱；了解病虫害的防治，尝试对野菜的嫁接和无土栽培的研究。

(2) 鹂岛野韵之"田园诗文赏析"

"诗韵"校本课程主要由两大部分的内容组成，一是搜集和整理有关描写田园风貌、田园生活的著名作家和诗人的作品，让学生去欣赏、去学习；二是让孩子走进田园，了解家乡生活，感受自然风貌，在教师指导下创作田园诗歌和美文美句，提升田园诗文素养。

(3) 鹂岛野韵之"儿童农民画"

农民画是来自农村的民间艺术，"画韵"校本课程的开发正是立足于地处农村的地域优势。小画家们在儿童画工作室老师的指导下，拿起手中的画笔，以充满童趣的视角，用农民画的独特手法描绘着乡村田园的自然风光，勾勒着农村生活，刻画着风俗人情。

(4) 鹂岛野韵之"江水探究"

八卦洲为长江第三大岛，岛上水系纵横，河道交错。丰富的水系资源为学校"江韵"校本课程的开发提供了物质保障。随着时代的发展，岛上江河、池塘的水质受到了一定程度的污染，因此"江韵"课程研究的重点就是为了让家乡的母亲河恢复往日的生机，环保小卫士们在教师的指导下走出课堂,走进水利办、自来水厂参观学习,走近身边的大江与小河,进行环境调查、水样采集、水质分析,并尝试生物治理。

(5)鹃岛野韵之"小小建桥师"

临水而居,八卦洲的孩子从小就与桥结下不解之缘。立足洲上丰富的桥资源,学生们通过"桥韵"校本课程广泛开展各种社会实践活动:探索桥的历史,认知桥的构造、受重原理、美学原理;制作桥,动手制作桥模型,体验造桥的艰辛和快乐;设计桥,亲手设计纸桥,进行纸桥的承重比赛。

(6)鹃岛野韵之"和悦太极"

八卦洲居民崇尚太极拳运动。追求和谐自然之美,愉悦身心之效。因此八卦洲又名——和悦之洲。学校尝试引入"太极"资源,结合"和悦"之名,成立了和悦太极——拳韵社团。"拳韵"校本课程的开发就是让小拳手们在社团活动课上,学习太极拳的历史和文化知识,勤练二十四式简化太极拳。让学生在刚柔并济、动静结合中感受太极的和谐之美。

(二)课程行动

学校主要通过"四大行动"即:学科建设行动、活动建设行动、环境建设行动和E学建设行动开发和实施"鹃岛野韵"特色课程。

1. 学科建设行动

一是围绕"鹃岛野韵"以主题性课程板块的建构实施对国标课程的二度开发与拓展延伸。二是自主开发《江韵》《桥韵》《野韵》《拳韵》《诗韵》等校本课程。

2. 活动建设行动

有面向全体的"鹃岛野韵"系列社团活动,还有自主选择参与的"鹃岛野韵"小小研究所活动,每年五月还举办"野趣"文化节活动,文化节中可以欣赏优美的田园诗歌,展示形象的儿童农民画,品尝精致的野菜佳肴,野足八卦洲,走进"野趣园",分享童年的喜悦,同时学校根据鹃岛不同季节的特点,从孩子的兴趣爱好出发,挖掘出春、夏、秋、冬四大鹃岛野韵主题活动。

3. 环境建设行动

建立充满野趣的特色景观:"田园野趣""江桥壁画""紫藤诗廊""印象画廊""诗缘亭""慧心榭""太三极墙"和"水韵池",让学校的每一处景观都充满"野韵"。

4. E学建设行动

在学校网站上专门开辟"鹃岛野韵"课程平台,与实际的"野趣园"相对应,再建一个虚拟的"网上野趣园",借助网络,开辟江鲜园、野鸟园、野菜园、庄稼园、民俗园等。

(三)课程评价

在评价内容上,进行"六小鹃岛学子"评比:"六小"即研究小院士、田园小诗人、农民小画家、环保小卫士、建桥小能手和太极小拳师。在评价方法上:根据学生参与和研究,合作与交流,展示与汇报这六个维度对学生进行综合评价。在评选方式上,采取班级、年级、学校三级考评模式,利用积分制度分别授予一星、二星、三星"鹃岛学子"称号。

积分内容	获得分值
阅读田园诗文1篇	2
了解田园诗人1个	2
参加诗歌表演校级一次	5
参加诗歌表演区级一次	10
参加诗歌表演市级或市级以上一次	15
上交诗歌作品一幅	2
诗歌创作校级获奖(根据等第)	8　6　4
诗歌创作区级获奖(根据等第)	14　12　10
诗歌创作市级或市级以上获奖(根据等第)	20　16　14

以田园小诗人的评价体系为例:
1. 一张"积分卡"
2. 一套小奖章

遵循儿童的性格特点,设计"一星小诗人、二星小诗人、三星小诗人"这样一套小奖章。利用"晋级规则"激发孩子的兴趣,不断促进学生的求知欲、进取心。一星小诗人的标准较低,是为了降低门槛,降低难度,先让学生拿到小奖章;而二星、三星就比较难,需要学生不断地努力,取得更好的成绩才行。

3. 晋级规则

名称	所需积分	评价部门
一星小诗人	30	班级
二星小诗人	60	班级
三星小诗人	100	年级

四、注意事项

在建设"鹂岛野韵"特色课程的过程中坚持处理好几个关系,把握好几个基本原则:

一是要正确处理好野韵课程与学校文化的关系。要用野韵课程来丰富学校文化,彰显文化特色,突出学校文化的亮点,打造学校文化的品牌,同时要用学校文化的思想、理念、精神引领"鹂岛野韵"课程的发展、课程的实施。

二是要正确处理好野趣与高雅高贵的关系。要让乡村的学生有自尊、自信、自强、自律这样一些品质,要让学生在懂规则、讲规范的同时更加自由、活泼、开朗、奔放。

三是要正确处理好野韵与国际视野的关系。既要培养学生美丽的、悠深的乡土之情,又要引领学生具有宽广的胸怀,放眼世界,志存高远。

四是要正确处理好全面发展与优势发展的关系。要关注每一个学生的发展优势,按照多元智能的特点以及学生的交往优势、言语优势等,开展不同的活动,布置不同的任务,提出不同的要求,让学生在不同的要求下彰显个性,要特别注意学习困难的孩子,给他们以支持。

五是要正确处理好课本学习与实践性学习的关系。既要注意课内外知识的整合,又要防止不能从一个偏向走向另一个偏向。

五、案例

(一)活动主题:田园诗画

(二)活动目标

1. 通过想象和联想,激发学生联系生活,寻找农民画表现素材,学习创作的方法,体会创作的乐趣。

2. 以家乡常见的兔子形象为表现对象,创作具有地域特色的农民画作品。

3. 通过"诗维体操"的训练,让学生初步感受儿童诗的特点:敢想象、有善心。

4. 根据老师提供的图片,现场创作儿童诗,激发学生的乡情。

(三)主要流程

第一板块:想象与联想

1. 今天老师为大家带来了一份礼物,是什么呢?(书签)

2. 这可不是普通的书签,这上面的画可是我们农民画社团小朋友亲手绘制的作品,想要吗?这可是限量版,想得到它,就要看你们今天的表现了。

3. 共同欣赏朱老师给大家带来了一些作品。这些啊都是我们农民画家的作品,让我们走进看一看,这些作品动物和我们平时看到的动物有什么不一样呢?

4. 这些呢都是农民画家们想象出来的,学习农民画呢首先就是要发挥想象力。(板书)让我们再仔细观察一下,画家都想到了哪些东西?

5. 这些色彩和图案其实都来自大自然,在大自然的装点下,这些看似平常的动物都变得更美了。(板书大自然)

第二板块:自由创作

1. 我们的课堂上来了一位特殊的朋友,她就是我们八卦洲田间地头的都看得到的……小兔子。(出示图片)

2. 看,它在农民画家的手里也来了个大变身!(出示视频)由照片兔子……轮廓兔子……线描兔子……上了色的兔子。

3. 今天朱老师就要带领大家让这只兔子大变身!

那么先让我们到美丽的大自然(八卦洲?)来找一找灵感吧,出示图片:a. 果蔬园;b. 八野基地;c. 垂钓园;d. 红杜鹃。

4. 在这里你都找到了什么?看到了什么?想到了什么?

5. 同学们想象出了很多的创作元素和创作灵感。那么多的创作元素我们需要把他们全画在这只小兔子身上吗?

6. 小组讨论,你们打算用哪一种创作元素来装饰你们面前的这只兔子。

7. 学生说说自己打算用什么元素来装饰呢?

8. 学生作业,小组合作。用水粉颜料时要注意的事项,教师巡回辅导。

第三板块:欣赏评述

1. 在同学的巧手下,这些兔子变得与众不同,谁来说说看自己设计的图案灵感来自哪里?

2. 从你们的画笔下,老师看到了一个别样的八卦洲,一个更美的八卦洲,这让我想起了著名雕塑家罗丹的一句话:世界上从不缺少美,缺少的是发现美的眼睛。

3. 让我们带着对美的追寻,再来看看这些兔子在你的笔下会是什么样的色彩呢?

4. 这里的色彩已经不是形象本身的色彩,而是我们心中的色彩。这就是对"艺术来源于生活,高于生活"的最好诠释。

5. 老师希望大家能把这枚带着八卦洲别样风情的书签送给听课的老师们,让我们的小小农民画走出八卦洲。

第四板块:诗维体操

1. 要想学会作诗,首先得做一套"诗维体操"!

2. 第一节"赏一赏"

(1) 出示儿童诗《鸡蛋娃娃》

鸡 蛋 娃 娃

妈——妈——
快来看呀,
鸡蛋"发芽"了!
"发芽"的鸡蛋,
我可不敢吃。
不过,
我可以
把它变成
一个鸡蛋娃娃。

(2) 教师讲述这首诗的创作过程:4岁的一个小朋友,每天上学前都要吃一个煮鸡蛋,一天妈妈煮鸡蛋时把鸡蛋煮开裂了,小朋友看到那个开裂的鸡蛋,说了几句话,妈妈一整理便诞生了这首诗!

(3) 写诗简单吗?你发现儿童诗的特点了吗?

3. 第二节"仿一仿"

(1) 出示儿童诗《小农夫》中的一个小节

我要种下一个金灿灿的太阳
当太阳树结出无数个暖融融的太阳
就送给乡村那个没有衣服穿的小弟弟

(2) 尝试根据老师的提示,仿一仿

我要种下一块涂满奶油的面包
……
……

(3) 学生尝试仿写,教师注意肯定和鼓励!

我还要种下我慈祥的妈妈
……

（4）学生继续模仿、创作。表扬善良的孩子！其实有一颗善良的心也是创作儿童诗的一个必备条件。

第五板块：选题作诗

1. 今天,我们要做什么诗呢？要不听听客人老师的建议。我这有一个"锦囊",谁拿着它去采访一位第一次来八卦洲的客人老师？

2. 学生采访：第一次来八卦洲,你最想问的一个问题是什么？

3. 引出八卦洲几个有代表的景点。

4. 依次出示：向日葵园、假日山庄、沙漠风情园、湿地公园、小江河畔的照片。

5. 变身一只快乐的小兔,用一首儿童诗向客人老师介绍一个自己最喜欢的地方。

6. 发放练笔作业。

客人老师,来到八卦洲,

（　　　　），你一定要去！

_____

_____

_____

（四）活动评析

"田园诗画"校本课由农民画与诗歌创作两大环节组成,第一环节的农民画展示,朱老师运用想象和联想的方法,为学生的农民画创作找到了"捷径"。通过对农民画中常见的创作题材观察,找寻到农民画创作的规律,教师引领学生在生活中常见的景象中发现、想象、联想,举一反三,让创作变得简单灵动起来,给予了学生创作的动力和激情。第二环节的儿童田园诗创作吴老师用简便易行的"诗维体操"为学生打开作诗之门,学生在欣赏、模仿中感悟儿童诗的特点,教师结合家乡资源引领学生在诗歌的田野奔跑、吟唱。教学过程中既注重教学设计的艺术性,更注重教学的自然生成,灵动有趣,体现了授课教师的扎实教学功底。两节校本微型课的有效整合,彰显了"画韵"和"诗韵"的"诗情画意"。

学校：南京市栖霞区八卦洲中心小学

校长：刘　军

执笔：蒋　宁　管长龙

让平凡者不平庸,让优秀者更优秀,如何私人定制课程,让每一个孩子都能在原有基础上有发展、有突破,让每一个孩子都能享受成功的喜悦,创造一个属于自己的奇迹呢?

"V-I-P"课程

一、内涵

"V-I-P"是 Very Important Person 的缩写,意思是"非常重要的人"。"V-I-P"课程理念是"每一个孩子都能成就奇迹"。"V-I-P"课程视每一个孩子为最尊贵的人,是为每一个孩子的发展提供个性化、适性化的优质课程,是为每一个孩子成就"奇迹"提供优质服务的课程。

"V-I-P"课程框架为:

——"V",variety,各式各样的、多样的、丰富多彩的。"V-课程"即为适应不同的孩子群体发展需求而提供的可选择的、丰富多样的课程;

——"I",I,我。"I-课程"即为满足孩子个体的特定发展需求而开发的个别化课程,是为促进"这一个"孩子个性发展而设置的课程;

——"P",primary,初级的,基础的。"P-课程"即全体学生必须学习的义务教育国家课程,是为满足所有学生发展需要而设置的最基本课程。

"V-I-P"课程架构从特色拓展课程、个体自主需求课程、义务教育国家课程三个维度有力拓展了学校课程发展空间。

二、背景

(一)新课改赋予学校更多课程管理、开发权利与义务

新一轮课程改革着眼于建构适应时代发展要求,能够促进学生全面、自主、有个性发展,充满活力的基础教育课程体系。这次课改的重要目标之一是课程管理政策的变革。新课改确立了国家、地方和学校三级课程管理体制,学校被赋予了更多的课程管理与开发的权利与义务。我校规划和实施"V-I-P"课程,致力于以学校课程规划与实施推动学校更好地主动发展,内涵发展,特色发展,从而成就每一位学生"奇迹"梦想。

(二)"V-I-P"课程是践行小班化办学理念的重要载体

"每一个孩子都是一个奇迹",践行这一办学理念,需要课程来支撑。学校着力建构适应于每一个孩子全面而有个性发展需求的"V-I-P"课程体系。"P 课程",国家基础课程,面向全体学生,着重打好学生学业基础;"V 课程",特色选修课程,注重开阔视野,培养兴趣;"I 课程",适应学生个体自主发展需求,使得在各方面有特长的学生或是学业上有困难的学生能得到"一对一"个别化课程辅导。因为纳入课程计划中,有课时、场地、师资的保障,这就使

得学校"奇迹教育"理念能得到落实。

三、操作

根据"V-I-P"三类课程的不同特点，采取分类实施办法。课程实施的总原则是以每一个学生的发展需要为出发点，尊重学生作为生命个体的差异和他们的兴趣爱好特长。课程实施具有层次性、多元化、可选择、能融通的特点。

（一）"V课程"实施

"V课程"是为适应不同的孩子群体发展需求而提供的可选择的、丰富多样的课程，从内容上可分为社会科学、自然科技、体育艺术等研究性学习课程和德育类课程两大类，学校依据各类课程特点来实施。

1. 研究性学习课程的实施

研究性学习课程集中体现了以培养学生的创新精神和实践能力为重点的素质教育基本价值取向，充分体现小班化"面向每一个"、"发展每一个"的教育理念。在研究性学习过程中，学生通过直接体验方式，更密切联系自身和社会，更多运用综合学习、研究性学习。研究性学习有利于培养学生合作精神和科学态度，帮助学生对人生、社会、自我形成正确的认识。基于以上认识，学校在"V课程"开发设计中突出研究性学习课程设置。

（1）制定《研究性学习课程实施方案》

学校制定了《研究性学习课程的实施方案》。从"方案设计思想"、"实施细则"、"研究性学习工作步骤"、"操作方式"四方面对研究性学习课程的实施全面安排，使得课程的实施有一个操作蓝本。

（2）研究性学习课程的具体操作步骤

① 准备阶段。教师根据自己专长、学校周边课程资源、学生需求，列出本学年拟开设的研究性学习课程目录，并提供相应背景资料。

② 课题产生和确定阶段。学生根据自己的志趣选择学习课程，相同课程学习的同学组成研究性学习课程小组。背景材料中的每一个小内容都可以生成出许多的具体课题，教师列出菜单式的候选课题，学生据此选题，亦可以自己拟定课题。

③ 设计《研究性学习活动方案》阶段。如研究的原因、要研究的问题、所要实现的目标、可能遇到的困难、解决的方法与途径、小组的分工、研究大致的时间安排等。教科室组织开题论证，指导教师修正《方案》。

④ 实施《研究性学习活动方案》阶段。根据方案展开活动，其中包括：对课程学习、研究方法的培训，收集课题资料与分析，参观、调查观察，课题研讨等。对于技能型较突出的课程如音乐、舞蹈、体育既重学习研究还重技能操练。

⑤ 中期小结、交流阶段。第一学期结束前，研究性学习小组开展中期小结。交流、整理、分析，完成中期学习研究报告。

⑥ 成果形成阶段。通过以上研究过程形成课程学习研究成果。成果形式不限，可以是小论文、调查报告、观察报告、科技制作、学习后掌握的方法、形成的技能以及学习体会等。

⑦ 终期交流展示阶段。

每学年即将结束时，学校将举行五十四中"V课程"暨研究性学习课程成果学年汇报会。这是一场由学生策划、组织的年度课程盛会。各个研究性学习小组代表轮流登台，将自己一学年来在课程学习小组中学习、探究取得的成果以丰富多彩的形式展示出来。考虑到初中学生身心特点,汇报多以叙述配以幻灯片、微视频、表演、唱歌、绘画等形式来展现,生动活泼,富有吸引力。年级里的其他同学则在台下观摩,还不时和台上同学互动。课程学习汇报既表现出了课题研究成果表述严谨的一面,更表现出学生收获学习果实快乐的一面。

2. 德育类"V课程"

德育类"V课程"主要包括:社团活动、实践课程、心理团辅课程等。

(1) 社团活动

凡在校学生均可根据自己的能力状况和兴趣爱好,申请加入2—3个学生社团。学生参与社团活动须遵从各社团有关活动的章程并接受社团活动考核,以保证在社团活动过程中能实现个人成长与能力提升。

(2) 实践课程

学校构建了学生"自我服务、自我管理、自我教育、自我成长"这一"四自网络",通过社会实践课程的实施,帮助学生提高素养、培育民族精神、树立公民意识。倡导学生"立足校园、服务社会、回报社会",修炼好自己,提升素养,实现成长。

通过设立班级学生"全员岗"、"班主任助理岗"等实践项目,培养学生的责任感,提升学生的综合能力。

通过设立学校"校园文明岗"等校内实践项目,让每位学生都有参与到学校的管理的机会,培养学生知校爱校、自觉遵守规则的意识与情感。

通过组织志愿服务等活动。指导学生"立足校园、服务社区、回报社会",开展各类志愿服务活动,既了解社会又增长才干。

(3) 心理团辅课程

通过心理健康教育课程的开设,让所有学生在教师(导师)的引导下,通过参与对教师事先所设定的活动进行体验、获得感悟,并在与同学分享其感受的过程中完成"从自知到自助,改善、适应、建立健康人格,最终实现个人的成长"。

(二) "I课程"的实施

学校"I课程"以充分满足学生个别化学习与成长的需求,满足"这一个"学生个性发展需求为主旨,注重学生、家长对课程选择、课程计划等方面的参与,引入学校、教师和学生甚至家长"协商"机制。学生自主和课程协商是贯穿"I课程"的一根红线,充分体现了新课改精神。

1. "I课程"实施的一般流程是:

课程需求调查。每学年开始,学校都以《南京市第五十四中学"I课程"——学生特长、发展愿望调查问卷》形式,调查了解每一个学生个性特长、个人发展需求等,在此基础上,学校梳理分类,一般大致有学科发展提优或补差类;文体上有专长希望得到个别化指导发展类;动手能力强有小发明、小创造愿望类;心理需要得到教师个别关心等。学生需求为学校制定"I课程"总体方案提供依据。

导师选聘和制订《南京市第五十四中学"I课程"学生发展实施方案》。"I课程"实行导师制,学校根据资源、教师专长情况,选聘承担"I课程"的导师。导师以本校教师为主,根据学生专业发展需求,也选聘或指导学生联系了少量校外的导师。导师和希望得到指导的学生乃至家长见面,共同研究确立该生发展突破方向,共同制定个人的《"I课程"学生发展实施方案》。《实施方案》包括课程背景、学生基本情况、学生需求(渴望得到发展方面)、学生发展基础分析、(学业基础、特长)学生发展突破方向、学年阶段目标、培养路径和方法、课程教材拟开发(使用)、课程实施月度安排等几部分。

课程的实施。根据各课程的特点灵活实施,适性展开,一般采用"一对一"或"多对一"导师指导方式实施,始终伴随着协商和调适。

对于有天赋、在学科上有进一步发展需求的学生,或者是动手能力强,希望进行小发明、小创造的学生,学校提供"启发潜能"的学科发展性课程,如"学科达人"、"探究奥秘"、"数学乐园"、"小发明指导班",开展"多对一(多)"或"一对一"指导,成就他们"奇迹"梦想;对于有体艺特长的学生,学校或联合体校,聘请教练,组成田径队、射击队、艺术体操队等进行专业训练,或者和家长商约教师训练学生,开设"体操王子"、"田径好手"、"小小艺术家"课程,成就他们体艺"奇迹"梦想;对于学习上困难严重的学生,根据学困程度,学校开设合格"一对一"课程,以小组或者个别辅导形式,帮助他们"跨越及格线",成就他们的学习"奇迹";对于需要心理疏导的学生,学校开设"悄悄话"心理课程。由心理辅导老师提供"一对一"的心理疏导,为他们创造"奇迹"扫除心理上的阴影。

2. 对"I课程"的评价以自主多元方式进行评价反馈。

"I课程"的评价着眼于学生个性发展能否得到满足、学生个体的学习与成长的需求能否得到满足等来确立,是一种个别化、动态性、开放性的评价,而没有绝对的标准。同时,学校将过程性评价和终结性评价结合起来,重在对学生进步的肯定,每一学年学校都评选"I课程"十佳导师和十佳学生,在全校大会上给予表彰

(三)"P课程"实施

"P课程"即国家课程是"V-I-P"课程的基础与核心,是实现育人目标的重要一环。为了打好"每一个学生"的学业基础,学校致力于国家课程实施校本化、高效化研究。将课程实施、课题研究、课堂改革"三课"统整,开展"三课一体"的校本研修,着力打造小班"四维助学"课堂。

1. 以"三课一体"校本研修保障"P课程"的有效实施

学校以"V-I-P"课程体系规划小班教学改革发展方向;聚焦课堂突破小班助学策略这一重点,将教研组、备课组、教师的研修力量整合到"小班助学策略"研究上,着力打造小班"四维助学"课堂,藉此实现"每一个孩子都是一个奇迹"的教育理想。这是一个着眼于"系统建构,整体推进",实施"P课程"的工作思路和做法,为"P课程"实施铺垫了宽广扎实的基础。

2. 以打造小班"四维助学"课堂作为实施"P课程"的主要平台

"P课程"实施关键在于打造特色、高效课堂。基于"V-I-P"课程理念,学校着力打造小班"四维助学"课堂。

(1) 形成小班"四维助学"策略

高效、充满活力的课堂应该是"为促进学生学习而教"的课堂,是帮助学生自主、有效学习的课堂。基于这样的认识,学校着重在"助学"上做文章,形成"四维助学"策略,即重点从"明确教学目标"、"提供课程资源"、"安排教学流程"、"点拨学习方法"四个维度"助学",促进学生有效学习。

"四维助学"具体要求为:

① 明确三大教学目标。明确的、适切的学习目标能激发学生学习的动机,帮助学生集

中精力,更容易学并且学好。教学目标要做到知识与能力目标可测,过程与方法目标可看,情感态度与价值观可察。

②提供三大学习资源。课堂中的学习资源是学生自主学习的支撑,丰富适切的学习资源有助于学生更好地自主学习。注意提供教材教辅资源,拓展研发资源,师生自身资源助学。

③突出三大教学环节。合理安排教学环节有助于教学意图实施、教学目标达成,突出借助自主学习、互助合作、反馈练习三大教学环节助学。

④教给三大学习方法。"助学"课堂更重要的是指导学生"会学",教会学生学习方法。学习方法因人而异,千差万别,但究其本质,主要体现在三个方面:与文本对话方法,与伙伴合作方法,与教师交流的方法。教师应着重教给学生这三大学习方法。

(2) 以《小班"四维助学"课堂评价表》引导教师开展小班"四维助学"课堂实验

《小班"四维助学"课堂评价表》从教学内容、教学目标、学习资源、教学过程、教学效果等方面评价,特别突出"四维助学课"要求,例如目标上的"三维目标表述清晰、完整、可测(可看、可感),符合学生认知现状和规律,满足不同层次学生学习的需要";资源上的"注意开发、运用教师自身仪容、学识资源,学生知识能力资源和课堂动态生成的资源";流程上的"有师生、生生合作交流时空。学生课堂中有独立思考、练习(说、写)的时空,时间分配合理。其中练习的时间一般不少于15分钟。分层指导:根据不同学习内容及学生特点和差异,开展分层、分类施教,结合巡视进行个别指导";效果上的"生成性:学生能够基于教师的预设,主动提问、思考、交流、建构,课堂生成有价值"等,要求具体,具有鲜明导向性。

(3) 以教研组、备课组为单位开展小班"四维助学"课堂研究与实践

① 教研组、备课组制定学科组《小班"四维助学"课堂研究与实践方案》。《方案》对于本学科组小班"四维助学"课堂研究的方向、方法、研究阶段乃至研究课开设、教学案例、研究论文撰写等做出计划安排。

各学科组都确定了本学科组研究的方向,语文组将"提供课程资源"作为研修、实践重点,以随文阅读和文言文课外资源库建设作为突破点,数学组将"课程资源合理应用"作为研修实践重点,物理组研修实践重点是"班级分层训练"和"实验中的小组合作",化学组研修实践重点是"作业分层"和"小组合作预习",历史组研究重点是"文本对话方法",综合组研修实践重点是"激发学生自主学习动力"等。在此基础上各教研组、备课组都对具体的研究方法、研究阶段乃至研究课开设、教学案例、研究论文撰写等作出安排。

② 改进教研组、备课组会。增加小班"四维助学"课堂研修内容。从方案制定到研究课研讨、教学案例、教学论文文稿讨论都列入组会内容,按计划实施。

③ 开实验课、研究课推进课程研究

小班"四维助学"研究课对于各学科探索"四维助学"教学模式,引导更多教师理解"P课程"理念、了解小班"四维助学"课堂教学要求,从而对更自觉投入小班"四维助学"课堂教学实践具有重要作用。各学科组积极开研究课,做了有益的探索。

如语文组在用好"教师自身资源助学"上积极探索。上课教师语言亲切可人,循循善诱,极富亲切感、感染力,在要求学生完成训练任务时总是亲做示范,细作指导,使得学生在轻松愉快气氛中达成目标。政治组在"提供课外教学资源,组织互助、合作助学"方面做出尝试。老师紧扣教学目标,借助一个个鲜活的案例组织学生小组合作,深入讨论。英语组针对学生

英语学习畏难情绪,尝试借助有趣的活动、游戏等方法助学。

(4) 形成小班"四维助学"资源库

学校形成一批小班"四维助学"课堂研修成果,如《小班"四维助学"优秀教学案例20则》《小班"四维助学"方法"36计"》等,作为全校教师深入开展小班"四维助学"课堂研究的范例。各教研组在校园网设置各学科"V课程"——四维助学课堂资源库,各组及时将收集、整理的资源上传资源库。

四、注意事项

1. "V-I-P"课程需要有优质师资资源。教师需具备研究性学习课程的开发与实施能力。

2. "V-I-P"课程需要有丰富地域文化资源。学校周边的历史文化、自然科学等资源可开发利用。

五、案例

(一) 小小军事家"V课程"案例

胡彬是我校历史教师,多所高校军事类社团名誉指导。他业余爱好军事科学,对战争战例、武器装备、军事变革、国际关系等都较为熟悉,主攻古希腊罗马战争史。胡老师根据他的爱好特长,面向众多"军迷",依托海军指挥学院军事资源,开发了小小军事家"V课程"。

课程主要以五代军事变革为线,讲授经典战术装备,分析国家兴亡教训,品味战略名家风采。最受欢迎的课目有《高加米拉会战全解析》《体验密位测距》《海军的语言》《神奇的密码》等。上课时,胡老师注意选取每个时代最有代表性的军事技术、战术、战略和典型战役,进行科普性和趣味性的讲述(如坎尼会战、中世纪攻城战、近代线列战术等),并通过观赏电影片段(如《角斗士》片段、《爱国者》片段等)和学生动手参与实验研究(如考察明城墙遗址、学习操作莫尔斯码、用密位测距法测量教学楼高度等),增强学生学习兴趣,也让学生在技能上有所收获,锻炼学生动手能力。这一课程在我校初一、初二年级已持续开设多年,深受学生喜爱和家长认可。2012年以来多次开设市、区级公开课,并送教社区、街道,接受过《金陵晚报》和十八频道《标点》专访。

(二) 成就"这一个"奇迹的"I课程"案例

1. 人生规划课程

学校开设"学涯指导"、"生涯指导"课程,帮助学生规划学业、人生,奠定未来发展基础。2013年南京市高考文科状元俞天诚初中在我校就读时就制定了详细的生涯规划:立志做大事不做大官,高中上金陵,大学上北大。在生涯规划的激励下,俞天诚的潜能被充分激发,他酷爱读书,勤奋学习,并在初中时就和伙伴一起自主创建了《鲁迅学习》的网页。后来他考上北京大学,圆了他北大梦想。

2. 小小数学家课程

学校针对数学优等生开设"数学创新思维"课程。高鹏同学,从小酷爱数学,学校发现了这棵数学苗子,聘请许松老师做他的导师,根据该生天赋高但数学创新思维训练不足的情况,制定课程方案,帮他进行专项训练,扎实的训练打开了创造奇迹的大道,高鹏同学取得了全国数学竞赛一等奖的优异成绩。

3. "小说创作"课程

陈书婷同学各科成绩在班上均处中等,在传统意义上应是一名不起眼的同学,但是语文老师发现她特别喜欢写小说,为她量身定做了"小说创作"课程。在老师的指导下,她写小说的水平大大提升。现在,她的小说已经被专业网站注意到,网站邀请她长期撰稿,她已创作15万余字,代表作品《流年剪影》。

（三）P课程"多轮小组合作助学"方式案例

长期以来小班课堂上的小组合作存在着"重形式,轻效果"的问题。这样的小组互助合作在完成教学目标,促进每一个孩子发展方面成效甚微。

我校语文教师从小组讨论问题设定,讨论的组织形式,学生自学、讨论时教师的指导三个关键环节深入研究,大胆改进,形成了"多轮小组合作助学"学习方式,以破解小组合作痼疾。

"多轮小组合作助学"操作流程为"自主学习—本小组交流—组外交流—本小组二次交流—全班交流"。具体步骤为:

1. 将班级学生分成若干小组,各学习层次学生搭配构成小组;2. 根据教学目标,形成学习任务(讨论题),任务数和小组数大致一致;3. 各小组组长选一个题目作为本组重点讨论题;4. 每个同学围绕学习任务(讨论题)自主学习,准备小组发言;5. 教师以"锦囊妙计"方式给学生提供课程资源、学习方法等方面的"助学"指导;6. 小组讨论,各学生组内发言,讨论后形成组内共识;7. 组外交流,每个组相同序号的同学组成新的小组,来自各组同学介绍自己小组讨论成果,听取意见;8. 每个学生把在新小组讨论的意见带回原组,对本组原来的观点再讨论;9. 全班交流,每组发言人汇报讨论结果,教师总结评价。

"多轮小组合作助学"学习方式优势及意义:精心设计学习任务并以此作讨论题,避免了讨论的空泛;多轮小组合作,让学生得到多方面训练和提高;以"锦囊妙计"(学法指导单)助学,降低自学难度,提高学习兴趣与信心。

多轮小组合作,最大限度调动了每一个学生主动参与互助合作学习的积极性。每一个学生都能在深入的讨论中有所收获,享受到成功的快乐。同时每个学生的综合素质和能力也都能得到增强。

学校：南京市第五十四中学
校长：周　波
执笔：周　波　朱惠雨

探寻承载百姓日常生活的民居，回味金陵童年回忆，百姓诗意生活的课程，更能激发每个孩子心中的生活之美、情趣之美、创造之美。

"诗意民居"课程文化

一、内涵

民居充满着劳动人民的智慧创造，展示着家居生活的情趣之美，也铭刻着人们对童年的回忆。民居，承载着百姓的日常生活，也升华百姓生活的诗意。

比如远古的择树而栖，后来的茅庐，后来的青瓦白墙……其实，都是一种诗意的栖居形式。再比如"青砖小瓦马头墙，回廊挂落花格窗"就是江南民居——甘熙故居诗意之美的集中体现。

"诗意民居"中的民居以身边的甘熙故居为基点，面向金陵的、中华多民族的、世界各民族的、凸显文化特质的民居。

"诗意民居"课程文化立足于民居所体现的文化特征，彰显民居所蕴含的文化意蕴，凸显民居所展现的生活之美、情趣之美、创造之美，以此来丰富课程内容。

二、背景

1. "诗意民居"课程文化研究是学校发展的需要

分享教育是学校的办学理念，而民居是让我们"身心两安"的历史的馈赠，是能够提升精神与安顿灵魂的地方。民居让我们在物我的分享中、天人的分享中、不同文化的分享中，找到心灵的皈依和文化的自觉。

2. "诗意民居"课程文化建设研究是开发和运用社区资源的需要

从地域的角度看，甘熙故居为学生的课外实践活动提供了便利。从教育的角度看，民居的优美曲线的数学美，思维空间的物理美，流动旋律的音乐美……还有再现其美的文学、绘画、音乐等，都给我们提供了丰富的教育资源。

3. "诗意民居"课程文化建设是弘扬中华传统文化的需要

建筑是中国文化传统的重要组成部分，而民居则是最贴近师生生活的教育资源。民居本身以及其中蕴含的时代精神和文化传统，都属于我们应当大力继承和弘扬的范畴。

三、操作

（一）明晰理念

"民居文化，你我分享"。

民居是一个可以分享童年、分享生活、分享幸福的场所。童年在民居中度过，生活在民居中延续,幸福在民居中积淀。

（二）构建框架

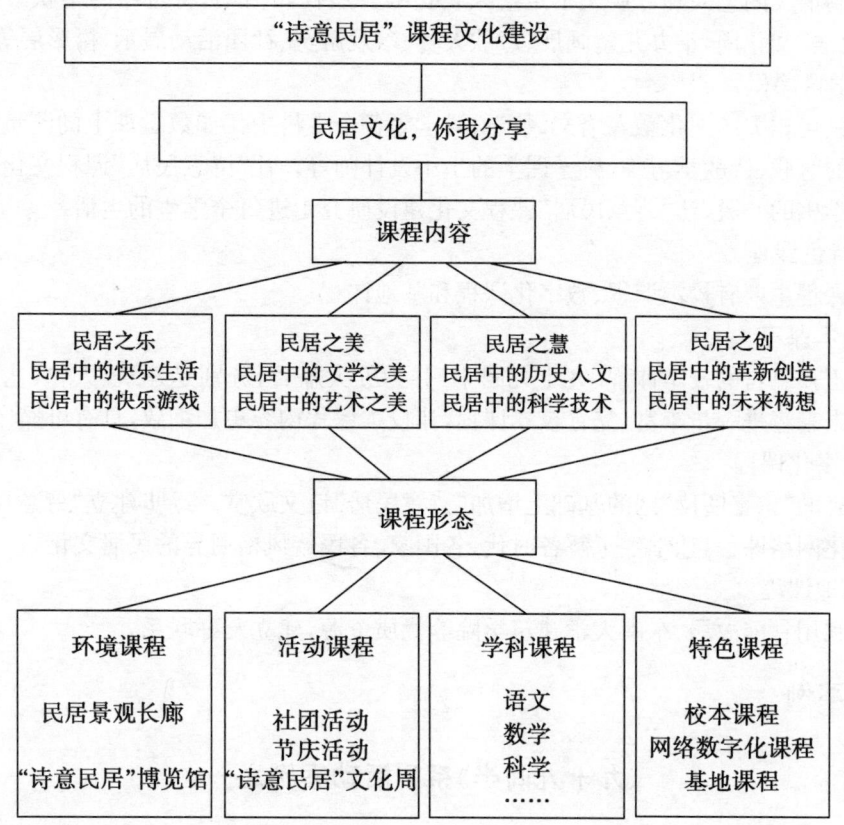

1. 课程内容

（1）民居之乐

民居之乐包括民居中的快乐生活和快乐游戏。民居中的快乐生活包括美食文化等,快乐游戏包括滚铁环、抖空竹等。

（2）民居之美

民居之美包括民居中的文学之美和艺术之美。民居中的文学之美包括对联、诗歌、美文等。艺术之美包括皮影、剪纸、泥塑等。

（3）民居之慧

民居之慧包括与民居有关的历史、人文文化和民居中的科学技术。民居中的科学技术包括民居的材料、结构、布局等许多方面。

（4）民居之创

民居之创就是可以根据以前的民居和现在的民居的问题、优势和未来的发展设计构想未来的民居;还可以对房间进行设计布置,开展以"民居之梦"为主题的设计大赛。

2. 课程形态

（1）环境课程

学校将设置相关的景观长廊和"诗意民居"博览馆,让每一位置身校园中的人都能感受到浓浓的传统文化气息;感受到孩子的健康快乐幸福。

(2) 活动课程

学校聘请民间艺人和专业人士定期来校指导开展社团活动,将每年的中秋节的那周定为"诗意民居"文化周,举办儿童画展、诗歌大赛、参观游览、社团活动展示、摄影展等。

(3) 学科课程

把与民居相关的文化融入语文、数学、科学等各个学科中。如数学课上的测量、统计等,语文课上的对联、诗歌学习等,科学课上的小小设计师等。让"诗意民居"课程文化建设研究浸润每个学生的心灵,让"诗意民居"课程文化建设研究走进每个学生的生活。

(4) 特色课程

特色课程主要有校本课程、数字化课程和基地课程。

① 校本课程

学校正在编写的校本课程《九十九间半》分为五大篇目,分别是建筑、人物、艺术、游戏、饮食篇。未来将进一步丰富、完善校本课程,让校本课程内容更加细致,具有可操作性。

② 数字化课程

在原有的"识字阅读"网的基础上增加"诗意民居"诗文欣赏。逐步建立"诗意民居"的主题性数字化网络课程,让学生了解各时代、各国家、各民族风格迥异的民居文化。

③ 基地课程

充分利用甘熙故居、东南大学建筑学院等优质资源,建立友好联系。

四、案例

《九十九间半》系列活动案例之一

活动目标:

1. 了解甘熙故居的各主要组成部分。
2. 欣赏故居里精美的木雕石刻等,培养学生的观察力,陶冶发现美、欣赏美的情操。

活动重难点:了解甘熙故居的各主要组成部分。

活动准备:课件,活动表格,学生搜集的有关甘熙故居主要组成部分的图片和资料。

活动设计:

一、复习旧知,情境导入

位于秦淮区南捕厅的甘熙故居,共有三百多间房屋,因皇家规定民间住宅不得超出百间,甘熙曾在朝为官,深知法规,故对外宣称"九十九间半"。

甘熙故居始建于清嘉庆年间,俗称"九十九间半",与明孝陵、明城墙并称为南京市明清三大景观,具有极高的历史、科学和旅游价值,是南京现有面积最大,保存最完整的私人民宅。

传统的地方材料及气候条件使民居具有较统一的色调,即小青瓦屋面、白粉墙、棕红色广漆所形成的灰、白、棕三色的建筑主调,这种主调与江南的青山绿树共同组成淡雅、恬静、安宁、平和的色调,由于色彩的统一,结构的多变,民居造型既有一致性又有灵活性。

这节课老师要带着同学们探究"甘熙故居的主要组成部分"。你知道甘熙故居主要由哪些部分组成吗?(门厅、正厅、内厅、厨房、庭院、备弄)

这些组成部分各有什么特点呢?我们请一个小组来探究一个部分。

二、小组活动

小组自学书上的内容,交流搜集的资料,并填写表格。

三、小组汇报

1. 请第一小组的同学根据填写的表格和搜集的资料来为大家介绍甘熙故居的门厅。

门厅:在多进大院中第一进,并列的房间还包括过厅、门房、账房。

轿厅:在第二进,也有与门厅布置在一起的(如南捕厅15号一进),是供客人和主人上下轿的地方。

2. 请第二小组的同学根据填写的表格和搜集的资料来为大家介绍甘熙故居的正厅。

大厅:供接待宾客、婚丧大典之用,是住宅民居建筑群体中的主体,为了加大进深,突出建筑物的高度,大厅一般都采用抬梁结构,以显示主人的财富和地位,内部建筑构造精巧,装饰华贵。三开间,开间的宽度由中央向两侧递减,即中间较宽,大厅入口各间为通长落地扇门,可全部开启。大厅内壁设板壁(也称屏门),以避免视线直通内院,板壁上悬挂字画、对联、匾额,与室内的家具共同组成了大厅内丰富多彩的空间。大厅前后左右都是走廊,走廊还可以与侧面的备弄相连,这种布局使服务人员的往来行走不致干扰大厅中的活动。

3. 请第三小组的同学根据填写的表格和搜集的资料来为大家介绍甘熙故居的内厅。

内厅:设在第四、五进中,供主人及内眷生活、起居之用,内厅下层是家眷日常生活和进行家务劳动的场所,上层为卧室。第五进住着家族中最小的女性,故又称绣楼。

4. 请第四小组的同学根据填写的表格和搜集的资料来为大家介绍甘熙故居的厨房。

厨房:"君子远庖厨"这句话出自《礼记·玉藻》:"君子远庖厨,凡有血气之类弗身践也。"也就是说,凡有血气的东西都不要亲手去杀它们。问题是,后世有不少人曲解了"君子远庖厨"这句话里的合理内核,也就是那种"不忍"之心,而片面轻率地说君子应该远离厨房,以此作为自己偷懒不下厨房的借口。

"菽水妇人宜",出处不详,只知道是江苏名人甘熙故居厨房前的一副联,意思做饭操持家务女人很在行,体现了古代妇女的传统美德。

5. 请第五小组的同学根据填写的表格和搜集的资料来为大家介绍甘熙故居的庭院。

庭院:民居中的重要组成部分。功能上的需要,使空间环境产生极为丰富的变化,多进穿堂式从空间的虚实变化来看,实的是民居中的建筑物,虚的是向上开敞的庭院空间。

6. 请第六小组的同学根据填写的表格和搜集的资料来为大家介绍甘熙故居的备弄。

备弄:各落建筑间有一条宽约1米到1.5米的通道,又称甬道。它起到了消防通道的用途,如遇火势,人们可以从这条备弄穿行救火;另外,由于封建社会男尊女卑,长幼有序,主仆分明,不得越雷池半步。主人、贵宾走正厅大道,而备弄就是供女人、仆人行走的通道。从这儿可以看出封建社会对女性、劳动人民的歧视。

四、活动巩固

1. 师:同学们你们知道吗:甘熙故居有一个最大的特色就是天井特别多。为什么要建造那么多天井呢?它们有什么特殊的作用呢?让我们来看一看书本上的资料吧。

师:班级中有位同学他的家乡在安徽省,也有这样的天井,我们请他来介绍一下家乡的天井吧。(学生介绍自己家乡老宅的天井)

师:同学们你觉得天井有什么好处吗?

概括总结:天井是用来取光、取景、排水的地方。天井又可以叫做明堂,下雨天的时候雨水从天井流下又叫做四水归明堂。在徽州地区的天井就是一个倒置的"V"字,雨水流过屋檐流向院内,最终通过院内的地下道流向院外。四水归明堂就是外财归家,肥水不流外人田的寓意。徽州地区天井透露的是徽商理财的精明。天井不仅仅起到将自然光和新风引入室内的作用,但更深层次的意义在于营造共享空间的聚合氛围和室内小环境景观的优化作用。

2. 师:传统的石、木、砖雕细腻的装修技巧,使民居的建筑细部变化无穷,它们在建筑装饰艺术中独具一格,充分发挥了其在建筑上的实用价值和独特的审美作用。它们是古代劳动人民辉煌的劳动创造和勤劳的累积,为后人留下一份极其宝贵的文化遗产。那甘熙故居的精美雕饰和花纹都有什么背后的故事呢?请查找到资料的同学来说一说吧。

3. 欣赏与创作。

出示:甘熙故居建筑艺术的相关图片。

师:画下你眼中的甘熙故居吧。

五、知识拓展

师:民居是建筑中最早出现的类型,是中国建筑史上对民间居住建筑物的习惯称呼,作为住房的民居在人们的日常生活建筑中占有极为重要的位置。我国的民居建筑是千百年来劳动人民用自己勤劳智慧的双手,在适应与改造大自然的漫长岁月中创造出来的。由于我国幅员广阔,各地区的自然地理条件不同,56个民族风格与传统各异,生产和生活各具特色,建筑材料千差万别,使我国的民居建筑多姿多彩,富有创造性。

师:你还知道哪些关于民居建筑中的一些有特质的民居文化?(学生介绍)

举例:

"客家民居"

位置	闽西南和粤东北的崇山峻岭中
独特的作用	防备盗匪的骚扰和当地人的排挤
特殊的材料	在土中掺石灰,用糯米饭、鸡蛋清做黏合剂,以竹片、木条做筋骨
奇特的结构	大多为三至六层楼,一百至二百多间房屋如橘瓣状排列,布局均匀,宏伟壮观;土楼围成圆形的房屋均按八卦布局排列
文化特征	吉祥、幸福、安宁;和睦相处;勤俭持家;平等互助

客家民居的特点:

第一点,他们的房屋是"营垒式"的。

第二点,他们房屋的排列方式很特别,如橘瓣状排列,就是像橘子一样一瓣瓣地排列成一圈。

第三点,他们土楼围成的圆形房屋均按八卦布局排列。

第四点,他们在分配房屋上非常平等,不分贫富与贵贱,每家人都能平等地分到底层至高层各一间房。

师:无数的游人参观了客家民居之后,他们都说是天上掉下的飞碟,地上冒出的蘑菇一样神奇。

师:客家人如何用民居来反映出他们的地方文化特征,体现了哪些中华传统文化?

(勤俭持家、和睦相处、平等互助等)

师:和睦相处、勤俭持家,这也是中华民族传统美德在客家民居的体现。这么多人聚居,居然井然有序,毫不混乱。这也是客家先辈对文化的崇尚。正是这样的一种文化,造就了客家民居如此独特的风格。怪不得被誉为——"世界奇葩"。

六、活动总结

经维修专家发现,甘熙故居并非徽派建筑,也不是完全的苏式建筑,而是和南京本土的高淳、六合等地一样,有着南京自己的建筑风格,如门楼装饰较素,显得简朴大方,封火墙特别高大注重实用等,整个建筑反映了金陵大家士绅阶层的文化品位和伦理观念。

甘熙故居不仅有"青砖小瓦马头墙,回廊挂落花格窗"的江南特色,亦有北方常见的连接楼堂"跑马楼",这种南北建筑的交融,被中国著名的建筑大师吴良镛先生评价为"民俗瑰宝"。

学校:南京市府西街小学
校长:邵　凯
执笔:邵　凯　王燕燕

当3D打印机遇上课程，当虚拟设计转化为真实物品，激发起的仅仅是学生的学习热情吗？

"3D实验课程"

一、内涵

3D实验课程是指将3D打印与学科、特色活动、生活进行整合，激发学生创意，培养儿童立体思维能力，自主合作学习能力。

3D实验课程的设计与研发是学校探索"信息技术与教学融合创新"过程、教师信息技术应用能力提升过程、学生数字化学习能力提升过程的统一，是一个连续、螺旋式前进的动态过程。

二、背景

（一）时代性——"小班3D"教育的问题提出

1. 3D，迎着教育走来

3D打印实际上是利用光固化和纸层叠等技术的最新快速成型装置。随着3D打印的飞机、人造肝脏组织、金属手枪的相继出现，3D打印技术如春风迎面扑来，不仅实实在在摆在我们面前，而且已经渗透进我们的生活。国家主席习近平发表了重要讲话：这个技术很重要，要抓紧产业化；美国总统奥巴马说：3D打印将推动第三次工业革命。作为学校，理应跟上时代的脚步，走在科技的前沿，用3D技术引领科学教育，引领教育改革。

2. 3D，小班宽阔平台

涌动着灿烂生命的小班化教育使学生的自主性、创造性得到充分的张扬。学校把小班化教育和信息技术教育结合起来进行教育改革实验，借助最新的"3D打印技术"的出现，开创最新教育，用"3D打印技术"引领"小班e学习特色"发展，于是，"小班3D"教育应运而生，吸引了全国媒体及教育同行们的广泛关注和学习，创造了"小班3D"教育特色。

（二）先进性——"小班3D"教育的价值追求

3D打印新技术与教育是怎样的关系呢？显然，技术应该服务于教育。只有教育与技术与时俱进，教育才能有所突破，技术才能不断革新。

1. "3D"打印技术可以极大地调动学习兴趣

3D打印机走进课堂，创新了学生的思维通道，极大地调动了学生的学习兴趣。学生可以在电脑面前完成设计，然后通过3D打印机完成制作，将电脑里的虚拟物品转化成现实中的真实物品，使观察、研究更加直观、积极、方便。学生从观察中不仅可以吸取知识，而且使知识在观察时活跃起来，有意识地寻找各种特征、各种联系，特别是寻找问题与已有知识之间具有启发性的联系和关系,发展了智力水平。学生切实地参与到教学的各个环节,既是问题的提出者,也是问题的解决者,从而在课堂上获得的主体体验更加真实,而老师更像是他们的合作者,跟学生在探究的过程中一起成长。这样的教育不正是培养学生的创新精神、实践能力吗?

2."3D"打印技术可以改变学生的学习方式

"3D"打印技术可以给学生的"学习方式"带来新的思考。一是多角度思考问题。"3D"打印技术是从平面思维到立体思维,在三维的设计打印中,学生的空间想象能力得到发展。久而久之,根据一定的目的,学生主动且有意识地将思维和注意从一个角度迁移到另一个角度,或者从一个活动联想到另一个活动上去。存疑解惑,避免纠缠不清地走老路,撞死胡同,实践从不同角度探求解决问题的方法,多种途径解决问题,从而得到多元化的发展。二是激发了学生的创意。"没有任何一个创造性行为"能够离开直觉活动。"3D"打印技术走进了生活,走进了课堂。在实践的过程当中,我们发现孩子能够自己学习简单的建模软件,同时设计自己赋予创新的3D打印作品,使想象变成了现实,启发了学生的创新思维,也开阔了他们的思维通道,为学生提供了一种全新的绿色学习通道。学生在"3D"打印技术的指引下,思维空间更加广阔,创新创造就会层出不穷。三是自主合作学习能力。"3D"打印技术的教育在倡导学生主动探究学习、自主反思评价的同时,还更多地采用合作学习的形式,注重师生互动、生生互动,在互帮互学的过程中,自主学习能力不断提高,学习更为有用有效。同时也进一步养成合作的习惯,形成合作的技能,为将来走上社会良好地适应团队合作打下基础,以实现"发现每一个,发展每一个,幸福每一个"的小班教育理想。四是在做中学习。"3D"打印技术教育通过师生、生生独立构思到建立模型再到打印成品,就是动手动脑做的教育,学生的想法变成现实,激发了创意思维,锻炼了动手能力。学生在做中学习,使学习更加直接和有效。

3."3D"打印技术可以改进学生的学习路径

多元的时代,多元的发展,使得教育必须有多元的学生观。小班化教育正确对待学生的个别差异,"3D"打印技术为学生的适性发展、最优发展提供了多样化的学习路径。将来,学生可以根据自己的需要打印各类产品。如:喜欢设计的学生可以用它打印出自己设计的原型产品。喜欢建筑的学生可以用它方便地打印出自己设计的建筑实体模型。喜欢历史的学生可以用它来复制有考古意义的物品,方便进一步的观察。喜欢平面设计的学生可以用它来制作"3D"版本的艺术品。喜欢地理的学生可以用它来绘制真实的地势图、人口分布图。喜欢食品加工的学生可以用它设计食物的产品造型。喜欢车辆工程的学生可以打印各种各样的实体汽车部件,便于测试。喜欢化学的学生可以把分子模型打印出来观察。喜欢生物的学生可以打印出细胞、病毒、器官和其他重要的生物样本。喜欢数学的学生可以将他们的"问题"比如立体几何打印出来,并在他们自己的学习空间中寻找答案。"3D"打印技术可以改善我们的学习和生活,推动社会的快速发展。3D打印给学生插上了飞翔的翅膀。

三、操作

在我国,目前3D打印的课程还主要设置在大学,中小学教育中引入这门课程还处在探索阶段。马府街小学率先把"3D"打印技术教育引进校园,引进课堂,而且还把"3D"打印技术教育与"小班化教育"有机结合起来,实现了教育的创新,形成了马小特色。

（一）实验之一：3D与学科教学整合

学校，以教学为中心；教学，以课堂为阵地。3D技术可以改变学生的"学习方式"，3D如果与学科教学整合，教与学会有什么变化呢？所以，3D技术必须走进小班课堂。

在数学课上培养学生空间想象能力，设计打印几何体，更直观地去了解空间几何各元素之间的关系；在语文课上充分运用3D建模软件建立"兵马俑三维模型"并插入到白板课件中，让学生能够自己动手360度观察兵马俑的形态；信息课上，学生通过学习到的简单3D建模知识，可以简便快速地打印出自己设计的创意实体模型；科学课上，学生可以用它来复制有考古意义的物品，比如远古时代恐龙的化石骨骼，方便进一步的观察研究；综劳课上，学生可以把自己的手工制品利用3D建模软件打印出原型产品进行测试、研究与探索；美术课上，学生可以将平面设计的作品或不易保存的创作，制作成三维立体的艺术品，如版画的制作和泥土作品的制作；音乐课上，学生们利用3D打印机，制作了自己喜欢的音符，老师还制作了一些有趣的乐器，并亲自演奏，让音乐课更加生动活泼。

在这些课堂上，学生获得的主体体验更加真实、直观。他们切实地参与到教学的各个环节，既是问题的提出者，也是问题的解决者，而老师更是他们的合作者，跟学生在探究的过程中一起成长。可以想象，这样的教育不正好能培养学生的创新精神、提高学生的实践能力吗？

（二）实验之二：3D与特色活动整合

在以信息学科教学普及3D打印技术，与各学科进行整合的前提下，学校又思考将3D与学校的各特色活动整合，以丰富学生的课余活动，更好地促进学生的充分全面发展。这成为了学校系统开展3D研究的第二个重要环节。

一是校本航模特色主题研究。学生运用3D打印技术设计不同大小和不同角度的螺旋桨及不同的机翼骨架，研究对飞行的影响，从而利用3D打印机，打印出适合长度和角度的四轴飞行器支架和螺旋桨。

二是成立"3D打印创意体验馆"。学校成立了"3D打印创意体验馆"，学生自主报名，走进神奇的3D世界，领略从思考到设计，从设计到实物的打印、探究、体验过程。

三是"3D打印青奥中国馆"。在2014青奥会的青奥村里，学校的3D创意打印小屋，与国际奥委会主席巴赫、我国著名运动员姚明和刘翔等来自世界各地的领队和运动员们进行了精彩的3D打印创意互动交流活动。以展示3D打印在培养学生创新、多元、动手、动脑思维中，正在创造更多的奇迹，给我们带来更多的变化。

四是市区"3D打印展演活动日"。学校开展了"3D打印与学生创新性思维"以及"让思维可见，让创意有形"的市区"3D打印技术与创新性思维培养的应用研究"活动。开阔了全校师生的视野，引领孩子们走向了一个更加广阔的创新天地。

（三）实验之三：3D与生活创意整合

通过校本航模特色的研究技能迁移，师生们逐渐将3D打印技术转入生活实际运用中。国外有"学校·工厂"，学校也领衔成立了"秦淮区3D打印数字坊"研究平台，研究、设计并打印出许多日常生活作品。万圣节的化妆面具、花盆、台灯、笔筒等都是师生们的创意。六年级学生林可玥说："可以自己做出自己喜欢的东西，做一个相框，可以把自己最喜欢的照片放进去，很符合自己的style（风格）。"学生雷迪说："以前自己有好多想法，只能通过纸和笔画出来，或者说出来，现在可以制作出来啦。"王宏瑶说："我特别想做一个花瓶，因为在外面买的那种花瓶要么太大要么太小,装不好那种花,我要自己做一个。"

3D打印对中小学生的影响在于,有这样的一个探索和思维的过程,开辟了一种全新的思维通道。

马府街小学"小班3D"教育特色基本形成,而"小班3D"中,"3D打印技术"和"小班化教育"的特征更加鲜明。学校正逐步形成"小班3D"教育的技术课程、思维课程、创意课程,从3D技术,到3D教学,再到3D教育,以逐步形成"小班3D"教育的马小文化。

四、案例

3D打印与建模《制作小椅子》案例

运用现代化多媒体手段进行教学,已是中小学教育教学常用的一种教学方法,本节课研究的案例是让小学生运用3D打印建模软件,建造自己的创意作品。教授对象是六年级学生,对于学生来说,3D打印课程是一门新的课程,他们在前面的课程中对"草图大师"软件已经有了简单的认识,但操作还不够熟悉,特别是"物体建立组",所以在教学中教师要积极引导学生进行自主动手练习。在学习中,教师要积极围绕3D打印主题,激发学生的学习兴趣,老师耐心细致讲解每一步操作过程,学生积极完成教师布置的任务。考虑到学生的学习差异性,本课设计了分层教学,在教学中注重学生的差异性教学,使全体学生都能有所收获。

设计一:激发学生创意

【聚焦课堂】

出示打印好的作品(翼龙骨架、鲨鱼、花瓶、鸟笼等)

师:提问学生你们喜欢这些作品吗?你们知道这些作品是怎样制作出来的吗?

生:这些作品是用3D打印机打印出来的。

师:同学们讲的很对,这些作品是用3D打印机打印出来的,现在网络上很流行一个词叫做"创客",同学们知道"创客"是什么意思吗?

生:创客可能就是自己创造设计物体。

师:对了,"创客"就是利用3D打印机把自己创意设计的作品打印出来的人。同学们想做"创客"吗?

3D打印机对我们同学学习来说有什么作用呢?

师:对了,3D打印机可以把我们的创意变为现实,3D打印机还可以激发我们同学的创造力,并且还可以解决生活中的许多困难。

同学们既然想做"创客"想打印自己的创意作品,那我们首先要学习3D建模软件,通过建模软件制作自己的创意作品才能打印出来,今天老师找了一个简单的3D建模软件,叫做《草图大师SKETCHUP》,我们今天首先来学习如何制作《小椅子》。

出示小椅子的模型。提问学生:大家想打印出自己制作的小椅子吗?

【透视实效】

通过新课的导入部分,激发学生的学习兴趣。本课以任务驱动方式进行分层教学,在教学实施过程中,采用分层教学原则,让全体学生都参与到教学全过程。本课以使用"草图大师"软件制作小椅子为主线进行教学。引入部分给学生们欣赏3D打印的作品,以激发学生创意。之后,分步讲解软件的使用方法,然后布置任务:利用矩形工具、推拉工具、移动工具、环绕工具、平移工具制作出小椅子。

设计二：分层教学

【聚焦课堂】

教学中体现分层教学，基础好的学生可以制作自己创意的小椅子，基础差的学生可以学习老师制作的小椅子，充分体现了学生的差异性与主体性，让好的学生在能力上得以进一步的提高，基础较弱的学生完成基本操作，学生基本上都能顺利完成任务，基础较弱的学生也能在同学与老师的帮助下逐步完成任务。

教学过程：

1. 打开"草图大师"选择"毫米"模板，选择"放大镜"和"平移"工具，把"三轴座标"调节至屏幕中间合适位置。

2. 首先制作小椅子的椅腿部分，选择"矩形"工具，以三轴中心点为基点，在绿轴或红轴上拖拉出一个矩形，然后选择"推拉"工具点击矩形，按住鼠标左键向上拉动形成一个椅腿，再使用"推拉"工具在椅腿的侧面进行推拉，以调整合适的椅腿粗细。

3. 点击"选择"工具，按住鼠标左键，框选全部"椅腿"，观察"椅腿"是否全部变蓝色，以表示全部被选中。

4. 鼠标放在蓝色"椅腿"上单击鼠标右键，出现下拉菜单，选择"创建组"。

5. 制作另三条椅腿：点击左上角"编辑"菜单中的"复制"菜单，再点击"粘贴"菜单，以复制出另三条椅腿。学生分组练习，并汇报练习结果，教师巡视，帮助有困难的学生。

6. 制作椅面部分：选择"环绕"观察工具，调整至上俯视角度，再点击"矩形"工具，选择一个椅腿的一个角为起点，按住鼠标左键拉出一个矩形。

7. 选择"推拉"工具，把鼠标放置在刚才建立的那个矩形上，并按住鼠标左键向上拉出一个椅面的厚度。并选择全部椅面，点击鼠标右键出现下拉菜单"创建组"。

8. 椅面与四个椅腿的对齐：首先用"选择"工具，点击需要移动的椅腿，再点击"移动"工具，点击椅腿的一个外侧角（屏幕会显示"端点"），按住鼠标左键把椅腿移动至椅面对应的一个外侧角，在此期间还需要选择"环绕观察"工具来调整视角，以便对齐椅腿。

9. 椅背的建立：运用前面制作椅腿的方法（参照步骤2），制作四个立方体建成椅背，并利用"移动"工具把四个立方体排列整齐建成椅背。

10. 利用"矩形"工具，在椅背的一个立方体的一个端点，拉出一个矩形，利用"推拉"工具，向上拉出一个椅背横梁，全部椅子制作完成。

11. 椅子材质颜色的填充：选择上部菜单栏"窗口"下拉菜单中的"材质"，选择合适的材质颜色对椅子进行上色。

（说明：模型上色后的颜色只有在全彩3D打印机上可以打印出一样颜色的模型，普通桌面3D打印机暂时不可完成彩色材料的打印，只可以打印单色模型。）

学生分组练习，并汇报练习结果，教师巡视，帮助有困难的学生。

展示学生作品，让学生说一说今天我们学习了哪些工具来制作小椅子。

教师出示：矩形工具、推拉工具、移动工具。

提问学生：在制作小椅子时要注意些什么？

（每创建一个物体要创建组）（对齐时应该移动物体的端点）

提问学生：如果有一个步骤做错了应该怎么办呢？

CTRL+Z(恢复上一步骤)

【透视实效】

通过分层教学,学生掌握了草图大师软件的运用,如矩形工具、推拉工具、移动工具、环绕工具、平移工具、撤销工具的运用。深入了解教学难点中物体组的建立,组与组之间的对齐方式。部分学生还建造了自己的创意小椅子作品。

一、3D实验课程可以激发学生的学习兴趣,把被动接受转化为主动性探究。

兴趣发展分为三个阶段:有趣、乐趣、志趣。分别为好奇心、求知欲、中心兴趣。就像许多新课的导入部分,都会出示一些学生感兴趣的课件或物体,目的也就是为了提高学生的学习兴趣,学生有了兴趣,再通过3D打印出实体,在课堂上学生获得的主体体验更加真实、直观。他们切实地参与到教学的各个环节,既是问题的提出者,也是问题的解决者。而老师更像是他们的合作者,跟学生在探究的过程中一起成长。可以想象,这样的教育不正好能培养学生的创新精神、提高学生的实践能力吗?

二、3D实验课程开辟了学生的立体思维。

3D打印对小学生的影响更在于,引导孩子发现问题、学会问题、解决问题,学生有这样的一个探索和思维的过程,学生有了这个想法、有了这个过程,再到这个结果,对于学生来说,开辟了一种全新的思维通道。并且给学生的"学习方式"带来新的思考,让抽象的教学概念,更加容易理解,可以激发学生对科学、数学尤其是工程和设计创意的兴趣。实践与理论,知识与思维,现实与未来三方面相结合。

学校:南京市马府街小学
校长:潘林静
执笔:潘林静
案例提供:丁 焱

教学篇

导语：小班化教学的特质

南京市小班化教学实践研究经历了以下三个阶段：

一是理性探索与实践探索阶段。在这一阶段中，我们厘清了小班化教育实质，提出了"面向每一个，关注每一个，发展每一个"的价值追求。

二是专业的切入与模式建构阶段。通过这样的切入与建构，符合小班化教学实践的制度规范体系逐步形成，并进一步阐明了小班化教学的特质，即自主性，把学习的权利还给学生；人文性，珍视学生的独特感受；开放性，实现多元互动，形成动态课堂；个别性，切合学生差异的教学。

三是模式推广、推进阶段。做到了"入模"有模有样，"铸模"有声有色，"出模"有章有法。着力推出的"大单元整合""四色学习单""组元教学""追问课堂""合作启学"等引领着学校开展创新实践。在"十二五"期间，我们在教育哲学层面以"幸福每一个"为核心价值取向，践行南京小班化教学本土主张。围绕"幸福每一个"的核心理念，推动区域小班化教学发展中各层面主体协调互促、共同发展的实践模式。

实践中我们逐渐明晰：教育就是发现每一个学生个体的特点，关注每一个学生个体的发展，为个体学生提供教育支持。而提供教育支持的核心是课堂变革。我们以追问的姿态直面问题——我们真正做到以学定教了吗？解决教与学两张皮的问题了吗？我们真正以生为本了吗？践行从认识到实践的统一了吗？

我们关注课堂、诊断课堂——在早期的小班课堂中存在着这样三个不足：一是以教为主（很多学生可以解决的任务、经历的过程，教师在替代）；二是有形缺神（小组合作学习有形少质，合作学习的设计、安排、学生状态、反馈等粗放而低效）。继而，我们改进课堂——提出学校课堂教学改革必须从儿童出发，积极建构以学生活动为主的课堂，体现"以学定教、先学后教、以学为主"。于是，就这样从教与学的方式的变革开始，提出了以"为学而设计，为学而教"为主旨开展系列的研究，从关注教到关注学，关注每个学生独特的学习方式，满足学生不同学习需要，使不同水平的学生各有发展。

研究的思想在学校生根开花。我们欣喜地看到：课堂教学环节的设计和组织从"备教材"转到"备学生"上；采取分层设计、单独辅导、作业面批等形式，帮助每一个学生积极投入学习；教学组织更加灵活，每一个学生真正成为学习的主体。

这些研究催生了课堂之变：教学思维之变——变"要我学，先教后学"为"我想问，先学后导"；教学内涵之变——变"单一讲授为主"为"多元活动为主"；组织形式之变——变"关注群体"为"既关注群体又关注个体"。

小班化教学的几个特质越来越明显。

特质之一：以学习者为中心

杜威说过：孩子们如果不参与目标、内容的设计，学习就不会自主。当孩子们需要学习的时候，学得就会主动，学习就会成为一件快乐的事情。最好的教学，应当是由教师和学生共同担任教学的组织者和促进者。于是，我们将关注的目光聚焦到了"以学生为主"的策略研究中。既有基础性策略方面的，"先学后教策略""合作学习策略""e学习策略"，又有基于校本实践经验的策略，如"按需乐学""展学每一个""个性化理学"和"伙伴助学"等。

特质之二：高品质的小组学习

小组学习是小班化之常见形态。正是通过小组学习，实现了既关注"每一个"，又关注"这一个"。南京小班化教学小组学习，从"形"走向"神"；从"浅"走向"深"；逐步实现高品质的小组学习，让每一个童年都在小组中绽放精彩。

在实施小班化教学中，不断有力量在支持着我们。这力量来自于对儿童心智的科学认识与把握，是顺应规律的教育，在于"真"；这种力量来自于"无限相信孩子"的教育信念，是合乎道德的教育，在于"善"；这种力量还来自于直抵心灵的言说，来自于如沐春风的熏陶，是艺术化了的教育，在于"美"。我们真切地感受到了小班化课堂教学带给我们的转变。

特质之三：多元化的活动教学

让课堂"动"起来，让每一个师生"动"起来。用"活动"的方式教，用"活动"的方式学。多样化的活动方式，多层面的活动体验，多信息的活动内容，多形态的活动平台，多方位的活动视角，多任务的活动选择。在"活动"中感受、体验、领悟、建构。

物质之四：个别化的学习支持

你需要学习的支持吗？时时、处处、人人，都可以得到学习的支持，信息的支持，方法的支持，心力的支持，无一不可。南京的小班化教学，就是对"每一个"学生以适性支持的教学。南京的小班化教学，正走向建构区域性、校本性、班本性、生本性的学习目标系统。

（南京市青云巷小学　刘　敏）

南京市初中数学小班化课堂教学评价表(试行稿)

学校		班级		授课教师		日期	
课题						课型	

评价重点	评价内容	评分 A	B	C	D	得分
教学目标设定(15)	教学目标能够体现课程标准的要求,定位准确	5	4	3	2	
	教学目标表述清晰、完整、可测	5	4	3	2	
	教学目标符合学生认知现状和规律,满足不同层次学生数学学习的需要	5	4	3	2	
教师教学指导(30)	教学内容安排适合学生数学发展水平,重难点突出,容量恰当,讲解精当	10	8	6	4	
	善于整合运用多元教学资源,问题情境设置合理有效,建构活动体现数学化的本质,过程设计精致,富有智慧	10	8	6	4	
	灵活运用多种方法和手段开展学法指导,根据不同数学内容的学习特点和学生差异,开展分层、分类施教,结合巡视进行个别指导	10	8	6	4	
学生学习效果(40)	学生学习兴趣浓厚,课堂学习活动参与率高,数学思维和品质发展良好	10	8	6	4	
	学生经历有意义的数学自主学习过程,自主学习能力得以发展,学习习惯良好	10	8	6	4	
	学生能够基于教师的预设,主动提问、思考、交流、建构,课堂生成有价值	10	8	6	4	
	教学反馈迅速、多样、有效,不同层次学生获得相应提高,教学目标达成率高	10	8	6	4	
课堂文化形态(15)	师生、生生合作交流平等,有充足的时间和空间进行有价值的讨论与交流	5	4	3	2	
	积极维持和激发学生学习热情,学生敢于提出问题、发表见解,利于学生个性发展	5	4	3	2	
	师生关系民主和谐,有足够的热心和耐心帮助学困生建立学习自信心,善于捕捉合适的时机激励评价学生,能给学生创设二次评价的机会	5	4	3	2	
总分						

听课人简要评价:

听课人:

(表格提供 南京市教学研究室 王红兵)

小组学习是小班化核心的教学组织形式,如何在小组学习的过程中做到个别、适性、多元呢?请看——

四色学习单

一、内涵

"四色学习单",顾名思义,是以四种颜色为标识,体现学习差异的一种个性化学习单。四色可以由"红、黄、蓝+绿色"组成,其中红、黄、蓝作为三原色,寓意不同孩子的不同本色和天性,绿色作为原色的生成色,寓意学生在学习合作过程中的交融与变化,同时体现教育应当绿色、可持续生长的理念。

二、背景

理想中的小班课堂,"每一个"学习时间应该更充足,学习气氛应该更浓烈,而现实中,老师们常常考虑的,往往不是每一个"是怎样学"或"会怎样学"。学生在教师的"控制"之下接受种种统一的要求和指令,"被学习"与"一刀切"所带来的结果就是疏于思考、拒绝创造,学习的快乐离学生远去。课堂教学是实施素质教育的主阵地,课堂教学的难点,在于如何面对一个由个体差异悬殊的学生组成的群体,也就是教师的"教"如何适应不同个性学生的学。学生的差异不只是反映在少数特殊学生身上,对于多数普通能力的学生也存在照顾差异的问题。一个班上,没有学习能力完全相同的两个学生,即使两个学生在语文上学习成绩相同,其学习能力也不一定相同,有的可能是基础扎实,有的可能是阅读能力好,至于学习方法、习惯等就会有更大差异。这就要求我们在教学中研究适应学生个性差异的小班化课堂教学,"四色学习单"应运而生。

三、操作

在课堂教学过程中,学生通常以小组合作为主要形式,每组一般四人,每个学生都可以选择一种颜色的学习单进行个别化学习或者组内合作学习。四种不同的颜色既关注了学生学习内容、方式、能力、兴趣等方面的差异,又体现了老师实施个别化教育的过程。四种颜色可以代表小组中的学习成员,可以代表不同的学习问题,也可以呈现不同的交流方式。我们认为:四色学习单是用四种颜色鲜明标示的,四色学习单可以代表不同的学习角色,四色学习单可以分成不同的学习内容,四色学习单体现老师实施个别化教学……

从学习的过程来看,有四色预习单(图一)、四色交流单(图二)、四色练习单(图三)、四色合作单(图四)、四色拓展单(图五)、四色作业单(图六);从设计的对象来看,有教师设计的服务于教学的学习单,有学生设计的用于自主学习和合作学习的学习单。从使用的形式来看,有差异化任务明确的小组合作单,有指向性清楚的个别学习单,有自主选择的"超市式"学习单,有要求清晰的"阶梯式"学习单。

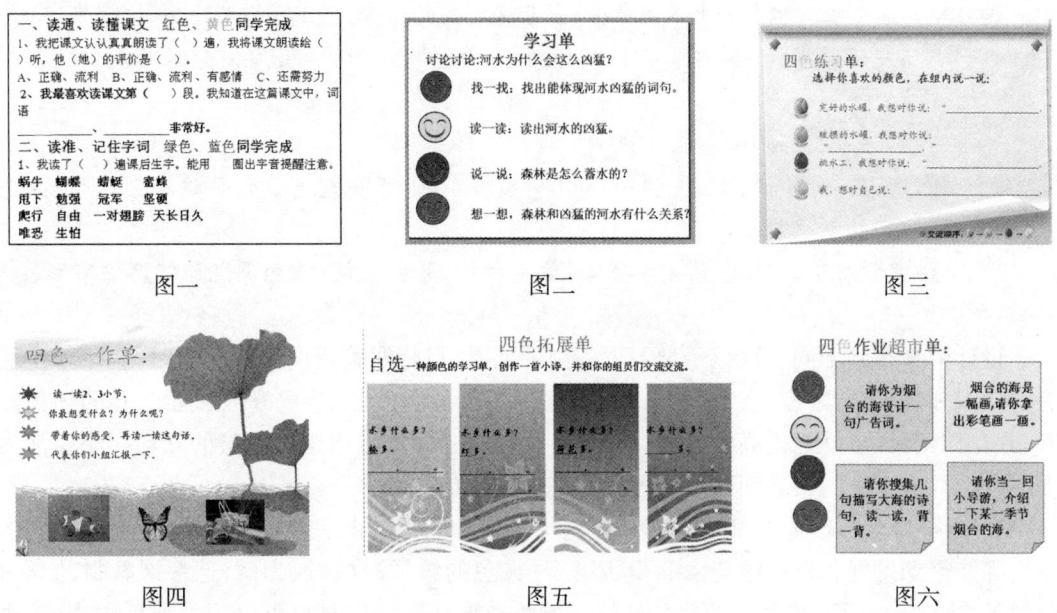

图一　　　　　　　　　图二　　　　　　　　　图三

图四　　　　　　　　　图五　　　　　　　　　图六

当然四色学习单还可以按学习内容分"四色"板块;按学习能力分"四色"层次;按学习任务分"四色"要求;按学习方式分"四色"操作;按学习交互分"四色"角色……从运用范围来看,有运用于国家课程教材教学中的,也有运用于校本课程中的。

那么,四色学习单该如何设计与运作呢？如何为"每一个的全面发展"来服务呢？老师们围绕:"四色学习单研究什么"、"怎样合理设计四色学习单"、"怎样有效地使用四色学习单"等一系列问题进行课堂研究,总结编制了《四色学习单使用规程》,提出了四色学习单设计运用的要素:

1. 要符合课程标准,符合学科特点,符合教学规律。优化的"四色学习单",要求教师能根据课型和教材特点设计教学过程;各个教学板块和"四色学习单"安排逻辑性要强,符合学生学习的认知规律,具有层次性和条理性;时间安排应恰当,保证学生有足够的读写时间、独立思考时间和合作交流时间。

2. 要充分了解学生,尊重学生差异,从学生认知实际出发。学生是一个独立的生命个体,他们在性格、兴趣、能力等方面有个性差异。这种差异在一定的条件下,受到家庭、学校、社会环境的影响,并且表现在各个方面。教师在设计"四色学习单"前,一定要先对学生进行分析,从学生的实际出发,关注学生独特的个性差异,尤其是学习能力、学习动机、学习兴趣及学习自制性等方面,要多角度、多方位设计,力求实施有差异的教学,有差异的教育,促进学生有差异的发展。

3. 要体现明确的目标性,目标指向多元,对教学重难点具有突破作用。教师在设计"四色学习单"时应从细处着眼,将课程标准上的大而含糊的教学要求细化成分段目标。如苏教版国标本小学语文二年级上册《识字8》教学片断:

回顾旧知，指导自学

师：刚才同学们已经认识"包"这个生字了。在生活中经常见到。这节课，我们还要学习在包这个基本字上加上不同偏旁（出示课文里的偏旁）组成的一些生字。（形声字）

小朋友还记得吗，在学识字4时，我们就学过一组形声字，用偏旁帮助我们理解字义的。

回顾：苗描　瞄喵　猫锚

师：现在，同学们自己去读一读识字8的字词，想一想怎么记住这组字的读音，怎么分清他们的意思。

（四色学习单）：红色读生字字音，黄色评价，蓝色组词，绿色说说如何记住字形。

设计中考虑到不同层次孩子学习力的高低问题，目标明确指向生字的学习，利用学生已有的知识和经验，从字音、字形、字义几个方面，让孩子通过分工，更好地加强已有的知识经验，并互相交流，更好地提高学习力，提高学习效率，并且加强小组内成员的互动。小组活动促使音、形、义三个因素之间联系的形成，有效地达成了目标。

4. 要符合全纳教育要求，既面向全体，更关注每一个，学习任务体现层次性，使不同的学生都能得到发展。以小学美术苏少版第十册《鱼的纹样》这一课为例，这一课教材的学习建议是：用点、线、面、黑、白、灰等的装饰元素将鱼变成一种纹样。可以用一种色去表现，也可以用多种色表现。这是一个总的教学目标，要达到这一最终目标，是需要过程的，这个过程就给教学设计提供了一个阶梯式的设计平台。

色彩阶梯	教学目标阶梯式设计	学习过程目标阶梯式设计
红色	欣赏感受鱼纹样的装饰美感	感受：通过欣赏对比真正的鱼与古今中外各种装饰纹样鱼的图片，分辨装饰纹样的鱼与真正鱼的联系与区别，了解什么是鱼的装饰纹样。感受纹样的美感与装饰运用
黄色	分析了解鱼的外形设计方法，尝试模仿夸张、简约、变形等设计方法设计外形	体验操作：从外形设计开始，仿照提供的鱼的纹样图片素材，进行方法的模仿尝试，选择一种自己喜欢的方法，或几种方法结合一条真鱼的外形进行装饰鱼的外形的设计（教师提供不同外形真鱼的图片和纹样鱼的图片）
蓝色	分析了解与身体部分纹样的设计方法：点、线、面	尝试操作：小组讨论如何运用点、线、面、装饰；哪些部分可以要装饰；怎么装饰；通过小组讨论得以互相补充、学习，然后开始设计，在原先的外形上直接用色彩进行点、线、面的装饰
绿色	用点、线、面、黑、白、灰等的装饰元素将鱼变成一种纹样。可以用一种色去表现，也可以用多种色表现	设计创作运用：能运用设计原理创作设计出不同外形，不同点、线、面组合的鱼的纹样，并能用于装饰现实生活

阶梯式设计是整个教学过程中，教学目标和学习目标的一个阶梯式的设计对照，可以看出，教与学同样需要循序渐进，是一个相互呼应的过程。这个过程的阶梯式设计，一是为了培养学生的独立探索精神，老师留出自由思考的时间；二是给学生提供研究机会，这也是提供学生民主学习的空间。教学中教的过程，让学生充分体验课堂上学的过程，在小学高年级

的儿童创作画教学中充分体现了培养学生创造力思维形成的过程。

5. 要清晰、明确、简洁地叙述学习任务，任务便于操作。以数学国标苏教版五下第八单元第 86～87 页《奇妙的图形密铺》的实践和探索为例，课中引入了小组合作学习的模式，设计了这样一张四色探究单。

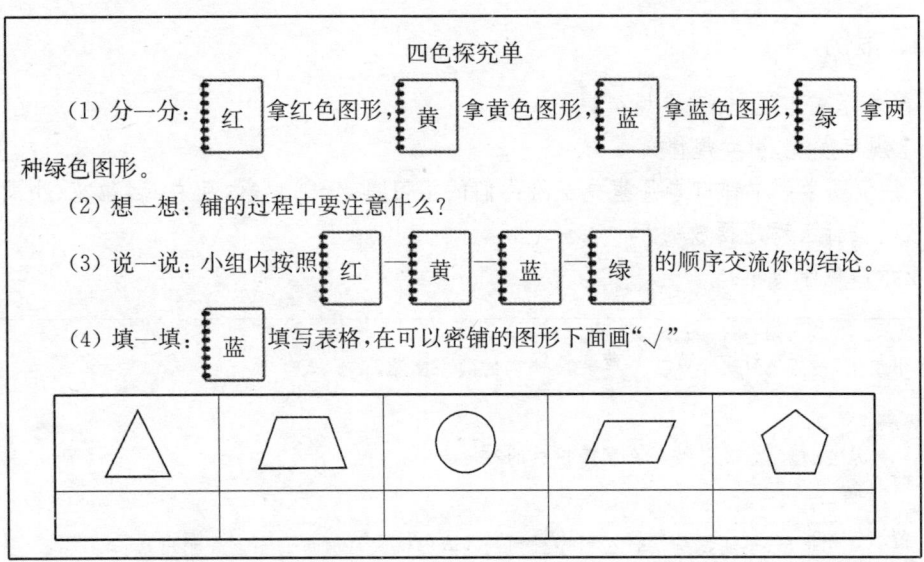

"四色学习单"在呈现时用了简短的文字、明晰的图片、清爽的表格来表述，让学生拿到学习单后，能快速浏览并迅速明确合作要求、操作步骤及学习任务，避免冗长的叙述引起学生的阅读障碍，引发学生畏难情绪。

6. 要体现多维互动，形成有效的交流反馈机制，提供学生表达的机会与表现的平台。有更多的互动机会是使用"四色学习单"教学的一大优势，在设计和实施中要尽量地放大这一优势，使教学更有效，使学生得到各方面能力的培养。如苏教版国标本小学语文一年级上册《ai ei ui》教学片断：

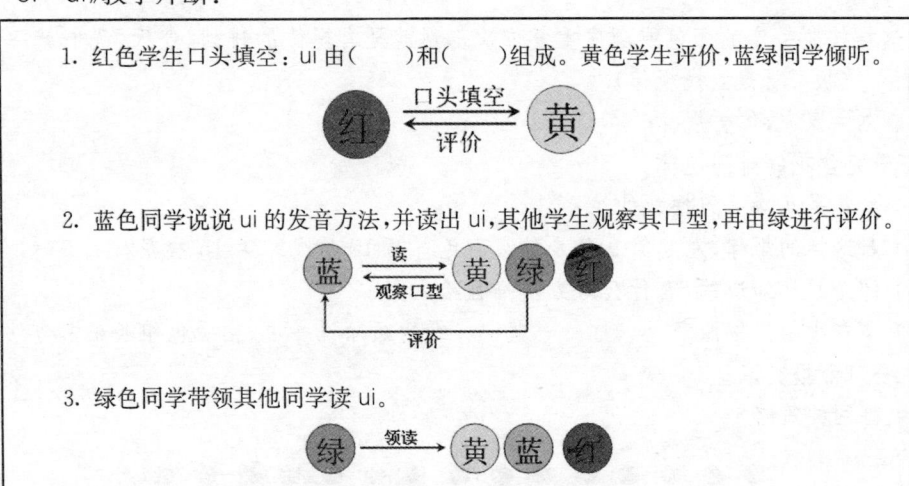

教师教过 ai, ei 的学习方法后,组织学生小组合作自学 ui,设计了这样一张促使学生有效互动学习的互动式四色学习单。通过不同层次学生之间的各种不同形式的互动,学生牢牢地掌握了所学内容。这张"四色学习单"的使用,使学习变得更加有效,又使学生倾听的习惯和合作能力得到了更好的培养。

四、案例

小学数学五年级上册《找规律》
一、观察发现,引发规律
1. 每位同学手中都有老师事先发给你们的学习单,仔细观察,从左起,盆花、小朋友、彩灯、彩旗是按什么顺序摆放的?

(出示四色学习单)

在小组里,按照  的顺序交流。

 从左边起,盆花是按什么顺序摆放的?

 从左边起,小朋友是按什么顺序排列的?请你试试用简单的图例表示出来。

 从左边起,彩灯是按什么顺序摆放的?左起第17盏彩灯是什么颜色的?你是怎么想的?

 从左边起,彩旗是按什么顺序排列的?左起第76面彩旗是什么颜色的?第100面呢?有什么好方法推荐给大家。

2. 揭题。

像这样按照一定的颜色或顺序重复依次出现就是有规律的排列,今天,我们就一起来研究找规律。(板书课题:找规律)

二、自主探究,体会规律

1. 研究盆花的排列规律。

(1) 盆花是几盆一组摆放的?

(2) 照这样的规律,左起第9盆是什么颜色?第10盆呢?第15盆呢?

(3) 你是怎么知道的,有什么好方法推荐给大家?

(4) 请在小组里按照黄——红——蓝——绿的顺序说一说,由绿色组长汇总方法。

2. 全班汇报交流。

(1) 画图的策略

● ● ● ● ● ● ● ● ● ● ● ●
蓝 红 蓝 红 蓝 红 蓝 红 蓝 红 蓝 红

(2) 列举的策略

左起,第1、3、5……盆都是蓝花,第2、4、6……盆都是红花。第15盆是蓝花。

小结:奇数都是蓝花,偶数都是红花。

问:第95盆呢?100盆?

(3) 计算的策略

把每2盆花看作一组,15÷2＝7(组)……1(盆),第15盆是蓝花。

教师提问:为什么把2盆花看作一组?算式中的每个数各是什么意思?根据余数是1为什么可以确定第15盆是蓝花呢?

学生一边说,教师一边结合前面学生画的图解释:

强调:第15盆花的颜色和每组中的第几盆花相同?

3. 同学们想出了很多的方法解决问题,比较一下,你最喜欢哪种方法?

三、独立尝试,逐步优化解题方法

1. 出示"试一试"第1题(彩灯图),学生尝试解答。

"左起第17盏彩灯是什么颜色的?"

(1) 在作业本上练一练。

(2) 在小组内交流自己的想法,比比谁的方法更简便。

(3) 比较这几种方法,说说感想。

如果有学生没有意识到计算的方法简捷性,可以提出第76盏、第100盏彩灯是什么颜色的问题,加以引导,逐步体会。

2. 出示"试一试"第2题(彩旗图),学生"你来提问我来答"。

发现、强调:余数与红旗黄旗的对应关系。问:余数是几时是红旗?黄旗呢?

3. 课堂小结:

(1) 在计算前最关键是找准什么?

(2) 列式的结果,余数是几,物体的颜色就和每组中第几个颜色颜色相同;如果没有余数,就和最后一个颜色相同。

四、多维应用,拓展规律

1. 棋子游戏,听老师的要求,同桌合作摆一摆。

(1) 提出问题:如果继续摆下去,猜一猜,第21枚摆的是白子还是黑子?(口头汇报,并说说怎样想的)

(2) 第100枚呢?(学生动手做一做,指名交流)

2. 练一练第2题。

(1) 引语:做一条链子,如果按照这个顺序串下去,第18颗珠子是什么颜色?第24颗呢?

(2) 学生口答。

3. 画图形：练一练第3题。

学生独立完成。汇报交流。

(1) △○□△○□△○□……（　　）……

(2) ○○○□○○○□……（　　）……

(3) △△△○○△△△○○……（　　）……

五、联系生活，升华规律

1."数学的伟大使命在于从混沌中发现秩序。"像白天、黑夜的更替，春、夏、秋、冬四季的变化都是大自然中有规律的现象。

而我国的十二生肖属相也是古人智慧的结晶，它们每十二年是一轮。

2. 指名一位同学说说：你今年几岁？属什么？

提问：今年多少岁的人与他属相相同呢？

同桌结合自己的属相互相说一说。

六、课后游戏，拓展延伸

> 谈话：四人一小组，像老师一样先设计一个规律摆一摆，然后出题让其他同学猜一猜。可以用棋子，也可以用老师提供的学具。
>
> 1. 请 黄 摆，红 回答。
>
> 2. 请 蓝 摆，黄 回答。
>
> 3. 请 红 摆，蓝 回答
>
> 绿 为本次游戏的监督员。

学校：南京市汉口路小学

校长：周　婷

执笔：王　曦

案例提供：吴　静

每个学校、每位教师都在关注"教与学"方式的变革。如何基于每个学生的学习起点,真正地理解学生;如何支持学生的学习,让教与学的目标更好达成;如何有效进行目标检测,切实提升学生的学习能力?请看小营小学的"双向细目表"研究。

双向细目表

一、内涵

所谓"双向细目表"指的是目标和能力两个维度,表格中的纵轴列举的是学生的主要学习内容目标。学习内容目标列举主要依据课程标准的具体要求进行分解,同时基于教学参考和苏教版教材的阅读、理解与思考,并结合学生的实际情况进行制定。表格中的横轴呈现的相关内容是与学习目标对应的,在学习中所需要掌握的能力水平。学习水平依据布鲁姆提出的认知水平由低到高依次分识记、理解、应用、分析、综合、评价六个层次。研究与制订《教学目标双向细目表》,意在使目标更加清晰、精准、适切,避免教与学过程的盲目性。研究的同时,基于小班,关注学生的特点、个性,在"关注每一个、引领每一个、激活每一个、发展每一个"方面起到积极作用。

二、背景

"基于小班",有利于深入地了解学情,更好地落实因材施教。

小班化最终不是一种形式,而是一种理念。小班化的内在要求需要我们关注每一个、发展每一个、成就每一个,以面向每一个为立足点,促进每一个个体生命成长。这项研究目的就在于把握小班化优势,尊重课程标准、教材,在双向细目表的基础上,客观地进行数据分析,科学地了解学生发展状况,落实因材施教。

"紧扣教学",有效改进教学质量管理,使教学管理精细化、过程化。

教学质量是学校发展的基础,更是学校质量的生命线,教学质量管理是教育工作的抓手,是学校生命力不断生长的核心和关键。通过几年对"双向细目表"的使用与研究,建立了高效、细致的监控体系。

三、操作

(一)研究制定"双向细目表"

此项研究涉及了教学过程中的目标、过程、练习、评价。在制定双向细目表之前,教师需要认真学习、阅读课程标准、教师用书、教材等资料,对教学内容进行全面的了解,分析教学重难点。在这个过程中,以"双向细目表"的形式来细化教学目标,使得我们的教学设计更具有针对性。

在学习、分析、思考、形成"双向细目表"的过程中，教师分析教材、理解教材、运用教材的能力稳步提升。这个过程，对于成熟型教师而言，可以使教学能力提升，而对于新教师的专业成长而言，此项研究更起到了重要作用，青年教师能更快地了解、把握教学目标和重难点，对课堂教学的板块设计、练习设计逐步熟悉。与此同时，研究制定"双向细目表"的过程也促使一大批老师在教学实践中开展教学研究、课题研究，撰写案例、论文，激励教师个人专业成长，进而推动学校教育教学质量攀升。

经过了几年的探索与实践，此项研究取得了一些初步的成效。学科教学的研究，使我们的课堂能从粗放型（目标不明、过程不优、练习不精、效果不好）教学模式转变成精细型（目标明、过程优、练习精、效果好）教学模式。

（二）使用优化"双向细目表"

研究过程中，"双向细目表"在教师备课、教学的导向和引领中体现了价值。作为小班化示范校，我们的教案中就设有"双向细目表"部分，老师们也会根据自己的二次备课或研究进行二次更新。老师在备课中不仅要有一般性目标，也有基于小班，考虑到班级学生的不同层次以及学生的个性化需求的个别化目标。

学期初，老师对教材进行分析，并结合上学期末的检测评价情况对班级学情进行分析。在制定细目时还要增加一列备注，这一备注就是要求教师在基本任务的前提下，分析本班学生的学习需求，提出更适合本班部分学生以及个别学生的个性化的学习目标。因为有了基于课标理念下对教材的分析，学期中、学期末，教师也会根据学生的学习状况，再次进行个性化学情分析，这样的全面跟踪，使得我们的教学更加关注细节，关注每一个学生的发展。

（三）行为和目标双向沟通

"双向细目表"的研究涉及了教学过程中的目标、过程、练习、评价。以双向细目表的形式来细化教学目标，使得我们的教学设计更具有针对性。而在课堂实际教学中，我们非常关注教学环节和教学目标的对应，在基于小班化环境的基础上，结合班级学生的不同能力水平，在备课、教学的环节中进行个性化准备，针对不同能力的学生设计提问、练习，以此促进班级中每一个学生的发展。

为了使课堂教学效果更便于检测（语文教学中对字、词、句、篇的要求，数学教学中对某一类型问题的理解和解答，英语教学中的句式的模仿和情景使用），我们也在教学设计中既有基于小班全体学生的基础性练习，也有呈现安排了有坡度的、可供选择的个性化练习设计，目的就是让全体学生得到发展，真正让小班化教学优势凸显。

四、注意事项

（一）"双向细目表"中的目标制定要基于课标、教材的修订不断优化

在研究初期，制定"双向细目表"的出发点主要基于课程标准，基于教材，更多的准备工作由教师全部完成。但实践中的课堂，面对课堂教学中的主体，即学生的实际情况考虑还不够充分，学生个体存在差异，教学目标的制定和实际的落实不能完全匹配。课标、教材的修订，要求我们不断转变教学理念，改进教学方式，要更符合学生身心发展的规律，真正理解学生。正因为"目标"在不断发展和调整，教师才要在自己研究教材、教法的基础上使用"双向细目表"，并在原有基础上进行优化，与时俱进。

（二）"双向细目表"的能力水平设定要基于学生的实际情况进行调整

每个学生都是与众不同的，对于教学目标的对应的能力水平，班级中学生的能力分布状况，我们也需要及时更新掌握，基于小班化环境开展教学。开学初，应对学生进行基础性了解，了解学生对已有知识经验的掌握情况，并结合学生之前的学情分析表，对学生的现状做初步评估；要求老师在备课中不仅要有一般目标，还要结合评估的情况在二次备课过程中考虑到班级学生的不同层次以及学生的个性化需求。结合学生的具体情况将目标设定到某一类学生，提出更适合本班部分学生以及个别学生的个性化的学习目标，更有针对性地解决问题，开启"校本"向"班本"的进化过程，搭建走向"生本"的桥梁。

（三）要在"双向细目表"研究基础上，进行能力检测工具的研究，建立多元评价体系

研究整合的过程也是一个不断发现、调整的过程，必定会在实践的过程中发现学生的变化，针对每个目标达成情况进行个性化指导，需要在教学过程中进行知识梳理、练习整理、易错题收集，进行错误原因分析。在小班化环境下，努力为学生提供个性化练习和可选择的拓展性练习，发展每一个。

与此同时，将年段、全册教材、板块、单元"双向细目表"与检测工具的编制相结合，努力让双向细目表中的"达成目标"、"学生能力水平"与"测试工具内容"相对应。并在检测工具的编制中尝试不同形式，让评价更加科学化、人文化，既关注孩子自信心的培养，也让孩子之间相互评价、促进、提高，让评价更具有激励性、发展性，为学生的发展，自信的建立提供全面支持。

学生是鲜活的，是灵动的，"双向细目表"的研究定位就是"基于小班"、"紧扣教学"。我们深知课堂的40分钟，才是学生成长的关键，在以后的研究中应做好以下几点：从最基本的课堂教学开始，关注教学的细节，关注每一个学生，从备课、上课等环节做细做实。

五、案例

四年级语文上册《春联》一课的双向细目表

项目	教学要点	学习目标						评价方法	
		识记	理解	应用	分析	综合	评价	行为样式（举要）	测试题型（举要）
汉字	1. 记住10个汉字的字形，能够默写：贴、增、添、览、荣、颂、辞、律、奥、益	√			√			读准 记住 辨别	a. 填空：拼音写汉字 组词：形近字
	2. 认识5个汉字：氛、睦、揣、挫、卷							再认读	b. 读准（口头） 选择：辨别读音
词语	3. 重点理解"浏览""和睦""门第""揣摩""抑扬顿挫""开卷有益""欣欣向荣"		√		√			查字典 联系上下文 结合具体语境	c. 解释：带点字、词 说出词语在文中的意思（口头）

续表

项目	教学要点	学习目标					评价方法	
		识记	理解	应用	分析	综合	评价	行为样式（举要）	测试题型（举要）
句子	4. 理解5副春联表现的思想内容 5. 体会"我们浏览着…百花园中""读读春联也是一种学习"两句阐述的道理	✓	✓					划出 体会	d. 填空：文中引用的5副春联，联系上下文，理解它们的意思是什么； e. 朗读、体会句中道理（口头）
段落	6. 初步了解有关春联的一些知识； 重点理解课文中写春联作用及种类的第1段和写其特点的第2段		✓		✓			概括 表达	f. 结合具体春联说说"对仗"指什么（口头）； 片断阅读：写出一段话的核心意思
整篇	7. 想象春联描述的景象，理解课文内容，能入情入境地朗读课文 8. 背诵5副春联		✓	✓	✓			朗读 描述	g. 小练笔：读了这副春联，我（看到了）（想到了）什么（或口头） h. 说说课文主要介绍了春联的什么，朗读并背诵5副春联（口头）
	9. 激发学生热爱祖国语言文字的感情	✓					✓	体会 表达	i. 交流自己的体会：祖国语言怎样（口头） j. 搜集积累自己喜欢的春（对）联。

四年级上册第23课《春联》教案

教学过程：

第一课时

一、板书课题，直接导入。【对应目标1.3.7】

1. 板书：春联

(1) 跟老师一起来写个词：春联。【对应目标1】

(2) 谁来读？读了这个词你的脑海里想到了什么？【对应目标7】

(3) 师生交流：

师小结：春联是我国特有的一种文化，新春佳节，家家户户张贴大红春联，这种习俗由来已久，它给我们的节日增添了不少欢乐祥和的气氛。

(4) 板书：增添

引导注意"添"字形，并通过找近义词理解。【对应目标1.3】

2. 今天，我们就来好好地欣赏春联。

二、初读课文，整体感知。【对应目标1.2.3.4.8】

1. 人们常说，开卷有益，其实读读春联也是一种很好的学习。看一看人们都把哪些内容写成了春联，这些春联又有哪些特点呢？请同学们轻轻打开课本，做到字字响亮，句句通顺，遇到生字可以对照生字表多读几遍。

2. 学生自读课文,划出生字新词,读正确,读通顺,遇到难读的地方还要多读几遍或做好记号。【对应目标1.2】

3. 教师检查学生词语掌握情况。

张贴　　增添　　和睦　　气氛

浏览　　歌颂　　奥妙　　揣摩

抑扬顿挫　　　　和谐动听

开卷有益　　　　欣欣向荣

(1) 出示词语多媒体课件:(易错的音、形用红色标出)

(2) 检查方式:

○ 读一读:注意纠正读错的音。

○ 说一说:注意联系课文理解词义。【对应目标3】

4. 指名分自然段读课文。【对应目标4、8】

(1) 老师想来听一听同学们课文读得怎么样?谁能读课文第1小节。

(2) 这位同学读得真好,老师奖励你,由你来推荐一名同学读好第2小节。

(3) 四(4)班的同学真会读书,真的做到了字字响亮,句句通顺。谁想自告奋勇来读第3小节。指导:"抑扬顿挫",这么难读的一个词,他一下子就读正确了,说明他很用心。

(4) 从你们的神情、眼神中,老师发现你们都很想来读一读,那我们一起来读读最后一小节。

5. 这篇课文介绍了有关春联的哪些知识?【对应目标6】

(1) 概括、归纳:第一小节的内容很多、很丰富,这位同学很聪明地概括出来了,其实就写了春联的作用和种类。

(2) 第2、3小节介绍了春联的特点,你能各找一个中心句吗?第一个特点是春联最讲究对仗,第2个特点是春联读起来抑扬顿挫,和谐动听。指导学生找出句子并划下来。

(3) 最后告诉我们读读春联也是一种很好的学习。

6. 据板书小结:《春联》给我们介绍了春联内容和特点的相关知识。不过咱们学语文,光知道写了什么是不够的,还要去学学作者是怎样写的,学他的语言,学他的写法。

第二课时

一、播放录像,复习导入【对应目标6】

同学们,听,欢乐的音乐奏起来了,喧闹的鼓声敲起来了,震天的鞭炮响起来了。——(指视频,生齐读)过年啦!你在上节课了解到哪些春联的知识?

今天我们继续学习第23课。

【设计意图】

本文带着浓郁的民俗文化气息,从看录像,回忆前一节课所学知识入手,开始第2课时的学习,主要就是想创设一个良好的情境,激发起孩子的学习兴趣,调动起孩子对已知课文内容的积极回顾。

二、精读春联,想象意境【对应目标6】

第一段

• 出示句子:我们浏览着各种各样的春联,就像是漫游在万紫千红的百花园中。

1. 指名读。孩子们,你们也有这样的感觉吗?用一两句话简单谈谈你的理解。【对应

目标5】
为什么把浏览各种各样的春联比作漫游在一座万紫千红的大花园呢？
2. 要想真正懂得这句话中的道理,我们得好好读读第一自然段。打开书,请大家边读边用"～～～"画出这自然段中的春联,用"——"画出这些春联反映的内容,并想想你最喜欢哪副春联,为什么？【对应目标4】
3. 和全班同学交流。(课件显示小组学习内容)【对应目标7】
根据学生的回答随机学习春联
• 学习"又是一年芳草绿,依然十里杏花红"。(点击课件)
理解这副春联所表现的思想内容。
让我们一起把这美丽的春光朗读出来,练习朗读。【对应目标8】
• 学习"春回大地千山秀,日照神州百业兴。"
理解"欣欣向荣"。【对于目标3】
从哪里感受到祖国的欣欣向荣？(从"百业兴"和"千山秀"中可以感受到祖国的欣欣向荣)
练习说话。你能联系实际说说我们家乡南京有哪些欣欣向荣的景象吗？【对应目标7】
……
练习朗读。【对应目标7】
• 学习"勤劳门第春光好,和睦人家幸福多"
理解"门第"。【对于目标3】
读了这副春联的感受。(勤劳的人家沐浴着春光,和睦的家庭幸福美满)
有感情地朗读【对应目标7】
• 学习"梅开春烂漫,竹报岁平安"
理解"竹"、"岁"在这里的意思。【对应目标3】
这副春联表达了人们对新的一年的美好祝愿,祝愿什么？
朗读指导【对应目标7】
• 情境回放,激情诵读(小结春联的内容)。【对应目标4】
A. 引读：(朗读第一段文字)
作者一共介绍了春联四个方面的内容,这些春联有的描绘了_____有的展现了_____有的歌颂了_____更多的是表达了_____这些春联给节日_____。
B. 引背：(出示与春联相关的画面)【对应目标8】
我们浏览着各种各样的春联,就像是_____。
理解作者为什么说我们浏览着各种各样的春联,就像是漫游在万紫千红的百花园中？【对应目标5】
所以作者说_____我们浏览着各种各样的春联,就像是_____诵读这些春联你会感到_____生活中充满了幸福和希望。
读第一自然段,体会幸福和希望。【对应目标8】
第二、第三段
汇报、交流、体会。
A. 什么叫："讲究对仗"？出示对联：绿柳舒眉辞旧岁,红桃开口贺新年。【对应目标6】
预设：1."舒眉"和"开口"都是表示动作的词语。

2. "贺"和"辞"都是表示动作的词语。
3. "旧岁"和"新年"都是表示名称的词语。
【对应目标3】
B. 再次出示第一自然段的四副春联,谈对仗的特点。【对应目标6】
C. 出示相应小练习:根据春联讲究对仗的特点,来帮春联找朋友。【对应目标6】

D. 一起读读这些春联(感受声律美)。
领略到了祖国语言的无穷奥妙。【对应目标9】
第四自然段
读读春联——也是一种学习。
书上哪个词告诉了我们?理解"开卷有益",懂得从生活中了解春联,热爱祖国传统文化。【对应目标9】
【设计意图】
具有较高程度的生成性是这个环节处理的特点,由学生对课文5副春联所描绘的意境的领会着手,教学顺序会随机产生,遵循的准则是先学后教,以教促学,这也是在探索培养学生自主学习精神的方法与途径。

三、总结全文
读读春联的确也是一种学习。
整理课前搜集到的春联(小组成员齐动手)。【对应目标6】
读背搜集到的春联。【对应目标8】
课后尽情享用"春联自助餐"。
【设计意图】
设计这个环节,原因在于这和学生的生活实际接近,学生容易活学活用。在进一步的探究中,又可再度激发学生热爱祖国传统文化的思想感情。

四、课内检测
1. 看拼音写出本课生词。【对应目标1】
2. 用"√"选择正确的读音。【对应目标1】
气氛(fēn fèn)   开卷有益(juǎn juàn)
3. 用"/"划去括号里不正确的读音。【对应目标1】
词类相当(dāng dàng)   浏览(liú niú)   气氛(fēn fèn)

开**卷**有益(juǎn juàn)　　　和**睦**(lù mù)　　　和**谐**(xié jiē)

4. 把下列词语补充完整,并理解。【对应目标2】
(　)紫(　)红　　　开(　)有(　)　　　(　)(　)向荣
(　)谐(　)听　　　抑(　)顿(　)　　　(　)(　)大地

5. 读读春联,说说我(看到了)(想到了)(知道了)什么(口头)。【对应目标4、7】

6. 结合具体春联说说"对仗"指什么(口头)。【对应目标6】
说出词语在句中的意思,朗读、体会句中的道理(口头)。【对应目标3、5】

7. 对对子。【对应目标9】
神州对(大地)　海角对(天涯)　雨雪对(风霜)　春风对(细雨)
花前对(月下)　走兽对(飞禽)　柳绿对(桃红)　月明对(星稀)
漫山对(遍野)　旧岁对(新年)　鸟语对(花香)　明月对(清风)(口头)

五、课外检测

1. 抄写本课生词,听写。【对应目标1】

2. 课文内容填空。
(1) 课文中出现了五幅春联,描写美丽春光的是(　　　);展现祖国欣欣向荣景象的是(　　　);歌颂劳动人民幸福美好生活的是(　　　);表达人们对新的一年的美好祝愿的是(　　　);反映辞旧迎新的是(　　　)。

(2) 春联分为(　)联、(　)联和(　)批,它的上、下联都是(竖)着写的,读时从(右)往(左),横批是横着写的,从(左)往(右)读。

(3) 春联最讲究(　　)。就是上下联不仅要(　　),而且(　　),细心(　　)体会,能从中学到一些使用文字的技巧。

(4) 春联读起来(　　),(　　),如果下工夫背诵一些(　　),就能帮助我们感觉到其中的(　　),领略祖国语言的(　　)。【对应目标4、6】

3. 摘抄并背诵课文中的春联。【对应目标8】

4. 读读背背课外搜集到的你认为最美的春联。【对应目标8、9】

5. 选择一副春联,过春节时贴在自己家的大门上,也可以送给你认为合适的亲人朋友。【对应目标9】

6. 拓展练习
(1) 能根据你了解的对联知识,把下面的对联补充完整吗?
1) 风抚千条柳,雨(润)万朵花
2) 风绿千条柳,雨(红)万朵花

(2) 给下列对联找朋友,并把它们用线连起来。【对应目标9】

物华天宝年年好　　梅开万树五岳红
柳垂千丝三江绿　　放歌高唱好河山
几点雪花几点雨　　人杰地灵处处春
举杯喜迎新岁月　　半含冬景半含春

南京市小营小学
校长：毛丽平
执笔：宋　洁
案例提供：杜雯静

教师、学生、学习媒介,这所有与学生学习、成长的相关联因素,在小班化背景下,可以做到怎样的"破"与"立"呢?

组 元 教 学

一、内涵

"组元教学"的提出,旨在让每一个学生享受最优质的教育资源。"组元教学"的"组"指的是"组合","元"指的是元素,即教学中的一切资源。所谓"组元",就是把与课堂教学密切相关的教师、学生和学习媒介等三方面元素有机组合,使之达到最优状态的教学活动与过程。

"组元教学"模式是指把与课堂教学密切相关的教师、学生和学习媒介等元素进行有机的梳理,采用更加灵活的方式在满足全员需要的时候更能照顾到个体的需求。元素灵活运用的目的就是力求使小班化的教育教学活动与过程达到最优的状态,体现出丰富而新颖的特质。

"组元教学"模式的核心主要包括动态的人员组合、多元的资源组合、灵活的时空组合三个方面,这三个方面相辅相成,缺一不可,是"组元教学"模式的核心内容。

(一)动态的人员组合

动态的人员组合本着"量其力、用其长、尽其能"的原则,改革了传统的人员分配制度,把竞争机制引入动态组合,为教师小组和学习团队创造了平等竞争的机会,使教学效益最大化。

(1)灵活组织教师小组

教师小组是根据教学目标、教学内容和教师个性、特长组织起来,为了完成一个共同教学任务的教师团队组织。根据不同"组元教学"内容和主题的需要,我们把教师小组划分为四种类型,即同级同学科教师统整、同级跨学科教师统整、跨级同学科教师统整、跨级跨学科教师统整。在"组元教学"中,采用教师小组进行教学,即教学中不再只有一位教师,而是由2—3名甚至多名教师进行小组协作教学。小组里的教师根据各自所长,轮流主讲、主辅结合。这样的团队教学有利于主讲教师在教学时更加专心,而辅助教师既能协助主讲教师维持好课堂学习氛围,又能参与指导学生小组讨论,扩大辅导面,从而提高课堂组织效率。

(2)弹性学习团队

弹性学习团队是根据学习内容、学习主题、学生能力而结成的有分有合、时分时合的学生学习团队。即在"组元教学"时,既有同年级间不同班级的分与合、不同年龄段学生跨级的分与合,又有"组元教学"形成新的学习团队后,团队中不同能力、不同特质学生间的分与合。分与合的形式具备多样性、适宜性、机动性等特点。

（二）多元的资源组合

"组元教学"改革对知识进行了重组、统整，主要囊括学科内统整、学科间统整、主题统整和活动统整四大类型。通过这些统整，我们实现了统整性课程，为学生提供了高选择性的课程，也为学生个性发展提供了课程载体。

（三）灵活的时空组合

"组元教学"需要有统一的时间将承担教学的教师、接受教学的学生集中起来进行教学，也需要足够的教学空间以容纳统整后的学生、教师小组及课堂所需学习、活动区域和相应硬件设施，因而需要对时间和空间进行统整，让教师和学生有更灵活的时间参与"组元教学"。

"组元教学"的时间统整包括长短课时和灵活的课程表。这里的长短主要以上课所需时间为划分依据，相较于传统小学 40 分钟/堂课，长课一般为 60—80 分钟/堂课，这是由于"组元教学"的内容要比传统的课堂教学内容丰富得多，需要有充足的教学时间保证，让学生掌握系统而丰富的知识内容。当然，在进行一些小的主题教学时，因为"组元教学"提高效率的缘故，可以在 20—40 分钟内完成学习，故称为短课。

灵活的课程表是指由于"组元教学"需要各学科、各个专长的教师资源，且每次主题教学活动所涉及的教师不尽相同，所以在年级组制定课表时，可采用"灵活的课程表"与"专用课程时间"相结合的方式。即每次"组元"主题教学活动前，将该时段所需的教师时间空出来，以保证相关学科教师随"灵活课程"的需要而调配。同时，在每周单辟出 1 节课的时间，作为年级组内"组元"教学的延伸时间，这一节课的课务不固定在某一个老师身上，而是由年级组统一协调安排教师执教，每次课可以结合各年级内容统整后的单元重点进行同学科或跨学科的"组元教学"，相关的教师小组成员全员参与，改变固定的课程设置以及单个教师或单一学科的知识传授，形成必修课和选修课两种形式，以供学生自由选择，发扬个性，也让这节课的设立得到灵活机动的应变和充分的拓展延伸，我们将之称为"课程超市"。

"组元教学"的空间统整主要是需要专用的资源教室。"组元教学"课堂有明显的空间划分。在课堂上，大家可以明显地看到学习区与讨论区的划分。这也是组元教学分合的一种形式体现。在多功能资源教室中拥有电子学习区、讨论区、阅览区、绘画区、阅读区等等，这种空间资源的整合，为学生创设了更加完整、更加丰富的活动环境。

二、背景

"组元教学"的提出，是对小班化教学的一次优化提升，旨在使小班化教学更适应当前的教育形势，适应本土的教育环境，发挥最大效能。

随着小班化教学改革的深入，我们发现在实施小班化教学的过程中，仍存在很多困惑和瓶颈。

（一）优质教育资源配置不均衡，难以有效地覆盖每一个学生

实施小班化教学对教育环境、教学设施、师资提出了更高的要求。基于班额的限制，小班化教学的师生比例、学生人均教学设施占有率都远远高于传统的大班教育。然而，无论在教育资源的数量上还是质量上，传统的小班化教学在教育资源的均衡分配上还存在一些需要克服的差异：不同地区、不同学校在物质资本、文化资本、精神资本的配置上存在差异；即使是在同一所学校，不同班级、不同年级、不同学科所享有的优质教育资源（如师资、生源、教学硬件设施等）也难以做到均衡分配，因而我们迫切需要进行教学改革，让教育资源配置更

均衡,扩大优质教育资源的辐射面,使每位学生都能享受最优质的教育资源。

(二)群体性资源缺乏,影响课堂的交流氛围和学生社会性发展

小班的班额一般控制在 30 人以下,这样的班额限制给每位学生提供了更多参与课堂的机会,但如此也造成群体性资源的缺乏。"一个小的群体,对学生个体来说,就是一个雏形小社会。正是由于这个小社会的存在,学生才得以自我表现和自我实现,在群体作用下,个体的能量才会被激发。这种群体资源可以是两人、多人小组、班级等构成。简单的提问、讨论、动手操作等都可以利用同桌两人小组的资源;演课本剧、进行社会调查、比较复杂的讨论等可以利用多人小组进行;把所有的学生都发动起来,大家一起认识事物,学习的能量将扩大数倍。"[1]因此,从事小班化教学,要充分考虑到小班化教学在群体性资源和对学生社会性发展方面的弱势,想方设法予以弥补。

(三)课程整合不够,难以凸显小班化教学优势

始于欧美本土的小班化教学大多建立在综合性知识传授应用的课程体系下,强调的是多种知识相互渗透的综合教学,并且在教学和班级管理上大多采取班主任包班制,即由班主任一人承担班级大部分学科的教学。因而,在西方小班化教学中,教师大多会将自己所教的各学科课程进行整合,让各科知识形成一个完整的体系。但是,目前我国的学科课程多达十几门甚至更多,并且每门学科都自成体系。一方面是因为教师大都只精通一门学科,无法"一专多能",进行学科与学科之间的相互渗透。另一方面,因为传统应试教育的影响,综合类的考试内容所占比例仍然很少,所以也限制了课程整合的发展和综合类课程体系的建立。基于这样的现状,整合与优化各级课程日益成为学校与教师完善课程实施的重要途径。

(四)时空及学习小组类型缺乏创新,造成教学组织形式单一

一方面,目前国内的小班化课堂基本上采用的还是 40—45 分钟一节课的班级授课制教学模式,在时间和空间组织形式上比较单一,长此以往学生对课堂教学的新鲜度、兴趣度会降低。另一方面,当前国内小班化课堂教学中,划分学习小组的形式及活动的方式都比较单一,常见的分组形式有两种:一种是学生自主选择小组成员,另一种是由教师从学生的个性差异入手,分层建组。教师在小组活动时往往只能参与指导其中一、两组的活动,由此造成了教育不均现象。因此,我们需要通过改革改变这一课堂教学现状,创新小班化课堂教学的时空组织形式和学习小组类型,建立起平等的师生关系,提高师生之间、学生之间的交往密度和小组学习效率,让每个学习小组在每次课堂活动中都能较为均衡地得到教师的指导,促进学生个体潜能的发挥。

三、操作

通过理论研习及实践探索,同仁小学确立了"组元教学"的具体运行模式。首先根据学生需求和学习目标确定"组元教学"的内容或主题,然后再选择合适的"组元教学"开展类型(即:学科内统整、学科间统整、主题统整、活动统整),配备"组元教学"所需的最合适教师及硬件设备,并安排好学生、时间、空间,将这一切的教育资源有效地统整在一起,促成"组元教学"的开展。(具体实施流程见下图)

---

[1] 丁运河:思想品德课堂教学策略探究:开发和利用学生资源之策略,现代教育出版社,2009.213。

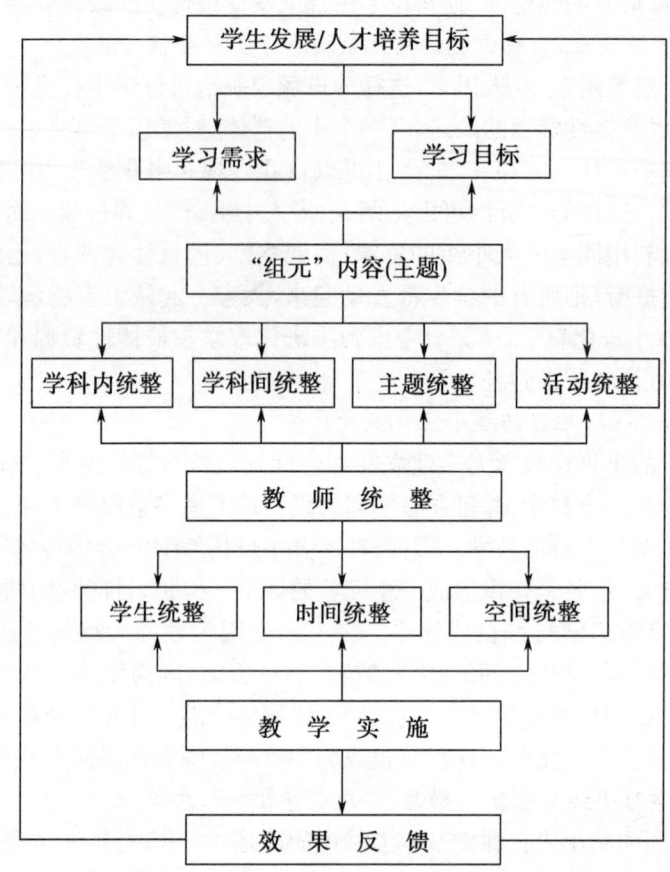

"组元教学"从资源教室的创建并使用、多师教授的创新以及花样活动的实践等多方面,优化教育资源配置,搭建资源平台,照顾到每一个学生的个别需求和兴趣所在,以期学生学有所好,学有所长。

(一)探索资源教室

在"组元教学"的理念引领下,学校创建了资源教室。资源教室包含电脑区、阅读区、绘画区、音乐区和体育活动区。电脑区可以提供多台电脑给有需要的孩子,极大满足了学生自主查找资料、制作展示课件、设计电脑绘画、与伙伴远程交流的需求;阅读区的开放满足了学生探求新知的兴趣,这里既有长篇儿童文学故事,也有短小精悍的寓言、诗歌,还有《青年文摘》《读者》等报刊,尽管不像图书馆那么丰富,但却能有效引导学生在课堂上体会查阅纸质资料的过程,品味课外阅读的乐趣;绘画区满足了爱绘画的学生展示图片和照片的需要;音乐区、体育活动区为活动类"组元教学"提供了相应的空间条件。在资源教室中,学生们享受到了前所未有的舒展空间,心情愉快,上课时更兴奋,更感兴趣。

(二)多师教授的创新

"组元教学"采取多元的方式将教师结成合作式团队,其一是"教师小组"。教师小组是根据每一次"组元教学"的教学目标、教学内容和教师个性、特长而临时组织起来,为完成一个共同教学任务的教师团队。在"组元教学"中,采用教师小组进行教学,即教学中不再只有一位教师,而是由2—3名甚至多名教师进行小组协作教学。小组里的教师在教学前合作研讨教学设计;教学中根据各自所长,轮流主讲、主辅结合;教学后以小组形式进行教后反思。这样的团队教学研讨有利于教师在专业成长和学术发展上互动研究、取长补短。其二是"年级命运共同体",即以年级和学科为依据,构建六个年级组,确保每一年级组的教师涵盖到较为全面的学科,以便年级组教师能从不同学科角度合作开展"组元教学"。相对于随机构建的教师小组,年级命运共同体较为稳定,并采用"年级组长(级长)责任制"对其进行管理。年级组长全面负责年级组内"组元教学"管理工作,学校各类研修的成果展示均以"年级组共同体"形式呈现。这样,在年级组间可以形成一种有益的"创优争先"局面,促进教师整体教学水平及研修水平的提升。

(三)花样活动的实践

"组元教学"通过观察、实验、调查、游戏等各种各样的"花样"活动,使学生的课堂更加丰富多彩,甚至使学生的"课堂"延展到社区、社会生活。在生活这个大课堂里,让学生学有兴趣,使学生学有所得。

四、注意事项

随着"组元教学"研究的不断深化,我们发现问题,总结经验,以期真正提高教学的效果和质量。

(一)"组元教学"需合理分配主师与辅师的教学任务

在"组元教学"的过程中,主师负责一堂课的主体教学。他不仅承担着课堂教学中一个教师个体的相关职责,还承担着引领课堂节奏、串联教师小组成员间合作及组织学生群体间交流的职责。除了主师,"组元教学"中还包含多名辅师,辅师依据课堂的需要发挥不同的职能。有的辅师负责维持课堂秩序,有的辅师负责指导学生异质分组后的小组协作,也有的辅师要走上讲台,从自己的学科角度出发(一般这类辅师是其他学科的教师),结合该"组元教学"的主题内容给予学生一定的课外拓展知识、技能介绍和教学补充,帮助学生更全面地了解这节课的主题内容。如果刻意给辅师创造一个可有可无的出场环节,就会造成辅师作用不明显,产生"走过场"的感觉;如果辅师拓展内容与主题不符或内容过多过散,又会将教学主题拉往其他方向,造成"喧宾夺主"的结果。

(二)科学设计拓展环节,突出主要教学内容,在合班教学中保持小班优势

任何一次"组元教学"都必须有一个清晰明确的主题,在教学操作中必须围绕这一主题进行相关的教学引导。在"组元教学"中,拓展环节的教学将起到填补教学内容空缺、延伸教学内容深度和广度的作用,它必须与教学主题有密切的联系,而不是随便将一块其他学科的知识内容硬拉入其中。另一方面,"组元教学"是立足于小班化教育体系之上的,因此在合班教学中也要注意充分运用小班化教育手段,保持小班化教育优势。

(三)"组元教学"需让学生熟练掌握"分—合—分—个"的教学形式

"分—合—分—个"是"组元教学"课堂教学中必不可少的环节。鉴于"组元教学"课堂内,学生人数众多,且分组形式动态多样,在教学前,先要训练学生熟练掌握各种"分—合"的方法,让学生了解各类型"分—合"的活动路线及活动范围,以免造成课堂混乱无章。

五、案例

五年级组"民风民俗"主题"组元教学"计划表。

精读、略读	内容	时间安排	组织形式
精读	《安塞腰鼓》	80分钟（长课）	分—合
略读	《姥姥的剪纸》 《牛郎织女》	40分钟 40分钟	分班 分班
	体育：竹竿舞	40分钟	合班
	美术：剪纸	40分钟	分班
	习作	80分钟（长课）	分班
	研习课	40分钟	分—合

　　精读课文，课前老师给学生介绍了学习意图，分为三章内容。第一章前置性作业，通过对课文基础内容的学习，达到了解学情的目的。组元教学的主旨是，发挥大班更多优质资源和小班发展每一个的融合。所以采用合—分—合的形式。分的形式能让老师关注到每一个，合的形式是为了发挥老师的特长，能将重点、难点解决。在小班各自学习中，师生完成的是前置性作业的检查和第一段的学习，完成对课文的整体感知。在合班上课（三个班）的过程中，由主讲老师指导学生深入课文领略腰鼓的风采，感受安塞人的精神。

　　考虑到腰鼓也是音乐学习的一种资源，老师们将语文教学和音乐教学相互整合，围绕"腰鼓"这个主题，将80分钟的课堂充实得丰富而生动。三位语文老师各展所长，轮流执教，让学生通过文本的阅读，聆听激越的安塞腰鼓声，走近安塞腰鼓的后生们，感受安塞腰鼓心灵的搏击。为了让学生更接近真实的安塞腰鼓，更深入地领会安塞腰鼓的节奏韵律之美，音乐老师在课堂上为大家现场表演了一段安塞腰鼓，并引导所有学生一起用拍手的方式打起安塞腰鼓的节拍，在激昂的节拍声中，将课文的诵读推向了高潮。音乐与语文的携手同行，如风行水上，不可言喻的和谐与美妙为教学打开了另外一扇窗户。

　　略读课文《姥姥的剪纸》《牛郎织女》的教学，学生主要以《安塞腰鼓》的学习方法，依照前置性作业，自主合作，老师把时间给学生，让学生根据学情，阅读、交流、小组探究，最后集体交流。学有余力的学生，还可依据自己的喜好，或积累背诵，或复述文章，或摘记妙词佳句。

　　"民风民俗"的主题统整还渗透在各学科的教学中，课堂上，组内多才多艺的综合学科的老师纷纷参与。

　　体育老师带领同学们跳起了竹竿舞。他们在竹竿分合的瞬间，敏捷地进退跳跃，潇洒自然地做各种优美的动作。在这过程中，孩子们不仅感受着民俗的独特魅力，知道了竹竿舞的起源与发展，竹竿舞是黎族的民族特色，在竹竿的分合的瞬间不但要敏捷跳跃还要潇洒自然地做各种优美的动作。在练习中，学生还学会了与人合作，增进了友谊，情感、身心都得到了锻炼。

　　结合语文略读课文《姥姥的剪纸》，在主题活动中，美术老师带着学生们剪纸，学生们剪出身边美好的东西，感受着课文中姥姥剪纸技艺的出神入化，更感受中国剪纸艺术的博大精深，对中华文化更生热爱之情。我们提倡阅读与写作相结合，阅读教学是为习作教学而服务，因此在语文略读课文之后，老师们相机结合了习作，通过语文课习得的描写剪纸的方式，介绍自己所剪的剪纸或书本上的剪纸图案。

　　安塞腰鼓、剪纸、竹竿舞作为课程资源中出现的民风民俗，已经不能满足学生们的需求了。于是,年级组内的所有学生以小组为单位,寻访自己最感兴趣的民风民俗。分班交流后,挑选出精品,研习课上在全年级展示,扩大优质资源的影响。有的组借助图片、视频介绍少数民族的传统节目,让人大开眼界;有的组介绍中国的国粹——京剧,并展示了亲手制作的脸谱……这些民风民俗,让学生感受到了中国丰厚的文化底蕴,自豪感油然而生。老师们及时推荐相关书目,如《中华风俗大观》《晚清民风百俗》,甚至推荐《中华风俗志》的影印资料。课间都能看到有孩子在静心地阅读。

短短一周时间,年级组师生紧紧围绕单元主题,经过多学科的巧妙整合,中华民族源远流长的文明史,丰富深厚的民族文化,已悄然被学生感知。学生根据自己的理解和体会绘制风格迥异的知识树;参与了民间艺术制作过程后,用笔记录下感受;精心整理绘制了学习地图……这充分实现了学生的个性化发展。

我们坚信,以教育实践为依托、以科学研修为载体,是推进教育优质均衡的根本。通过"组元教学"的实施,学校将"让每一个学生享受优质的教育资源"的理念落到实处,围绕让每一个学生享有平等受教育机会,以"组元"合理配置教育资源;围绕满足每一个学生的学习需要,以"组元"提高教育保障水平;围绕促进每一个学生的个性成长,以"组元"大力推进多元评价,努力推进以质量为核心的优质均衡发展,实现特色办学。

学校:南京市同仁小学
校长:程元春
执笔:程元春　陆　瑜

作为一种学习方式,个性化学习在学生成长过程中起到非常重要的作用,学校推行个性化学习,注重"个性"与"共理"的统一,这需要载体。请看——

个性化学习的"袋袋本"

一、内涵

个性化学习是一种学习方式。个性化学习就是指一种更加关注儿童个体发展,帮助每一位学生挖掘个人潜力、取得学习成就,以便未来积极融入社会并走向成功的学习方式。它的特点是注重学生自主学习选择,注重运用评估手段对学习的促进作用,注重教师个性化教学能力的培养与提高,注重家长作为学校合作伙伴更多参与学生学习活动,特别是它所强调的:无论学生起点与能力如何,力争每一个人都取得成绩与进步,不让任何一个学生掉队。

学生个性化学习的基本要素包括:个性化学习能力、学习方法、个性化的认知结构、学习经验、学习风格和学习优势。我们研究个性化学习,是研究基于学生学习规律基础上的学习。这里的"个性"不同于"个别"。我们更强调"普通性与个性的统一"。

个性化学习指导就是根据学习者的个性特征实施教育活动,充分发挥学习者的主动性,在促进学生全面、自由、协调发展的基础上,促进学生个性的发展、潜能(特别是优势潜能)的开发。

"袋袋本"是开展个性化学习的载体。

青云巷小学每个孩子人人一本"袋袋本"(能揣进口袋,随身携带的小本子),通过"袋袋本""我发现了、我想问、我的主题探究、自我评价"板块开展新课之前的尝试学习,并对自己的自主学习成果进行总结和归类。我们提出:生活就是"袋袋本",学习就是"袋袋本",精彩就在"袋袋本",提倡学生随时发现问题,随手记录问题,自主探究问题,反思改进问题。"袋袋本"的使用使我们看到:在学习过程中个体所产生的丰富多彩的情感体验和个性化的创造性表现,活化了学习资源。学习者为完成学习任务而采用的方法、策略、步骤以及对学习活动的动机、态度、情绪体验、坚持性等是存在个体差异的,这种差异在崇尚个性化生活方式的时代更明显。学习风格直接渗透于学习过程,使学习过程得以顺利进行,并使学习过程与结果受个性的影响。

二、背景

(一)个性化学习是教育教学本源的回归

自有学校以来,教育教学就是富有个性化的。随着社会生产力的发展、班级授课制的形成,越来越重视群体化学习。现在的问题是,在推进群体化教学的今天过分强调全体统一,淡化了个性化的学习指导。我们研究在小班背景下着重学生个性化的学习指导就是教育教学本质的回归。

（二）个性化学习是新课程理念落实的需要

一方面，新课程强调重视学生的自主学习，重视学生的主体作用，重视学生的个性差异，重视"自主·合作·探究"学习方式的变革。这些如何在现实课堂中体现值得研究。另一方面，大班教学在实际操作层面存在诸多困难。比如：学生不可能全员参与学习目标的制定，教师没有足够的时间、精力指导每个学生的自主学习活动以及保证合作学习的有效性等。青云巷小学选择学生个性化学习指导这一角度，诠释着对这一理念的理解。

（三）个性化学习是小班化优势的张扬

小班为推进个性化学习指导提供了更好的平台。对学生了解的增多，促成了教师在课堂教学过程中深入观察、准确判断每个学生学习过程中的困难与不足，从而根据学生个体的学习特点，激发每个学生独特的好奇心和探究欲，满足每个学生的学习需要。同时，教师亦能够充分利用课堂额外时空，丰富师生、生生互动的机会，敏感地捕捉到学生学习与思维跃升的关键点，适时加以点拨，从而帮助学生不断优化学习方法与策略，形成适合学生自身特点的"个性化学习"。

（四）个性化学习是校本特色的发展

2008年秋，青云巷小学跨入了南京市小班化学校行列。如何实现面向每一个，使每一个孩子在青小六年历程中心灵得到更积极的影响，享受到更充分的教育幸福？而一所学校实践小班教育还是要根植于校本、研究校本、开发校本。

三、操作

1. "袋袋本"的结构和使用范围、频率

青云巷小学的活页"袋袋本"：

 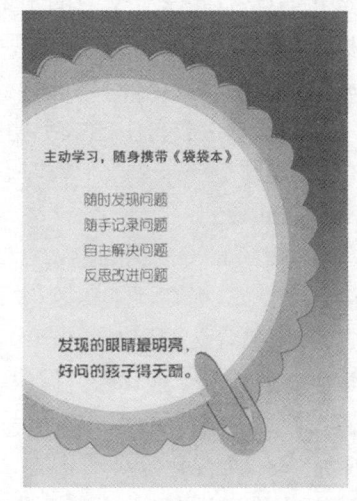

封面　　　　　　　　　　　　封2

上图中的两个卡通人物是青云巷小学形象代言人青青和云云，他们出现在学校每个教育空间里。老师还在"袋袋本"中给了孩子们很多鼓励和方法的启迪，是不是很贴心呢！

"袋袋本"为活页形式，它的封面、封2、封3、封底，学生每学期会领到1份，在学期结束制作每个人的"袋袋本"装订册使用；内部活页可按照学科教师的课时需求分配，"袋袋本"的内部活页设计主要由"我发现"、"我想问"、"我探究"和"我评价"四个板块组成。比如语文一学期可能完成23次,那么孩子们就会完成23张语文的"袋袋本"活页。再和数学、英语、科学、美术等其他学科的"袋袋本"活页组合在一起,就形成了每个孩子每学期的个人"袋袋本"了,最终汇集成册,这样是不是灵活方便,同时也为每个学生提供了一份个人学期学习过程的记录了呢?

2."袋袋本"的具体操作流程

① "我发现"——个性化优势信息的来源和采集

学生们在尝试学习中发现的知识点和兴趣点记在"我发现"栏目,在"我发现"中,我们可以了解到每一个学生的优势在哪,学生们会在这个栏目中展现出不同的学习风格和学习兴趣。有的学生偏重于逻辑思考,有的学生喜欢记录优美语句,有的学生记录自己喜爱的一首歌,有的学生展示根据自己的理解所绘的一幅画。例如:语文《推敲》一课的"袋袋本"上,杨菲菲发现了"家境贫寒"一词中贫字的演变过程很有趣。张德阳发现《题李凝幽居》这个"题"字,在很多古诗中都有妙用;叶静仪发现课文写作层次很清晰。

教师通过阅读学生们的"袋袋本",可以看到有的学生学习风格更奔放,有的学生学习风格更踏实,从而将这些学生已有的优势融合到自己的课堂教学中,明确什么不需要教,什么必须教,在课堂上可以做到有的放矢。我们甚至还可以让某一方面特别有兴趣或者有深入研究的学生通过展演、补充、讨论、同议等方法,让学生的个性化优势得到最大程度的展示,为"这一个"的学习提供支持的舞台和持续发展的空间。

② "我想问"——个性化疑难信息的分类和整理

"我想问"是学生通过自主学习后,对本节课的内容提出自己的困惑和不解。这个信息对于教师来说,是不可多得的教学资源。教师课前就可以明确学生自己不能解决的问题就是学习的重点和难点,这是学生学习的关键,从而再对自己的教学策略进行调整,重新设定教和学的目标,对教材进行重组,真正实现以学定教。

在课堂教学中,我们对这些问题进行分类和整理,整理出一般问题、关键问题和后续问题三大类。一般问题是指教材中能找到明确答案的问题,关键问题是具有一定探究性和开放性的问题,后续问题是指课堂教学暂时解决不了,和学生的兴趣和实践有联系,体现情感和智力方面支持的问题。

以数学《9的乘法口诀》一课为例,在课堂教学中,我们将一般问题交给学生个人自主学习或者小组合作来完成,提高课堂实效;关键问题需要在教师引导下进行多元互动式的启发式教学和探究活动,通常会采用对话、合作、质疑、验证、倾听等方法来解决;而后续问题一般由教师引导学生课后进行个性化探究解决,达成个性化学习的目标,为"这一个"的个性化学习提供"私人定制"式的解决方案。

③ "我探究"——个性化综合信息的分析和认识

"我探究"栏目可以记录解决关键问题的过程或结果,也可以记录学生在学习完本课内容后,对个性化学习内容的再理解和再认识,体现自己个性化学习的收获。教师则可以根据"我探究"来察看自己的个性化指导是否到位,几大问题有没有很好解决,学生的个性是否得到张扬等等,继而为下一阶段的教学策略提供修正的依据。

学生们除了用文字记录与表达,还可以用图画、表格、概念树等自创的形式梳理概括。这些不同形式的探究促使教师对学生的个性化综合信息进行分析和认识,为学生的个性化发展提供生长点。

④"我评价"——个性化自我评价的肯定与思考

这块空间留给孩子们进行富有个性的自我评价,他们或勾选(有四张卡通脸噢,第一张脸是说"我完成得很轻松啦!";第二张脸是说:"我有点吃力,不过还行!";第三张脸是告诉老师:"老师,我好吃力,需要您帮助!";第四张脸是在对老师说:"老师,救救我吧,真不知道写什么!"),或书写,或绘画,不拘一格。

四、注意事项

(一)"袋袋本"——为各年段学生而订制

低年段：

"袋袋本"使用小贴士

1. "我发现"栏目是让同学们记下通过课前尝试学习自己已经学会的内容,看看你有多么会自学；

2. "我想问"栏目是让同学们记下自学过程中自己提出来的问题,看看你有多么会发现和思考；

3. "我探究了"栏目是让同学们记下自己是怎样解决自己所提问题,结果怎样？自己有什么想法？看看你有多么能干；

4. "自我评价"栏目是让同学们对自己这次从发现问题、提出问题到解决问题的过程中对自己作评价,你可以从自我评价"小表情"中选择一个,也可以用你自己喜欢的方式来自我评价。

希望你能经常使用"袋袋本",希望你的发现越来越精彩。

中、高年段：

"袋袋本"的使用约定

教学方式 学习过程	个性化学习(学生)	个性化学习(老师)
尝试学习	1. 在"袋袋本"上记录"我"的发现、"我"的兴趣 2. 在"袋袋本"上提出"我"的问题、"我"的困惑	1. 有具体的预习要求和相应的方法 2. 了解学生尝试学习的情况
目标呈现	1. "我"明白当堂课我们的学习任务 2. "我"知道自己还想弄懂的问题	1. 阅读和整合学生发现的问题 2. 对新授课教案的教学目标和教学过程进行调整,以二次备课形式呈现在教案中
多元互动	1. 我们在小组中分享 2. "我"积极与老师交流	1. 组织和辅导有效的小组学习 2. 注意个别化关照

续表

教学方式 学习过程	个性化学习(学生)	个性化学习(老师)
主题探究	1. 根据教师设定的主题进行探究 2. "我"能进行有深度的探究	1. 确定有价值的探究主题 2. 鼓励学生运用个性化的探究方式
自我检查	1. 运用"袋袋本"进行学习检查 2. 自己设计个性化作业	1. 对学生的当堂学习进行个性化评价 2. 设计选择性作业

(二)"袋袋本"——为学生差异性的个别化关照而订制

"个别化关照"对学与教的过程进行全覆盖,体现在:目标设计中的个别化关照、多元互动中的个别化关照、作业辅导中的个别化关照和评价激励中的个别化关照。

以"学困生个别化关照"为例,教师开展个别化关照的路径是青小小班学困生个别化关照策略:

课前关照——尝试学习保底达标

课中关照——小组讨论参加与否　　学习目标达成与否

　　　　　　当堂练习完成与否　　兵教兵如何

课后关照——请你来面批　　请你来辅导　　兵盯兵如何

定期反馈——向家长反馈学习力发展情况

此外我们还强调在辅导、评价、反思中进行个别化关照。如:小班教学规程(节选)。

及时辅导	课堂书面训练内容需当堂面批三分之一以上,对作业中的问题及时纠错
	作业中出现的问题当天解决,属于理解性的问题当面解决
	分别对学习优秀和困难的学生有提升的方案
多元评价	每一位任课教师都参与学生"成长档案袋"的搜集、整理、反思的评价过程,帮助学生发现进步,总结不足
	及时鼓励学生的每一点进步,每个学生每周要得到至少一次正式的表扬,得到正式表扬的学生授予"好习惯卡"并记入"成长档案袋"
	重视对学业评价的质量分析,对学困生具体分析到个人。把学业评价的分析结果作为改进教学的重要依据
反思提升	教师在袋袋簿中及时对自己的教学行为、教学策略及学生学习情况进行反思,反思的重点是落实小班教学理念和学科教学有效性
	引导学生学后反思,在新授内容结束时帮助学生回顾总结学习过程,帮助学生逐步掌握用各种方式总结回顾学习的方法,如概要图、图表等

我们的追求是:让每一个孩子成为学习的探究者。我们力求教学中体现发现课堂的五个特征:让每一个孩子积极地发现知识;让每一个孩子大胆地提出问题;让每一个孩子主动地探究学习;让每一个孩子自信地展示成果;让每一个孩子热情地合作碰撞。个性化学习指导研究与实践中,学生的问题意识得到培养,解决问题的能力得到锻炼。教师成为发现者,发现经验、发现问题、发现优势。学校找到了以"发现每一个、幸福每一个"为核心的小班教育的有效途径,实现了教学的人本化。

(三)"袋袋本"——为教学不同时机而订制

1. 课前使用"袋袋本"

上课之前,教师通过阅读孩子们的"袋袋本",明确什么不需要教,什么必须教,什么内容学生最想学。

以程翔老师执教的《确定位置》为例,教师在课前将学生提出的问题进行了梳理,即:

(1) 什么是列?什么是行?列和行分别从哪数起?(朱泽平　陈阡陌)

(2) 表示一个物体的位置是先说列还是先说行?可以颠倒吗?(李倩　赵楷文　侯贤润等10人)

(3) 数对中两个数分别表示什么?(6,1)表示什么意思?(宋秀秀　李涵等8人)

(4) 要确定位置,我们必须要知道什么?(蔡池影)

(5) GPS全球定位系统和今天学的有关系吗?(赵楷文)

青小的教师感受到,学生带着问题学和不带问题学,效果是不一样的,学生更乐学。教师心中装着学生的问题去教和只装着自己的教案去教,效果是不一样的。教师从学生的角度教和从教师的角度教,效果是不一样的。教师心里装着每一个去教和装着几十个去教,效果是不一样的。

2. 课中使用"袋袋本"

二年级《美丽的丹顶鹤》这一课,课前,学生还存在不少通过自己学习不能解决的问题。老师做到心中有数。在教学中不断地说这样的话:闻宇欣,现在你知道"丹顶鹤"这个"丹"的意思了吗?李晓朵,现在你知道为什么说"黄海之滨是丹顶鹤的第二故乡"了吗?王彤,现在你明白"高雅"是什么意思了吗?

一段时间的探索与实践后,青小的教师逐渐明晰:学生课前能够根据自己提出的问题进行学习,这是自主学习的基础,学生自己不能解决的问题就是学习的重点和难点,这些问题其实就是老师应当作为重点设定的教和学的目标。

3. 小组合作学习使用"袋袋本"

(1) 尝试学习中"我们小组已解决的问题":组员轮流记录课前小组交流中本组成员已解决的问题,对于个别组员不能解决的基本问题,采取小组帮扶的措施解决,便于节省课堂教学的宝贵时间。

(2) 尝试学习中"我们小组未解决的问题":组员轮流记录本组不能通过自主合作解决的问题,使组员零散的问题集中化,便于教师减少问题归结的时间和精力。

(3) 课堂学习中"我们小组的主题探究":记录小组合作学习探究的过程和结果,由组员轮流进行记录和汇报。可采用多种形式记录,如:资料粘贴、画图、文字记录等。

(4) 课堂学习中"我们小组产生的新问题":记录课堂自主探究过程中小组生成的新问题,既达到鼓励学生不断发现新问题的目的,又为学生的课后探究和教师的作业调整提供新的生长点。

(5) 课后我们小组的主题探究:可采用多种形式进行记录,可以和个性化作业融为一体。

(6) 小组学习中的自我评价:记录组内每个成员对自己在小组学习中表现的自我评价,可以采用多种形式和多种语言方式进行记录,如:假如把这次小组学习中自己的表现用一种水果来评价,像什么水果,为什么;又如:把自己的表现比喻成一本书,这本书叫什么等。

以上6个项目,可以在老师引导下,根据课型、课堂教学实际进行选择性使用,教师还可在此基础上适度开发新栏目。

4. 课末、课后使用"袋袋本"

对于共性目标的达成，我们通常采取书面形式和小组汇报的方式来了解达成情况，并做好记录。老师在教学的各个环节，采用口头、书面等不同方式反馈目标的达成情况，对每个学生的情况有所了解，课堂能解决的课堂上解决，课堂上不能解决的课后个别辅导中解决。对于个性问题，我们会在课中、课后随时和提出问题的孩子交流一下，做到心中装着每一个，让每个孩子感受到他在老师的心中有分量，他提出的问题老师在关注。

（四）"袋袋本"——为学生在不同学科中发展而订制

青云巷小学教师使用"袋袋本"依据研究中形成的通用使用流程之外，不同学科组也根据本学科的特点，制定了更有针对性的学科使用"袋袋本"的指导意见。

如：语文组教师提出的语文学科"袋袋本"使用建议：

1. 可以给学生一些指引，每课设置相似的或者有所不同的方向指引。让学生先学会从老师的建议中学会发现的角度有哪些，提问的角度有哪些，主题探究可以从哪些方面探究。

如五上语文第5课《装满昆虫的衣袋》，可以引导学生从这几个方面发现、提问、探究：

有没有发现文章的写作思路，会不会分段；

有没有发现文章中特别有联系的词语，如文中有三个含"迷"字的词语；有没有发现文中特别精彩的段落或者句子或者词语；有没有发现文中特别要注意的字或者词语；

有没有发现7、8两节和6、9两节的关系；

有没有发现作者想表达的情感或者观点；

有没有发现文中一些好的写作方法；

有没有发现课题好在哪里，有没有特别的地方；有没有发现文章中心句；

有没有发现作者从哪些方面对法布尔的形象进行塑造的；

有没有发现文中和课题有直接关系的句子；

有没有发现文中开头和结尾句子的特点或者作用；

有没有其他发现。

上述问题，教师可以打印给学生，每人一份（小五号字即可，一般一张纸上可以打印4份，一个班7张纸足矣）便于学生在完成"袋袋本"时参考。

2. 有了这些问题，可以让学生在我发现、我想问、我探究三个环节各选两个引导角度去自学；基础较弱的选一个就可以。有些内容可以让学生借助工具书和网络解决。（这样的少量打印可以在校内打印，也不必每课都打印）

3. "袋袋本"中的"我想问"和"我探究"两个环节，教师可以让学习强的学生提前汇报自己想问什么，想探究什么，给他确定问题和探究的主题，并告诉他们探究的方法，其中百度是一个重要的学习途径。我们成人很多不懂的东西不也是从百度上查来的吗？让我们的课堂上出现有质量的发现，有质量的问题，有质量的主题探究；培养出班上的一部分个性化学习的"领军人物"，让他们成为同学们效仿的典型，以点带面。虽然一开始教师对"领军人物"的牵引会多一些，但是扶一扶是为了放手，只放手不扶植那叫自然生长，只能望天收，我们不能望天收。

学校：南京市青云巷小学

校长：刘　敏

执笔：陈　青　刘　敏

培养每一个学生的自主、合作、探究的学习能力是小班化教学的优势之一。如何通过课堂中教师巧妙的启发、激励,让学生积极地参与课堂、参与小组中的合作互动,通过师生合力,优化课堂教学效果呢?

合 作 启 学

一、内涵

合作,指多人一起工作以达到共同的目标。合作要合力、合心,更要合璧,也就是发挥 $1+1>2$ 的功能,让参与合作的每一个都获得成功的体验。

著名教育家孔子有句名言:不愤不启,不悱不发。启发的教学思想与方式,是中华教育宝库的经典。学校立足于启发式教学思想,以自主、合作、启发、探究为重要标志,探求一种课堂教学新模式。课堂中以"启"在关键处为核心,以"会学"作为评价教学的出发点与归宿,关注通过合作的方式启发学生的学习,以启学的思想促进学习中的合作。关注"合作·启学"中每一个人的态度,每一种资源的使用,更关注合作过程中同伴间分享、互动中的相互启发、相互学习、共同提升,从而达到改进教师"教"与学生"学"的目的。

南京山西路小学合作·启学教学策略模式示意图

二、背景

原山西路小学建校于1955年,深厚的文化积淀造就了学校特有的文化和神韵——"合"。"合作·启学"这一核心思想源于学校的"合"文化。"合",甲骨文中为"合",像盛饭的食器,上部是盖子,下部是食器底。"人",位于"合"的顶端,在小班化教育背景下的"合文化","人"是最重要的因素。"合",一人一口,口不同,声不同,要关注每一个教育与受教育个体的独特性,激发各自独特的潜能;"合",既是一人一口,又是多人一口,发展个性的同时也要学会与他人协作配合,相互融合,实现共生共长。学校中的"人"是个体也是群体,"人"的

"共生共长"是学校教育的核心价值观。

自然界有这样一种现象:当一株植物单独生长时,显得矮小、单调,而与众多同类植物一起生长时,则根深叶茂,生机盎然。人们把植物界中这种相互影响、相互促进的现象,称之为"共生效应"。人类群体中也有"共生效应",英国卡迪文实验室从1901年至1982年先后出现了25位诺贝尔获奖者,便是"共生效应"一个突出的典型。

学校教育中的教师与学生,结成了一个相互促进、相互学习、协同进步、共同成长的学习体。在这个学习体中,教师的成长促进学生的成长,学生的成长,也必然促进教师的成长和进步。基于"学",突出"启",引领教师追求"合作启"的精彩,引导学生感受"合作学"的快乐,共同成长,享受幸福。

三、操作

(一)合作启学类型

1. 情境型合作启学

指教师在课堂教学中充分利用直观形象的具体材料,创设问题情境,激励学生主动参与小组合作,达到发展学生,实现教学目的。在教学过程中,不但要体现现有教科书中学生感兴趣的内容,还要寻求教材以外内容和学生喜闻乐见的东西,切入情致,创设情境。通过情境创设的方式,为师生、生生之间的互动搭建平台,使所教内容中的重点和难点不攻自破。

2. 问题型合作启学

指教师在教学前明确对整节课的学习具有统领作用的问题,围绕这个问题进行教学。课堂教学中,学生进行发散性思维,并最终将问题的答案在合作小组中进行整合。问题型启学课堂教学方式要始终围绕着所给问题进行,学生合作的切入点在于交流各自的思考成果,在交流的过程中进行思维的碰撞,从而进一步完善问题的答案。这一类型的教学目标在于交流而并非解决问题,所以应该避免学生盲目交流,忽略自己独立的思考,教师在参与合作学习时,需对这一点进行细致的观察与指导。

3. 任务型合作启学

即在教学过程中,制定一个或多个任务,学生通过小组合作来完成,激发学生的参与兴趣,从而达到了解、掌握、运用所学技能的目的。这样的教学方式中,教师设计互动化的任务环境、多样化的课堂任务,控制好任务的难度,掌握任务布置的频率,留给学生汇报的时间,在教学过程中当好任务执行顾问。学生通过表达、询问、沟通、交涉、协商等多样形式来完成明确、具体、可操作的任务。这种教学方式既注重学生在执行任务过程中的能力培养和在完成任务过程中的交流活动,又强调教师让学生在完成任务的过程中,通过交流来学会知识与技能,学生个人的经历是任务型启学课堂教学方式的重要因素。

4. 思辨型合作启学

是通过课堂教学,提供话题,引导学生学会主动思考问题,让学生主动去发现、去探索,去探究事物的答案,直至"柳暗花明又一村"。这种教学方式强调不同观点的碰撞、对话和融合,深化教学内容,拓展教学知识。思辨型启学课堂教学方式将课堂预设和生成有机地结合起来,激发出学生创造的火花,使课堂变得更生动,同时它也将教师主导与学生自主有机地结合,让学生在竞争与合作中提高逻辑思辨能力以及民主意识。

5. 活动型合作启学

是根据小学生活泼好动、好奇心强、表现欲强、善于模仿、乐于参与等生理心理特点,从学生实际的认知发展水平出发,在课堂教学中营造一种轻松的学习氛围,让学生感受学习的乐趣,减少他们心理压力的一种教学模式。这种教学方式要求教师依据特定主题设计、组织开展教学互动活动,活动注重形式多样,趣味性强。学生在活动中学会如何与他人合作、分享,通过亲身的体验、感悟,掌握知识和技能。

6. 竞赛型合作启学

是以小组合作的形式,展开小组之间的竞争。学生好胜心强,为了小组的利益,他们群策群力,切磋学习,取长补短,增强了小组间的凝聚力。同时,通过竞争,学生认识到了自身与别人的差距,产生对知识的渴求,激发博学的意识。竞赛型的课堂教学,为学生提供一个竞赛的平台,把学习主动权还给学生,极大限度地激发学生的主体意识,迅速提高学习效率,培养学生竞争和合作的意识。通过组织竞赛小组、制定竞赛细则、竞赛过程实施、总结评价,把课堂还给学生,学生在竞赛中感受成功的喜悦,收获更多的知识。

教师可根据自己的特长,选择研究内容,参与深入的实践研究中。

(二)"合作启学"载体

策略的实施需要载体,"启学卡"因此应运而生。"启学卡"是教师依据教学目标,为突破学习重难点,达到启迪学生学习兴趣,指导学生实践感悟或是引发深度思考,而预设的一个特定的教学载体。这一载体,主要发挥着启发、诱导、促进学生学习的媒介作用,它可以伴随学习的整个过程,也可以在学习的某一环节使用。"启学卡"作为一种技术辅助手段,让"合作启学"从无形的理念,变为有形的策略,并帮助教师和学生最终形成内化的合作教学和合作学习的能力。教师根据教学内容的需要,以"启学卡"的形式,在教与学的各个环节中,进行有效的引领和有机的渗透。

1. 预习型启学卡

预习是一堂课的开端,是学生自己摸索、理解的自学过程,也是上好课的重要环节。不同学科可以根据所教学的内容进行预习型启学卡的设计,内容要简约,即目标明确,要求简洁,程式简单,要充分发挥其导读、导思、导疑的功能,让学生在轻松愉快的氛围中进行自主学习、独立思考,自觉质疑问难。

预习型启学卡的内容可结合学科特点制定,一般包括四个方面:预习方法和预习内容(也可以提示复习新课相关知识),明确预习任务和预习结束位置。预习方法和要求应在小标题中体现。当然,设计的内容要求可以灵活多样,可以是每一个学生都必须完成的,也可以加入组内成员分工协作完成的。这种类型的"启学卡"中体现课程的教学目的、要求,形式要灵活多样,语言表述要规范,要充分体现教师的指导性,同时要考虑到评价的方式。语文学科,每篇课文或每个单元设计出一份"预习型启学卡",数学和英语学科,每一个单元设计一份"预习型启学卡"。

如低年级语文教学,可以着手培养学生的预习习惯。但孩子年龄小,没有掌握必要的预习方法。"预习型启学卡"就应运而生了。

> 预习型启学卡：
>
> 我是预习小能手
>
> 1. 课文我已读（　　）遍
> 2. 书后描红我已（　　）完成
> 3. 扩词表我已读（　　）遍
> 4. 读了课文，我还有这些词语不明白：（　　　　　　　　　）
> 还有这些问题不明白：（　　　　　　　　　　　　）

简洁的设计令人一目了然，对于学生有效预习的帮助也是不言而喻的。

一位体育老师在教学"后滚翻"时，有这样一个环节：学生根据教师的讲解示范，分步学习后滚翻。然后找到图释，认真阅读动作的要求和方法，按照要求自己练习。教师在出示"示意图"前，特意卖了个关子——老师辛苦找来了一份武功秘籍，有了它，成为后滚翻高手就不在话下了。学生的学习热情顿时被点燃，这时，老师适时地拿出"预习型启学卡"，学生立刻细心地阅读着、比划着，学习的主动性显示无疑。当然，学习的热情也是高涨的，效果更是良好的。

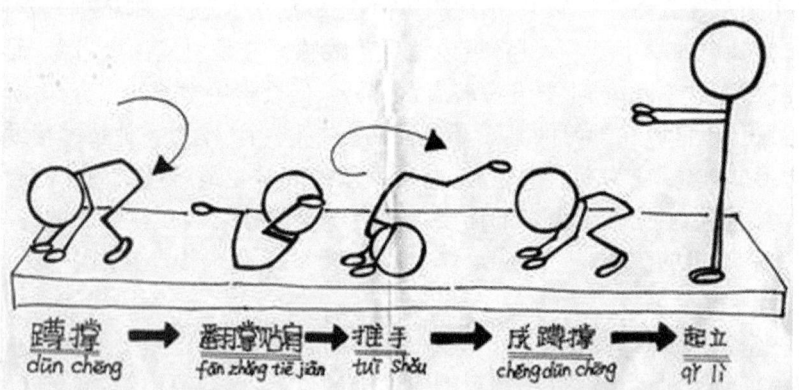

古人云："凡事预则立，不预则废。"工人建房要备料，农民耕作要备耕，军队打仗要备战，学习也是如此。教师讲课要备课，学生上课更要备学，这也就是预习。预习在学习知识的整个过程中有着不可低估的作用，是学习知识的一个重要环节。而"预习型启学卡"为学生扎实有效的预习提供了依据和帮助，为学习新知识扫清障碍做好准备。

2. 问题型启学卡

"学起于思，思源于疑。"质疑、析疑、解疑是一个系统工程，是环环紧扣的。"问题型启学卡"囊括质疑和解疑两部分内容。质疑部分可以是就学习内容中的一个问题的质疑，也可以是多个问题，语文中的一句话、一个段落，数学中的一道题、一个方法，英语学科中的语法、单词等。"质疑型启学卡"要留白部分，让学生通过思考，及时记录困惑，便于交流。调动学生学习、思索、答问的积极性，发展学生的创新思维能力，使学生真正成为学习的主人；质疑，也最能发现学生不懂或不太懂的地方，以便教师给予有的放矢的辅导，从而收到举一反三的效果。解疑部分则是让学生小组交流，合作学习，共同研讨，发现途径，找到解决方法，并将体会及时动笔记录下来。在解疑部分中，教师可在启学卡上提供一些简要的要求、方法指导的小窍门，以便学生更好地分析问题、解决问题。

二年级的语文老师在执教《蚕姑娘》一课时,出示了这张启学卡:

睡眠	睡前的样子	生长过程	醒后的变化
第一次	又黑又小	吃—（　）—（　）—（　）—变	变黄
第二次			
第三次			
第四次			

这张启学卡贯穿于整堂课的教学,卡片上设计的问题,有的围绕重难点及时反馈了教学,有的为学生自主学习课文提供了依据,还有的在教材基础上进行了拓展。这样有坡度的设计,很好地为学生学习提供了帮助。

3. 练习型启学卡

启学课堂不仅要教给学生知识,更重要的是让学生掌握学习的方法。"练习型启学卡"可以使学生学以致用,灵活掌握所学的知识。"练习型启学卡"的内容可以是对新学知识的巩固、应用,可以在课堂学完一个新知之后出示,也可以在刚开始学习时作为复习之用。各学科教师在设计此种类型启学卡时,要注意内容精炼,选择具有代表性的题目、任务,让学生通过练习进行旧知的回顾,新知的练习巩固。

这是一位一年级语文老师在课堂上通过大屏幕呈现的启学卡:

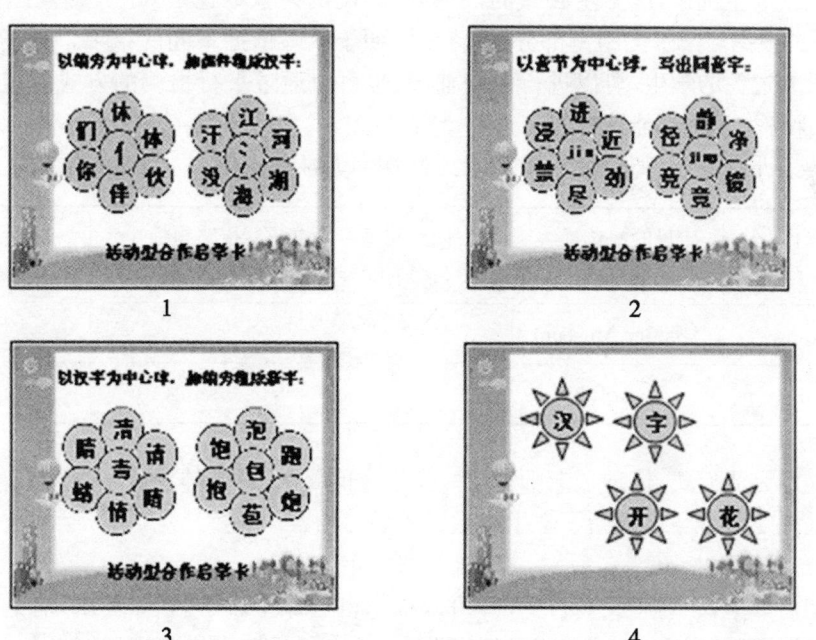

艳丽的色彩,花瓣的造型,绝对吸引学生的眼球。一年级儿童,识字刚刚起步。作为语文老师,在识字教学过程中,激发学生的兴趣,开发学生的潜能显得尤为重要。尤其是在复习阶段,对于六岁的孩子来说,不断地听老师讲课是枯燥的,不停地埋头练习也是乏味的,这时,不失时机地穿插"汉字开花"的游戏活动,让课堂40分钟实现高效成为了可能。

汉字开花的启学卡，位于花瓣里的"中心球"可以是一个偏旁，以偏旁为中心球，加部件组成汉字，学生围绕"中心球"展开联想，从而发展思维；可以是汉字，以汉字为中心球，加偏旁组成汉字；还可以汉字为中心球，尝试扩词。活动的全过程紧扣启学卡，完全是以游戏的方式进行的，学生思想上没有压力，学习情绪和学习效率都很高。

随着学生年龄的增长，知识的丰富，开花内容还可以千变万化，比如说以音节为中心球让学生去找一找同音字，这样的游戏让学生在快乐的活动中增强了对形近字、同音字的辨析，效果良好。其实，花瓣还可以向外延伸，融入词与句的训练。在活动过程中，伙伴之间可以互相邀请，小组之内可以进行合作，小组之间可以展开竞赛，师生之间可以点兵点将。学生在合作中相互启发，在启发中又更好地合作，学生通过活动共同进步。所以，每次在课堂上开展这个活动，学生总是兴致盎然。

像这样，基于学情的启学卡，采用丰富的练习形式，着眼于学生，服务于课堂，立足于有效，方才有存在的价值。

4. 检测反馈型启学卡

检测在测评学生的课堂学习效果中扮演着极为重要的角色。它是课堂教学中使用最多、最经常、最便利的方式，也是学生学习情况的一种反馈方式。"检测反馈型启学卡"可以让教师更好地了解学生对于知识的掌握情况，便于教学设计的调整。"检测型启学卡"的内容可以进行分层设计，根据班级学生的学情设计不同的内容，包括基本题、提高题和深化题三大类。基本题面向全体学生；提高题是供学习困难的学生选做，中等生和优等生必做的；深化题是供中等生选作，优等生必做的，三类题的比例为基本题占 85%，提高题占 10%，深化题占 5%。根据启学卡的检测部分进行反馈，便于教师依据不同的结果，采用不同的矫正措施。对没有过关的学生，可以进行个别辅导，也可以通过平行检测的方式肯定、鼓励达标的学生，确保各类学生都能达标。

这是英语课堂上，老师设计的有关课文表演活动的启学卡：

角色选择 （请打√）	目的地选择 （请打√）	问路句型 （请划出）	指路句型 （请划出）	交通方式选择 （请填写）
Yang Ling	History Museum			
Mr Smith	Post office			

选择性的完成方式，体现了老师对每一位学生的尊重，对个体差异的尊重。内容的设计又恰到好处地复习、检测、反馈了学生当堂课的学习内容。

5. 综合型启学卡

综合型启学卡，顾名思义，就是教师可以根据自己课堂教学内容、要求，有选择地将"预习型启学卡"、"问题型启学卡"、"练习型启学卡"、"检测反馈型启学卡"中涉及的内容、板块进行有机整合，以达到使学生更有效地掌握知识、活学活用的目的。

在六年级的一节语文课上，老师出示了如下启学卡：

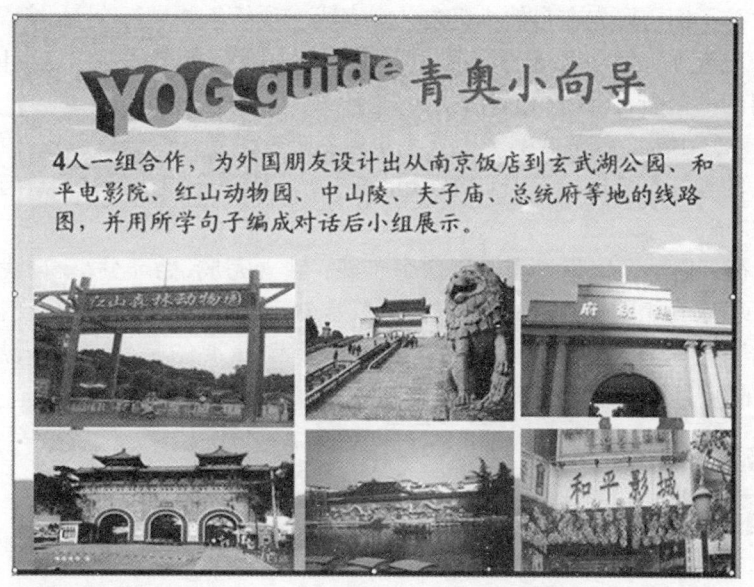

1.	阅读"船长……黑色的雕像……沉入大海"一段,你觉得船长还可以有别的选择吗?如果有,那是什么?
2.	为什么哈尔威船长要与"诺曼底号"一起沉入大海,你能理解他的做法吗?说说你的理由。
	注意: ① 先自己思考这两个问题,如有需要可以简单记录一下自己的观点。 ② 将自己的观点与小组同学交流。 ③ 如对其他组员的观点有补充或不赞成,可先记录,待他人说完后再发言。

　　细细阅读启学卡,不难发现:老师的问题很尖锐,颇具争议。试想,在课堂上,当富有个性的学生聚集在一起,由于各人的起点、观察问题的角度不同,研究方式、分析问题的水平不同,由此,也会产生种种不同观点和解决问题的办法。通过小组间的合作、比较、对照、切磋,就会有意无意地学习到对方思考问题的方法,从而使自己的思辨能力得到潜移默化的改进。课堂的讨论在启学卡的牵引下,有条不紊地展开,学生在思维的碰撞中感受到船长的人格魅力,也是对自己心灵的一次净化和升华。

　　知识的传授,需要激发兴趣,但扎实地掌握,包括能力的培养,仅有兴趣是远远不够的,更需要扎实的训练。新课程标准关注学生自主学习能力的培养,可小学生年龄小,学习能力有很大的局限性,这时,老师以"启学卡"贯穿在教学过程中,让学生的学习有章可循,及时反馈,可以有效地调控课堂教学,让课堂上实现更多精彩的"生成",让"预设"实现最优化,让学生的收获在四十分钟内达到最大化。

　　无论是何种形式的启学卡,它的核心应该是服务于教学内容,作用于突破教学重难点,是为学生铺设台阶、降低难度、打开思路、体验探究过程的一种有存在价值的凭借。课堂教学的"启"点就应该在这些地方得到体现。

（三）合作启学范式

　　合作启学策略的推进仅靠载体是不够的,还需要形成范式,才能为推进做保障。

　　范式一:互动共享。该范式需经历五个步骤:明确任务、独立完成、组内交流、组际互动和反馈评价。孩子们需要先在自然小组内独立完成一项任务并进行交流,接着组际间互动,记录、判断、补充或评价互动组每一位组员呈现的学习内容,分享启学。这样的方式打破了原有正式小组间的壁垒,让课堂充满活力。

范式二：专家小组。该范式需经历三个步骤：选择任务、进行研究、主题汇报。孩子们需要根据自己的喜好直接选择专项研究小组,与一群志同道合的伙伴共同进行专项研究、探讨,最后全班交流。

范式三：循环启学。该范式需经历四个步骤：独立完成、循环分享、自我完善、交流提升。每个孩子领取到相同任务后先独立思考完成,然后在自然小组内循环交换,学习借鉴,最后修改完善自己的思考。没有人能够支配他人思考,重要的是,当一个人想法穷尽的时候,看看别人的想法,可能会启发新想法的产生。

四、案例

【案例一】互动共享范式

苏教版二年级上册《7的乘法口诀》(提供者：刘霞)

1. 明确任务：自然组内每一位成员学生根据兴趣、能力,自我选择学习任务,从不同层面独立完成关于7的乘法口诀练习题的设计,如：变式、拓展练习、综合运用等;

2. 独立完成：学生独立完成学习任务,教师进行个别指导;

3. 组内交流：自然组内四人,交换思考其他组员的问题,相互学习分享,借鉴组内组员的智慧,纠正、修改、完善各自的学习任务;

4. 组际互动：选择同一类型任务的孩子聚集在一起,形成同质分组,每个学生带着原自然组形成的意见在大组中交流,形成某一类问题的统一意见;

5. 反馈评价：教师对学生两次组内研讨后,要及时进行反馈,善于对学生生成的问题有针对性地进行追问。不仅有教师的评价与追问,更有学生间的生生互评。

【案例二】专家小组范式

苏教版五年级上册《清平乐·村居》(提供者：朱琳)

1. 选择任务。学生根据自己的喜好,选择进入"我来诵、我来写、我来画、我来说"学习小组,明确学习任务。

2. 进行研究。根据专题小组的学习要求独立思考,共同探讨,分工合作完成学习任务。

3. 主题汇报。各专题小组自行选择汇报形式将学习成果向全班汇报。

【案例三】循环启学范式

苏教版四年级下册《单元折线统计图》(提供者：杨生贵)

1. 独立完成。全班学生领取到相同学习任务的启学卡后独立思考,完成根据两幅统计图提出问题并解答的学习任务。

2. 循环分享。自然小组内按照序号循环交换启学卡,用简洁的符号进行评价,直至拿回自己启学卡为止。

3. 自我完善。从分享中得到启示,完善自己的学习思考。

4. 交流提升。大组交流,教师以适时的问题促进深度思考,总结提升。

(执笔：南京市紫竹苑小学　姜　玲)

追问，在大多数老师的印象中都是在课堂中对学生的追问，对文本的追问。但学生才是学习的主体，教师作为引导者如果能给予更多让每一个孩子自主思考、互动追问的机会，是否这样的课堂会更生动精彩而扎实有效呢？

追问每一个

一、内涵

"追问"这个词最早出现在南朝周弘正的《和庾肩吾入道馆》中："逆愁归旧里，追问斧柯年。"其在字典中的解释是：追根究底地查问，多次的问。由于字典注释只简单点明追问的目的和片面强调追问的次数，以致不少教师刚接触"追问"这一名词时，仍然将视角投向教师对学生的追问，教师对文本的追问。这样的追问始终受制于教师，其导致的结果往往是教师准备十分充分，投入大量精力，而学生仍处于被动状态，对教师的讲解囫囵吞枣，很难真正全面参与到课堂的学习活动中来。

因此，海英小学在追问课堂的研究过程中不断思考、提炼追问的内涵——"追问"作为新学习方式的体现，是指学生在学习过程中，结合教师的适时引领，以自主交流为主要方式，在小组和班级内提出问题、讨论问题，产生集体的智慧与碰撞，形成学生"主动思考""敢于提问""善于解惑"的习惯与能力。

随着追问课堂内涵建设的不断深化，逐渐形成了全面立体、操作性强的规划设计与模式步骤。

二、操作

（一）课堂实施

1. 丰富一个载体，课前自主"悦问"

海英小学自主设计了数学、英语学科的"追问研习单"以及语文学科的"追问深思本"。"追问研习单"分为"我来问""我来发现""我来总结"三个板块；"追问深思本"分为"学有所思""学有所问""学有所研"三个板块。

其中，"思"的板块主要展示的是学生课前自主学习的所思所得（它涵盖了字词的学习、资料的搜集、习题的演算等等），"研"的板块主要展示的是学生就自己感兴趣的问题进行探寻发现、梳理解答的过程（它可以是质疑思辨，可以是诗文创作，可以是绘图制表等等）。而"问"的板块是核心板块，它让学生学有所依，问有所依，并通过这一板块将自己内化的、模糊的问题明晰起来，这既是课前预学的展示，也是课上交流的载体。

2. 简化三个步骤，课堂多维"追问"

1）第一步：呈现"源"问题，共同梳理

问题源自学生,这样的原生态问题往往多而零碎,想在有限的课堂中逐一解决是不现实的,但不解决,问题的呈现就形同虚设,毫无意义。因此,教师要关注学生的原生问题,了解每一个学生的学习起点,继而引导学生归类统整问题,就零散的问题找出相同的思维点,顺着学生思考的角度,整合出能体现并涵盖思维大方向的问题。通过处理、分解、归类,让每一个学生问题得到重视,得到反馈,得以运用,把问题变成学习资源。

2) 第二步:小组交流,自主解疑

走向深度学习,就要充分发挥自我学习和同伴互助的作用。因为学生之间具有相近的知识构成、心理习惯、经验积累,在讨论与交流时,交换思想,互通有无,容易引发共鸣,形成相近的认知反应。

在这个环节中,先由学生自己带着问题在学习材料中寻找依据,提取重要信息,尝试回答问题,再通过小组交流,互相评价、补充,打开思路,修正自己的思维和理解,解决自己力所能及的问题。小组的合作交流,催热了思考,找寻了途径,为学生走向广度更大、维度更深的学习做好充分的准备。

3) 第三步:全班分享,师生追问

学生在小组活动中,不断经历着"学"与"问"的转换,有正误、有得失、有深浅、有高低……基于此,学生不仅需要汇报、分享小组学习的成果,更需要带着自己和同伴提出的问题,对学习材料进行延伸、拓展和评价。在"争辩追问"的过程中,积极主动地参与对话,全身心地投入学习,生成师生追问、生生追问,让学生思维能力在班级场域中碰撞实践,实现螺旋式的突破。

3. 拓展无限空间,课后探究"留问"

在师生共同解决问题的过程中,每一个参与者都卷入思维的漩涡,形成了良好的课堂学习生态,学生思维获得多元碰撞,生发出源于教材,但又在教材之外的新问题。这些新问题就是课后留问,留问的方式并不单一,可以是教师留问、小组留问、学生自主留问等等。

课后,学生自主探究,合作研讨:有的评论辨析,有的汇编图表,有的搜集整理,有的迁移运用……"留问"让学生学到的内容不仅仅局限于书本,而是更广阔的世界。

(二)亮点形成

1. 从"线性学习"到"全景式学习"

普通课堂往往是围绕一个问题情景展开学习,教师抛出、解决问题1,进入问题2,然后再抛出、解决、进入问题3……如此推进,逐步进入教学的核心。这种线性的课堂结构往往教学耗时费力,信息渠道单一,孩子感兴趣的、需要解决的问题被忽视了,而追问课堂上,学习方式是全景式的:学习任务整体地置于孩子的学习视野,他们会带着自己和同伴提出的问题,在学习任务中"行走"多个来回,充分调动了学习任务中的多重信息,这样会使全体孩子都卷入到学习体验活动中,构建出更多元、更开放的问号场,形成了更多维、更开阔的学习场。

2. 从"单向被动"到"多向流动"

我们在不少课堂中看到这样的一幕:孩子在小组中,讨论解决的是同一个问题,或是完成教师指定的同一个任务,交流反馈的形式往往呈现的是个体和老师的单向交流,孩子对知识的掌握仍然停留在单向被动的状况。而我们的追问课堂互动方式可以是学生问学生,小组问小组,学生问小组,学生问老师……问题的发出者是多元的,信息的流动是多向的,解决问题的途径是多维的。

3. 从"已经知道"到"还想知道"

"追问"课堂的最后两、三分钟是孩子们"留问拓展"的时间，每个人都可以根据自己本节课的所思所想所获，提出新的问题，让大家课后去思考、探究。"追问"新课堂追求的是用问题点燃孩子们问题的火花，让他们带着小问题走进课堂，带着大问题走出课堂，走向社会。

（三）操作提示

1. 把握追问的契机

追问本身是一种深层次的思维活动，它反映出学生思维的积极、主动和活跃状态，学生试图通过寻找种种线索，由一个问题延伸到另一个问题，重新组织各种知识和经验，达到问题的解决。在这个过程中，新的知识与旧的知识联系，你的问题和我的问题交织，种种解答伴随着质疑，每种质疑伴随着辩护。追问恰恰就是在这些关键的节点上产生的激越的理智活动。因此，教师引导学生适度追问尤为重要。适度的追问是一种技巧，更是一门艺术。

1）在重点处追问，发散思维

把追问点设在教材的关键处、重点处，这样，问题才有针对性、实效性，才能充分调动学生的积极性，使每一个学生都卷入到学习体验活动中，发散思维，多角度、多方面思考。

2）在思维浅薄处追问，高阶思维

在教材最朴实处、易忽视处，把握细节，选择最佳切入点进行适时的追问，可以更好地引导学生思考解惑。在课本中寻求答案，在交流中学会辨析，在表述中得到情感的体验，促使学生的思维向纵深发展，让思考更深入，从而体验学习的快乐和成功感。

3）在理解疑难处追问，启迪思维

把握教材的疑难处、分歧处、冲突处、矛盾处……以启迪性的问题追问学生，激发学生探索的兴趣，引领他们抽丝剥茧，启发他们层层推进，深入地思考探究。让学生在自主探究的基础上，在多维的思考讨论中，作出正确的判断，深化自己的认识。

2. 建构追问的话语体系

随着学习方式的改变，在"追问"过程中，学生学习的自主性和灵活性得以充分体现，作为学习的主体，他们更多地参与到学习中来，这就势必要掌握一些追问的表达方式，形成具有"追问"特色的话语体系（见表1）。

表1　具有追问特色的话语体系

追问意图	追问话语
了解观点	"你是怎么想的？" "你为什么这么说？" "你发现了什么？"
寻求解释	"有什么理由可以支持你的想法？" "你和我的观点有什么不同之处？" "你认为我错在何处？"
寻求支持	"有谁支持我的观点呢？"
寻求方法	"怎样做才能解决这个问题呢？" "谁有更好的办法呢？"
……	……

之所以简要列出一些"追问"的话语体系,目的在于给学生提供一种基本的"示范",换言之,也就是教会学生"追问"。这不是说,学生在追问的时候必须使用这些话语方式,只是说在初期引导儿童从这些角度去思考和追问。也就是说,通过"追问"来达到"了解观点"、"寻求解释"、"寻求支持"、"寻求方法"等意图。当然,这个表格是开放的,只要愿意我们还可以增加很多项。这些"追问"话语与其说是几种语词的形式,不如说是不同的思维方式。学生通过掌握不同的话语形式,便能够学会从不同角度展开"追问"和寻求。随着智慧水平的提高和知识经验的扩展,他们会进一步改组和发展他们的认知结构,扩充具有"追问"特色的话语形式,进而在"追问"中彰显自己的个性。

3. 落实"生生追问"的组织形式

在课堂中,我们由衷感受到,想要真正做到学生间的理解互补,共同进步,必须把学习的权利还给学生,把展示的快乐还给学生,把成功的体验还给学生。因此,落实"生生追问"的组织形式就格外重要。

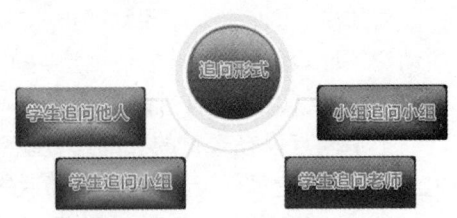

生生追问的组织形式

从图表中可以清晰看出,学生可以就某一问题或观点追问他人,也可以在小组合作学习时追问自己所在小组,或是全班交流时,以小组为单位向其他小组或是教师发问,这种多维度的参与,使课堂生成更为充分。

三、案例

以袁媛老师执教的苏教版六年级下册《夜晚的实验》课堂实录为例

【片段1:交流原生态问题】

师:课前我们整理了同学们提出的 16 个问题,并按照问题指向分成"实验""人物""写法"三类,发现大家对实验类尤为感兴趣(出示问题——)

问题指向	序号	问题	姓名
实验本身	1	为什么斯帕拉捷不先堵上蝙蝠的耳朵?	朱
	2	按照顺序,应该是耳朵在身体之前,为什么斯帕拉捷先用身体做实验呢?	孙
	3	为什么文中说斯帕拉捷认为"这些小精灵一定长着一双特别敏锐的眼睛"?	可、陶、俞
	4	为什么要在夜晚做实验?	施、黄、单、嘉、周、钱
	5	斯帕拉捷为什么要把蝙蝠的眼睛先蒙住?	单
	6	为什么他要用油漆涂满蝙蝠全身?而不是别的东西?	张子恒

师:在针对实验提出的 6 个问题中,有 2 个受到了较多关注,请提出这 2 个问题的同学为我们读一读。

生:一个问题是"为什么要在夜晚做实验?"还有一个问题是"为什么文中说斯帕拉捷认为'这些小精灵一定长着一双特别敏锐的眼睛'?"

师：今天这一课就让我们从这两个问题开始。

……

（设计理念：提问是课堂追问的起点，能最真实地反映出学生的知识基础、学习兴趣、生活背景、前期学习状态水平。上课时将学生最原生态的问题呈现在屏幕上，并在问题后面标注上提问学生的姓名，是对学生的一种肯定和激励，深受学生喜爱。选择一个受关注较多的问题开始学习，既尊重了学生，又将学习的重点引向对"实验"本身的探究，明确了斯帕拉捷在夜晚做实验的目的。）

【片段2：整合零散的问题】

师：刚才我们解决了"斯帕拉捷为什么要在夜晚做实验？"的问题，接下来让我们看看其他5个问题。请提问者为我们读一读。（出示问题）

1）为什么斯帕拉捷不先堵上蝙蝠的耳朵？

2）按照顺序，应该是耳朵在身体之前，为什么斯帕拉捷先用身体做实验呢？

3）为什么文中说斯帕拉捷认为"这些小精灵一定长着一双特别敏锐的眼睛"？

4）斯帕拉捷为什么要把蝙蝠的眼睛先蒙住？

5）为什么他要用油漆涂满蝙蝠全身？而不是别的东西？

师：这么多问题，其实都是围绕着相同的疑问展开的，你们知道是什么吗？（引导学生整合问题）

生：为什么要按照"眼睛—鼻子—翅膀—耳朵"这样的顺序做实验？

师：想解决这个问题，需要我们重新回到课本中来，读读课文的2—6小节，思考：斯帕拉捷当时是怎么想的？边读边画描写他心理活动的句子，然后在小组里讨论一下，派代表汇报。

……

（设计理念：学生的原生态问题太多、太碎，逐一解决时间根本不够，但不解决，那问题的呈现就形同虚设，毫无意义。因此，教师在课前就要关注学生的问题，或加以批注，或当面交流，给予他们前期学习状态水平的及时反馈与指导，在评价指导中学生渐进性地学会提问。同时，教师要分析他们的学习起点，在备课中围绕学生的问题做相应调整，将学生零散的问题加以梳理，找出其中相同的思维点，顺着学生思考的角度，整合出能体现并涵盖思维大方向的问题，同时再次备课，让学生的问题真正走进教师的教案。）

【片段3：抓住关键点追问】

师：为什么要按照"眼睛—鼻子—翅膀—耳朵"这样的顺序做实验？

生：先蒙上眼睛，是因为他以为蝙蝠一定长着一双特别敏锐的眼睛，所以才能在黑暗中灵巧地躲过各种障碍物，并且敏捷地捕捉飞蛾。

生：因为在夜间光线不好，所以斯帕拉捷猜想说不定蝙蝠是根据嗅觉辨别方向的，于是便将蝙蝠的鼻子堵住。

生：同样，因为在夜间看不清，所以即使有翅膀能飞行，也未必能灵巧地躲过各种障碍物，斯帕拉捷才没有一开始就用油漆将蝙蝠的全身涂满。

生：那"为什么他要用油漆涂满蝙蝠的全身，而不是别的东西？"

（这个问题并没有得到解决，有学生再次提出来，众生沉思）

师：关注到"洞察"这个词了吗？翅膀能洞察吗？怎么理解这个词？

生：斯帕拉捷猜想蝙蝠的身体内部有可以感应外界事物的东西，所以"洞察"在这里可以理解为"感觉"。

生：我明白了，用油漆涂满全身，是为了隔离蝙蝠与外界的联系。是不是油漆不重要，也可以是胶水什么的（生笑），重要的是斯帕拉捷要隔绝蝙蝠和外界的联系。

师：你们说得都有道理，可在夜间看不清的情况下，一些动物的听觉尤为敏锐，例如兔子在夜间视力不怎么好，但一点点风吹草动都能听见。那斯帕拉捷不应该更容易想到蝙蝠有可能是靠听觉飞行吗，为什么他仍然把堵住耳朵放在最后的实验中呢？你们发现，蝙蝠躲开的都是什么样的障碍物呢？他们有没有共同点？请大家重点读2—6小节，还可以联系其他段落进行思考。

生：蝙蝠躲开的是树、墙壁等静止的，没有声音的障碍物，它的耳朵怎么能穿透黑夜，"听"没有声音的物体呢？这太不合常理了，所以斯帕拉捷认为听觉在这里起不到什么作用，首先就将听觉排除了。

生：可他最后还是用听觉进行了实验，为什么呢？就是因为他不放过任何一种可能性，尽管这种可能微乎其微，他也要试一试。说明斯帕拉捷是一个认真严谨的科学家，令人佩服！（生鼓掌）

（设计理念："为什么斯帕拉捷要把堵住耳朵放在最后的实验中"，是最能反映出斯帕拉捷考虑周全严谨的一个问题，也最能看出作者在谋篇布局时的用心良苦。但是学生往往不会深究，常会忽视。因此，把这个问题置于小组交流全班汇报的环节中，让生生追问引发思维的困顿，让师生追问打破思维的僵局，引导学生关注到文中"树上或者墙壁上"、"'听'到没有声音的物体"这些短语，掌握联系上下文、抓住关键词思考解决疑惑的方法，学生恍然大悟，为斯帕拉捷周密的思考、敏锐的观察所折服，难点自然化解。）

【片段4：生成精彩的留问】

师：最后，我们来想象一下，假若斯帕拉捷在做最后一次实验之前，他还做了这样一次实验，他把蝙蝠的嘴给堵住了，你们想想实验的结果会怎样？咱们将这个问题留到课外，课后都到图书室去查阅这方面的资料，看看谁最善于思考。

（设计理念：追问这个问题，是想从一个新颖的角度促发学生的继续思考，培养他们对科学探究的兴趣。可能有的学生会认为"嘴堵住了，超声波遭到阻挡发不出去，耳朵接受不到，蝙蝠就会乱飞乱撞"，有的学生则认为"超声波可以寻找地下的矿藏，说明超声波能穿透物体，那么，蝙蝠发出的超声波一定会穿透堵住嘴的东西，蝙蝠还是会自由飞行"……正确答案究竟是什么呢？学生一定会饶有兴趣地自己去查找、翻阅资料的，那么，我们教给学生的不仅仅是知识，还可能在他们心里埋下一颗小小的"科学探究"的种子。）

学校：南京市海英小学
校长：王丽霞
执笔：夏　庆

深度学习每一个

一、内涵

"深度学习"是指课堂教学中,以多维互动为抓手,通过师生互动、生生互动、人境互动等多样的互动行为来完成教学任务,引导学生在理解性学习的基础上,将已有的知识迁移到新的情境中,经历从被动到主动、从简单到丰富、从机械到灵活、从封闭到开放的知识建构过程,促进学生主动、可持续发展的学习。

二、背景

小班化课堂教学是新课改的一大亮点。随着课改的不断深入,新的课堂观不断深入人心,越来越多的教师接受了新教育理念:把教学看作一种"沟通"与"合作"的活动,把课堂看作是对话、沟通、交往、合作、探究、展示的平台,是新认识的生长点,新激情的助推器。教师也意识到应该构建充满生命力的课堂教学运行体系,激发学生学习热情,体现学生主体,鼓励学生探究,高效实现目标。逸仙小学以"多维互动"为抓手的"深度学习"课堂就是在这样的课程改革环境下提出并努力实践的一种教学新方式。它强调学习者在深入理解的基础上,主动提取信息,建构知识的意义。深度学习重视已有经验的激活,重视新知识的学习,重视学习评价,更强调知识的深度加工。

三、操作

(一)熟练掌握深度学习课堂教学"四步"

"深度学习"必须在"多维互动"的学习场中展开和深入,脱离了"多维互动"的学习平台,"深度学习"将成为无泉之水、无本之木。深度学习的课堂有目标指向,有操作途径,有广阔立体的平台,在学额相对减少的小班环境下更易于实践,更容易出成效。这种课堂教学的崭新方式具体如何操作呢?

深度学习的课堂教学分为以下四个步骤(见下图),它们以学生为主体,以学习脑科学为依据,以科学学习过程为线索,前后关联,系统有序,不同于传统课堂中教师带领学生"复习旧知、讲解新知、巩固知识、练习反馈"的过程。

步骤一:预备和激活先期经验

先期经验是学生已经具备的经验,它为学习新知提供了所需的平台和思维图示。学生的知识是借助"脚手架"构建起来的,新旧联结可以使学生对学习的内容掌握得更加牢固,为深度加工提供可能。那么通过怎样的手段来预备与激活先期经验呢?常用的策略有三种:教学"预告片"、课堂"入场券"(将在第二步"获取新知识"中具体阐述)、"船锚"联结。

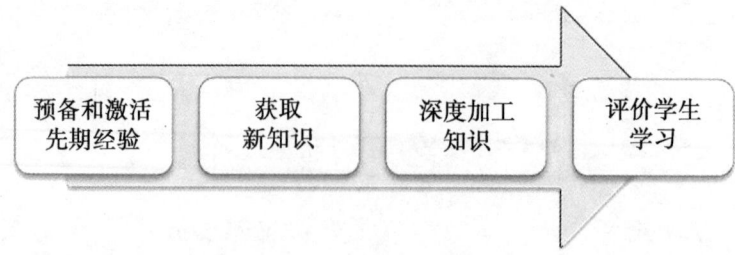

1. 教学"预告片"

电影上映之前,为了吸引观众,总会制作影片介绍或剪辑精彩花絮,作为"预告片"在电影播放之前曝光。这些介绍和花絮常常吸引观众的眼球,让他们十分期待电影的上映并在观影前做足相关工作。教学"预告片"正是这个道理。教师在教学新单元、新知识之前的数分钟、数天甚至数周,灵活采用各种方式,如,阅读书籍、查询资料、提出问题、绘制图画、观看视频等,让学生对未来所学内容或技能有所准备。这种准备可能是弥补学习新知前所需先期知识的盲点,如一年级学生学习《我叫"神舟号"》这篇课文前需要了解"神舟号"的相关知识;可能是唤起对已有经验的记忆,如学习"壮丽山河"主题单元课文前翻阅自己游玩名山大川的照片,回忆当时的情景;可能是对未来学习的内容提出质疑,如学习《雾凇》前希望自己通过阅读能搞清楚雾凇是什么,以及它的形成过程⋯⋯

而这种"预告片"呈现的方式可以是彼此用语言交流;可以是创作一个关于教学单元的交互式布告栏,在教学活动开始前进行展示;也可以是共同观看一段视频,阅读一些资料或者整合一些疑问。

2. "船锚"联结

学习就像船与锚,倘若不希望船漂走,就必须用锚将它固定。倘若老师希望确保学生学习的牢固,那么必须确保学生学习的知识植根在他们已有经验的牢固基础上。引导学生将新旧知识形成联结,是教学第一步中的重要内容。例如:

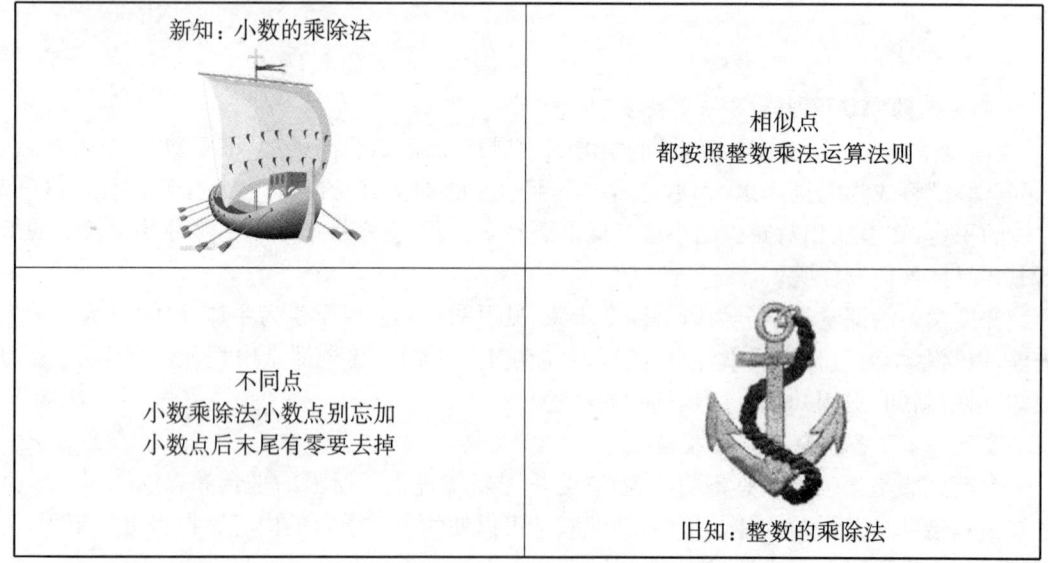

步骤二：获取新知识

获取新知识是在具备先期经验的基础上，构建新知的过程。获取新知以"大脑对信息的组块加工"为理论基础，以学生的"先学"和"多维互动"的合作学习为主要途径和形式，以"形成新的联结"为学习目标。在获取新知识的学习过程中，通常采用课堂"入场券"的先学策略和"多维互动"合作学习策略（本内容将在后文中详细阐述）。

1. 课堂"入场券"

假如把课堂看作一场以学生为主要嘉宾的盛宴，那么，学生是否应该握有参与这场盛宴的"入场券"？他们需要准备"合适的装扮""交流的话题""拿手的节目"甚至"与不同人握手的细节"。这就是我们所谓的"先学"。老师为不同学科、不同的课堂设计出科学好用的"入场券"。不同的学科、不同的学习内容对这张课堂"入场券"的要求当然各不相同。但它们具有一些共同的辅助学生预备和激活先期经验的相关内容。课堂"入场券"中包含"预备和激活先期经验"与"对新知识的初步学习"，进入课堂学习新知前学生人人持券，课堂学习有了准备，多维互动有了实质，深度学习加工才有了保证。

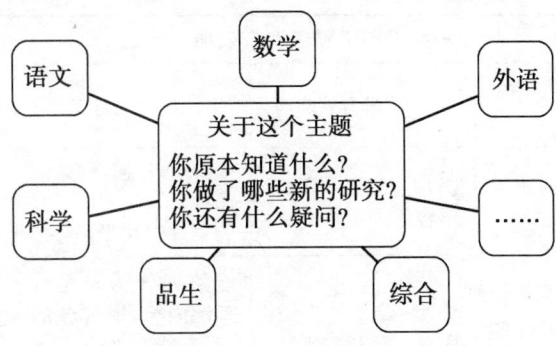

2. "多维互动"合作学习

深度学习课堂的显著特征就是"多维互动"，新知识的获得不再以教师讲授为主，而是通过互动交流完成。教师对知识的单项传递不可能满足所有学生的学习需要，不可能激活所有学生已有的信息组块，不可能帮助所有学生构建起新的知识系统。但"多维互动"的合作学习可能最大限度地满足学生学习需要。在"多维互动"的学习场中，信息的流通量更大，信息碰撞的可能性更高，大脑机能的活跃度更强，学习的情绪力更持久，心理的安全度更舒适，因此，对新知的获取度会更高，占有量更大，记忆度更牢固。以下是教师通过"头脑风暴"列举出"传统讲授"与"多维互动"两种获取新知方式的不同关键词。

新知识的获得不是一蹴而就的。学生不可能在学习的第一时间完全掌握，所以，新知的获取过程必须关注知识的提取、接受、重组。某个新知识的获得过程是从预备和激活先期经验开始，到深度加工，评价学习甚至是课后更长、更久远的一生，所以学习新知不仅要关注单个信息的接收，更需要关注信息之间的联结，信息组块的构建，以及信息的灵活提取。

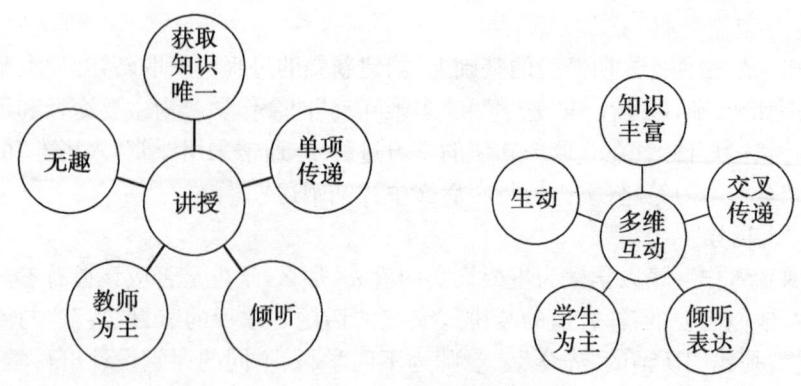

步骤三：深度加工知识

深度加工知识的过程是让学习走向"深度"的一个重要环节。那么如何引领学生走向知识的深度加工？如何判断学生是否进入了对知识的深入加工呢？逸仙小学的课堂引入了"DEEP精细和有效加工"，并以此来引导和评判学生深度加工知识的领域。

DEEP 精细和有效加工				
加工领域	学习表现	学习方式	深度学习结果	相关问题范围
觉知	认识和注意到所学习的相关知识	提取、观察、识别、形容等	提升兴趣，激活思维，为更多组块做准备	关于……你知道了什么？你注意到……
分析到综合	能够分离或合并知识和想法以了解各部分，并将各部分整合成新的整体	分类、综合、总结、比较、联想、对照、排序、演绎、辨别等	能条理分明和充分理解内容，形成新的意见，能联系上下文理解并整合部分，完善整体	你能分步说明吗？它们之间的相同和不同点是什么？我们能怎样组合……和……呢？
应用	实践、运用所获得的信息来解决问题，完善自己和他人	问题解决、迁移、形象化、发明、运用、联想、决策等	能掌握内容和依据，能表演、辩论、扩展、分享自己的理解和运用信息解决问题	你如何证明，你已经理解了这个内容？关于这个内容，你认为可以用来解决哪些问题？
内化	内容，信息以个人的方式内化，产生个人的联结	领悟、整合、反思、批判、个人效能增进	完成日志或博客，能支持或不支持，能指导其他学习者	哪个更好？哪个不适合自己？为什么？你准备如何采纳来提升？

将"DEEP精细和有效加工"融入各门学科不同的教学内容中，通过丰富的"多维互动"的合作学习活动，引领学生走向觉知、分析到综合、应用和内化的深度加工领域。并不是所有的教学活动都要将学生引入这四个不同的深度加工领域，根据教学内容的不同，深度加工的领域也有所不同。例如同样是"秋"的主题，《秋天的树叶》观察作文的指导，我们侧重引领学生进入"觉知"领域，通过观察秋天的树叶来激活思维，提升兴趣；《一片叶子落下来》高年级绘本阅读，我们则更多地鼓励学生将故事与个人联结，领悟和内化关于"死亡"的认识，增进个人效能；《认识"秋天"》科学实践则更多地通过分析找出秋与其他三季的区别，概括出秋

天的特点;音乐舞蹈《秋天》则是让学生运用肢体语言演绎表达对秋的认识和情感。

步骤四:评价学生的学习"评价"是多维互动的"深度学习"课堂最后一步,是教师制定学习目标时就需要考虑的问题。制定学习目标时就必须考虑到如何运用恰当的评价手段和评价标准来衡量学生的学习情况。评价学生的学习是多维度的。教师需要评价学生学习目标的掌握情况,学生作为学习者需要评价自己和同伴的学习过程。通常可以采用即时点评、个人反思、作业和小检测、反馈等方式来评价学生的学习,而在此过程中,老师要将评价的权利更多地交给学生:公开评价的准则,教会学生运用它们,通过互评,学生们对优秀学习过程的特征有了更深刻的了解,他们通过自评将评价标准内化,通过相互的批阅和修改使知识更充分地运用和加工。事实证明,学习伙伴能够给出对方恰如其分的反馈,并在相互评价的过程中提高自己的学习效能。

深度学习课堂教学"四步"中,预备和激活先期知识是学生学习的准备和动力,获取新知识是对知识的先学和交流,深度加工知识是对知识的转换和应用,评价学生的学习是对学习的收尾和延续。它们是相互紧密联系,不能分割,是学习活动的全过程。它们又是相互交织,你中有我,我中有你,是循序渐进的学习过程。熟练掌握深度学习课堂教学"四步",使学生的学习走向"深入",思维发展获得"深度",是逸仙小班化课堂的灵魂。

(二)灵活运用"多维互动"学习策略开展深度学习

围绕深度学习的课堂教学"四步"可以开发一系列科学、易操作的"多维互动"学习策略,让学生通过训练学会选择和运用不同的策略自主开展学习,从而真正学会知识,形成能力。

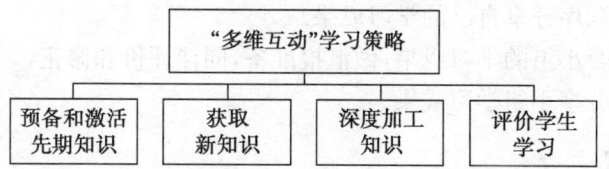

"多维互动"学习策略是以"学生"为互动核心,以"小组"为学习单位,以"深度学习"为目标,以"多维互动"为主要形式的一系列合作策略。以下列举几种常用的"多维互动"学习策略范式:

第一种:"1+1"信息交流策略

合作小组　同桌两人组

合作步骤

1. 学生两人一组,领取一个交流的话题,然后每个学生单独思考相应时间。

2. 一名学生作为主讲者,充分表达自己的观点。另一名学生作为辅助者,对同伴的观点做出评价和补充。

3. 教师随机提问学生,用两人讨论的结果回答。

语言范式

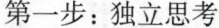

第一步:独立思考

第二步：1+1交流

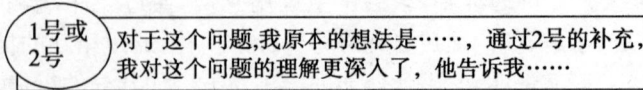

第三步：汇报分享

1号或2号：对于这个问题，我原本的想法是……，通过2号的补充，我对这个问题的理解更深入了，他告诉我……

创新要领：

本策略适用于对深度问题的交流与探讨，"1+1信息交流策略"的创新要领是将两位合作者的分工细化为主讲者与辅助者，训练学生表达与倾听的合作能力，操作时要注意汇报者必须表述两个人的观点。

第二种："4合1"信息组合策略

合作小组　前后四人组

合作步骤

1. 小组领取一个分总或总分式主题学习任务。组长分配学习任务，每人承担其中的一个内容，然后指定一名汇报者。

2. 在小组里按顺序分享自己的学习成果。

3. 由汇报者整合小组的学习成果，做汇报准备，同伴评价和修正。

4. 与全体同学分享小组学习成果。

语言范式

第一步：分工

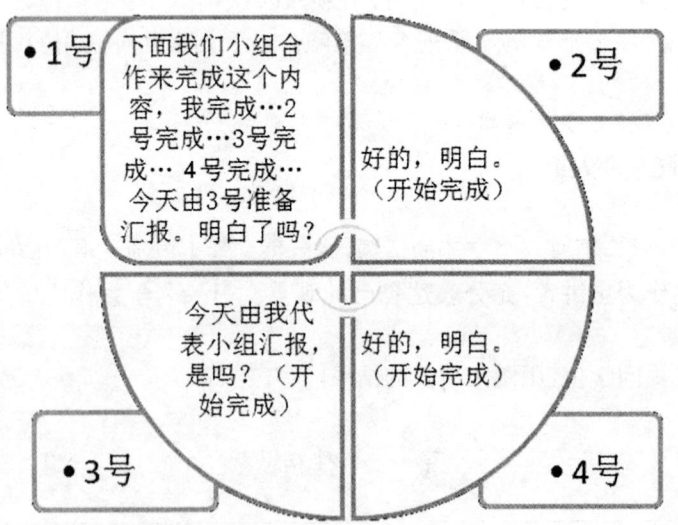

第二步：按顺序分享

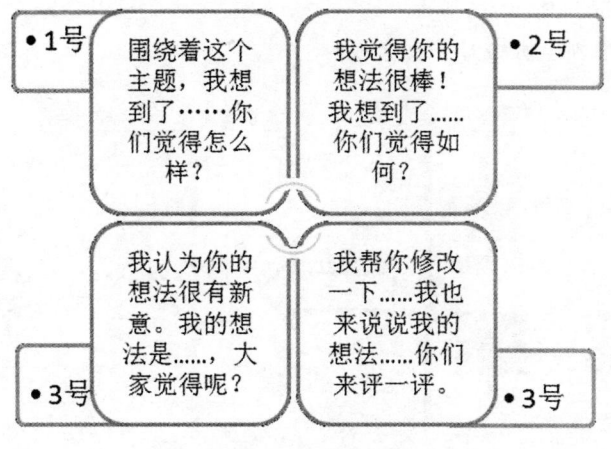

第三步：整合发言

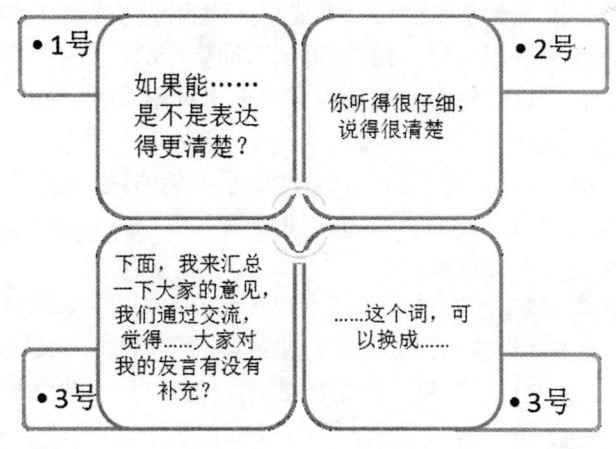

第四步：汇报成果

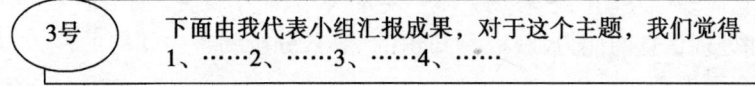

创新要领：

"4合1"信息组合策略适用于围绕一个主题可以分工学习的内容。比如主题：付出就是……，付出就是……，付出就是……，付出就是……。学生很难在短时间内思考出四种不同的答案，通过"4合1"的信息组合策略可以提高学习效率。这一策略的创新之处在于组合了各成员意见，让思维发散开，经历了从总到分或者从分到总的合作过程。

第三种：信息重组策略

合作小组　流动的学习小组

合作步骤

1. 把开始的小组叫做原始组。学生在原始组中运用信息提取策略精细加工一部分信息。比如：《泉城》一课学习中，第一、四组学习关于"五龙潭"的内容，第二、五组学习关于"黑虎泉"的内容，第三、六组学习关于"趵突泉"的内容。

2. 每个原始组中得到不同信息的学生组成新的学习组,在新的学习组中轮流教授自己的专属任务,并进行提问和讨论。

3. 选一组代表带领全班展开深度交流。

重组范式

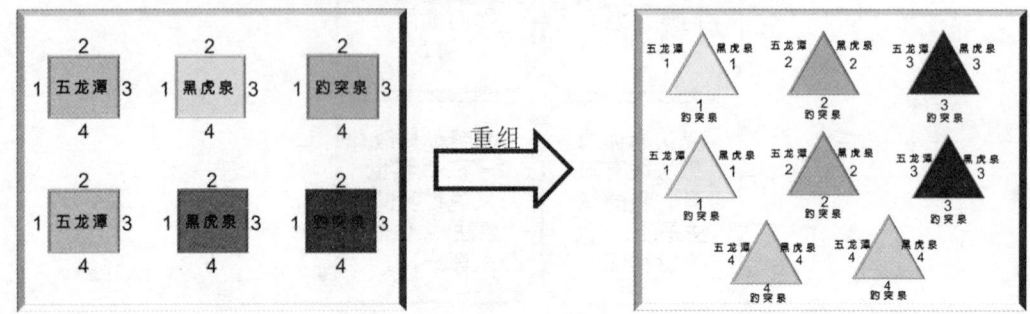

创新要领:

在"信息重组"策略中,原始小组的每一个成员运用提取信息策略获取了一个相对完善的信息。第二步中,学生离开原始组,与其他得到不同信息的成员组成新的学习组,在新的学习组中相互交换信息。这样,每个人就获得了三个相对完善的信息。这是信息多维传递的典型体现。

围绕着深度学习可以开发出更多的"多维互动"学习策略,教师通过训练使学生掌握一系列合作策略,学生就可以自主开展合作,共同走向深度学习。在这个过程中,教师真正成为了学习的组织者、引导者和促进者。

以"多维互动策略"为抓手的深度学习课堂,是逸仙小学新课改环境下小班化课堂教学的创新与突破。它不再把知识技能视为凝固起来的供人掌握和存储的东西,它关注学习脑科学,合理地将学习的过程分成"四步",既相互交织,又逐步深入,并由此建构出新的学习意义。它打破了原有的机械、单一的课堂教学模式,全面依靠学生,调动学生的情绪状态、注意状态、参与状态、交往状态、思维状态、生成状态,由单向信息交流向综合信息交流转变,将课堂创设成一个立体多维互动的学习场。学生主动参与、乐于探究、勤于动手。在这样的课堂中,学生搜集和处理信息的能力、获取新知识的能力、分析和解决问题的能力以及交流与合作的能力得到全面提高。

附:教学案例(苏教版语文第三册《一株紫丁香》——提取信息策略)
……

师:我们种下的这株紫丁香能为老师做些什么呢?下面就请小朋友们来合作学习诗歌的2、3、4、5小节,其中1、2两组学习第二小节,3、4两组学习第三小节,5、6两组学习第四小节,7、8两组学习第五小节。

(出示学习步骤一:自己默读,想一想)

(出示学习步骤二:小组交流,说一说)

李悦:我找到的是紫丁香绿色的枝叶可以伸进老师的窗口,夜夜和老师做伴。你呢?

石舒冰:我有补充,紫丁香的枝叶还可以让老师想起我们小朋友,就像我们在陪伴老师。

董于诚:绿色的枝叶伸进老师的窗口就像在和她握手一样。

孟恬：绿色的枝叶伸进老师的窗口，就是陪着老师，不让老师孤单。

（出示学习步骤三：全班汇报，做补充）

（第一组4号汇报）

孟恬：我们小组觉得紫丁香的枝叶可以陪伴她，老师孤独的时候，它把枝叶伸进去和她夜夜做伴。下一组有补充吗？

王淼：没有太大的补充，和他们的差不多。

师：我们把孟恬说的归纳一下，紫丁香的枝叶可以和老师夜夜做伴。下一组，紫丁香的绿叶可以为老师做什么呢？

（第三组4号汇报）

陶羽：我来代表我们小组汇报，我们小组有这样的想法。绿叶在风中沙沙地响，能为老师消除一天的疲倦。第四组，你们的想法和我们一样吗？

姚宣辰：我们的一样，我们也觉得绿叶在风中沙沙地响，老师就可以听见美妙的声音，就可以帮助老师消除一天的疲倦。

师：我们可以把她们的发言归纳为消除疲倦。

（第五组4号汇报）

杨佳幸：由我来代表我们小组汇报，紫丁香是我们种的，老师看到了树上的小花就像看到了我们的笑脸，我们在感谢老师。第六小组有什么补充？

顾皓天：我们有点不一样，小花就像小朋友的笑脸，老师看了会很高兴，就能想到小朋友对他的关心。

师：我们可以归纳为感谢牵挂。

（第七组4号汇报）

韩琰铭：我来代表我们小组汇报，紫丁香的花香可以飘进老师的梦里，让老师的梦又香又甜。下一组有什么补充吗？

张芝瑾：紫丁香的花香可以让老师的梦又香又甜。

师：我们可以把他们的发言归纳为梦儿香甜。

……

操作点评

上面呈现的案例是在深度学习课堂中运用了"提取信息"的策略开展学习活动的。其重点在于信息的提取与理解，学生的任务是能就自己找到的信息和别人展开交流，从中互相学习，完善提取的内容，促进深度理解。

在分步出示学习要求后，学生的活动更加有序，思路清晰，能有时间自己去寻找信息，能听清楚别人的信息，能进行交流求同存异。

同时，采用每两组学习一个内容，使学生聚焦的点更加的小，能促进学生对一个小点、一个小点地深入挖掘，深度理解。如果一个组的学习是浅层次的，另一个组还可以给予补充，表达自己组不同的意见。

学生在自学基础上进行小组交流，在全班汇报中也能实现小组间意见的交流与补充，对提取信息、优化信息、深度理解有一定的作用。

学校：南京市逸仙小学
校长：吕绍能
执笔：王庭会　章　莉

作业作为课堂教学的延续,对于学生和老师来说发挥着重要的作用。新课程背景下的小班化教学呼唤着一种以生为本,面向每一个的新型作业管理模式的出现。"个性化作业档案"恰是对这一作业变革的很好诠释。

个性化作业档案

一、内涵

个性化作业档案是由教师和学生共同参与完成,师生对不同形式作业进行设计、整理汇编、创造性使用等,整理成电子或者文本的形式,最终形成具有学科特色和学生个体特色的个性化作业档案集。项目研究旨在深层次地挖掘作业的教育功能,以帮助学生形成自主的学习习惯。

个性化作业档案的价值追求:通过作业了解每一位学生个性化的学习轨迹,展示学生个性化的学习内容,发展学生个性化的学习优势。

(一)功能

1. 借助"作业档案"可以反馈教学得失。"作业档案"是一扇窗口,通过它,我们可以窥探教学中的得与失,通过作业档案的建立,不难发现一些带有共性的问题或者个性化的解题方法,为我们及时调整教学策略提供了第一手信息资料,在辅导时会更有针对性。实践证明,通过作业档案的建立,对学生学情的把握会更到位,能及时掌握学生学习中的不足之处并对症下药,对课堂的驾驭会更自如有效,教学质量也将随之提高。

2. 借助"作业档案"可以了解学生的认知特点。"作业档案"是一面镜子。教学实践中我们常遇到有些同学平时学习十分用心,但成绩总是提高不了,通过作业档案的建立,我们可以发现:这类学生基础知识掌握得较好,但遇到题干复杂、内容开放、需要多方面综合能力的题目,解题就会出错,反映出他们综合能力薄弱,需要对综合能力进行有针对性的训练指导;有的学生对题干简单、要求能力较单一的题出错,说明学生的学习品质有问题,如不会审题、不会读图等。这样,老师就能够对学生有比较深入的了解,在以后的教学中,可以针对每个学生的特点,因材施教、个别辅导,提高学生的认知水平。

3. 借助"作业档案"可以改变学生对待错误的态度。"错误也是财富",发现错误才能知道自己的不足。一个错误就是一个盲点,如果对待错误的态度不积极,或者缺乏理想的方式解决错误,错误会在任何可能的时候发生,而且会经常重复发生。所以对待错误一定要善抓、严逮。只有这样,错误才会越来越少。用好作业档案不仅能使学生准确地把握知识点及概念点,改善粗心大意的现象,还能提高思维品质,改正粗心的毛病,准确理解知识,迅速提升学习成绩。

(二) 意义

一是利教。前事不忘后世之师。教师备课时常常回头瞧瞧学生踏错的足迹，通过查阅作业档案，或者直接利用作业档案中经典题目，可以及时在"错误易发地段"提醒学生，使他们少进或不进入知识误区，少走弯路。通过交流学生个性化的解题方法，拓宽学生的思路，经过长期努力，学生的学习质量自然会趋优。同时，也能帮助教师细化教学目标，提高课堂教学的针对性，是减负增效的有效抓手。

二是利学。"作业档案"，记录了学生在学习过程中出现的独特解法或者失误、疏漏、错误以及成果，能够帮助他们学会梳理问题、归纳问题、分析问题、解决问题，从而培养学生养成良好的学习习惯。通过"作业档案"，学生对错题进行分析，仔细寻找产生错误的原因，对典型解法进行分析，总结出方法和规律，扬长补短。"作业档案"不仅注重学生学法，更重要的是培养学生良好的学习习惯，从而有效地提高学生学习质量与水平。

二、背景

1. 个性化作业档案体现了新一轮课程改革的要求。新课程背景下的教学研究和实践，和以往的教学研究模式相比，更加注重弘扬人文关怀，关注人的需要。初中教师要以新课程标准为依据，确立以学生为本、面向全体，重视学以致用、新颖多样的作业观。如何设计、整理汇编、创造性地使用作业？这就呼唤着一种富有活力的作业管理新模式的出现。

已完成的作业是学生的学习产品，产品的质量表明了学生学习的品质，也反映了教师的教学质量。心理学的研究表明，作业对于学生获得学习指导，弥补学习缺漏，对于教师检查教学效果，调整教学方案，发挥着十分重要的作用。

作业档案还能较好地实现新一轮课程改革提出的要重过程这一要求。在建立"作业档案"的过程中，增加了学生的自我反思、自我归纳和批判性思考等评价的内容，还有教师在此过程中的指导等。这些工作就不是简单地把答案更正过来的问题，而是一个过程，是反思的过程，是总结的过程，是批判的过程，也是学生进行心理体验的过程。正是通过这个过程，使学生对学习过程有了更深的认识，从而将知识转化为能力。

2. 个性化作业档案是小班化教学的需求。它体现了小班化教学中"关注每一个"的理念，每位学生个性化的作业档案既记录了这位学生的学习成长轨迹，也反映了每位学生个性化的、多元的、多角度的生长点。教师只有在了解了这些之后才能实施真正意义上的"关注每一个"的教学。

作业档案的建立是小班化课堂教学实施的需要，是突出教学重点、聚焦学习难点的重要抓手，是学生日常学习中常见问题的真实反映。"作业档案"的建立既有利于教师因材施教，又有利于学生带着问题学。是解决学生错题反复错，和找不到解题规律的有效方法。也是避免题海战术，减负增效的有效途径。

南京师大附中新城初中怡康街分校是一所生源层次中等的初级中学。学生对于自己的作业还不能做到主动梳理和自主管理。学校通过"个性化作业档案"的建立和使用促使教师和学生一起系统地梳理作业、分析作业、交流作业、展示作业，促使学生逐步形成归纳、反思、质疑的学习品质。

三、操作

(一) 作业档案的建立

作业档案根据学科特点分为两类。一类是针对理科、体艺类学科作业的学生,由学生收集整理的跟踪式作业档案。这类作业档案是在教师的指导下学生建立自己的个性化作业档案。

具体作法:学生将自己在作业或者测试中的典型解题方法、反复出现的错题,定期收集到作业档案本中,其中部分学科还要求学生将作业进行分类编号(审题、概念、计算、读图……;A_1……A_n、B_1……B_n……)。为了作业档案本能够反复回顾和利用,我们将档案本每页左右对折,一半记录题目,一半记录典型解法、错因分析和正确解法。

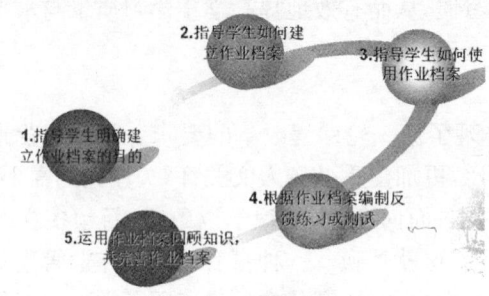

第一类作业档案的建立流程图

第二类作业档案是教师收集整理的作业档案。这类作业档案以知识板块划分,任课教师在班级中收集学生的典型错题和解法汇总到《作业档案汇总表》。然后在备课组内整理、分类,研讨每一类的典型错误和解法,撰写方法解读或错因分析。最后形成系统的具有学科特点的学生作业档案以指导今后的教育教学。

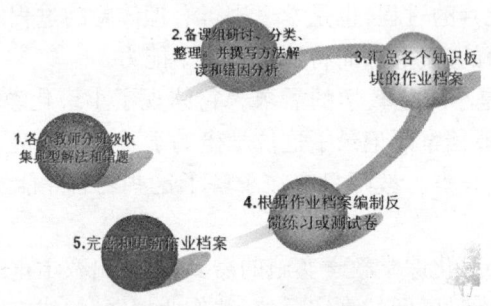

第二类作业档案的建立流程图

(二) 作业档案的运用

1. 教学过程中充分利用作业档案

(1) 教师利用作业档案指导教学。通过作业档案,教师可以更及时准确地掌握每个学生真实客观的学习情况,从学生学习的薄弱环节中了解学生的学习方式和特点,从而进行更有针对性的指导;还可以帮助教师形成对学生合理的教育预期,提出适当的学习目标,选择有效的教学策略。这样,不仅可以了解学生的优势和不足,而且能够认识到自己的教学现状,促进自己对学生学习和教学反思的理解,发现教学中存在的问题并改进教学,促进教师自身的专业发展。

（2）教师利用作业档案指导学生进行相关知识的总结。建立作业档案只是其中的一个过程，而重要的是教师利用作业档案对学生的反思进行引导和教育，并指导学生利用作业档案对有关知识进行总结。有效的措施之一就是分门别类地把平时练习或模拟考试中做错的题进行整理、分析、归类，并对各类错题进行分析和总结，找出解决某一类习题的规律。

（3）教师利用作业档案编制灵活的习题和试卷。对于大多数学生在作业档案中记录的错题，复习巩固练习时教师按照1∶5配题原则进行巩固和强化。1∶5配题就是一个易错的知识点配以5道变式练习或者5道典型题目进行练习，这样的练习针对性强，效果好。教师在阶段性复习或期末复习时，将学生初练错误率较高的题、学生解题模棱两可思路混淆不清题、难过关的综合题、重点题、热点题，在原题的基础上演变、迁移、拓展、延伸，变换条件、增补条件、条件结果互换、颠倒顺序、改变情景、转变角度等，编制成专项的练习题或"周周清"练习卷。

（4）利用作业档案开展个性化辅导。教师针对"作业档案"中的共性问题，作为小组学习、合作探究的重要内容。同时，作业档案中的个性问题，是教师对学生进行个性化辅导的重要依据。教师可以用课余时间，把这些学生叫到面前，让他们当面纠错，抓住学生错误的关键点加以点拨。

2. 学生利用作业档案，进行自我学习

（1）平时经常看，重复做。对待作业档案不只是简单地把错题订正一遍就完了，每周用固定的时间，把本周的作业档案再梳理一遍。错题的回顾一定要按时而且要反复。一段时间之后可以回顾一下这段时间的作业档案，看看有没有重复犯的错误，原来的错误现在还会不会再犯了，进行一个归纳和总结。

（2）考前集中看，做好防范。考前拿出作业档案，把平时自己解题的好方法和所犯的典型错误集中扫视一遍，这样就可以以最佳的状态做好防范。

（3）相互交流，取长补短。每位学生的作业档案是不一样的，总结反思的深度、广度也存在着差异。同学们在课后互看对方的作业档案，通过交流可以从别人的解法和错误中吸取教训，得到启发，以此学习他人的优秀方法以及警示自己不犯类似错误，相互取长补短，一定会受益匪浅。

作业档案是学生整理知识、反思学习的载体，通过作业档案的建立和使用分年级对学生能力的培养提出以下要求：初一培养学生有条理的收集和整理的能力；初二培养学生分析和反思的能力；初三培养学生质疑、批判发散思维的能力。

3. 养成持续利用作业档案的习惯

对作业档案的利用，许多学生和老师不能坚持一贯地使用，所以在利用作业档案时，应当做到以下几点：

（1）明确目的，知道好处。用作业档案，表面上看是学生和教师都增加了麻烦，实际上是为以后的教与学减少了更多麻烦。建立作业档案可以帮助学生培养良好的学习习惯，寻找科学高效的解题方法，提高学习能力，也是教师课堂教学内容选择的重要依据。

（2）抓紧抓实，持之以恒。学生作业档案的利用要有耐心、有毅力、持之以恒，一定要做到：正确的要强化，错误的要纠正。经过一段时间的不懈坚持，尝到甜头后，学生就会懂得"磨刀不误砍柴工"的道理，及时分析整理错题。就能做到上课认真听讲，不懂就问，不留疑点，争取不出现或少出现错题，从而形成学生良好的做题习惯。

(3) 总结方法，训练思维。学生收集自己的作业档案时，总结归纳发生错误的不同类型，分析出错的原因，对症培养解题能力。每周末进行一次解题反思，变反思错题为弄懂错题。既弄清题目的要求，又学会分析错题的方法，学会过程反思，通过反思弄懂问题，训练学生思维的条理性。

四、注意事项

1. 作业档案的建立方法一定要结合学科特点，不同的学科可以采取不同的方式，要把培养兴趣和自主学习能力作为主要的目标。
2. 作业档案的整理要结合学生具体情况，分层要求。
3. 要及时做好评价、展示和交流的工作，彰显小班教学中要突出学生主体性的特征。

五、案例

第一类作业档案示例：

学生作业档案建立和使用说明

一、研究对象：初二(1)班全体学生

二、作业档案形式：学生作业档案，每位学生准备一本作业档案本，按照规定的格式要求录入自己作业或测试中的典型解法或易错题。

三、格式要求：每页纸对折

| 左边：题目 | 右边：解题过程、思路、分析 |

四、题目入选标准

每位学生将作业或测试中的题目进行星级评定，评定标准如下：

维度	描述	星级	备注
综合度	考查单个知识点	☆—☆☆	
	考查2—3个知识点	☆☆—☆☆☆	
	考查多个知识点	☆☆☆—☆☆☆☆	
	综合代数、几何知识内容并考查多种数学能力	☆☆☆☆—☆☆☆☆☆	
难度	容易题	☆—☆☆	
	中等题	☆☆—☆☆☆	
	较难题	☆☆☆—☆☆☆☆	
	难题	☆☆☆☆—☆☆☆☆☆	
特色加星	有多种解法的题目加☆—☆☆		
	自己有独特思路或解法的题目加☆—☆☆		
	自己反复出错的题目加☆—☆☆		

平均两个维度星级并考虑特色加星之后，达☆☆☆—☆☆☆☆☆的题目可入选作业档案。

五、作业档案使用规范

1. 作为平时作业的一项,学生独立、自主完成,两周检查一次,每次至少收录5题。

2. 平时经常看,重复做。对待作业档案不只是简单地把错题订正一遍就完了,一段时间之后可以回顾一下这段时间的作业档案,典型题目再做一遍。

3. 考前集中看,做好归纳总结。考前拿出作业档案,把平时自己好的解法和错过的题目过一遍,并结合作业档案对知识进行归纳和总结。

4. 相互交流,取长补短。每位学生的作业档案是不一样的,总结反思的深度、广度也存在着差异。同学们在课后可互看对方的作业档案,通过交流可以从别人的解法和错误中吸取教训,得到启发。

第二类作业档案示例:

新城初中怡康街分校作业档案汇总表

2013/2014学年度第一学期　　初三　年级　　思品　学科第1期填表人：　施红心

章节(课题)	典型错题或解法	错因分析或方法解读
第一单元 责任 选择题	1. 在家庭中,父母辛勤工作,为我们生活和成长默默无闻地付出,而我们也关心体贴父母,努力学习,分担一些力所能及的家务,这说明责任在社会关系中是一种: A. 角色分工　B. 传统习俗　C. 法律规定　D. 相互承诺 2. "你最大的责任是把你这块材料铸造成器",这是易卜生说的一句话。下列选项中最符合这句话意思的是(　) A. 人生最重要的责任莫过于让自己拥有强健的体魄 B. 只要做对自己有利的事,就不必在乎别人说什么 C. 提高自身素质,不仅是对自己负责,也是对社会负责 D. 人生最大的任务在于做好自己的事,对自己负责 3. "大河有水小河满,大河无水小河干"这一谚语直接体现了：①集体离不开个体而存在　②个体只有紧紧依靠集体,才有无穷的力量　③没有国家利益和集体利益也就没有个人利益　④集体利益比个人利益更为重要 A. ②③④　B. ①②③　C. ②③　D. ①②③④ 4. 下列关于责任感的表述中,正确的是(　) ①慎重许诺、坚决履行诺言是负责任的表现　②承担错误所造成的后果能考验人的勇气　③自觉承担责任要学会反思自己的责任　④自觉承担责任就是要我承担责任 A. ②③④　B. ①②③　C. ①②④　D. ①③ 5. 初三(9)班开展"用绿色装扮地球"的植树节活动,全班同学积极响应并踊跃参加。班级开展这项活动的社会意义在于： ①有利于建设团结的班集体　②有利于营造"我为人人,人人为我"的社会氛围　③有利于保护环境,共建和谐社会　④有利于同学们在承担责任中健康成长 A. ②③　B. ②④　C. ①④　D. ①②③④	第一题错因：学生会把责任与角色的关系和责任的来源混淆 第二题错因：学生对"自己首先应该对自己负责"这句话的理解没有到位 第三题错因：学生对题目干的"大河有水小河满,大河无水小河干"这句话没有真正理解 第四题错因：没有分清"要我承担责任"和"我要承担责任"的区别 第五题错因：没有审清题目中"社会意义"这个限定词

续表

2013/2014学年度第一学期 初三 年级 思品 学科第1期填表人： 施红心

章节(课题)	典型错题或解法	错因分析或方法解读
第一单元 责任 非选择题	1. 材料：略 请运用责任与角色的关系分析小明承担了哪些应尽的责任？ 2. 学校开展"我能为青奥做什么"主题宣传活动。根据班级安排，小明负责到紫金山进行宣传。小明利用周末时间到紫金山开展宣传时发现： 现象1：紫金山爬山市民很多，但是极少有随手扔垃圾的现象。 现象2：部分私家车车主为图方便，直接将车停在紫金山登山道边，影响市民爬山。 现象3：索道上，部分游客作出危险姿势拍照留念，被管理员批评后依然我行我素。 结合上述材料，谈谈我们应如何做一个负责任的人。	第一题错因：① 没有审清题目中对观点的要求："运用责任与角色的关系"这一限定词；② 没有审清对材料的要求：分析小明承担了哪些应尽的责任 第二题错因：看材料时往往会形成思维惯性，只看到3个现象，而把第一段的材料忽略
第三课 国情 选择题	1. 我国基本国情在政治上主要体现在 A. 生产力水平总体还比较低 B. 还处于社会主义初级阶段 C. 科技水平和文化素质较低 D. 社会主义具体制度还不完善 2. 下列关于社会主义初级阶段的说法正确的是 ① 社会主义初级阶段从新中国成立算起，至少需要一百年的时间 ② 社会主义初级阶段就是不发达阶段 ③ 现阶段生产力水平还比较低是我国处于初级阶段的重要表现 ④ "初级阶段"这一国情是建设中国特色社会主义的总依据 A. ①③④　　B. ①②③　　C. ②③④　　D. ①②④ 3. 2011年4月金砖国家峰会在我国海南举行，我国全球竞争力跑金砖五国，我国政府表示，将致力于进一步促进亚洲及世界各国彼此间的互利合作。这表明我国 ① 是当今世界发展最快的国家　② 现代化建设取得巨大成就 ③ 国际舞台上发挥着决定作用　④ 国际影响力日益提高 A. ①③　　B. ②④　　C. ①②　　D. ③④ 4. 实现社会主义现代化和中华民族伟大复兴，是 ① 中国特色社会主义总任务　② 基于基本国情的必然选择　③ 我国生存发展的政治基石　④ 我国发展进步的活力源泉 A. ①②　　B. ①④　　C. ②③　　D. ③④ 5. 中国已成为世界第二大经济体，中国新任最高领导人频繁亮相国际舞台，世界关注中国的声音。我国取得这些成就的原因有 ① 坚持了以经济建设为中心这一兴国之要　② 我国的综合国力不断增强，国际地位不断提高　③ 坚持了四项基本原则这一强国之路 ④ 形成了中国特色社会主义道路和理论体系 A. ①②　　B. ②③　　C. ①③　　D. ①④ 6. 民族平等、团结和共同繁荣，是 ① 我国始终坚持的民族政策　② 我国处理民族关系的一项基本政治制度　③ 由我国宪法和法律规定的　④ 我国处理民族关系的原则 A. ①③④　　B. ①②③　　C. ②③④　　D. ①②④	第一题错因：题目中的"在政治上"的限定词没有看到 第二题错因：历史知识有点欠缺 第三题错因：决定作用和重要作用的说法没分清 第四题错因：政治基石、活力源泉这样的知识没有分清，学生不太能记得 第五题错因：审题问题，本题问的是原因，另外对强国之路的知识不太熟悉 第六题错因：对基本政治制度和处理民族关系的原则没有分清

续表

章节(课题)	典型错题或解法	错因分析或方法解读
第三课 国情 非选择题	材料一：2011年3月14日，温家宝总理回答记者提问时，说道："我们要有忧患意识，始终保持清醒的头脑。同时，又要树立信心，信心就像太阳一样，充满光明和希望。" 材料二：近年来我国GDP年均增长11.2%，2010年我国GDP跃居世界第二位，成为世界经济的助推器。但有研究发现，我国存在经济增长的地耗之忧，即在我国经济快速发展、城市急剧扩张的时期，经济每增长1%，会占用2万公顷左右的农地。 请运用书本所学知识和材料一中温总理的话分析材料二。	第一题错因：① 审题不清，题目中要求运用材料一中温总理的话，没有看清，因此把它当材料来分析
第四课 国策战略 非选择题	如果你是志愿者"小青柠"，请你向外国运动员推荐一件能够代表中华文化的纪念品并说明推荐意义。(5分)	第一题错因：一是所推荐纪念品不能明显地代表中华文化；二是不能作为纪念品，比如有人推荐长城；推荐意义没有运用书本知识

附件：
第二类作业档案汇总表

新城初中怡康街分校作业档案汇总表

___/___学年度第一学期___年级_____学科第1期填表人：

章节(课题)	典型错题或解法	错因分析或方法解读

学校：南京师大附中新城初中怡康街分校
校长：叶旭山
执笔：陈袁凤

儿童是学习的主人，教学应顺应儿童的个性化发展的需要，让每一个孩子乐于学习，学有所得。如何让我们的课堂既符合学生的求知需求，又兼顾教师的课堂教学需要，从而让"每一个"的学习乐在其中呢？

按需乐学

一、内涵

"按需乐学"侧重于学生求知的需求和课堂教学需求，优化课堂教学流程，优化学生学习活动，建构和谐高效的师生学习共同体。激发并顺应学生需求，实现让每一名学生快乐而有意义地学习。

南昌路小学认为课堂的"需"包含以下内容：

1. 儿童学习之需，群体与个体的求知与发展之需；
2. 教师教学之需，对教学目标的制定之需、教学方式的设计之需、教学效果的评价之需等；
3. 课标与教材落实之需，学生与教材之间的融合之需【走进文本、理解文本、感受文本】；学生与教材之间的对话之需【对话文本、对话作者、对话伙伴与老师】；

"需"的基本体现：

空白填补，问题解决，错误纠正，困惑消除

经验分享，知识拓展，优长展示，情感体验

……

目前的学科教学只有整合这三方面的需求，才能彰显学科的韵味，才能让学生体验学习快乐。按需乐学的"需"的体现，它或是一张研修单，或是一个情景的设置，或是一个小组活动的安排。因此课堂教学中，学校力求达到：让学生学"标"所需，学我所需，学中有乐；让教师教"标"所教，教生所需，教中有乐。

"乐"的效果呈现：

1. 学生因有趣而乐——开心
2. 学生因有用而乐——有意义
3. 学生因有得而乐——高效

……

有趣：学习活动中突出儿童化、多样化、活动化。学得开心，学生经历积极的情感体验，师生融为一体,学生积极主动,跃跃欲试。

有用:用在学习中,用在生活中。学得有意义,学习活动紧扣目标。

有得:得知识,得方法,得智慧。学得高效,学习方法、教学手段、学习流程科学合理。

按需方能乐学。"乐"和"需"之间相辅相成,互为关联。乐韵课堂上只有准确地定位"需",才能在有效途径和策略的推动中,达到师生同乐的课堂教学效果。

"按需乐学"是课堂的理想追求。从教的角度讲是以课本为抓手,发现学生现实的学习之需,进而比照课标,而实施兼顾共性与个性的教学。从学的角度讲是以课本为学材,了解现实的求知之需,进而比照教学目标,而实施的个性化的快乐学习。

二、背景

小班教学,其基本特质是班级人数少,进而使教学组织形式发生变化,更能为每个学生提供适合的教育。小班使教学具有更强的针对性,有利于因材施教,促进了师生的互动,有利于学生主动健康的发展;小班化教学提高了孩子的自信。就因为人数少,每个学生就有更多被关注的机会;小班化教学增加了个别教学的优点,充分发展学生的个性。

儿童是教育的主体,是教育的根据地,是课堂活动的灵魂。对于教育者而言,研究儿童的意识与能力不可或缺。认识与发现儿童,了解儿童的渴望,聆听儿童的需要,本是教师的必修课。它超越了具体学科,超越具体的施教技巧,是教育者的第一专业。

让儿童做学习的主人。学习本身就是学生自己的事,是学生个体生命成长和发展的需要,自己的事理应由自己自主决定。当儿童拥有了选择、创造的自主权后,学习就变得自觉起来、积极起来、愉悦起来,儿童的个性也得到充分发展,主体性得到真正的落实。这正是我们所追求的教学境界。

在小班化教育实践的研究和实施过程中,我们发现,当下的课堂教学中文化缺失,一些问题相当突出:

(1)一叶障目。不少家长、学生乃至部分教师片面地认为:知识和技能的获取就是学习的全部,使得教学行为在不知不觉中染上了功利色彩,这种无视学生情感体验的学习活动,自然可能成为学生的负担。这是一种课堂文化的背离现象。

(2)只见树木。部分教师在教学中以教材为中心,就教材来教教材,与学生的生活实际联系不多、结合不紧,限制了学生思维的发散和综合能力的提升。这是一种课堂文化的单调现象。

(3)不识庐山。部分教师过于强化自己在课堂上的主导作用,而弱化了学生的学习主体意识,更是忽略了学生个性发展的需求。这种不以生为本的课堂必然会出现满堂灌、填鸭式的教学行为。这是一种课堂文化的专断现象。

面对现状,我们深刻反思自己的教学行为,并形成了教育共识:我们要建构一种小班教学新文化,让我们的课堂成为学生学习沙漠中的那口水井。

子曰:"知之者不如好之者,好之者不如乐之者。"乐韵课堂核心价值是"乐",意旨让每一名学生快乐而有意义地学习。马斯洛理论把需求分成生理需求、安全需求、归属与爱的需求、尊重需求和自我实现需求五类,依次由较低层次到较高层次排列。而自我实现需求(Self-actualization)是最高层次的需求,包括针对于真、善、美至高人生境界获得的需求,因此前面四项需求都能满足,最高层次的需求方能相继产生,是一种衍生性需求,如:自我实现,发挥潜能等。因而"按需乐学"成了课堂的理想追求。

"按需乐学"课堂文化的实施者是教师。教师处于课堂文化建设的主导地位,因而我们更加突出儿童在课堂学习的心理安全感,营造宽松、民主、自由、积极、和谐的课堂文化,让每一名儿童都能体验到温馨感;最大限度地激发儿童的主观能动性,开发和挖掘孩子们的创造性,力求使得每一名学生都能够得到最佳的发展。具体来说,我们有这样几点共识:

1. *倾听儿童的声音*——儿童掌握课堂"话语权"
2. *下放"玩"的权利*——儿童享有"玩"的"活动权"
3. *提供多种可能性*——儿童掌控活动的"选择权"
4. *创设融合的氛围*——儿童找到课堂的"归属感"

我们充分考虑、尊重不同学生智能的差异性和特殊性,实施最大程度的个别化教育,倡导个性化的教学方式。让每个学生都能以自己的认知方式与学习风格学习,从而使学生强项得到加强,弱项得到弥补,让他们保持对学习的兴趣与信心,获得个人最优化的发展空间。即不是"选择适合教育的学生",而是"创造适合学生的教育"。

"按需乐学"迎合了每一个孩子心灵深处最本真的学习期待,一种最能激活学生潜能的学习艺术。学生的需与教师的需是一种动态平衡,它的最佳状态就是学生的需求与教师的需求有机地融合在一起。即处理好生本和教本之间的平衡,找准学生与教材之间的融合点,处理好生成与应对、收与放、导与学之间的关系。

三、操作

范式之一:基于学生内在需求的"按需乐学"

在现行教材中,有一部分教学内容能够引起大部分学生主动探究的热情,同时学生有自主探究的基础,对于这部分,教学时教师可以充分开放课堂,采取以下范式进行教学活动:

按需学→分类品→个追踪

按需学:学生自己按照自己的意愿进行自主研究的过程,这个过程可以发生在课前,也可以发生在课中。

分类品:教师结合教学重难点和学生实际情况有计划、有目的地品读学生自主研究成果。

个追踪:结合教学目标,课堂上的教师及时跟进和课后对学生学习研究兴趣点的跟踪辅导。

范式之二:基于教师教学需求的"按需乐学"

毋庸置疑,现行教材中真正能引起学生主动研究内需的内容太少。有时所教内容与学生自觉的学习需要相一致;有时可能是学生还没有注意到、没有意识的,但却是儿童必须掌握的,甚至会影响孩子一生。对于这些教学内容,我们可以按以下教学模式展开:

先尝试→分类品→个追踪

先尝试:有目的地安排学生尝试解决新知,了解学生所处位置。

分类品:选出具有代表性的尝试,学生集中品味、解读、甄别、反思,进而达成教学目标。

个追踪：对个别未达标学生进行跟踪个别关照。

范式之三：基于学习效果评价的按需乐学

以上两种都是新授课，然而在教材中，还安排了很大比重的练习课。但在实际教学工作中，许多教师的练习课教学存在着极大的盲目性和随意性。怎样上好练习课，提高课堂教学质量，让学生在练习中也能按需乐学，成为摆在我们面前的一个重要问题。

针对练习课、试卷讲评课、作业订正课等，我们提出了这样的按需乐学模式：

微观察→分类品→个追踪

微观察：体现在教师对学生学习效果的观察上。把学生作业、练习中出现的方方面面问题、现象细化到学生姓名记录下来。

分类品：课堂上把学生练习或者测试中的共性、个性问题展示出来，让学生——品鉴、查漏、补缺和纠偏，从而把学生认知上的偏差消灭于萌芽状态。

个追踪：对课堂上未来得及个别关照的个性问题，教师要在课后作进一步一对一的追踪关照。

四、注意事项

【资源平台】

课堂"按需乐学"主题研究课堂观察表

时间：　　执教班级：　　课题：　　执教者：　　观察者：

项目		课堂观察	我的思考
按需乐学	"需"的体现		
	"乐"的体现		
操作流程	先尝试		
	分类品		
	个追踪		

【提示点】按需乐学是课堂的理想追求。它迎合了每一个孩子心灵深处最本真的学习期待，一种最能激活学生潜能的学习艺术。同时不能因为重视"生本意识"而完全地被学生牵着走，在课堂上如"云中漫步"。对于学生"天女散花"般抛出的问题，老师要有针对性地提炼、挖掘，使之更有利于本课的主题。激发起学生学习的内驱力，要有明确的学习方向。因此学生的需与教师的需是一种动态平衡，课堂上有时学生的需求体现得多一些，有时教师的需求体现多一些。最佳状态就是学生的需求与教师的需求有机地融合在一起。教师备课关键是处理好生本和教本之间的平衡，找准学生与教材之间的融合点。课堂上处理好生成与应对、收与放、导与学之间的关系。

五、案例

案例一

科学学科《鼓的认识》，在上一节课末尾，用"乐乐娃"研修单了解一下学生：

《鼓的认识》"乐乐娃"研修单

班级_____ 姓名_____

一、想一想，写一写

1. 关于鼓你已经知道了什么？你最想研究鼓的什么内容？

二、选一选，查一查

1. 鼓的起源（   ）
2. 鼓的结构（   ）
3. 鼓的种类（   ）
4. 鼓的发声原理（   ）

三、做一做，玩一玩

1. 用纸筒、薄膜等做一小鼓；或用易拉罐（硬）、薄膜做一小鼓，比一比有何不一样？
2. 在鼓面上，放一些米粒；敲鼓，看一看，米粒会怎样？
3. 你能用鼓使20厘米以外纸屏后的小球动起来吗？

课堂分为三个环节展开：

第一环节：按需学

在想一想、写一写中实际是对学生的一次摸底，通过了解学生的已知水平，也可以更好了解学生的需求有哪些，是教师了解学生需求的一个有效手段。

在选一选、查一查中是对学生自我知识水平的一种检验，也是教师有意识地将教学目标从学生无意义的需求或有兴趣的需求到有意义的研究的转化过程，让教学目标更加具体与直接，更好地了解学生的知识层次，为学生课堂有组织地分类品打下基础。

而做一做、玩一玩实际是研究鼓的具体方向，也是着力研究的重点，学生从制作到实验一步比一步具有挑战性。这三个问题看似简单，实际不易，其实后两题影射发生现象的原因或道理，为师生"分类品"和"个追踪"埋下伏笔。

第二环节：分类品

（一）学生合作品析

1. 通过前期研修检查与交流，知道全班同学的选择，准备进行分组合作学习交流。
2. 主要按第二项的内容，自由组合后分成四个大组，进行交流、补充、总结与记录。
3. 大组自主选出代表阐述本组观点，交叉提问，补充与验证。

《鼓的认识》研修单

一、想一想，写一写：
1、关于鼓你已经知道了什么？你最想研究鼓的什么内容？
答：我已经知道了鼓是打击乐器之一，它一般是由两端紧绷皮面的空心、圆筒构成。在木槌敲击时会发出深沉的咚咚声。我想研究鼓的主要分类。

二、选一选，查一查：
1、鼓的起源？（ ） 2、鼓的结构？（√） 3、鼓的种类？（ ） 4、鼓的发声原理
答：手鼓（羌族）是木制鼓框，单面蒙羊皮，它的特点是框后有一弓形横木梁为把手持鼓，右手执藤条杆或云杉木槌敲击。鼓框用铁条制成环状，单面蒙皮，鼓面彩绘，框外多饰彩色线球，木制鼓柄，用弓形鼓槌击奏。

（二）教师引领品味

第三项是对学生动手能力、实验能力的考验，也是对学生分析问题的一种考验。这一项相当一部分同学未能很好地完成，或者只完成一部分，学生的层次逐步体现出来。

1. 提高与拓展：针对第二项的内容进行巩固与提高

向B组提问C组的问题，有无补充等，由个人—小组—全体受益。

从鼓的发声原理到二胡、琵琶、笛子，到所知我校乐器的发声原理。

2. 制作与比较中的引领

教师在题目中只提供了材料，并没有讲解方法。（有个别同学就此止步）很多同学通过画图的方法展现出来。教师可点评，可以请同学主讲方法，辨别哪种方法好。然后教师继续点评。

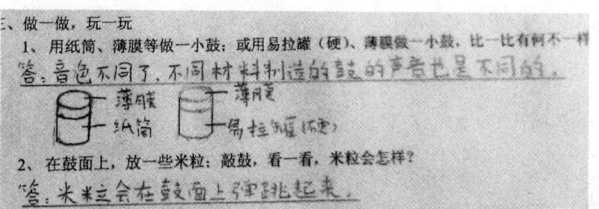

三、做一做，玩一玩
1、用纸筒、薄膜等做一小鼓；或用易拉罐（硬）、薄膜做一小鼓，比一比有何不一样
答：音色不同了，不同材料制造的鼓的声音也是不同的。
薄膜—纸筒 薄膜—易拉罐（硬）
2、在鼓面上，放一些米粒，敲鼓，看一看，米粒会怎样？
答：米粒会在鼓面上弹跳起来。

上课时需要几种不同材质的小鼓，敲一敲，在感受的同时分析鼓声的变化，引领学生知道音色的不同可能和什么有关。

3. 实验与收获，通过表面现象，剖析原理

第三项中的后两项是递进关系，是进一步巩固鼓声原理与声音传播本质。从以上可以看出教师一层接一层，环环相扣，逐步引领学生进行品味，从制作到问题，从实验到反思，从反思到拓展进而完成教学中的"教—需"。这样的过程，同时也符合科学课发现问题、提出问题、解决问题、得出结论的探究过程，如果往深处说也是分层教学的体现。

第三环节：个追踪

从个别问题而突破共性问题，从而达到整体认知水平的提高。

在整节课堂教学过程中，个追踪始终穿插于教学中，并不是单独存在的，而是建立在学生的尝试、学生的品味过程中，紧紧相扣，相辅相成，甚至是画龙点睛。

例1：课堂检查研修单完成情况——鼓的起源：你知道它的起源吗？你怎么知道的？

知道哪些内容？还有哪些同学进行研究？

例2：我们班有哪些同学会弹琵琶？它的发声部位在哪里？你会什么乐器，它的音色和鼓有什么不一样？

拓展：你觉得表现嘈杂的声音应该怎么弹？让人听得很享受的怎么弹？

例3：你能用鼓让20厘米以外纸屏后的小球动起来吗？不少同学说不会，有会的同学吗？你谈谈。距离再远一些？其实这里面有声音是怎样传播的原理。

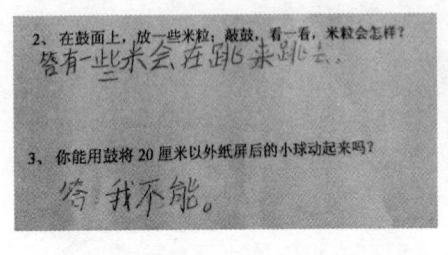 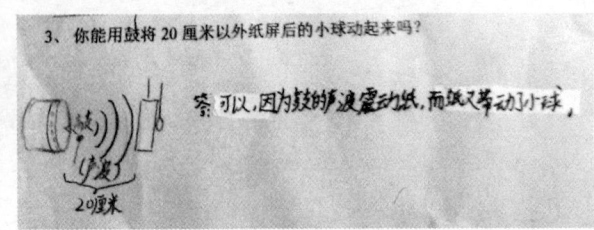

但是学生学习才刚刚开始，课堂只是激活和唤醒，研究还得继续：突破四十分钟时间，突破学校空间，让学生能够继续追随自己研究小专题、小课题。所以必定需要教师个别跟进指导，有的需要课后进一步研究。

基于学生内在需求的"按需乐学"，每一名儿童都是发现者，都是某一专题研究的专家，同时每一名儿童又是渴望分享者，快乐的学习者。

案例二

四年级教学《角的度量》第二节练习课

教师在课前布置了10个角让学生度量出度数。

第一环节：微观察

教师批改、收集、整理、统计学生的正确率，并将学生出现的错误进行逐一分析、归类。

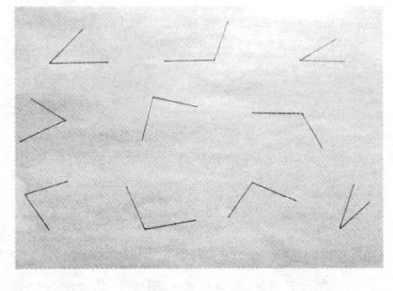

作业情况总结如下：

满分：赵雪荔、余若冰雪、许馨元、秦嘉颖。

1. 量得不准，操作不够规范：政（第2题）；志（第3题）；宇（第7、9题）；元（第6题）；锦（第8题）。

2. 内外圈刻度弄错：悦（第2、4题）；军（第9题）；杰（第4题）；扬（第2题）；洁（第2、4题）；妍（第2题）；然（第2、9题）；文（第2、4、8题）；睿（第2、4、6、9题）。

3. 读刻度时顺序弄反：辰（第8题）；扬（第6题）；悦（第8题）。

4. 不能完全掌握量角方法，错误较多：鹏、函。

所有这些，作为教师都要做到心中有数。

第二环节：分类品

结合双基训练，把错误相同的放到一起集中研讨错误原因，教师及时跟进。

在学生进行角的度量时，所出现的错误主要有三大类：一是量得不准，操作不够规范；二是内外圈刻度弄错；三是读刻度时顺序弄反。事先选取出这三种代表性的作业分发到小

· 244 ·

组里,让学生在小组里进行品读研讨。

老师抛出几个问题:这几个角量得对吗?你知道他们是怎样度量才出现这样的错误吗?学生带着问题,有的用量角器开始测量,有的和同桌开始讨论。这样在品读纠错中提升自己的判断、纠错、表达能力,并自我反省:他在量角中出现的问题我是不是也这样错的?今后应如何避免类似的错误?

第三环节:个追踪

学生知道错误原因订正后,还需要及时地个追踪。练习中共性的错误要再次当堂反馈,然后再观察,再追踪。个性错误要反复个别追踪关照。

本节课的个追踪体现在两点:一是,在课前的作业中,对于量角错误较多的吴学生,在课堂上老师要及时跟进,关注辅导,使其掌握正确的方法,提高做题的正确率。二是对于双基薄弱的个别后进生,课上仍然不能完全掌握,课后还需老师持续跟进,再追踪,再辅导。

个追踪是实现教学精致化的主要体现,是实现"这一个""那一个"学习的重要保证。

练习讲评课有三个基本追求:

"抓得准"——依赖于对每一个的全程微观察记录,不让会的学生陪练,不出现优等生低层次的消耗现象。

"讲在点"——分类别辅导,帮助学生找到错误根源,精讲精练。

"追到底"——学生暂时会不代表真的会,教师要善于抓反复,反复抓。

个追踪对教师的耐性是个考验。"按需乐学"倡导的就是始终给每一名学生以安全的心理空间。教师需要宽容、宽容、再宽容,等待、等待、再等待。

"按需乐学"是一种基于儿童原生态的学习,一种顺应儿童天性的个性化学习。

学校:南京市南昌路小学
校长:华　萍
执笔:黄建利
案例提供:孙朝晖　张　媛　孙　莉

小班化的课堂为小组合作、人人参与提供了可能。那么，为了保证让每一个孩子真正利用起在小组中研究的时间和机会，我们的小组活动可以如何操作，又该注意些什么呢？

小组研究十分钟

一、内涵

"小组研究十分钟"即每堂课留出十分钟左右时间，让学生在小组中自主研究。在努力提倡研究性学习的同时，也力求彰显小班化学习活动的优势。让每个学生历经研究性学习的过程，在快乐中学习，在研究中合作，促进每一个孩子学习能力的提升。课堂上要发挥小班化研究性活动的优势，教师必须在教学过程中让学生运用已有的学习方法人人参与，充分体现学生的主体意识，促进自主探索能力的发展。"小组研究"的关键就是研究点的找寻与设计。一般在小组活动中具有"自主建构—合作交流—小组汇报"这样三个环节。教师依据"尝试研究"、"重点研究"、"练习研究"、"拓展研究"四个策略来引导学生从学会走向会学，从而提升课堂教学的品质。

二、背景

作为小班化实验学校，为了使小组学习落到实处，在课堂上得到时间的保证，为了提高小组学习的思维含量，老师们更关注学生研究什么？小组研究什么？选择在哪儿设计研究问题？怎样才能不仅使课堂乐起来，更让学生的思维活起来呢？"乐活"是龙江小学的办学理念。"乐活"课堂上的小组学习不仅要"乐"，更要"活"，要有思维的深度，而体现小组学习思维深度的最好方式就是"小组研究"。因此我们提出了"乐活课堂——小组研究十分钟"的课堂新主张，并出台了《龙江小学"小组研究十分钟"教学规程》，明确规定了"小组研究"的"一、二、三、四、八"等纲领性要求。

三、操作

（一）策略

1. 尝试研究——基于学生的已有认知而对课堂教学进行先行探究。学校在教学时可以发现，有些教学内容学生在课前已经有了一定的认识和了解，这样在教学中教师完全可以引导学生根据自己的生活经验、认识基础进行小组研究活动，学生通过自己的动手动脑，猜测、类比、分析等各种思维活动尝试研究学习内容。著名心理学业家皮亚杰说："儿童的思维是从动作开始的，切断动作与思维的联系，思维就不能得到发展。"可见，人的手脑之间有着千丝万缕的关系，"儿童的智慧集中在手指尖上"，作为教师在教学中要为学生创设一个实践操作的环境，让他们动手摆摆、弄弄，加大接受知识的信息量，使之在探索中对未知世界有所发现,找到规律,并能运用规律去解决新问题。这样使他们在获取新知识的同时,也学会了学习。在学生研究的过程中培养学生的问题意识、能力意识。

2. 重点研究——紧扣文章的研究点,设计挑战性的问题,采用小组研究十分钟的活动方式,通过自主建构—快乐研究—小组播报的模式,为学生营造足够的主动探索的时间和空间,从而解决课文的重难点。在这一过程中,让学生首先达到知识的自我建构,养成独立思考的好习惯,其次组内的交流能使各个不同层次的学生都能通过表达和倾听得到不同程度的提升,养成合作探究、团队学习的氛围,小组播报的展示让孩子们能善于表达,乐于表达,在思考、品读、表达、对话的小组活动中,努力让每位孩子体验研究的快乐,让每一个小组激发思维的活力。

3. 练习研究——是教师对课内外习题的分层和重组。在练习中进一步研究知识点,在巩固本节知识点的同时,对知识有进一步的认识和提升。让学生在数学练习中既要掌握知识又要发展思维能力,更要让他们对数学学习产生积极的良好情感,从而实现数学教学的育人目标。从教与学两个方面来探讨有效练习的途径,寻找根治重复低效的数学课堂练习的方法,让课堂练习(包括复习练习、对新知的针对性练习、巩固性练习、综合性练习、拓展性练习等)贯穿于整个课堂教学活动之中,优化课堂练习,提高课堂练习的有效性。

4. 拓展研究——指教育教学过程中,学生学习内容、学习形式、学习方法的扩容增加和优化发展,是对学生学习的全方位促进。拓展性学习的结果,使得学习过程更符合认识论的原理,形成实践—认识—再实践—再认识的反复渐进和升华的过程,就使得学生的学习生活化、信息化、实践化,总体上拓宽了学习的方式、内容和方法,有利于增强学生学习兴趣,强化学习手段,充实学习方法,提高学习效率,最终能拓宽学生的知识面,提高学生的问题解决的能力,实现学生身心素质的全面发展。

(二) 要素

1. 有明确的小组研究任务

任何一项学习活动,都必须有明确的目标指向,这是提高学生学习效率的前提。小组研究任务是在某一教学环节中对教学目标的细化或再分配。教师应根据课程标准的要求以及本单元、本课时的重难点,依据书后课后练习,制定每节课的小组研究任务。学生明确接收了小组研究的任务,明确了学习的方向,有了奋斗目标,自身的学习动力得以激发。此举改变了学生课堂处于十分被动的局面,学生的主动性、创造性也因此得以充分的发挥。

2. 有清晰的研究角色分工

小组合作学习既是为了调动学生学习的自主性,也是为了培养学生合作与交流能力,更是给学生提供相互学习借鉴的机会。为了达到这样的目标,首先每个小组成员要参与其中,不能成为少数优等生展示台,否则小组学习就失去自身的价值。所以小组学习分组后,小组成员应该有明确的分工:谁是组长,负责组织小组成员完成学习任务;谁负责整理、记录;谁负责交流汇报;谁又负责补充等,都应该责任到人,这样才能确保小组研究人人各司其职,有条不紊。

3. 采用合适的研究方式

小班化的教学活动中,小组研究学习是一种重要的学习方式,非常强调研究方式的选择,而恰当的研究方式需要根据教学任务的类型的不同进行区分运用。小组研究教学中,根据活动任务的类型不同,分为以下几种研究方式:讨论分析法,问卷调查法,操作实验法等。

选择何种研究方式,主要参考具体的教学内容、教学对象和教学目的的不同要求来确定。

4. 选择恰当的研究载体

载体,原是生物学中能载带微量物质共同参与某种化学或物理过程的常量物质。所谓学习载体,我们的理解是能帮助学生更有效地学习的有形或者无形的物质。研究载体是指,学生在小组研究学习的过程中能够利用的条件,并以此为依托提高学习有效性。小组研究载体可以是文本,或者由文本引申出的问题,也可以是学生的生活经验。

5. 个别化关照的体现

在小班化的教学中,个别化的关照让每个学生的个性、潜力得到最大程度的发展。具体体现在全面观察分析每个学生,关注个体差异,保护和调动每个学生的学习兴趣和积极性上;体现在了解和尊重每个学生的个性,以学生为本,让学生充分认识个体价值,树立自信心上;体现在不用一种标准衡量所有学生,允许学生在发展程度和素质结构上存在差别,因势利导,让学生发挥自己特长,张扬自己个性。

6. 有研究成果的展示

"有研究的成果展示"是"小组研究十分钟"的八要素之一,作为"小组研究十分钟"这一课堂小组研究环节操作必要的一个环节。小组研究起于问题,有了问题才有研究的由头,才有研究价值,才有研究的载体,学生从问题出发,发现问题,在小组中进行研究,最终会有研究的成果。而且我们的研究型课堂是充分发挥学生的主体作用,让学生走在教师的前面,教师在学生的旁边进行一些提示和辅导,引领学生自主探究出问题的成果。那么有了成果就一定要展示,要让学生自己展示在小组中研究的成果。当然有了小组研究成果的展示,教师就可以对学生小组研究的整个过程有了解,也可以以此来对学生的小组研究进行指导。

7. 有多样化的研究小结

所谓多样化的小结,就是课堂上针对不同学生的不同感受和不同表达,进行的多种形式、不同层次的小结方式,旨在通过小结使孩子们不同层次地提高自我的理解与表达的能力。多样化的小结形式在课堂上呈现方式是有层次的,既有小组活动时成员间的相互倾听后的自我小结,成员间的相互小结,又有小组展示过程中的组与组之间的相互小结、教师的小结等多种形式。在这个过程中,孩子们首先完成的是对知识的自主建构,在表达、倾听以及多样化小结后,孩子们将对自我的认知进行再次的建构,无论是孩子的知识储备、情感体验,还是概括与理解的能力等都将得以不同层次的提升。

8. 研究的评价与反馈

伴随着学生学习环境的变化,我们开始思考如何利用数字化资源改变学生的评价方式,探索建立"数字化教学过程管理与评价"体系,以更有效地促进学生的个体发展。在课堂上,教师根据学生反馈的学习效果,作为评价学生学习的依据;教师在此基础上反思自身的教学情况,及时调整教学行为,最终实现学生学习即时评价和教师教学自我评价的有机结合;强大的自动化存储功能将每个班级课堂习题完成情况、正确率、课堂效率这些资料保留,为学校评价教师课堂教学提供重要依据。

四、注意事项

1. 找准研究立足点。学生在小组研究的十分钟里必须紧紧围绕具有挑战性的问题来思考,将重点研究的这个问题成为一个爆破点,帮助学生学习知识中的重难点。

2. 关注学生前置研究。老师会发现在教学中有很多知识在学生学习之前，他们已经有了一定的了解和认识，这时完全可以让学生自己动手尝试、动脑研究，多使用尝试研究。

3. 练习研究设计要有开放性，开发学生思维的广度和深度。老师对课内外习题应该进行分层和重组，将学校的优乐题库不断充实，争取每个孩子都能自主选择作业。这样才是对小组研究活动实效性的延伸。

五、案例

苏教版数学二下第八单元乘法复习第9题（发现规律）
【案例分析】
小组研究活动【练习研究】

1. 出示题目：(1) $45×9=(\quad)$　　　　(2) $63×9=(\quad)$
　　　　　　　　$450-45=(\quad)$　　　　　$630-63=(\quad)$

2. 先独立计算，然后汇报结果。

3. 仔细观察每组上下两道算式，你有什么发现吗？先独立思考，再在小组中说说自己的想法。

4. 全班汇报。如果学生发言有困难，可提示学生：$45×9$ 是什么意思？450 可以看作几个 45？$450-45$ 可以看作多少个 45 减去多少个 45？
继续解释 $63×9$ 和 $630-63$ 为什么相等。

5. 归纳小结：谁能用自己的话将刚才的发现小结一下呢？
（一个数乘9，可以用在这个数后面加一个零，再减去这个数。他们的结果是相等的。）

6. 运用：$27×9=(\quad)-(\quad)=(\quad)$
　　　　$56×9=(\quad)-(\quad)=(\quad)$
　　　　$9×78=(\quad)-(\quad)=(\quad)$

【设计理念】在练习中的研究不是单纯的巩固、重复的训练，而是对新知识的一种提升。比如上面的例子，是对乘法和减法之间关系的一种沟通，让学生认识到乘法的计算，也可以转化为减法。

第七册语文《九色鹿》的教学片段：
【案例分析】
小组研究活动【重点研究】

1. 传说中的九色鹿是什么样子的？指名说说自己的体会（美丽、纯洁……）

2. 快速朗读课文，找到文中形容调达的词语。品读"恩将仇报""见利忘义"这两个词，揣摩其构词方式。

3. 小组快乐研究：同学们，在课文中，这恩、仇、利、义该怎么理解呢？请你沉下心来，联系课文内容，句句入目地读读课文，好好思考。

(1) 出示研究单：学生独立思考。

请你联系上下文思考：恩、仇、利、义在文中分别指什么？

填写：恩：_____　　　仇：_____
　　　利：_____　　　义：_____

（2）小组交流。

（3）小组播报：

A恩：学生联系第2小节内容，抓住关键词语"立即""纵身"体会救命之恩！

B利：学生联系"重金悬赏"，想象画面，体会利之大。

C义：在这个故事中，调达讲过"义"吗？你从哪儿看出来的？

联系第三小节和第五小节，结合"连连""永远""终身""郑重起誓""千恩万谢"理解，通过品词析句，感知其知恩图报。

D仇：学生谈理解：联系"浩浩荡荡""刀枪箭斧""见利忘义"等词语来体会调达如何报恩。

【设计理念】课堂上，学生组成学习小组，互教互学，共同提高。为了使这种学习方式不流于形式，小组活动的长期训练，让每个学生都承担着不同的学习任务，在经过自主的思考探究后，进入小组的研讨活动中，每人都需要与他人交流、合作。老师参与其中，对各小组的学习情况给予必要的提示与点拨。这样，使学生相互了解彼此的见解，反思自己的思考过程，同时对其他同学的发言做出思考，从而小结自己对文章的理解，以便更好地在小组播报的过程中得以展示，教学过程即是学习的过程，同时又是学生交往的过程，学生的合作意识得到较好的培养。同时，对于课文中的重难点内容，学生们通过这一挑战性问题的交流、感受、小结，较为轻松地就得以解决。

学校：南京市龙江小学

校长：林　敏

执笔：黄玲玲

小组优化的策略研发

一、内涵

小班合作学习追求着小组的优化,致力于开发出针对不同年段教学内容的特点,结合学生不同的心理特点及思维发展规律,具有可操作性的小学课堂合作学习策略。南京市凤游寺小学在结合美国学者 L. A. 巴洛赫《合作课堂:让学习充满活力》一书与教师的日常教学,思考"该从哪儿着手开展合作学习""在开展合作教学时要注意哪些问题""如何将学生分成不同的小组"等合作问题,学习实践了"转圈""小组访谈""编号小组"等一系列小组合作技术后,创编出的适合小学课堂开展的一系列合作学习策略。新的合作学习策略围绕"小组结构、学习内容、小组合作形式、学习时机、讨论方法"五个方面开发研讨,以解决合作实践中遇到的问题,让老师们有策略可用、有方法可行、有标准可评,让学生们在学习中切实感受到合作学习对理解、操作、掌握的促进作用。

二、背景

新课程倡导自主、合作、探究的学习方式。合作学习增加学生的语言表达机会、交流机会和活动机会,从而有效调动全体学生的学习积极性。合作学习也是一种需要,是学生顺利完成学习任务的需要,是学生培养合作能力和团队精神的需要,更是学生健康成长的需要。分析合作学习的规定,我们看出有效的小组合作学习需要注意:技术、方法、策略。

三、操作

策略一:四人编号小组(元策略)

顾名思义,即在开展合作学习之前,事先预设好学生的编号,为了方便通常使用 1—4 号,在活动过程中,采用四名组员共同参与、共同探讨、共同完成任务而开展的合作学习。一般来说,参与合作学习的四人相对固定(前后两组同桌),编号安排也相对稳定(四人学习能力整体由弱到强)。根据合作任务类型的差异,组员间可以依据一定的次序,也可以随机进行交流,以期感悟学习过程,达成学习目标。

策略适用范围

四人编号小组合作学习的方式广泛应用于教学的各个领域。当个人或两人操作无法完成、探究任务繁重且具有层次性、个人思考有困难需要互相启发、问题具有开放性、学生意见有争议时,都可以采用四人小组合作学习。

策略二:两人配对(元策略)

是以两名学生为一个小组开展的合作学习。配对,即将两个单独的事物结合在一起,成为整体。在合作学习中,让两个独立的学生个体为了一个共同的任务或问题共同参与、共同探讨、共同完成合作学习任务。这种配对方式通常是以同桌为一小组,在组内采用单、双号的方式区分两人,其中单号同学能力相对较弱,双号同学能力相对较强。通过这种配对方式,帮助学生更好地掌握学习目标。

策略适用范围

两人配对小组合作学习的方式和四人编号小组合作学习一样,广泛应用于教学的各个领域。具体来说就是当学生个体无法顺利完成某一学习任务、需要互相检查校对、对问题的处理需要深化完善、需要互相启发时,都可以采用两人配对小组合作学习这一方式。总的来说,两人配对这种合作学习方式更加快捷、操作更加方便,所以适合相对比较简单的问题和任务。

策略三:中间的笔

借助于红、黄、蓝、绿四色笔来开展交流的一种四人小组合作学习。在活动中,每种颜色的笔指代组内的一位同学,通常红、黄、蓝、绿表示学生的学习能力由弱到强,在某一段时间内,这种颜色的指代是比较固定的。在活动过程中,教师可以根据教学的需要通过笔的颜色来调控小组内学生交流(包括书面交流)的顺序。交流结束的同学将属于自己颜色的笔放进笔筒,笔筒里笔的数量反映小组合作的进程,纸页上的不同颜色的笔迹表示不同学生的想法。

策略适用范围

用铅笔代替学生的名字,比较适用于低年级刚接触到合作学习的学生,既是一种用来训练合作规范的方法,也是一种行之有效的合作方式。到了中高年级,学生有了一定的合作能力和合作经验,就可以把作为道具的笔调整为在纸页上交流的学习工具。

策略四:小组重置策略

是两次小组合作过程的有机组合。是在原有异质四人小组合作采集信息、初步交流基础上,对全班进行二次小组重置,相同编号成为一组,重置后全班形成四个大组。在大组中的每一成员都代表原来的小组进行交流分享,既扩充了合作交流信息的容量,同时提高每个小组成员的责任感。

策略适用范围

适用于统计数据收集整理过程,通过小组重置,让每个学生都能有机会经历全班数据的收集并体会数据的多样性。同时也适用于思路较复杂但解题方法多样的解决问题教学,这样有益于在更广的范围内了解不同解决问题方法之间的联系与区别。

策略五:交易位置

意即学生在合作学习的过程中,通过全班范围内的走动,让学生自由两两结对,相互沟通,考虑新的观念、价值观或问题解决的方法。这是一种打破自我防御或促进积极交流的好策略。

策略适用范围

① 新知的巩固、练习。② 有逻辑联系的知识整理与回顾。③ 阶段知识的整理与练习。④ 整理与复习。

策略六:角色扮演

是一种特殊的任务分工以及交流分享的合作方式。帮助学生在教师授课前对所学新知专注探索的一种方法,在活动中学生担当不同的角色(赞同者、质疑者等),完成不同的任务。学生在课堂中倾听小组成员的不同想法,通过组员间的辩论,加深对新知的认识,并得出正确的结论。这个合作模式适用于四人小组或者两人小组。

策略适用范围

适合于一些开放性的问题,有多种结果供学生探讨。或者是关于新知的学习,学生产生了一些疑问,可以通过小组辩论、动手操作的形式来得出正确的结论。

策略七:"拼盘"学习

对所要学习的材料可以划分许多部分或块,并且各个部分在教授时没有必要遵循先后顺序的前提下,组内的每个学生选择学习其中的部分知识,然后组成"学习拼盘",通过交流,互相教授自己所学知识,让这些知识可以和其他人教授的知识结合起来形成一个和谐完整的知识或技能体系。

策略适用范围

由于该合作的形成对学生和教学内容的要求比较高,适用于 4－6 年级的"整理与练习"和"整理与复习"部分,或部分内容合适的新授课程。

策略八:海报学习

这是一种能有效传达信息给学生、引导学生想象、鼓励学生彼此交流观念的内容展示的方法。流程为:学生先独立将一个单元或一个教学板块所学的知识点进行整理,并且以学习海报的形式进行呈现;然后通过小组合作学习,互相阅读、互相补充评价、交流,完成海报上所出习题;最后完善自己的海报,批改他人完成的习题并进行反馈。

策略适用范围

"教学海报"这种合作策略适用于一个单元的"整理与练习"或者是同一领域知识点的"整理与复习"。当知识点较多,特别是抽象的概念、公式较多时,让学生经历这样一个活泼开放的过程,有助于加深学生对概念的记忆,并在交流过程中潜移默化地受到其他学生作品的启发。

策略九:自由小组

由教师提供多个不同的学习资源,让学生根据自己的学习兴趣进行自由选择,全班学生在选择后形成若干个新的自由小组,小组的组员结构是随机产生的,也是临时的。但组员针对学习资源的兴趣是相同的。教师在为每个自由小组提供不同的学习资源的同时提出不同的合作学习要求。该策略的实施,可以打破原有固定小组学生间合作交流互动时形成的思维、语言等行为习惯的定势,在相同兴趣的吸引下开展更加活泼、更加自由的合作学习。

策略适用范围

该策略适用于可围绕教学目标设计提供多种学习资源或多种学习方式,从而供学生自主选择合作学习的内容,常见于综合实践活动课等活动课型。

策略十:互动流水线

是一种可用于操练、测验、互相教授等目的,以生动、快速移动为外部形式的合作学习。其特点是持续地更换学生对子,学生有机会对需要解决的问题或其他类型的任务作出反应。在每次合作时,可以 6 人或 8 人组成一个组,组内人员平均分成两部分,一部分同学作为出题人坐在长条桌的一侧,另一部分同学作为答题人坐在桌子的另一侧,一对一坐好,完成一个学习任务后由答题学生依次轮换座位继续完成下一个学习任务。

策略适用范围

"互动流水线"合作学习策略广泛应用于教学的各个领域。当需要进行一定量习题的训练、进行及时性的测验、需要学生之间的相互辅导时，都可以采用这一合作策略。题板上的题可以是学生自己设计，也可以是教师提前安排好，让出题者先行完成。

策略十一：团队竞赛

这种小组合作学习方式，是由小组成员组成的一个共同体，在一定规则的引导下，合理利用每一个成员的知识和技能协同工作，解决问题，达到共同的学习目标。这种团队竞赛的小组合作技术有助于让学生以一种有趣的、具有竞争激励机制的方式学习。

策略适用范围

"团队竞赛"的合作学习方式主要应用于练习课和复习课。当对一段时间的学习内容需要整理和练习时，可以采用这种类型的合作学习，有利于学生更主动、积极地开展整理与练习。

策略十二：循环学习

该策略是学习和训练的内容较多时所采取的一种比较高效的学习，这种合作策略要求小组成员在组内按一定的顺序循环交流自己的书面表达，以相互分享各自的发现和问题，使得学生在较短的时间内互相学习、取长补短，从而完成对一个知识的完整认识或是对一类知识的大量强化巩固。

策略适用范围

"循环学习"适用于学习的各个领域，当所学习的知识比较多，且可以分割成多个部分的时候，或是在一定的时间内需要完成较多任务的时候，都可以应用该策略。

策略十三：彩色卡片

该策略通过不同颜色的卡片及上面所标识的哭脸、笑脸、感叹号、省略号、问号等，物化学生对组内表达的意见。彩色卡片这一策略，不仅仅可以让学生了解本组成员的想法，也可以让教师从视觉上能够很快地了解全班，每个小组对于所讨论问题的想法如何。

策略适用范围

新授课、练习课，需要了解学生不同意见的内容都可以，局限性不大。对于低年级的孩子也便于操作，通过不同卡片的颜色就可以表示出他们的观点。

四、注意事项

为了更好地发挥合作学习策略的使用效果，体现其对小组优化所起到的作用，使用者还需要注意如下几点：

1. 小组人员配置

为了充分发挥学生个体在小组合作时的优势，在组建小组进行组员配置时，应尽量兼顾成员在性格、才能倾向、个性特征、学习成绩等诸方面保持合理的差异，突出它的异质性。固定小组由2—4人组成（原则上以不超过4人为宜），临时小组则视具体合作要求而定。

2. 以元策略使用为培养学生合作能力的起点

在合作策略的设计使用过程中，我们发现"两人配对""四人编号小组"是所有合作策略生发的根基，其他的策略都是在这两个合作的基础上深化、创新、拓展开去的。我们姑且称这两个基础策略为"元策略"，要想通过合作学习策略很好地实现合作目标，元策略的熟练掌握功不可没。因此在合作策略使用之初,一定要让学生很好地掌握这两个基础策略。

3. 学生基本合作技能的培养

不同年龄的学生需要用不同的方法来进行合作技能的培养,为此研究者们设计了针对不同年段学生进行训练的合作学习要求。

低年级课堂合作学习要求:
明确任务再分工,主动参与勤动脑。依次表达声音轻,说话完整扣主题。
倾听发言要专心,边听边想边思考。肯定别人有诚意,思量之后提建议。
大胆设想共献策,服从集体留个性。

中年级课堂合作学习要求:
听取发言要专心,注视对方动脑筋。说明紧紧扣中心,有根有据说得清。
求助别人有礼貌,得到帮助表谢意。反思自己有勇气,帮助同学要热情。
自控守纪勿喧哗,协调组员共商议。

高年级课堂合作学习要求:
听取发言不插嘴,说明理由要充分。求助别人要诚心,反思敢于承认错。
帮助同学要主动,自控发言尽量轻。说服旁人先肯定,语气婉转少批评。
建议之前多思量,协调彼此求默契。

五、案例

为了让大家能更清楚地理解合作学习策略及其在日常教学中如何使用,我们选取其中两个合作学习策略——自由小组和互动流水线,附上了图文并茂的案例说明文本。

案例1

合作学习策略——自由小组

总目标解读
能力多元发展
临时小组合作活动
自主选择内容
自由小组
营造和谐氛围
积极主动参与
自由组成小组

通过这个合作,学生可以选择自己感兴趣的学习材料形成自由小组,完成相应的学习任务,对1亿的大小有直观的感受,提高操作、记录、交流等合作完成任务的能力。

策略概要
学生根据兴趣需要自由选择教师提供的学习资源,组合成若干随机学习小组,按照合作学习要求开展活动。

策略实施流程
教师准备4~6种学习资源 → 学生自由选择学习资源组成小组 → 根据合作要求开展合作学习 → 回固定小组交流合作情况后全班汇报

案例解析

苏教版小学数学四年级上册

合作要求：
1. 选择老师提供的不同材料：大米、硬币、卷尺、小棒，形成四个自由小组。

2. 每组选一位组长，由组长安排组员合作完成不同小组的学习任务：分别通过称100粒大米的重量、10枚硬币的高度、10个同学手拉手的长度、数100根小棒的时间推算出1亿粒大米的重量、1亿个硬币的高度、1亿个小朋友手拉手的长度、1亿根小棒的时间。

3. 每个同学在自由小组里注意观察，及时做好相应的数据记录。

4. 回到原来的四人小组里，交流自己在自由小组里的活动结论及感受，并推荐代表进行全班交流。

【小贴士】

1. 教师在合作时要指导好小组长合理安排组员的任务，保证每个学生都有相应的事情可做。

2. 安排好桌椅以便于学生操作和记录。

3. 该策略适用多种课型，教师可围绕教学目标提供多种学习资源或多种学习方式供学生自主选择。

案例2

合作学习策略——互动流水线

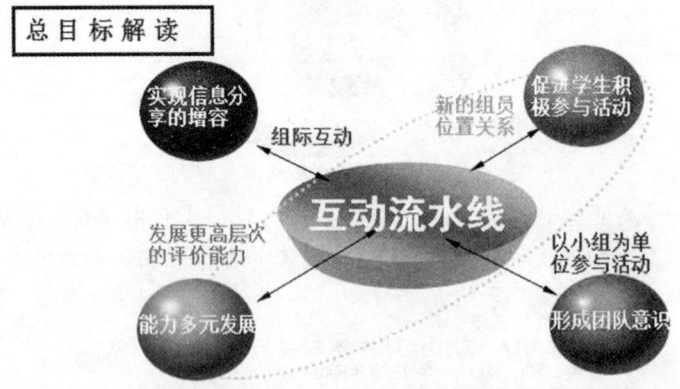

"互动流水线"这种合作学习的策略，旨在扩大组际间的互动，在对应组中开展小组活动，再通过之后的小组内和组际间的交流让教学信息增容，从而达到更好的学习效果。在一个完整的小组合作学习中，可以看到要想顺利完成合作任务，需要组员的互动，需要组长的组织，需要学生个体作出判断，需要每一个成员的交流与评价。学生不仅发现了乘法分配律的知识,而且学习科学探究的方法,数学思维的能力得到了发展。

策略概要

在"互动流水线"的合作学习策略中,以小组为单位,进行组际间互动,以流动座位的形式记录、判断、评价互动组每一位组员呈现的学习内容,实现信息分享的增容,培养学生团队意识,促进学生评价能力的发展。

策略实施流程

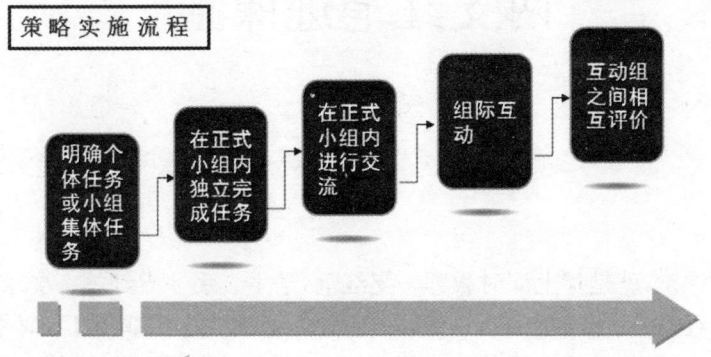

案例解析

合作要求:

①全班按1-2、3-4、5-6小组的次序交换,对对应组同学所写的等式进行验证,同意的请在学习单上对应同学编号上打"√",不同意的则打"×"。

②坐到对应组后,先对自己面前同学所写的等式进行验证,再在组长的安排下顺时针移动到下一个座位,对应组的每一个等式都要验证。

③完成后回到自己的小组中,组长了解大家的活动情况,再和对应组的组长碰头,了解各自组组员验证的情况,达成共识。

④做好全班交流的准备。

【小贴士】
1. 为了更好地实施本策略,组际间流动需要训练引导,保证活动有序开展。
2. 组际间互动可以在两个小组间开展,也可以在三个小组间开展。即:1→2→3→1。

学校:**南京市凤游寺小学**
校长:**刘 红**
执笔:**马 菲　周 萍　李钰雯**

当堂批阅每一位学生的作业,当堂给每一位学生以作业反馈,这在大班难以做到,而小班不但做到了,而且做好了。用的是什么方法呢?

两支红笔进课堂

一、内涵

两支红笔进课堂,就是指上课时教师一支红笔,学生人手一支红笔。要求每位教师上课时随身携带一支红笔,确保学生的当堂练习,现场批阅,及时发现问题,及时指导学生改正,对无法完成的学生,教师进行个别化二次面批,再根据面批情况追加补偿习题,以利于学生及时调整学习状态。同时还要求学生上课人手必备一支红笔,无论是作业本、试卷还是各种练习册,特别是课堂练习,只要出现错误,必须用红笔改正,醒目的红色修改印记便于学生在复习时查找错误,再次识记。

二、背景

小班化教育是"温暖每一个"的全纳教育,是"关注每一个"的个别教育,是"发展每一个"的互动教育。然而如果没有操作层面上的载体,"关注每一个"就只能停留在教师的口头上,于是"两支红笔进课堂"的构想应运而生。"两只红笔进课堂"的目的在于让教师及时掌握每一个学生的学习情况,尊重每一个学生的学习需求,为学生提供学习机会,是师生互动、生生互动的载体。

1. 随堂红笔巡批,有利于及时发现授课中存在的问题,使教师适时调控教学策略。

教师作为教学活动的组织者、引导者、合作者,通过尽可能多地面批学生作业,及时发现教学中存在的问题——目标把握是否准确,重难点是否突破,教法学法是否有效可行等,从而深刻地反思自己的教学,灵活主动地加以调控,适时地给予点拨。大多数学生已经掌握的知识点一带而过;大多数学生掌握不扎实的知识点则进行强化训练;学生的个性问题则通过"开小灶"、"一对一"的办法,逐个击破。

2. 随堂红笔巡批,有利于及时进行个性化的评价反馈,使学生及时地调整学习状态。

随堂红笔巡批是反馈最及时、纠正最到位的一种批改作业方式。因为作业还是"滚烫"的,解题思维的脉搏还未停下,就得到了批改,知道了正误。及时地接受老师给予的反馈和评价,在第一时间内了解到自己的学习情况,明确地知道自己哪一部分知识点已经学会了,哪一部分知识点在解决生活问题的过程中,概念还不理解,思路还不清晰,方法还不灵活,需要继续努力,有利于学生及时调整思路,改进学习方法和状态。

3. 随堂红笔面批,有利于拉近师生间距离,促进了沟通,使课堂变成心心相印的舞台。

随堂红笔面批时,老师应该尽可能多地给予中肯的评价,这样无形之中会减轻学生的学习压力，营造轻松、民主、和谐的学习环境，拉近师生之间的关系，有利于构建和谐课堂，营造"亲其师，信其道"的学习氛围。

三、操作

（一）精选巡批教学内容，让红笔能够有用武之地

在小班化教学环境下，由于人数减少，课堂巡批成为可能，但并不是说所有的练习都要巡批，如单元测试卷、假期作业，这些量特别大的作业就没有必要巡批，全班同学做起来都存在问题的练习，也没有必要一个一个地巡批，作一次全班评讲就行了，否则就是浪费时间。所以教师在备课中应该精选典型习题，精心进行课堂教学设计，注重精讲多练，保证学生有10~15分钟的作业时间，为课堂巡批创造必要的条件，让红笔有用武之地。

（二）引领性巡批优等生，锻炼出最得力小助手

在课堂作业中，优等生往往是最快完成作业的，且正确率比较高，面批也相对轻松，主要采用一勾、二停、三问，也就是勾出他的自信，停下来留给他自主思考的时间，然后询问原因，包括对的原因、错的原因或有无其他方法、本题用到的解题思想或策略，这些优生往往都是一个小组的组长，在小组交流或批改其他同学作业时，思路就会更加清晰，方法就会更加到位，在实践中这些优生确实成了老师最为重要的助手，红笔的面批在他们手中得到传承。

（三）选择性巡批中等生，不因"无暇顾及"而后退

一般快速巡批完优等生后，中等学生会陆续地完成作业，蜂拥而至，因为这部分学生是班级的绝对主体，老师如果一个一个巡批，会招架不住。此时可以采取"随机巡批部分中等生，让优等生参与批改"的策略。如中等生出现的共性错误不多，他们的作业就转由优等生面批，并要求做好面批记录。如果教师在随机面批时发现某些题目出现共性错误，则可以要求学生停下笔进行全班讲解，引导学生进行分析，突破难点，讲解完毕后，再由优等生面批。

（四）固定性巡批学困生，不让一个学困生掉队

学困生在做作业时，本身就存在一定困难，由于学习能力有限，思维反应较慢，作业常常不能很好地完成，所以对于这些学生，教师更应抓住面批的时机和学生作情感交流，更应该做到次次、人人面批，不让一个学生掉队。对学困生的面批，不能等他们把作业做完了才开始，可采取交叉进行的方式，这个批几题，那个批几题，发现问题及时和学生一起找到错误原因，并指导他们完成作业。为了消除他们订正的反感情绪，对的打勾，错的不打叉，而是在错的地方用圆圈圈出来，给他指出来，让他先自己分析做错的原因，给他独立思考的时间，再听他叙述错误的原因，给他指出问题所在，帮助他解决问题。这样，学困生的作业本上基本都是鲜红的"勾"，学困生更自信。

四、注意事项

（一）要注意巡批对象的选择

在课堂巡批中，优先批优等生，因为他们往往是最快完成作业的，教师首先给他们做出批改示范，然后让他们承担面批中等生作业的任务。快速巡批完优等生后，然后选择性巡批中等生，最后耐下心来批学困生。像这种"巡批两头，优生带徒"的做法，既锻炼了优等生的能力，又照顾到了学困生，他们的学习兴趣也更加浓厚了，中等生的成绩也并没因为老师的"无暇顾及"而后退，班级的整体水平逐步得到提高。

（二）要注意巡批交流的语言

教师巡批时首先要用微笑消除学生的紧张情绪，使之能保持一份放松的心情，教师要不停地关注学生的情绪变化，以了解学生对自己所讲评的内容能否掌握。而对于学生的错误，不能以严厉之语、斥责之声加以批评，这样非但不能帮学生，反而会伤及学生脆弱的心理。所以教师应当轻声细语指出错误，耐心细致地讲解，使学生真正理解问题所在。在对困难学生的作业巡批时，教师要尽力挖掘学生作业中的闪光点，给予肯定、表扬，激发起孩子的自信心，点亮指引他前进的航标灯塔。

（三）要注意巡批订正的反馈

教师在巡批时，指出学生的错误，学生在一旁总是点头称是，错误指完了，学生就大吁一口气，把作业扔在一边，不去思考和订正，为了应付教师，可能直接抄答案。为保证巡批的有效性，调动学生及时订正作业的积极性，这就需要教师巡批之后再去追踪、检测矫正效果，最简单方法就是将学生订正好的作业进行复批，或者有意识地在课堂提问中涉及与面批相关联的问题，提问相关联的学生。

五、案例

课题2　金属的化学性质学案（第一课时）

学习目标

（1）知道铁、铝、铜等常见金属与氧气反应，与稀盐酸、稀硫酸的置换反应；

（2）初步掌握常见金属活动性的强弱；(Mg Fe Zn Cu)

（3）置换反应的定义。

一、课前预习（精选巡批、选择性巡批、固定性巡批）

1. 完成家庭小实验

学生准备：把镁条、铝片、铁片、铜片（先用砂纸除去表面氧化膜）和黄金饰品（自备）挂在家中（干燥的空气中）观察现象并记录到下表中。

提示：重点观察各金属表面的金属光泽是否有变化

	第一天	第二天	第三天	第四天	第五天
Mg					
Al					
Fe					
Cu					
Au					

2. 铝的抗腐性能良好。为什么呢？

3. 大多数金属可与氧气反应，写出铁、镁、铝在氧气中燃烧的化学方程式_____。

4. 置换反应：_____。

二、自主体验（精选巡批、选择性巡批）

活动：金属与酸溶液的反应

1. 在一试管里放入两小块镁条，加入5 ml稀盐酸，用燃着的小木条放在试管口，观察现象,生成的气体是_____。

2. 参照上述实验步骤,分别在放有少量锌粒、铁丝和铜丝的试管中加入稀盐酸,观察现象,比较反应的剧烈程度,并记录在下表中。

3. 用稀硫酸代替稀盐酸进行实验,并比较发生的现象,并记录在下表中。

	稀盐酸		稀硫酸	
	情况记录 (实验现象)	结论或解释 有关化学方程式	情况记录 (实验现象)	结论或解释 有关化学方程式
镁				
锌				
铁				
铜				

想想四支试管控制的条件有什么异同。比一比,盐酸与稀硫酸的现象一样吗?

小结与交流

1. 能与盐酸、稀硫酸发生反应的金属有:_____;
不能与盐酸、稀硫酸发生反应的金属有:_____。
根据反应发生的剧烈程度,将以上金属按活泼性排序:_____。
由上述探究也可以得出:
_____的金属活动性比_____强,它能置换出盐酸或稀硫酸中的氢;
_____的金属活动性比_____弱,它不能置换出盐酸或稀硫酸中的氢。
关于金属与酸溶液反应,你得出的结论是_____。

2. 观察上表中镁、锌、铁与盐酸和稀硫酸的反应方程式。
比较它们与化合反应、分解反应有什么不同;它们都是由一种_____与一种_____

_____反应,生成另一种_____与另一种_____。
_____叫做置换反应。

3. 通过探究实验方案的设计,我学会了控制变量,即:_____

三、自我检测(引领性巡批、固定性巡批)

1. 我们常说的"真金不怕火炼"的原因是(　　)。
   A. 金的熔点高　　　　　　　　B. 金的硬度大
   C. 金的密度大　　　　　　　　D. 金不活泼,高温时也不与氧气反应

2. 收藏家收藏的清末铝制品至今保存十分完好,该艺术品不易锈蚀的原因是(　　)。
   A. 铝的氧化物容易发生还原反应
   B. 铝不易氧化
   C. 铝易氧化,但铝表面的氧化铝具有保护内部铝的作用
   D. 铝不易发生化学反应

3. 1989年世界卫生组织正式将铝确定为"食物污染源之一"而加以控制,在下列场合使用必须加以控制的是(　　)。
   A. 制电缆　　B. 制易拉罐　　C. 制防锈漆制桌椅　　D. 用明矾净水
   E. 用铝制饮具　　F. 用 $Al(OH)_3$ 制胃药　　　　G. 制牙膏皮
   你的选择是_____。

4. X、Y、Z是三种金属,根据下列有关化学方程式可知,三种金属的活动性顺序是(　　)
   ① $Z+YSO_4 =\!= ZSO_4+Y$　② $X+YSO_4 =\!= XSO_4+Y$　③ $X+H_2SO_4 =\!= XSO_4+H_2\uparrow$　④ $Z+H_2SO_4$ 不反应
   A. Z>X>Y　　　B. Z>Y>X　　　C. X>Y>Z　　　D. X>Z>Y

5. 一般情况下,金属越活泼,与酸反应的速度越快。为了探究金属 Mg、Zn、Fe 与酸反应的快慢,某研究性学习小组设计了如下的实验。

【实验步骤】
① 取 A、B、C 三支试管,分别加入 2 ml 浓度相同的盐酸溶液　② 分别加入足量的、大小相等的 Mg、Zn、Fe,立即把三个相同的气球分别套在各试管口上。

【实验预测与分析】
(1) 写出铁与盐酸反应的化学方程式_____。
(2) 气球膨胀速度最快的是_____(填试管编号)。
(3) 该实验表明,实验室一般选用锌而不选用镁、铁制取氢气的主要原因是_____。
(4) 步骤②是实验获得成功的关键,你认为在操作过程中小组成员之间应该:_____。

四、链接中考(精选巡批、引领性巡批)

(2008年青岛市)人类的生产生活离不开金属,下列三种金属被发现、使用的先后顺序依次为:铜、铁、铝。
(1) 金属大规模被使用的先后顺序跟_____(填序号)选项关系最大。① 地壳中金属元素的含量;② 金属的导电性;③ 金属的活动性。
(2) 为探究锰与铁的金属活动性,在相同温度下,取大小相同、表面光亮的两种金属薄

片,分别投入等体积、等溶质质量分数的足量稀盐酸中(反应中 Mn 显+2 价),请回答:

金 属	铁	锰
与盐酸反应现象	放出气泡速率缓慢	放出气泡速率较快
结论	活动性铁_____(填">""<")锰	

除了比较与酸反应产生气体速率的快慢,请你再举出一种可比较这二种金属活动性强弱的方法(写出所需药品即可):_____和_____。

(3) 将盛有等质量、等溶质质量分数的稀盐酸的两只烧杯,放在托盘天平左右两盘上,调节至平衡,再向两只烧杯中分别放入质量相等的镁和铁,待反应停止后,请判断:
① 若天平仍保持平衡,烧杯中一定没有剩余的物质是_____;
② 若天平失去平衡,则指针一定偏向放_____的一边。

学校:金陵中学西善分校
校长:高文萱
执笔:何乐群

传统的课堂是一块大黑板。小班化强调合作学习,每一个学生都参与学习,全班一块黑板显然很难给全体学生提供足够的交流、展示、竞争、存录的条件。怎么办呢?

小白板的智慧

一、"小白板"的应用背景

所谓"小白板",是小班化"自主、互助"课堂教学改革的产物,经过一段时间的改革实践,老师们发现,在学生将合作学习的成果进行全班交流的时候,往往会出现以下几种状况:

(1) 因没有记录讨论内容,学生随意发言,发言内容并不代表合作学习的成果。

(2) 因从众心理的影响,学生发言的内容与前者雷同,发言内容并不代表合作学习的成果。

(3) 因表达能力的欠缺,学生发言辞不达意,发言内容让听众费解。

以上种种状况导致学生的合作成果不能外显,全班交流有时难以拓展,难以深入。针对这一实际困难,老师们经过反复的设想、实践,最终想到了用小白板来作记录和展示的做法。各小组把集体研讨的主要成果和疑难问题记录在"小白板"上,等到小组讨论结束时,汇报员依据"小白板"记录的要点代表小组参与全班展示交流。可以说,"小白板"是学生在课堂中互助讨论的智慧结晶呈现的载体。

"小白板"的使用是建立在小组合作学习基础之上,而小组合作学习的一个最大特征是能引起组内协作和组间竞争。可以通过"选择目标任务"、"制定义务和责任"和"评选优秀小组",使得"小白板"的应用变成促成这种建设性的协作和竞争的有效因素之一。

二、"小白板"的功能介绍

经过实践,老师们发现"小白板"的应用让课堂更加活泼、和谐和理性,它起着载体、桥梁和监控的作用,使得教师能更好地发挥主导作用,促进学生更好地学习。

(一)载体功能——记录和展示

记录学生的思维过程、成果、集体智慧和疑难问题,可以是文字的、图形的、符号的,为后续的交流提供书面材料,便于阅读。

展示是把学生内隐的元认知思维过程公开化,为组间成员间对其成果进行具体的、有针对性的观察、分析和评价提供了依据和保障。

在以往的组间交流过程中,生生、师生之间的对话只能依赖于听,其缺点在于信息之间转换太快,沟通通道单一,而且稍纵即逝,不留痕迹,具有不可逆性。有了"小白板",通过记录和展示这两个过程,让小组活动由原来的"无痕"变得"有痕",使得"白板"内容可以反复阅读、对比阅读、总结阅读,这更有利于学生记忆、接受、理解信息,还可做到有案可查。正如孔子在论述教育时说的,对于我听过的东西,我会忘记;对于我看过的东西,我会记得;对于我做过的东西，我会理解。

（二）监控功能——点拨和解惑

在以往的合作学习中由于与学生只是口头的交流，老师只能通过询问和直接参与到学生活动中来掌握学生的合作情况，几乎是不可能在短时间内了解各个学习小组的情况。有了"小白板"，教师就可以根据学生记录的内容（有或无、多和少、正确和错误等等）来监控各个小组合作学习的进程和状况，以便能随时调控和有针对性指导小组合作，充分发挥教师的主导作用，这样既解决了某个合作小组的思维障碍点，又提高了合作的效率。

（三）桥梁功能——沟通、传递和启智

"小白板"是生生、师生之间进行沟通（言语的、情感的）的桥梁，是向其他小组告知本组信息（白板内容）进行视觉传递的桥梁，实现了二维向多维的延伸和拓展。

"小白板"的记录不同于一般意义的做笔记，由于它代表的是集体成果，再加上其版面有限，那么组内学生之间必须通过言语的沟通协调，对各自提供的信息进行二次加工以达成一致意见，使得记录的信息精炼，准确。在信息传递的过程中又通过组际之间、师生之间的沟通，相互启发、相互补充、相互激励，实现在思维、方法上的碰撞，产生新思想、新问题，使原有的观念更加科学和完善，从而达成教学目标。当然这其中也必然多了一份情感的沟通，如赞赏、佩服、怀疑、吃惊、羡慕等，使得彼此之间的关系更加和谐。

三、"小白板"的展示形式

关于"小白板"的展示形式，学校进行了诸多尝试，根据不同学科、不同的教学内容来选择具体的展示形式，归纳起来主要有以下几种：

（一）全展式展示

依据教师的指令在同一时间展示所有的"小白板"。其优点是能够使所有小组都有充分展示和享受学习成果的机会，增加思维碰撞的机会，真正面向了全体学生，保护了学生的学习积极性，同时也可以捕捉到更有价值的学习成果。

（二）竞争式展示

只展示记录最快的2—3块"小白板"。其优点是能充分调动学生组内合作的积极性，提高了组内合作的效率。但有时展示速度与展示内容的完美性并非成正比。

（三）推优式展示

在小组活动过程中，教师依据各组"小白板"记录的内容，择优最接近标准答案的2—3块"小白板"进行展示。其优点是组内合作时间控制得比较好，可以让学生在最短的时间内得出正确答案，但这容易造成教师的主观臆断，降低了组间交流合作的机会，展示的成分大于交流的成分，不能较好地体现学生的主体性。

（四）竞争全展式展示

也就是在竞争中全展示。首先是竞争——看哪个小组又快又好？（通常取前三名，先将白板反扣，保持成果的新鲜性和神秘感）然后以第三块小白板展示的时间为限，进行全展示，带有一种强制性。这种展示方式既提高了合作效率，又体现了学生主体性。

经过实践，老师们发现，在以上四种"小白板"的展示方式中学生尤其喜欢竞争式、竞争全展式这两种。"我们"的效能感很强，具体表现在参与意识、团队精神和集体荣誉感这三方面。在"白板"内容的汇报交流阶段学生的思想特别专注，明显高于传统意义上的口头汇报交流。其主要原因有以下三个,一是"白板"内容可以反复阅读,便于记忆、思考和立交桥式评价。二是好奇心理。急切想知道其他组的成果是什么(特别是当白板反扣时),是否完整、科学和规范。三是纠错心理。从心理学角度讲也非常期望能找出对方的漏洞,在纠正中以体现自身的价值和自我成就感。课堂引入小白板后,学生讨论热烈,竞争激烈,思维得到激发,课堂活力显现,往往是一节课的高潮,学生的学习热情高涨,教师的点评精彩尽显。

小白板评价也有了相应的形式,如每个小组的白板都展示时,他们就采用逐一点评式(对展示的每一块白板逐一点评),这种评价形式在改革实践初期普遍使用,但一段时间之后发现其单一呆板、费时低效,后来又采用比较淘汰式(在比较的过程中逐步淘汰那些书写较次、内容偏简略、要点不全面等方面有缺点的白板,直至留下最有价值的白板),现在还有了评委推优式(班级有专门的评委小组——每组一人,直接推荐优秀的白板进行展出)。

评价主体可以是教师、学生;可以是小组中提前分工好的评价员,也可以是老师临时指定的某个同学。采用何种形式的评价完全根据白板内容来确定。一般说来,对于内容丰富多样的白板进行逐一评价,如七年级语文《论语》一课的教学,白板要求是向你的朋友推荐一则《论语》并阐述理由,学生根据自己朋友的特点,写下了情真意切的推荐语,如致朋友小A:"学而时习之,不亦说乎",学习中也是有乐趣的,多读点书,少玩些游戏吧! 初一的学生还很单纯,有的直接就出现了本班同学的真名,在评价过程中结合生活实际,既评价了学生对《论语》的阅读理解情况,还考察了其学以致用的能力,同时也是一次很好的思想教育。

四、"小白板"的功能意义

首先,它能为学生创设一个良好的学习氛围,激发和培养学生创新精神。在课堂上运用"小白板"后,由于需要在上面对讨论内容作记录,所以,就必须使学生拥有充裕的时间来进行讨论、补充、更正和辩论,在此宽松的环境中,可以逐步激发和培养学生创新所需的品质,如勇于进取、不怕挫折等。同时,也促进了学生的多角度思考、逆向思维、辩证地看待问题等思维方式的培养。如一位语文老师上泰戈尔的《金色花》这首散文诗,引导学生在"小白板"上概括诗中小孩子的形象时,某个小组的学生写着写着,发现了一个问题:这个小孩子是个男孩还是女孩呢? 于是向全班提出。经过一番激烈的辩论,最终,大家认识到:诗中这个孩子的形象,是所有孩子形象的一个代表,泰戈尔塑造了这个孩子的形象,是为了表现全天下的孩子对母亲的爱和依恋。正是在这么一个宽松的学习环境中,学生的思维得到进一步活跃和深入,使其创新潜质在课堂上得到了极大发展。

其次,它能培养学生书面表达的严谨性,促进学生在合作学习中个人学习潜能的提高。"小白板"是学生思维的可视化的一个表现,是其思维过程的展示。由于学生以往在课堂上多是口头发言,学生发言的口语化情况较严重,经常不能就某个问题连贯地、确切地发表自己的意见。而在用"小白板"记录讨论内容时,势必要将口头语言书面化,这就在无形中展示了学生的思维过程,提升了学生书面表达的严谨性。并且,由于记录员和汇报员的轮换制,避免了学生在合作学习中对他人的依赖,从而促进学生在合作学习中个人学习潜能的提高。

例如:语文对文章的重点语句的理解,特别是对一些优美词句的赏析,能培养学生的良好语感,促其语文能力的进一步提升。在传统的语文课堂上,这个能力点的培养及训练,主要是通过学生在文中寻找优美词句后,进行口头的赏析。对于层次高、学习能力强的学生而言,作这点赏析自然是不费吹灰之力,而对于那些层次低一些、能力相对弱些的学生来说,单纯地靠"口头说"这种方式来进行语言欣赏能力的训练,就觉得有些吃力。而在课堂上引进了"小白板"后,学生可以在小组讨论后,将自己对于词句的理解写下来。这样,不同层次的学生在小组讨论、"书写"小白板、展示并互评的几个过程中,进一步明确赏析的方法,并对自己的赏析进行适当的自我纠正,从而避免了不同层次学生之间学习能力差距的扩大。

其实,不仅是在语文课上,其他学科教学中同样适用。小白板这一展示媒介运用得恰当、适时,就能提高学生正确使用学科语言、提高表述完整性和严谨性的意识,从而促进学生学科素养的提高。

再次,它能促进教师备课预设的针对性,便于教师及时把握学生的学习进程。在每周教研组会和备课组会上,老师们就本星期所教内容进行集体备课,不但备一节课的教学目标、重点难点,更要备"小白板"的使用情况:这节课在哪几个环节上需要白板展示;哪个问题可能会是学生理解的难点,需要小组讨论后用白板展示;哪个问题用白板展示后更利于学生思维的拓展延伸;学生可能会在白板上质疑哪些问题;作为教师,对学生的展示结果,该如何进行有针对性的点评等等。诸如此类的讨论,使老师们在课前就对小白板的使用次数、使用环节、使用后可能产生的效果做到心中有数。这样,"小白板"在课堂上使用得更为合理、更为有效,真正起到了促进教师课前预设充分性的作用。同时,通过"小白板"的展示,学生的学习进程能及时反馈给教师,为教师以学定教和个别化辅导提供外显的依据。

最后,以"小白板"为依据评选优秀小组,能强化学生合作成就效能感。

评选优秀小组不仅仅是形成性的评价,也是对小组合作成果的一种精神奖励,使小组成员之间形成目标奖励互赖关系,从而促成合作效果的最大化,强化"我们"的成就效能感。

优秀小组的评选,也就是通常所说的"看哪个小组完成得又快又好"。快,则是评估白板展示的速度。好,不仅仅是评估白板展示内容的正确率,更为重要是发现学生的亮点。从"小白板"应用的情况看,通常是在白板展示、汇报,以及组间互评、师生共评完毕后,最优合作小组则自然浮出水面了(不限制名额),基本不需要教师的干涉,学生自然会把赞赏的目光和语言投向最优小组。然后就是在上课结束后将最优小组记录在《优秀合作小组手册》上,一周之后再评选出最优合作小组之星。

总而言之,在小班化课堂上适时运用"小白板"辅助教学,往往能引起教师和学生的进一步思考,引发智慧的火花在更大范围内新的碰撞。小组研究成果在"小白板"展示中实现了共享,得到了巩固;具有普遍性的疑难问题在师生共同评议、点拨和全班大讨论中找到了攻克难点的良方妙计,"主动学习、人人参与、个性张扬、生动活泼"的小班化教学特点得到了充分的展现。把讨论的时间还给学生,把合作的体验还给学生,把学习的主动权还给学生,让学生真正成为课堂的主人,小白板真正激活了小班课堂。

案例1:

化学学科中关于元素、原子、分子、物质四个概念的教学,教师提出:元素、原子、分子、物质这四个概念之间有什么联系和区别?

教师期望的答案如右图所示,以下是部分合作小组的答案,在学生之间的展示和相互交流中问题也就迎刃而解了。

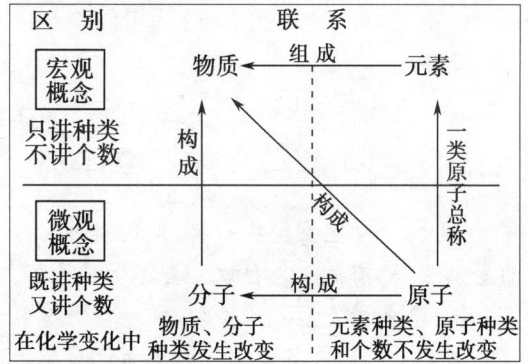

答案一：

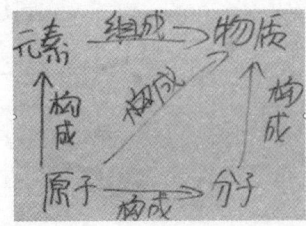

评价：
　　该小组比较全面地写出了四个概念间的联系，可惜没能写出它们之间的区别。

答案二：

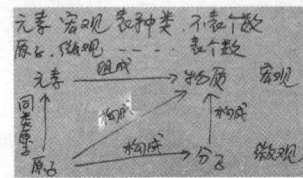

评价：
　　该小组比较全面地写出了四个概念间的联系，在区别上也写得比较全面，比较接近标准答案。

答案三：

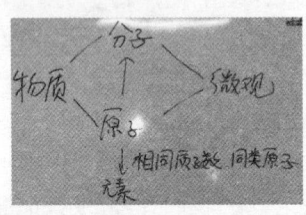

评价：
　　该小组没有发现物质与元素之间的关系，以及没有写出区别。

答案四：

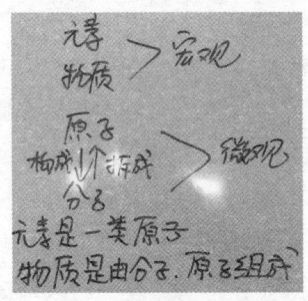

评价：
　　该小组只是进行了简单的比较，没有形成网络，概念之间还相对孤立。

这是一个运用全展示的典型课例，其优点是能够使所有小组都有充分展示和享受学习成果的机会，增加思维碰撞的机会，真正面向了全体学生，保护了学生的学习积极性，同时通过对各个小白板的点评，可以使疑难问题迎刃而解，也可以捕捉到更有价值的学习成果。

案例2：

众人拾柴火焰高
——《牛津初中英语》9A．Unit 4　Reading 1 教学案例

"五六个学生围坐在一起，他们有的在书上、纸上指点、划记着什么，有的依次在发表着自己的见解，有的在小白板上奋笔疾书……"

"一会儿教室里人头攒动，学生们纷纷离开了自己的座位，第一组的1号学生Mike刚才还在和第一小组的其他成员争得面红耳赤，现在却和其他五组中1号学生围坐在一起，分享

着在原组阅读完课文后完成的任务答案……"这不是一堂乱糟糟的自习课,而是学生在合作互动。

这节课的内容是 9A. Unit 4 Reading 的第一课时,课文由四篇短文组成,每篇短文都有100多个词,阅读量很大。本课时的学习目标是:(1)认识和掌握与电视相关的词汇。(2)通过阅读电视节目指南,了解四个电视节目的有关情况。要想在1课时内完成对课文的整体阅读,时间紧,任务重,于是我就想到了使用能充分体现自主互助精神的拼读(Jigsaw reading)的方法。在教学设计时,针对学习目标和所教学生大部分基础较好的实际情况,主要采用了任务型阅读的教学方式和拼读(Jigsaw reading)的方法。同时,利用了教师课前编写好的"导学条"和供学生展示学习成果的小白板进行辅助教学。

在授课时先让学生进行 Free talk:—What is your favourite TV programme? Why? —My favourite TV programme is on/about…because… / I like the TV programme on/about…best because…让学生复习不同种类的节目,使学生自然地进入到新课的学习。随后利用图片帮助学生学习新单词,然后让学生自主完成 P66. Part B1 并在小组内交流答案。开始进行整体阅读后,先安排全班学生进行自主学习,让他们快速阅读 P64—65 课文,完成导学条上的表格。

Programme	Type	TV station	Time
Sports World			
Beijing Music Awards			
Murder in a Country House			
Tiger Watch			

小组内交流后,再用小白板展示小组讨论的结果,全班分享答案;再让全班再次阅读 P64—65 课文,学生独立完成 P67. Part C,全班交流答案。在分组交流中,小组长组织整个活动,确保小组内的每个成员都有任务并行动起来。小组的成员依次变身为记录员、监督员、汇报员等,大家分工合作,各人的职责轮流更换。小组的监督员记录每人的发言次数和正确率,使每一个组员都能积极参与到小组的活动中。

因为还有三大段课文需要阅读,于是老师要求学生采用拼读(Jigsaw reading)的方法来完成下面的阅读任务。具体操作如下:

首先,学生在自己所在的自然组根据导学条上的提示进行自主研读:第1、2组阅读 Music Awards,回答问题:① Who will attend this year's Beijing Music Awards? ② What will some famous stars be interviewed about before the awards start? ③ When will the results be announced? ④ How can people win two free concert tickets? 小组内交流;第3、4组阅读 Murder in a Country House,完成句子,小组内交流:① The director of the film is _____. ② In the film, a doctor is found _____ in his house. ③ Who killed the doctor? You _____ until the end of the film. ④ The film is full of _____. ⑤ If you _____, don't watch it. 第5、6组阅读 Tiger Watch,回答问题:① How long does the programme last? ② What do people kill tigers for? ③ When and where was Tiger Watch filmed?

④ What kind of award did 'Tiger Watch' win? 小组内交流。在各自组内的交流中必须确保小组的每个成员都得到了小组学习后的结果，即每项任务都得到了解答。

在各小组完成阅读任务后，1—6组的1号同学重新组合为A组，2号同学重新组合为B组……以此类推，全班按号重新组成A—F六个新小组。这样在A—F六个新小组中，每个小组中至少有两位来自不同小组的同学研读过同一段文章。在新组中的每个人因为在原组讨论交流中，做好了充足的准备，所以在交流答案时，他们就能畅所欲言，积极发表本组的见解，并将讨论结果精要地归纳于小白板上。老师采用竞争式展示，让最先讨论好的三个小组上台进行汇报，同时，研读过同一段文章的来自不同小组的同学各抒己见，思维发生激烈的碰撞，使学生对所读文章形成更加完整、正确的认识。

然后，所有同学回到自己的原小组，再次交流各自在新小组中的所得，并对新小组的其他成员做出评价，推选出组内所有成员一致公认的最优小组。最后，大家独立完成对全篇文章的检测。

在这节阅读课中，老师合理、充分地使用了小白板，课堂气氛活跃，学生参与度高。学生们通过自主互助学习，使得过关检测起到了应有的实效。整节课以学生根据所给的任务自主学习，及合作学习、自主评价为主。学生自主学习、合作学习和自主评价的时间长达30多分钟，每个学生的发言次数平均达到10次以上。通过自主学习、合作学习及课堂讨论、自主评价等教学环节，让自主学习能力强的学生把学习策略展示给相对较弱的学生，帮助他们掌握正确的自主学习方法，充分利用了学生中的教育资源，学生自己解答疑难，教师减少讲解，实现了学生共同进步的目标。

学校：南京晓庄附属中学
校长：陈源清
执笔：朱树静

每个学生都有自己的认知风格,在教学中怎样关注学生的认知风格,并采取相应的教学策略,让他们"每一个"都能在学习活动中尽显其"长"呢?

"风格"教学

一、内涵

一般认为,认知风格指个体信息加工过程中表现出的个性化的和一贯性的偏好方式。关于认知风格类型的归纳和综合,有以认知为中心的观点、以人格为中心的观点、以活动为中心的观点。本文所述选取了以活动为中心的观点,以学习风格和教学风格为主。学习风格主要指学生在学习过程中通常喜欢采用的学习方式,即学生对学习方法的定向或偏爱。教学风格主要指教师在教学活动中所采取方法的习惯模式。由于所施教对象是小学生,所以只选取"学习时间及其合理安排"、"对感觉道的不同偏爱与不同的教学刺激"、"分析—综合与分析—综合教学策略"三项因素,进行相应的教学策略研究。

基于学生认知风格的课堂教学,结合了教师自身教学风格、学科特点,根据学习风格制定一定的教学策略,以最大效度地促进学生学业成绩、学习能力的提高和发展。

二、背景

南京市小班化教育提出了小班化教学的三大原则:"全纳性教育""个别化教学""活动化课堂"。"个别化教学"的特征是:充分了解学生基础上的教学;关注百分百课堂参与度的教学;提供学生自主选择的教学;注重及时强化与及早跟进的教学。"活动化课堂"的特征是:突出体验、实践;提升合作学习、自主学习、探究学习的应用程度;讲台的学习转化为课桌的学习。这些先进的教学理念与细致的教学指导,让研究与实践的视角落实到"关注每一个"上,"了解每一个"成为提高应用度的直接着力点。

自 20 世纪 40 年代起,"认知风格"的研究进入了人们的心理研究范畴;在几十年的时间里,认知风格的研究已经进入了量化与应用的层面,更多的国内外心理学家将之应用到教育领域,研究其在各个阶段的学习与职业选择的应用。随着对"认知风格"的了解,我们认为它对于实现教师职业元认知的发展、学生元认知的发展都有着重要的"镜面"作用,并且其理论与实践有着较高的应用与理解度,因此,将其引入到校本的研究中,具有可操作性与应用性。

三、操作

（一）认知风格简单测评

1. 量表测评。认知风格的理论研究异彩纷呈,其中 Sternberg 的研究更是广为人知,其"思维风格"的概念和心理自我管理理论得到了很高的认同。他的《思维风格问卷》作为测量工具,我们将其引入,对教师的思维风格进行测量与分析。由于施教对象是小学生,引入了在香港应用较为广泛的《关于小学生学习模式的调查问卷》,对全校学生的学习偏向的"感觉道"进行问卷调查分析。

关于小学生学习模式的调查问卷

各位同学:

  这个表格可以帮助你了解自己的优势学习模式类型(视觉、听觉、动感)。请你按下列情况的出现频率,选取相关的答案。将各题的答案填到答案表相应的空格,计算总分后就可知道你的学习倾向。请开始答题吧!

题号	项目	少 1	中间 2	多 3
1.	听课比看书令我更容易记忆教材			
2.	我较喜欢有明确唯一标准答案的考试			
3.	学习时,我喜欢吃零食或口香糖			
4.	虽然没有笔记,我专心聆听就可以记得讲课的主要内容			
5.	我比较喜欢看书面的指示多过听口述指引			
6.	我喜欢拼图游戏			
7.	我比较喜欢听电台的报导多过看报纸的报导			
8.	我比较喜欢透过看幻灯片和电影来了解学习的内容			
9.	我要先写一下电话号码,才能记着它			
10.	我喜欢听老师口述指引,多过看她书写的指示			
11.	看书比听课令我更容易记忆教材			
12.	温习时,我喜欢转动着笔			
13.	我听了一个电话号码,就可以记着它			
14.	我喜欢在重点旁边画些图像,来帮助我记忆教材			
15.	我喜欢用手或使用工具的工作			
16.	写字时,我要诵读来听到它的读音			
17.	我喜欢阅读有很多图表、图画、相片的书,因为它们令我更容易明白			
18.	学习时,如果我可以自由走动,我更容易记忆教材			

	各题的分数	总分(18分)
听觉	1( ),4( ),7( ),10( ),13( ),16( )	
动觉	2( ), 5( ), 8( ), 11( ), 14( ),17( )	
视觉	3( ), 6( ), 9( ), 12( ), 15( ),18( )	

  《关于小学生学习模式的调查问卷》的使用要达到较高的效度,根据受试者是 6—12 岁

儿童的实际情况,使用时要注意这样几点:一是要在教师的指导下由学生自主真实地填写完成;二是指导教师要尽可能地消除由于自身与学生的交往带来的对分数的影响(可以由不是本班的任课教师来指导学生完成);三是教师要尽可能地用小学生能够理解的学习实例让学生准确理解每一选项所代表的含义,以便勾出接近学生实际情况的选项。

值得注意的是,即便排除种种可能影响学生分数的情况,学生的实际得分通常会呈现出不是唯一一项高分或者某两(三)项分数相近(完全相同)的情况——这在被试的大量样本中多次出现,这表明在小学生之中,他们的优势感觉道可能不是唯一的,大多数人都是复合型的;也有可能在不同的学习情境中表现出不同的优势(劣势)感觉道。这恰恰说明了学习活动的复杂性和综合性。另外,听觉、动觉、视觉三种学习模式没有好坏之分,只有因人而异的优势状态与劣势状态的区别。

2. 观察与访谈测评

为了确保对师生认知风格定位的准确性,教师还需要对自身和学生的认知风格进行进一步的观察与访谈。可以设计一定的学习情境,让学生在无指导的情况下独立完成情境任务,教师观察记录下学生的真实表现,以进一步进行分析定位。

以语文学科为例,教师针对一年级学生设计"石"这个字的学习情境:一种是让学生观察"石"这个汉字从象形字体到篆文、楷书的演变图形,从而理解"石"字的表意特征和字形;一种是由教师通过语言讲解"石"的含义和示范书写汉字来学习"石"字;第三种是在开放的空间中放置石头标本、写字板与汉字板,让学生自己尝试学习"石"字。教师在不干预学生的学习状态的前提下,记录每一种学生的学习表现并对汉字学习效果进行默写、组词和说话三项学习任务检查。在第一种情境中,视觉型为主导的学生表现出了较好的学习效果;听觉型为主导的学生在第二种情境中表现出了较好的学习效果;第三种情境中,动觉型主导的学生学习效果较好。教师结合学习情境,又和家长进行了简单的问题访谈:孩子在家的主要游戏是什么?学习环境是否可以有干扰?记忆、认读汉语拼音是否有困难?……结合观察与访谈的结果,对一年级的学生的认知风格进行简单分析,得到优势与劣势感觉道。在这样简单的实验中,教师们发现了有趣的现象:通常被家长、教师视为"坐不住"的学生,往往是以"动觉"或"视觉"为主导感觉道。因此,他们在以听觉、视觉为主的课堂中往往表现出好动、不听讲、爱做小动作等特点。

结合情境观察的现象与访谈所了解的信息,任课教师可以对学生的认知方式和优势感觉道有比较清晰的了解,可以对学习的适配性做进一步分析。

3. 教学风格与学习风格匹配分析

有了量表测评的数据和观察了解的信息,教师需要结合实际教学中的交往过程,对学生进行在学科学习中的学业表现做进一步的适配性分析。

研究表明:当教师的认知风格与学生的认知风格完全匹配时,学生的学习适应最好(这里的适应指学习成绩、学习态度、师生关系等);师生认知风格类型不适配的学生,学习适应较差;师生认知风格部分适配的,学生适应居中。这一结果启示我们,学生学习障碍的形成有可能与师生之间的认知风格不相匹配有关:如果一个"保守型"倾向的教师所教授的是一个动觉型为主的学生,那么两者的风格适配性就比较差,学生的学业效果很难表现出较高的水平,师生之间的互动交往也通常不会太顺畅;而一个"激进型"倾向的教师与这类孩子在相处时,适配性会显著高于前者,交往的效能感较高,学生的学业表现也会较好。

在实际操作的过程中,教师们往往会借助下表进行匹配分析:

教学风格与学习风格匹配分析表

教　　师		学　　生	
姓名	教学风格	姓名	学习风格及观察记录
匹配性分析			

为了让教师对于所教班级的学生的整体情况有所把握和了解,还需要填写下表附在教学设计前,以便于提高课堂教学设计的针对性:

_____班_____学科学生学习模式分析表

学习模式	学生(填写学生姓名)
视觉模式	
听觉模式	
动觉模式	

(二)教学策略优化设计

有了上面的分析与结果,就需要对课堂教学策略进行优化设计,使教学过程尽可能成为师生认知风格适配性高的场所,以便于学习效果最佳化。谭顶良教授曾经有过这样的论述:根据学习风格制定的教学策略可以分为两类:一是与学习风格中的长处或学习者偏爱的方式相一致的匹配策略;一是针对学习风格中的短处或劣势采取有意识的适配策略。他列出了《偏爱三种感觉道的特征及其教学策略》表:

偏爱三种感觉道的特征及其教学策略

特征与策略	感觉道	视觉	听觉	触动觉
学习特征	长处	长于快速浏览 接受视觉指示效果好 易看懂图表 书面测验得分高	长于语音辨析 接受口头指导效果好 口头表达能力强 日常表现优于考试结果	运动节律感强、平衡感好 书写整洁 易操作事物
	短处	接受口头指导难 不易分辨听觉刺激	书面作业与抄录困难 运动技能差	书面测验分数欠佳 通过视觉、听觉接受信息欠佳
教学策略	匹配	阅读、电影电视放映 实验演示、榜样示范 观察、讲授时用视觉性的词汇 引导学生脑中产生画面	讲授、讨论 谈话、播音等	做笔记,实验、实习 练习、游戏、角色扮演
	有意适配	做笔记,把学习内容录在磁带上反复播放直至掌握	做笔记、阅读 电视电影放映	讲授、阅读 放映、播音

结合以上的匹配与有意适配教学策略指导,结合三大策略从以下几个方面进行了教学环境和教学策略的匹配设计与有意适配设计:

1. 环境设计

(1) 物质环境设计。小班化的办学条件,为不同认知风格的学生获得适性的活动和学习空间提供了可能。认知风格可以从"场依存型"—"场独立型"的维度予以分类。场依存的学生容易受外界刺激的干扰,因而其座位的设定要能够尽力避免无关干扰,学习区尽量远离环境中的刺激性因素,同伴的选择可以尽量匹配场独立型。而场独立型的学生,要在学习区域予以一定的独立学习区,通过设置环境舒适的"阅读角"与"心灵空间",以满足这类学生独立活动的需要。未来新建的教室中,会在一间教室中设置"学习区""活动区""探索区"等不同的功能区,以充分满足不同认知风格学生的学习心理需求。

(2) 合作环境设计。① 合作分组设计依据学生的主要感觉道进行分组,可以将相同优势感觉道的学生分为一组,以强化某一类型的学习方式,促进相同感觉道的学习交流——这是一种匹配设计;也可以将不同优势感觉道的学生分为一组,让他们在同一学习情境中获得不同感觉道的发展,分享不同感觉道学生的学习成果——这是一种有意的适配设计。② 合作任务设计:合作任务通常由"独思—表达—交流—聚合"四个环节组成,囊括了独立逻辑思维、触动觉表达、视觉交流、听觉感悟的多重感觉道的学习类型,既能让不同优势感觉道的学生能够进行有意适配教学策略下的学习,又能让不同的学生的学习优势得以彰显,在互相交流中得以互补交流。③ 合作要求设计:要求在"分步出示"、"时间控制"等策略的精致设计中,留给学生充分、适性的探究时空。

以五年级数学上册《平行四边形的面积》一课为例,教师组织了平行四边形面积计算公式的探究活动,分两步出示了以下的四条合作要求:

第一步:每人选择一个平行四边形,独立完成操作,并将自己的结果填入相应的表格中。(在这个要求出示之后,引入计时器,让学生在两分钟内充分地完成独立学习的探究活动。)

第二步:
1. 组内按照4、3、2、1的顺序演示自己的操作过程,其他人记录。
2. 组长组织讨论表格下3个问题。
3. 每人都做好汇报准备,随机选择一人汇报。

解读这四条要求,不难发现:触动觉型学生在第一个要求中获得了优势感觉道的活动机会,同时获得了有意的适配学习机会;其他类型优势感觉道的学生,也同样经历了两种不同的匹配与有意适配活动的经历。在同一活动要求下,不同的学生能够得到不同的发展。

(3)"乐行探究单"设计。探究性学习(inquiry learning)是一种积极的学习过程,主要指的是学生在科学课中自己探索问题的学习方式。为了有效实现探究性学习的过程,针对学生的学习阶段,各个学科设计了相应的学习活动内容,形成一个完整的学习过程,这就是探究单。如何让探究单为活动化课堂增效是我们反复思考研究的主题。科学有效的探究单才能成为课堂教学的催化剂,才能促进学生学习能力的提升。从时间维度上,探究单分为这样几个部分:① 课前预习——培养孩子自主学习能力,了解孩子学习需要。② 课堂学习——培养孩子合作探究能力,学会学习的方法。③ 课后拓展——发展思维,张扬个性,内化提升学科素养。三个板块的设计,结合了匹配与有意适配的策略,兼顾不同认知风格学生的学习方式。

以六年级上册语文《莫泊桑拜师》一课为例,教师设计了下面的"快乐出发"版块:

(快乐出发)

1. 通过预习,我觉得这几个字最难写。

   □ □ □ □ □ □

2. 通过预习,我知道了这些词语的意思。
   酷爱:_____   单调:_____
   揣摩:_____   烙印:_____
   _____:_____   _____:_____

3. 课文我读了(　　)遍,我觉得第_____小节最难读。
4. 读了课文我最想和大家交流的问题是:_____
5. 我搜集关于莫泊桑的资料是:

听觉、动觉型学生常常在形近字的辨认上有困难,第一项针对其不足设计,是为有意适配;第2、3问,针对听觉型学生的优势设计;第5项任务给了触动觉型学生更自由的学习方式和表达方式。同一板块,为了培养学生的自主预习的能力,在充分了解学生的认知风格的基础上,设计针对不同优势感觉道的探究问题。

2. 时间控制

(1) 合作时间控制。Yates认为,针对认知风格,教师的一个重要策略是在教学中充分利用对时间的控制。不同认知风格的学生在解决特定任务时所需时间有差异。教师需要结合任务类型,有效控制活动时间,以达到学习效果最优。在教学实践中,设计了几种类型的时间控制器:① 视觉型控制器,形如右图;② 听觉型控制器:如各种音乐提示音。

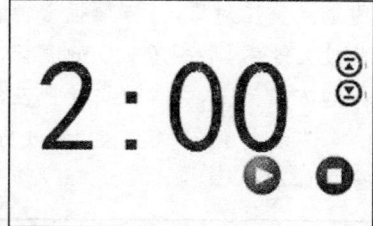

(2) 个别化辅导时机控制。由于不同认知风格类型的学生在解决特定任务时所需时间不同,教师可以结合任务进行适当的辅导干预。比较有效的策略之一就是"色卡"的使用。英语课堂教学中,每一位学生都会佩戴配以圆形色卡和方形名牌的"名片"——圆形色卡表征了前期教师调查分析所了解到的该学生的优势学习模式类型,方形名牌表征了劣势的学习模式类型。在课堂实践中,教师会结合相应的教学内容的匹配与有意适配,进入到小组学习或个人学习中,进行个性化的辅导或针对性的鼓励。例如在语言学习的过程中,教师会通过夸张的肢体演示或特征鲜明的图片,促进视觉劣势的学生的学习;在数学抽象推理和数量关系的分析过程中,教师会手带"帮助图片"或"智慧卡"辅导分析型劣势的学生学习。

四、注意事项

1. 注意对学生认知风格进行不断修正。由于学生是出于不断发展和变化之中的生命体,其认知风格会随着学习环境、任务不同、生理因素的不同而发生变化,因此教师需要进行不间断的阶段性的认知风格的修正性分析,以使策略更具有针对性。

2. 同一学生在不同的学科学习中也可能表现出不同的认知风格倾向,教师需要结合具体教学内容和学科特色合理定制匹配与有意适配的教学策略。

五、案例

6B. Unit 7 A letter to a penfriend 教学设计

教学内容:《牛津小学英语》6B. Unit 7 A letter to a penfriend (Part A)

教材及学情分析:

本课围绕"笔友"这一话题展开,涉及的词汇是 letter, penfriend, yesterday, writing paper, envelope, address, both, read 等,涉及的日常交际用语是 Can I have …? What for? I want to …。但学生已经学习过 letter, yesterday, both, Can I have …? I want to …等词汇和句型,且对 penfriend 这个复合单词应该很容易掌握,通过调查,学生对这些已学单词和交际用语确实掌握比较理想,故不作为本节课重点教授词汇。此外,考虑到"笔友"这一话题对于小学生可能比较遥远,学生无相应的生活体验作为素材进行口语交际,在调查后发现全班确实没有一个学生有笔友,因此本课在学习后的输出环节中将"介绍笔友"改为与学生生活体验比较贴近的"介绍好朋友",并在互相交流好友信息的基础上为下一课时尝试将朋友的朋友发展为笔友做好铺垫。值得一提的是,在班级中询问学生有无好友时意外发现:班级中的学困生陈竟然说自己没有好朋友,在和其沟通后,他表示自己有一个玩得比较要好的邻居,于是我的一句"邻居也可以是自己的好朋友啊"消除了他的郁闷,但本节课仍拟定将其作为重点关注对象,一方面担心他在介绍好友环节可能会有一些困难,另一方面希望多给他一些被关爱感,形成多交友的意识,但考虑到这位学生比较内向,平时不敢发言,拟定以私下辅导的方式为主,并尝试引导他回答比较简单的问题,帮助他增强自信心。

本班共有28名学生,通过前期对学生学习模式的调查,本班学生倾向的学习模式情况分析如下:

学习模式	学　　生
视觉模式	豪、典、晨、伟、哲、龙(红色名片)
听觉模式	舒、嫣、雨、丽、宁、豪、绍、蕊(绿色名片)
动觉模式	昭、俊、石、捷、成、然、玉、超、雅、璇、晨、博、远、佳(蓝色名片)

教学策略说明:

1. 学习模式(Learning style)。这是假定能够使个人达到最佳学习状态的方法,在不同学习模式的活动中关注那些不太适应相应学习模式的学生,有助于提高全班整体学习效率。

2. "乐行"探究单。分为两部分:第一部分(A和B)在课前使用,A用于了解适合设定在课堂中交际的话题;B用于帮助学生在预习过程中通过"联想记忆法"正确朗读本节课的重点词汇和交际用语,并了解学生对已学知识的掌握情况,以此调整课堂教学中新授单词和句型的侧重点。第二部分(C和D)配合新授使用,用于帮助学生在课文学习过程中理解和整理信息。

3. 可观察的盒子。盒子里放置用以观测发言情况和激励学生所用的趣味磁性贴,凡是发言或是表现较好的都可以得到。

4. 思维导图。在课文学习中,教师通过绘制思维导图帮助学生将大量的信息分解成易于理解和记忆的"组块",使复杂的内容变得清晰,从而帮助学生更深刻地理解课文,并能尝试以此为素材复述课文。

教学目标:

1. 能听懂、正确理解A部分对话内容,并能正确朗读和初步复述课文。

2. 学习并掌握对话中的词汇:letter, penfriend, yesterday, writing paper, envelope, address, both, read。

3. 学习并掌握对话中的日常交际用语:Can I have…? What for? I want to…

4. 能运用本课所学和拓展的相关语言介绍自己的好友,鼓励学生多交朋友,珍惜友情。

教学重点:

能听懂、正确理解A部分对话内容,并能正确朗读。

教学难点:

1. 能初步复述A部分课文。

2. 能运用本课所学和拓展的相关语言介绍自己的好友。

教学准备：
多媒体课件、"乐行"探究单
教学过程：

教学环节	活动设计	个别化关注
Step 1： Pre-reading	1. Movement：Line game 2. Show the topic：A letter to a penfriend 　Do you want to have a penfriend？	关注倾向视觉学习模式的学生，预设交流对象：哲、伟、龙等。 预设回答追问的学生：超
Step 2： While-reading	1. How does Liu Tao know his penfriend? Guess first Read quickly and find out the answer （追问：What's his penfriend's name?） 出示引言部分，关注 read 的读法，齐读 2. Liu Tao is talking to his mum about his penfriend. What exactly are they talking about? 看动画，选择，尝试概括对话内容。 3. Try to get some detail information：尝试了解一些细节信息 (1) What does Liu Tao need to write a letter? 学习：writing paper，envelope How to ask for the things we need? 学习：Can I have …？What for? I want to … 范例拓展：Can I have your telephone number? （该句型比较简单，且课前了解学生已经比较熟悉，故简单拓展） (2) Let's try to know a new friend—Peter Read the text and complete Peter's name card in the book. Check Say something about Peter 组织语言介绍 Peter (3) What is Liu Tao going to tell Peter? Read and talk in groups. Summarize together 学习：address（联想记忆：dress） 4. Read the text after the tape Read together	关注倾向动觉学习模式的学生，预设回答学生：昭、俊等。 引导学生自己读出单词，关注 envelope 的发音，采取分音节朗读的方法。 每组批改一个学生，该生批改其他小组成员；批改两个倾向听觉学习模式的C类学生：嫣、蕊；个辅超。 关注超在小组中的交流情况，引导其在组内发言。
Step 3： Post-reading	1. Try to retell the text according to the mind map on the blackboard. 尝试根据板书的思维导图复述课文内容。 2. Introduce your good friend： (1) Group talking：What else can we talk about our friends? 小组讨论：除了课文提供的信息，我们还可以从哪些方面讨论我们的朋友？ (2) Perfect your mind map about your friend and be ready to introduce. 根据讨论结果完善关于自己好朋友信息的思维导图，并做好介绍准备。 (3) Introduce your friend to your classmate(s). 向同学介绍自己的好朋友。 (4) Share information together. 全班分享听到的信息。 3. Share a saying：Friends are helpful. They can make our life more beautiful.	巡视，关注C、D类学生（含超）在组内的交流情况。 关注A、B类学生的信息拓展情况。
Step4： Homework	1. Read the text for five times and try to retell it. 2. Write a passage to introduce your friend.	

学校：南京市小行小学
校长：周　健
执笔：韩　红
案例提供：吕　燕

南京的小班化教育是全纳性的教育，更是走向优质的教育。"五个百分百"正是对小班化教育"面向每一个"的体现。那么，怎样在课堂教学中有效落实"五个百分百"的要求，有没有一套切实可行的操作方法呢？

"五个百分百"

一、内涵

在全纳教育的理念引领下，南京小班化课堂教学倡行"五个百分百"，这五个百分百为：

1. 百分百发言。每堂课教师都会创设宽松的氛围让学生积极主动地发言，各抒己见，至少保证每个学生都有发言的机会。

2. 百分百互动。每堂课教师都会创造师生、生生多元的互动，让每位学生都能积极地参与师生、生生的互动。互动既可以是以对话为主的，也可以是以课堂游戏等活动为主的，也可以是以网络为媒介的。

3. 百分百展示。每堂课教师都会提供学生自我展示的平台和时机。每位学生都能进行自我展示：展示自己的作业，展示自己的表演，展示自己的才能，展示自己的成功，在小组中，面向全班展示。

4. 百分百激励。每堂课教师都会以各种各样的方式激励学生。每位学生都会受到来自教师、同学的激励。

5. 百分百收获。每堂课教师都会让每位学生都有发展，都有收获。每一学生会在不同程度上，达到课堂的要求，实现自己的成长。

二、背景

"五个百分百"的提出和南京小班化学校的发展历程是密切相关的，也与全纳教育的理念是不谋而合的。

从小班化学校的自然状况来看，南京小班化学校都是从学校生源的减少而自然形成的，这些学校原来大多是非热点学校。这些学校迫切需要外部的支持力量和内部的激活力量。南京小班化学校同时承担着部分弱智、残障儿童的"随班就读"的施教任务，"全纳"成为小班化学校的责任。

从小班化学校的办学定位来看，南京市小班化学校从启动小班化教育试验开始就明确定位为"走向优质教育"。这个"优质"至少包涵六个要素：优质的教育教学设施，优质的教育教学理念，优质的教师队伍，优质的教育教学过程，优质的教育教学效果。

全纳教育(inclusive education)作为一种教育思潮和国际流行的新的教育理念，兴起于20世纪90年代。全纳，即全部地接纳，无条件地接纳。它容纳所有学生，反对歧视排斥，促进积极参与,注重集体合作,满足不同需求,是一种没有排斥、没有歧视、没有分类的教育。全纳教育强调平等化,每位学生都是平等的,教育应平等地对待每位学生。强调每位学生都应该享受教育的权利、教育的关怀。小班化的实施,为"全纳"提供了实现的条件。小班化的深度应该是"面向每一个"的"全纳"课堂。

它不仅包括教学的"全",而且包括时空上的"全",包括心理上的、情感上的"全",等等。纳,也不仅是指简单地接受,而且有尊重、认可、愉悦等心理元素。小班化课堂的全纳性,至少要关注四个内涵。

1. 全部尊重。尊重每一位学生;在教学的全过程中,尊重每一位学生;教学的全部行为中,尊重每一位学生。

2. 全部接受。接受每一位学生;关心每一位学生的每个方面;在教学的全过程中,关照每一位学生。

3. 全部关照。关照每一位学生;关照每一位学生的每个方面;在教学的全过程中,关照每一位学生。

4. 全部服务,服务每一位学生,全心全意服务每一位学生;在教学的全过程中,全心全意关照每一位学生。

在全纳教育的理念引领下,南京小班化课堂教学倡行的"五个百分百"正是"面向每一个"的有力彰显。

三、操作环节

怎样在课堂教学中有效落实小班化"五个百分百"的要求?我们将课堂教学分解成"建标、探标、验标"三个环节和板块,以自主学习、合作探究、交流展示、评价激烈为主要形式,形成了一套"目标导学"的操作模式。

(一)建标≤10(分钟)

小班化课堂教学落实"五个百分百"的基础是了解儿童,研究儿童。以学定教,了解学情是课堂教学的基点。每节课前,教师都应该弄清学生的原有基础、学习兴趣、个体差异、疑难困惑等,确立教学目标,优化教学设计,让教学内容更贴近学生实际,从而取得更佳教学效果。

步骤一、学前交流≤5(分钟)

① 组内交流,全体参与,形成共识:已会的、基本会的、不会的。

② 教师巡视,小组汇报,形成共识:已会的、基本会的、不会的。在此过程中保证100%学生在小组或班级内发言一次。

步骤二、共建目标≤2(分钟)

根据诊断交流,师生共同明确本节课教学目标。

(二)探标≤25(分钟)

步骤一:自主学习

海格德尔说:教学的本质就是,"他得学会让他们学"。学生是学的主体,要尊重学生学的主体地位,要相信学生的无限潜能,给学生参与学习活动的机会和时间。课堂的重点不在于讲,在于引导学生去体验,引导学生主动地获取知识。只要学生能自己学会的,就让学生去自学;只要学生能思考的,就让学生去思考;只要学生自己能得出结论的,就让学生自己去得出结论。

① 根据教学目标,确定自学内容、自学要求、自学方式、自学时间。

② 学生根据要求,利用一切辅助资料,迅速独立阅读文本,采取勾画批注等形式完成自学要求。100％学生参与。

步骤二:合作探究

采用小组合作的形式,主动地对自主学习中的难点、疑点进行探究。特别是对小组提出的有价值的重点问题或解决不了的问题,要组织全体学生通过相应的方式积极探究,在质疑探究中培养学生发现问题和解决问题的能力。

① 小组交流难点和疑点,合作攻关。小组内成员合理分工,保证100％的学生参与和互动。

② 小组提交解决不了的难点和疑点或有价值的问题,班级协作攻关。

步骤三:交流展示

创设活动情境,避免一问一答的上课形式。组织学生开展不同类型的师生互动、交流展示、竞赛评比等课堂活动,有效调动学生的学习积极性,形成活动、活泼、活跃的课堂气氛,让小组展示自己的学习成果。

① 每个学生在小组内交流展示自己的学习成果。

② 每个小组在班级内交流展示自己的学习成果。在此过程中保证100％学生在小组或班级内交流展示一次。

步骤四:精讲归纳

教师是学生学习活动的组织者、引导者与合作者,要对一些难以解决的共性的问题,作精讲和点拨。精讲时要语言精练,讲思路,讲方法,讲重点和难点,要使学生从中解除迷惑,领悟道理,发展思辨能力。

(三)验标≤8(分钟)

步骤一:分层达标

正像世界上没有完全相同的两片树叶一样,世界上也没有两个完全一样的学生,每一个学生的个体差异是客观存在的。教师应根据教学目标,精选精编题目。注意题目内容的覆盖性,形式的多样性。不仅要承认个别差异,而且要尊重个别差异,分层作业,当堂完成。让每个学生都能发展,都能差异化达标。

① 分层作业,当堂完成。

② 当堂反馈,对达标的学生给予表扬性的评价,对不达标的学生给予激励性的评价,并采用组内互助的形式辅导。保证100％的学生都能得到表扬或激励性的评价。

③ 对组内辅导仍然未达标或学习有困难的学生进行个别辅导,保证100％的学生都有发展,都有收获。

步骤二:激励评价

在学生达标练习后,对每个学生的课堂上"五个百分百"情况以及分层练习达标情况做出及时而准确的评价。教师的评价要准确、客观,利于引导学生。教师的评价要真诚多样,要善于调动学生。评价语言应以激励性、针对性、导向性为主。评价采用A、B、C等级评价制,自我评价、小组评价和教师评价相结合,用评价表的形式进行反馈。

① 自我评价,填写评价表。
② 小组评价,填写评价表。
③ 教师评价,填写评价表。

教学相长。学生的学习效果,是我们不断改进课堂教学的重要依据。在课堂教学改革的过程中,经验的总结尤为重要。对此,我们不仅仅是通过"验标"环节来检验,还可以通过课堂观察进行记录与分析。

附:课堂观察表示例1

目标导学分层观察记录表

课　　题		学　校	
执教老师		班　级	

表一:针对"课堂提问"

说明:可选择某一两环节中的1—2个问题作观察记录,可以一小组学生为观察对象,也可以全班为观察对象。

(本节课环节设置:_____ / _____ / _____)

(　　　)环节　　观察对象:第(　　)小组/全班

问　题		难度系数
		☆☆☆☆☆
发言次数统计 (含组内发言)	A层学生	B层学生	C层学生
效果简述			

(　　　)环节　　观察对象:第(　　)小组/全班

问　题		难度系数
		☆☆☆☆☆
发言次数统计 (含组内发言)	A层学生	B层学生	C层学生
效果简述			

您的分析、评价或建议:

观察人:_____

日　期:_____

目标导学分层观察记录表

表二:针对"当堂作业(训练)"

说明:可选某一环节中出现的当堂训练,观察学生完成老师指定练习的反馈情况。

观察维度	观察点		A层学生	B层学生	C层学生
当堂作业	正确率	A类题			
		B类题			

针对"目标达成"

说明：每项目标的达标度根据课堂中学生的表现，以百分制计相对分值。

目标预设	目标一：			
	目标二：			
	目标三：			
观察维度	观 察 点	A层学生	B层学生	C层学生
目标达成	目标一			
	目标二			
	目标三			

您的分析、评价或建议：

                观察人：_____

                日 期：_____

目标导学分层观察记录表

学生座位分布示意图：

讲　台

请根据实际情况圈画出小组座位，标小组组号。

填表说明：

1. 问题的难度系数的界定根据课堂实际，由听课老师自主判断。

2. 表格已附学生座位示意图，学生的分层已由执教老师根据班级实际划分并标于表格左上角。此示意图也可作为课堂发言计数之用。

3 分层，是根据学生水平动态调控的。即教师根据这一阶段学生学习状况加以分层，并跟踪观察学生表现，根据学生的动态发展随时调整。教学中，学生不以分层情况划分座位，分层情况仅为执教者和听课观察者知晓，供研究之用，切勿以标签形式让学生知晓或形成共识。

附：课堂观察表示例2

课堂观察个案记录表

课题		执教者	
学生姓名		班级	

在小组内发言次数		解决问题	
在小组内与同学互动次数		所针对的问题	
在组内获得的评价			

在全班内发言次数		解决问题	
在全班内与同学互动次数		所针对的问题	
在全班内与老师互动次数		所针对的问题	
获得的评价 （含老师或同学的鼓励）			

您的简要分析、评价或建议：

观察人：_____

日　期：_____

四、案例

苏教版六年级下册《卢沟桥烽火》第二课时教案

【建标】

一、组内交流，全体参与，形成共识：读懂了什么？还有什么疑问？

二、教师巡视，小组汇报，形成共识：通过讨论交流总结课文学习的难点和重点。在此过程中保证100％学生在小组或班级内发言一次。

三、共同确定本节课教与学的目标：

1. 正确、流利、有感情地朗读课文1—5自然段。

2. 抓住关键词句体会日本侵略者的丑恶嘴脸，感受中国守军的英雄气概。

3. 按照时间的先后顺序有条理地讲述"卢沟桥事变"的经过，尽量用上文中的词语。

（评析：教学目标的合理设定是有效教学的要素之一。加里·鲍里奇在论述有效教学的五种关键行为时，其中之一就谈到了"任务导向"，即定制教学目标。因此，不是要不要设立课堂教学目标的问题，而是怎样设立合理有效的课堂教学目标的问题。合理教学目标的确定应走进学生的心里，基于学情，让学生充分参与，关注学生认为的难点和重点，找出学生的兴奋点，从学生的学出发，而不是教师的教出发。这样的教学目标更有针对性，而少了盲目性。有了这样的教学目标，才是学生获得发展和轻松掌握所授知识的前提和保证。）

【探标】

活动一：学习第1自然段，了解事变起因。

1. 自由读第1自然段,思考:卢沟桥事变的起因是什么?
2. 组内说说当时的局势和事变的起因,再有感情地齐读第1自然段。
3. 各组推荐代表介绍当时的局势和卢沟桥的战略地位。

(评析:探标的过程是以学生为中心、以活动为中心、以问题为中心的。自由阅读思考,保证了学生自主学习的时间和空间,组内学习和小组的展示充分彰显了百分百发言、百分百互动和百分百展示。当然,合作学习不能为了合作而合作,所给的合作项目要有合作的必要性,必须要分工合作、互相讨论帮助才能形成某种共识,不能流于形式。通过合作,不仅解决学习任务,而且有助于同学间的团结协作、互帮互助,从而有助于提高学习效率。)

活动二:学习2—5自然段,了解事变经过。
1. 默读课文2—5自然段,圈画出描写敌我双方表现的词句,思考从中读懂了什么?
2. 合作完成表格(提示:抓住最能体现日寇本质和我军精神的关键词)

时间	日寇	我军
7月7日深夜		
第二天凌晨		
当天晚上		

3. 各组就所圈画的具体词句说说各自的感受,并展示朗读。
4. 学生评价和教师激励提升。

(评析:活动二首先有效引发学生的情感体验,激发合理适度的学习动机。表格的出示让学生明确了本学习活动的目标和任务。从学习的难度上看,活动二对学生提出了富有挑战的任务,引发学生积极思考与积极行为,每一个学生都积极参与其中。不管是在组内的展示交流,还是班级内的展示朗读,都为每一个学生提供了展示的平台,落实了百分百展示的要求。学生评价和教师给予适当的鼓励和提升则有效激励学生学习的积极性。)

活动三:讲述事变经过,铭刻历史史实。
1. 对照表格,练习讲述事变经过。
2. 组内互相练习讲述事变经过。
3. 各组推荐代表讲述事变经过。
4. 评议,给讲述精彩的小组加分。(要做到:条理清楚、内容具体、表情丰富,可加上适当的动作。)

(评析:活动三的设计紧扣教学目标,从本人练习—组内互练—班级展示—评议加分几个环节,让学生的叙述从不熟练到熟练,从平淡到精彩,做到了每个学生都在原有基础上的提升,每个学生都体会到了成功的喜悦。)

活动四:精讲归纳,总结提升。
1. 教师对本节课上小组学习后仍然存在的难点进行集体辅导提升,总结提升。
2. 教师对个别学困生进行单独辅导,让学困生在原有基础上获得提升。

(评析:活动四采用集体辅导和个别辅导相结合的方式,既解决了自主学习和小组学习过程中存在的共性问题,也解决了个性问题。特别是对学困生的帮扶和激励,让整节课百分之百的学生都得到激励和提升。)

【验标】

一、出示达标练习。

1. 填空。

_____年_____月_____日深夜,一支_____的日本军队_____摸到卢沟桥,借口_____,遭到守桥的中国士兵_____的日军就向中国军队开火,中国守军立即开枪还击。第二天凌晨,日军炮轰宛平县城,又遭到中国军队的_____,这就是震惊中外的"_____",又称"_____"。它拉开了中国人民全面抗战的序幕。

2. 填上合适的词语,并说说从中体会到什么?(觉得有困难可以选择其中的一个词语说说)

① 1937年7月7日深夜,星光暗淡,万籁俱寂,一支全副武装的日本军队,向卢沟桥_____来。从所填写的词语可以看出日本军队_____,带有_____的感情色彩。

② 当天晚上,大刀队员们手握大刀,腰佩手榴弹又_____向卢沟桥_____。所填写的词语表现了我国守军_____,带有_____的感情色彩。

_____

_____

二、当堂练习,当堂批改。

三、自我评价、小组评价和教师评价相结合进行反馈。

(评析:当堂反馈,对达标学生给予表扬性的评价,对不达标学生给予激励性的评价,并采用组内互助的形式辅导。保证100%的学生都能得到表扬或激励性的评价。对组内辅导仍然未达标或学习有困难的学生进行个别辅导,保证100%的学生都有发展,都有收获。)

学校:南京市栖霞区龙潭中心小学
校长:顾　农
执笔:陈志军　吴兴林

在科技日新月异的今天,我们的课堂已经可以不再是简单的统一步调的全班讲解、练习。因为在数字化技术的支持下,我们可以给予学生更多的自主学习、表达的机会和途径。那么我们的课堂可以采取什么样的教学模式,又用何种教学结构去承载和实现它呢?

知识创新学习

一、内涵

传统的教学方法更多强调讲练结合,在班级授课中学生步调一致地进行各种练习,教师针对班级共同的问题进行指导。但是在数字化技术的支持下,白云园小学更注重在小班教学中适性快乐学习。因此,数字化课堂的研究理论基础是基于知识建构理论和最近发展区理论的。

知识创新学习的核心是促进孩子在其最近发展区基础上,通过探究过程建构新知识、新思想、新事物、新方法。知识创新学习的教学新模式提出的目标是:旗帜鲜明地反对简单应试教育,转向以培养学生的高级思维能力为核心的素质教育;反对"填鸭式"的灌输教学,真正落实新课程改革所倡导的自主、探究、合作学习;反对背离以人为本的教育"异化",回归教育的本质,促进以学生为中心的教学。

知识创新学习有三个关键特征:其一是强调以学生尝试提出新观点、新知识为中心,不强调任务和活动为中心;而是通过任务与活动,带动学生形成相对于自己来说的新作品、新理论。其二是强调基于原则的教学,反对"基于过程"过于程式化的教学设计;教师的教学设计是建立在对理论融会贯通的基础上的创造性活动,所以,在具有基本类似"流程"的基础上,不同学科、不同教师、不同时空都有自己的教学"变式";而教学设计方案看起来不像是传统"教案",而是教学的基本思路。其三是强调社区知识的形成。传统教学偏重个体学习,知识建构则要求班级内的协作活动是为了发展集体的公共知识,而学生个人知识的增长只是知识建构的副产品。

(一)"知识创新学习"的一般流程

进入实际教学,主要流程包括(但不限于)如下几个方面:

形成问题的情境。知识创新学习真正的开始源自于问题情境的形成,只有在问题情境中学生才能找到自己感兴趣的问题,才能引发知识创新的活动;这些情境的创设需要与课程目标紧密相连,需要来源于日常真实生活的社区、校园;比如,事先在校园植物上标上二维码以创设植物研究的情境,开挖"花圃"开展种植的综合实践,漫步秦淮河河畔进行作文移动学习……

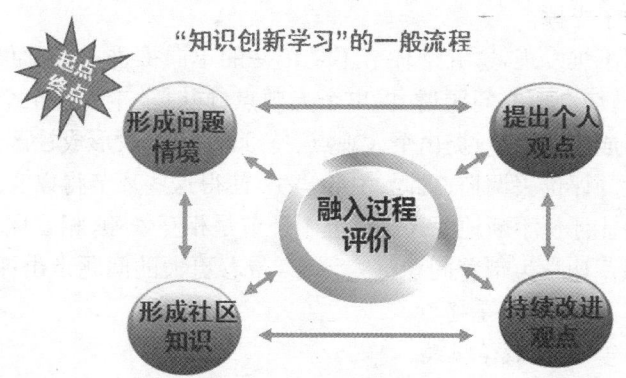

提出自己的观点。在情境中发现问题是教学的起点,进一步学习的关键在于引发学生个体的观点形成,以找到每个孩子的"最近发展区",进而引发深度的建构性活动。教学策略上需要考虑如下几点:其一是运用"支架",譬如在笔记本上或者知识论坛中写出"我的问题是""我的观点是""我还想知道的是"……其二是个别指导,教师根据学生个人的最近发展区,单个指导学生,如"你注意到了什么?""如果……你认为会发生什么?""什么让你感到惊奇?""你为什么认为会发生这个?"其三,鼓励学生多样化表达观点,如使用不同介质的口头语言、图片、绘画、文字语言、模型、视频、音频,表述基本原理、事实、词汇/定义、细节、联系等。其四,强调"关联",在学生都提出观点后,教师应先思考好这些观点之间是否有关联?如果有,关联性是什么?

持续改进自己的观点。在技术支持下,观点被可视化表达出来后就有了"生命",这些观点需要不断生长。教学策略包括:其一是浏览他人观点,知道学习社区中同伴的想法,展开辩论与对比;其二是为自己的观点寻找依据,向同伴解释、解读自己的观点,为自己的观点辩护;其三是加入知识建构圈,在课堂上展开个体、小组、班级等多个层面的知识建构性讨论,学生可以彼此聆听他人的观点和问题并彼此改进,并及时把观点修改好记录下来;其四是引发进一步教学活动,如实验,可以帮助孩子们修正他们的理论或给他们做下一步实验的启发;其五逐步引入权威资源,如已筛选过的相关网站、专业图书馆、相关领域的专家。

逐步形成的社区知识。一方面需要帮助学生个体建立观点之间的联系,尝试提出自己的"理论"体系、作品设计与制作;另一方面需要帮助小组的建构以及建立小组之间的关系,提出小组的"理论"或者作品,最终形成班级社区的知识体系。在一个知识创新的学习社区中,阶段性的学习应该以逐步形成"理论"或者"作品"为导向。这些理论应该是具有"复杂性"的,比如对于孩子细致地画出了银河系的更多的星体在太空的位置;这些理论应该是综合化的,比如几何题的解法,班级中形成了多种不同的解释;这些理论应该是走向规律化的,比如对于每天、每年气温变化的认识,在不断观察、实验、讨论中学生自己得出季节变化的规律。当然,这些理论可以有个性化差异,比如作文中对于"春天"的不同感受的描写。班级社区知识的形成也不是教师灌输的,而是社区自然形成的。

融入过程的教学评价。教师评价学生进展是一个贯穿于整个学年的连续过程。收集和使用大量信息为学生的学习提供一个有根据的、综合的描述。一些可靠的评价资料来源的例子包括:学生的问题探究记录册、文件夹、视觉作品、轶事的观察,信息技术的使用,为多元化的教学评价提供了支撑。

从上面的流程图不难发现,这五个环节不是单一的单向推进过程,而是有正向,也有逆向,比如学生在问题情境中形成问题后,提出个人观点,同时学生在提出个人观点时还会形成新的问题。学生形成问题情境、提出个人观点、持续改进观点、形成社区知识的过程中,老师要不断地以过程性的评价去调控、巩固、引导学生,使得这些环节得以实现,同时在实现这些环节的过程中也会让评价不断地深入。这五个环节是相互依赖、相互促进、彼此成就的关系。这样的学习更强调让学生带着问题进入课堂,带着更大的问题走出课堂,所以,形成问题既是知识创新学习的起点,也是终点。

（二）"知识创新学习"的教学模式

在遵循"知识创新学习"一般流程的基础上,我校探索出了如下三种教学模式:

1. 知识建构模式

就是在孩子们学习、参与知识建构讨论、阅读权威资料、动手做实验、短足旅行、和专家交谈等这一系列活动中,孩子们的观点逐步形成与提升,并最终形成社区知识的过程。

"三段式"学科运用法：

▲ 语文学科（作文）——"体验·互评·重建"

▲ 科学—技术—社会（STS）——"观点·改进·提升"

▲ 数学学科——"感知·建构·运用"

2. 翻转课堂模式

也叫颠倒课堂（Flipped Classroom）,就是教师创建视频,学生在家中或课外观看视频中教师的讲解,回到课堂上师生面对面交流和完成作业的这样一种教学形态。其关键在于课堂上教学活动要以知识创新为核心。

"三段式"学科运用法：

▲ 英语学科——"翻转·建构·实践"

3. 项目学习模式

是以研究某种或多种学科的概念和原理为中心,以制作作品并将作品推销给他人为目的,在真实世界中借助多种资源开展探究活动,并在一定时间内解决一系列相互关联问题的一种新型的探究性学习模式。

"三段式"学科运用法：

▲ 综合实践学科——"问题·探究·发展"

二、背景

从宏观看,2012年9月,时任国务委员的刘延东同志指出：今后几年教育信息化的重点工作可以概括为"三通两平台",基础教育信息化,特别是走入课堂的信息化教学迫切需要理论与方法的创新。从中观看,2011年之后,南京市教育局提出用新三基研究（"基于网的教育"、"基于脑的教育"、"基于小班的教育"）作为引领南京市基础教育改革的抓手；与此同时,江苏省E学习研究也从全省各地选择百所学校进行试点。从微观看,南京市白云园小学作为省E学习项目及南京市"新三基"项目的窗口学校,也希望通过几年的实验研究踏出新路径,为其他学校开展创新教学提供可资借鉴的理论与方法。经过3年多的理论建构、实践探索、反馈修正,白云园小学提出了"知识创新学习"的教学新模式。"知识创新学习"的理论建

构是个源于本校的教学实际问题,融合国内外前沿理论,在理论—技术—实践三个层面上循环推进、不断优化的过程,如下图所示:

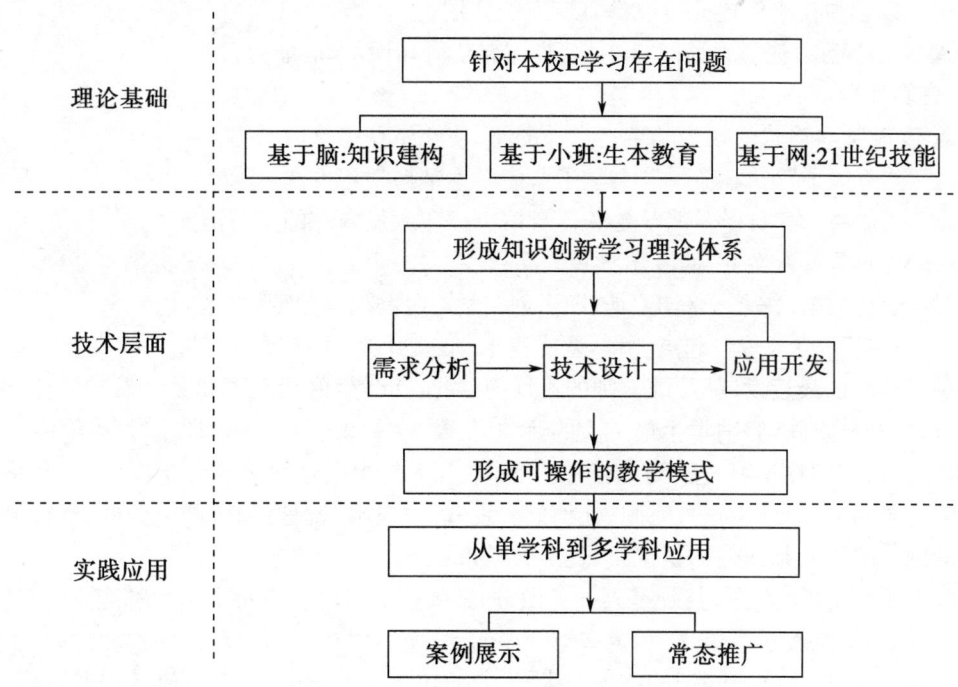

三、操作

我们网络环境下的"知识创新学习"贯穿小班教学的课前、课中、课后所有环节。课前,我们会有前置性学习,学生可以自主预习数字化的课程资源,提出自己的问题。这样,孩子们就会带着问题进入课堂,应用技术开展自主学习或合作学习探究,分析解决问题的能力会得到发展。教师通过在线交流与评测,及时掌握每一个孩子的学习情况,便于个别辅导。课后,学生完成数字化作业,并进行个性化的学习拓展,通过自适应学习评价与分析系统,建立个性化的学习档案。

(一)"知识创新学习"的课堂教学结构

归纳出了"知识创新学习"教学模式,那该用怎样的教学结构去承载它,实现它呢?我们进一步概括出了"知识创新学习"的课堂教学结构为:

个体学——小组议——集中研——班级构

学生围绕课前的前置性学习内容,以及课堂学习内容进行个体学,然后在小组里进行讨论,接着在全班进行研讨交流,最终形成班级社区的知识体系。

这样的教学结构看似简单,但是却涵养了无穷的智慧。这样的课堂,教师给学生提供了极大的探究空间,学生是主体,学生比教师出彩,教师与学生彼此形成了学习的共同体。

(二)"知识创新学习"的教学特征

具体为"四突出"、"三转变"。

"四突出":

▲ 突出学生:充分发挥学生主体作用,完全改变单纯的教师讲、学生听的局面。

▲ 突出学习：整个教学过程处处突出学生的学习、质疑和探究。

▲ 突出合作：全班分成若干小组，每小组4—6人，无论是课前准备还是上课时的学习，每位学生都必须在小组内充分发挥其应有的作用。

▲ 突出探究：让学生通过自主学习、探究获得知识，形成能力。

"三转变"：

▲ 变教师灌输式的教为学生自主性的学，使学生获得学习动力。

▲ 变"听懂了"为"学懂了""会学了"，使学生掌握学习方法。

▲ 变"他律"为"自律"，使学生获得自信、自尊，激发内在的学习潜能。

（三）"知识创新学习"的教学把握的要点：

"低入—多做—深思—高出"是"知识创新学习"课堂教学把握的要点。

1. "低入"的含义是：起点要低，要求简单，形式开放（可拓展）。"起点低"是指教学的起点要贴近学生的最近发展区，即教师的设计简单化，让学生的活动更容易开展。抓住"简单、根本"形成开放空间，容纳学生最广大的活动，是整个"知识创新学习"课堂教学的关键。"低入"可以让孩子们在学习时找到成就感。"简单"，不是指内容简单或者难度较小，而是设计的环节简单，要留给学生很大空间，让他们去发挥。"根本"就是核心，即重要的、有价值的知识或问题。要求教师抓住知识主线，找准教学重难点。

2. "多做"的含义是：其一是人人可做，即教师所组织的教学每个学生都能参与；其二是教学过程中，围绕教学目标，要尽量多地开展活动，使学生在活动中获得知识和技能，了解知识的形成过程，体会探究知识的心理，感受学习的快乐。即通过更多、更有效的实践活动，引导学生在大量实践中，通过自己的感悟和思考，从中领悟知识，提升思想。

3. "深思"就是在"多做"中，实现思维的积累和深化。是指学生在多做的基础上获得大量的感性材料，教师要引导学生多层面、多角度地思考，把知识深化。

4. "高出"就是有大收获，构建成认知结构。

整个过程就好比是让学生浅池戏水，深池激浪，达到深思高出，这样才产生巨大的学习空间，最终让学生创造出新知。

（四）"知识创新学习"的教学着重培养的学习习惯

（1）学会发言，能清楚表达自己的观点，接受他人的意见并改进、补充。

（2）学会倾听与阅读，乐于倾听别人的意见，努力掌握别人发言的要点，对别人的发言勇于作出评价。这里的发言不仅是口头发言，也包括同学们在平台论坛中的发言。

（3）学会质疑、反驳，敢于提出不同的看法，表达个人观点，听不懂时请求对方再讲一次。

（4）学会组织、主持小组学习，能根据他人的观点，做总结性发言。

（5）职责轮换。小组成员之间的职责要定期轮换，培养责任意识，体验多种角色，从而进行换位思考，有利于小组合作。

（6）机会均等和机会限制。要求人人参与，对发言多的进行次数限制，以便他人也有表达的机会，实现全员参与。

四、注意事项

白云园小学的课堂，由于经历了14年小班化教学的磨炼，已经转变为以学生为中心。

但是这还不够,在基于网的学习中,我们的教师、同学、家长、课程内容、教辅内容、学习工具、云端资源、学习社区,都是以学生为中心,为每一个学生服务,满足每一个孩子的个性化需要。

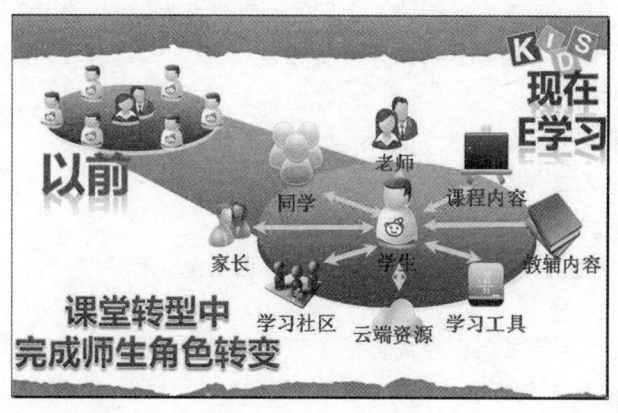

我们主要使用的是智慧教室和濠奇平台,在智慧教室里有7块互动电视,帮助学生在课堂学习中,完成了从个人知识到小组知识的建构,最终形成了班级社区知识。与传统教学的根本区别在于完成了从知识的传授到知识的建构的转型,完成了从单层面的师生互动到多层面的师生、生生、小组、班级等多层面的互动,完成了从知识的感知、知识的建构到知识的运用。

知识创新学习的前期需要做好从思想到方法层面的多方面准备。其中可以显性看到的是制度准备(如课程内容、时间、空间调整等)、技术准备(如网络支持、平台培训、平板使用等)、辅助工具准备(如量表、评价方式等)、环境准备(如智慧教室、图书馆、知识建构墙等)……

五、案例

《不同的发电方式》

引言

围绕"数字化环境下知识创新学习教学模式"的研究主题,我们在六年级继续开展基于小学科学、信息和品德学科的整合课程(STS)实验教学。依据课程标准,我们选择的研究主题是《不同的发电方式》。作为现代生活必不可少的重要能源,学生很早就已经接触电,使用电,通过平时的感知和信息的积累,他们已形成一些初步的观点、经验。《不同的发电方式》这个主题是从学生的前认知出发,以知识建构理论为指导,利用知识论坛学习平台、智慧教室等数字化环境,引导学生从真实的、感兴趣的问题出发,开展自主、合作的探究学习,探索真实、复杂的现实问题。在学习过程中,以学生的观点为中心,通过自主研究,集体建构,引领孩子持续改进观点,逐步建立关于电的系统性认知以及电与现实生活的密切联系,在现有认知水平上实现知识的创新。

研究目标

1. 围绕研究主题,积极运用多种研究方法,进行自主探究学习,并通过与老师、同学的交流、协作,不断提出、完善个人观点,共同建构社区知识,初步形成电的系统化认知。

2. 关注与电相关的现实问题,增强环保意识,并落实在平时的实践行为中。

3. 进一步理解知识建构学习。知道观点是可改进的,通过持续改进观点能更深入地理解学习内容;充分进行知识建构对话,有利于观点的完善和推进;每个人都能为集体的共同学习作出贡献,共同承担使集体知识提升的责任。

研究过程

一、电从哪里来?

1. 联系生活,引入主题。

(1) 课前布置学生调查生活中哪些地方需要用电。

(2) 课堂交流,学生联系生活实际列举各种用电现象。

(3) 谈话:

我们发现,在现代生活中电已经成为必不可少的一种重要能源。

我们使用的电主要是从哪里来的?

你对发电方式有哪些了解?有哪些感兴趣的问题?

(4) 学生在知识论坛学习平台上根据已有经验撰写短文,介绍自己了解的某种发电方式,提出问题。

学生在平台上自由交流。

2. 明确研究任务:研究自己感兴趣的一种发电方式。

(1) 学生选择研究主题,根据主题自由组成研究小组。

(2) 小组收集资料,研究各种发电方式的发电原理。

结合学生的研究活动,教师进行适时指导:

① 带领学生实地参观火力发电厂,了解这种典型发电方式的发电过程。

② 讲解发电机的简单工作原理,指导学生制作简易发电机,帮助学生理解认知难点。

3. 小组根据自己的研究,在知识论坛中提出研究观点。

【知识创新学习强调"认识从生活中真实的问题出发",通过探究真实的问题,建立深刻的观点,以达至建构新知。在生活中,学生很早就已经接触电、使用电,对于"电从哪里来"这个问题已有一些初步的认识。研究前,让学生充分交流、质疑,目的是摸清学生的前概念,而后从学生的"最近发展区"出发,引导学生展开自主探究活动。在知识创新学习中,学生是研究学习的主体,他们需要自觉参与、主导知识建构的学习过程,自主选择研究方法,充分考虑老师、同学提出的各种意见和观点,相互协商,逐步提出认知观点。在这一过程中,教师不再是教学的主角,更多的是一种教练员和研究伙伴的角色。他们需要关注学生的研究进展,并适时为学生提供必要的新信息,以促进学生观点的形成。】

二、我国的发电结构

1. 引入权威统计数据:2002—2012年中国能源和发电结构统计图。

中国发电量及构成

年份	占发电量的比重%							总发电量
	火电	核电	水电	并网风电	生物质	并网太阳能	地热海洋能	亿千瓦时
2000	82.2	1.2	16.4	0.0	0.2	—	0.007	13 582
2001	79.8	1.2	18.8	0.0	0.1		0.007	14 743
2002	80.8	1.5	17.5	0.0	0.1		0.006	16 432
2003	82.7	2.3	14.8	0.0	0.2		0.005	19 113
2004	81.5	2.3	18.0	0.0	0.1		0.005	22 037
2005	81.8	2.1	15.9	0.0	0.2		0.004	24 997
2006	83.2	1.9	14.5	0.1	0.2		0.004	28 533
2007	83.2	1.9	14.4	0.2	0.3		0.003	32 705
2008	80.9	2.0	16.3	0.4	0.4		0.003	34 658
2009	81.4	1.9	15.4	0.7	0.6		0.003	37 019
2010	80.3	1.8	16.1	1.2	0.6	0.0	0.003	42 524
2011	81.9	1.8	14.0	1.6	0.7	0.0	0.003	47 592
2012	77.8	2.0	17.4	2.0	0.8	0.1	0.003	49 801

数据来源：施鹏飞《2006年中国风电场装机容量统计》，电力工业统计资料汇编2011，能源数据手册2012，中国能源供需预测报告2013。

讨论：从统计数据中，你有什么发现？

（以煤炭、石油、天然气为主的火力发电占较大比重，利用清洁能源发电比重较小。）

针对我国发电结构的特点，你有什么看法？

学生根据前期研究的观点，对目前的这种发电结构感到困惑，绝大多数学生提出我国的发电结构存在不合理性，并作出初步的猜测。

教师引导学生明确下一步的研究方向：研究、比较不同发电方式的利弊。

2. 在前面研究的基础上，小组继续深入研究发电方式的优缺点，与火力发电进行比较。结合学生的研究进展，邀请电力专家与学生交流对话，提供权威信息，促进学生的研究。

3. 学生在知识论坛上提出新的观点，尝试分析形成目前发电结构的原因，相互补充、质疑。

教师根据学习平台的统计分析功能，及时了解学生的研究情况、参与程度，适时指导、督促部分进展较慢的学生和小组。

【知识创新学习是以学生观点为中心，通过引导学生持续改进、完善观点，实现深层次的建构学习。如何帮助学生持续改进观点？教学中，教师引入权威性资料，创设了新的问题情境，引起新信息与已有观点的冲突，使学生发现观点不能解释的新问题，从而主动进行更深入的探究，来完善自己的观点，作出新的解释。同时，开展知识建构对话，通过相互质疑、建议，也能促进学生持续地改进已有观点。在知识创新学习中，过程性评价贯穿于学生的探究活动中，评价的方式也是多样化的，如教师借助知识论坛学习平台自动记录、统计学生的学习信息，可以及时了解学生的学习状态、研究进展，以便教师能适时进行有效的教学指导，使

得学习评价更好地促进学生的自主学习。】

4. 通过平台和知识建构圈的互动讨论,学生交流、分享观点,初步形成一致的观点。

从发电成本、发电量、技术成熟度等方面考虑,以火力发电为主的发电结构有一定的合理性,清洁能源发电暂时不能取代火电的作用;从环保、可再生资源利用等方面考虑,这种以火电为主的发电结构是不合理的,需要加以改进。

【与传统教学不同的是,知识创新学习在促进个体知识增长的同时,更注重学习群体知识的提升,强调形成社区的公共知识。作为知识建构群体的成员,每个学生都共同承担集体认知责任。学习中,每个研究小组都要与同学交流、分享各自的研究成果,并通过多种形式的互动对话,使每个学生都能对不同发电方式的利弊有所了解,在此基础上,建立观点之间的联系,提出集体的共同观点,形成社区的共同认知。】

5. 在前期研究的基础上,联系实际提出改进方案。

讨论:根据你们的研究,对于我国当前的发电结构你有什么建议和设想?

教师鼓励学生收集新的信息,有根据地大胆设想,提出自己的解决方案。

学生提出的建议和设想有:

(1) 合并小型火电站,投入资金用于大中型火电厂的环保改造;
(2) 充分利用我国海岸线长的特点,大力发展风电、潮汐发电等清洁能源发电;
(3) 大力建设电网,保证边远地区的风电能及时输送到用电地区;
(4) 以居民楼为单位,利用太阳能发电提供生活所需电力;
(5) 在太空中建立太阳能发电站,利用微波输送到地球上。

【知识创新学习不仅体现在学习方式的创新,同样也体现在创新性的学习成果上,可以是提出"创新"理论、创新方案等。通过前面的研究,学生对我国当前发电结构的合理性有了一定深度的认知,在此基础上,引导学生运用学习成果,进行合理的设计,提出改进发电结构的创新观点。虽然他们的设想可能比较理想性,还不够科学,但却是对学生创新意识和能力很好的锻炼。】

6. 师生共同设计宣传PPT,利用校园媒体发布系统在校内进行展示、宣传。

学校:南京市白云园小学
校长:吴 琴
执笔:张学义
案例提供:刘 骏

整理性学习对于每一个孩子来说都是一种重要而有效的学习方法,如何通过整理,让"每一个"都能主动地参与课堂,让老师能了解到"每一个"的学习状况呢?"个性化理学"的课堂模式值得思考和借鉴。

个 性 化 理 学

一、内涵

理学,是整理性学习的缩略语。整理性学习,十分重视学习的条理性、系统性和结构性,它是一种有效的学习方式。重视个性潜能发挥、个性优势张扬、个性认知建构的整理性学习,就是我们讲的"个性化理学"。"个性化理学"立足皮亚杰的建构主义理论,以学生为中心,强调学生对知识的主动探索、主动发现和对所学知识意义的主动建构。通过整理,每一位学生能理清思路、加深记忆、发现问题、训练思维,并对自己的学习过程进行积极监控及调节;通过整理,教师能清晰地了解每一个学生学习的情况,掌握帮助"他"的那一点,在关注"每一个"的基础上关注"这一个"。

二、背景

小班化课堂教学强调教师对"每一个"的关注,强调让学生在学习过程中主动动手、动口、动脑,将一个时空有限的课堂变为人人参与、个个思考的无限空间。从2009年开始,学校进行了个性与群性协同发展的实践研究,将研究的关注点转向对学生学习动机、学习方法、学习效率的关注和支撑上,并确立了"个性化理学"的实验项目,力求每一个学生都积极主动地参与课堂学习,使学生真正成为学习的主体。

三、操作

近年来,学校教师在实践中不断积累、反思、改进,初步形成了"个性化理学"的课堂样式。

(一)课前整理——关注"联系"

自主预习→联系旧知→整理关联→提出问题。

学校将之前的预习单进行改革,设计了一套"个性化的理学单",学生在课前预习新课时,对新内容进行初步认知,联系已有知识经验或其他资料,找到它们之间的关联,寻求解决问题的方法,提出自己的疑问,并带着问题走进课堂,对课堂充满期待。教师在上课前整理学生的"理学单",根据学生情况进行教学调整,设计个性化教案。

在学生自主预习,完成课前理学单的基础上,教师由原来的"教"转变为检查学生的"学",在学生不懂、不明、容易忽略的知识处进行补充教学。如《林冲棒打洪教头》一课的课前预习反馈片段：

★字音

看来这几位同学的课前预习很充分，很多同学在课前整理时关注到了这几个音的读音，你能读好这些多音字吗？

出示句子：1. 这位林武师非比他人，乃是八十万禁军教头。2. 林冲把棒一横，还了个"拨草寻蛇"的招式。3. 一天午后，两个差人押解林冲来到了柴进庄上。

补充教学：多音字的读音可以根据意思来理解，比如"解"有三种读音，不同的读音意思也不一样：1. 解释、了解；2. 押送；3. 杂技表演的各种技艺或姓氏。在这里应该读（　　）。

★字形

1. 字音都能读准了，那这课的生字都会写了吗？下面听写、校对。

2. 重点讲"羞"：出示甲骨文，在古代"羞"是进献的意思。表示用手捧羊进献的意思。丑是手的演化字，可能有个丑字，后来借用为羞耻、难为情的意思。我们一起来写写这个字。

★字义

1. 由于《水浒传》是古白话文，课文中有很多词语不常见或难以理解，你通过课前整理，理解了哪些词语呢？

学生整理理解：踉跄、依草附木、羞惭

2. 同学们已经学会了通过各种途径去自主理解词语，这是一种很重要的学习能力，老师也整理出了课文中一些特有的词语，你能理解吗？

教师补充理解：寻思、何故、权且

3. 指导学生理解并总结：以后读这样的古白话文时，我们就可以用这样联系上下文，找近义词的方法来理解词语的意思哦！

（二）课中整理——学会"归纳"

课前反馈→选择话题→自主探究→合作整理。

课堂教学时，教师引导学生进行课前整理反馈，交流学生的质疑，由学生的疑问展开教学，重点指导学生学习有困难的知识点，对学困生进行个别化指导，采用自主整理和小组合作整理等方式进行研究性学习，在整理中总结出新旧知识之间的联系与差异，养成回顾的习惯，学习整理的方法。

小组合作学习是小班语文课堂最常见的一种学习方式，也是学生自主学习、合作探究的途径。小组合作整理可以通过组员的讨论，在智慧相互碰撞和补充中梳理出问题的答案，加深对文本的感悟。当然，合作整理的任务和要求一定要清晰，如教学《埃及的金字塔》一课时：

★合作整理学习

（一）自主整理

默读课文第三自然段，静心思考，你从哪些地方感受到了金字塔这一工程的宏伟与精巧？作者又用了哪些方法来介绍的呢？勾画关键字词，做批注。

（二）合作整理，小组讨论

1. 在组长的组织下按照4—1号的顺序，读读你画的词句，说说你的感悟。

2. 发言者将自己的想法用一个关键词写在小组合作整理单上。

3. 组员在交流时要注意倾听，不能重复别人的发言。
4. 小组选择喜欢的方式做汇报。

（三）补充整理

根据学生的汇报补充提升：

课后整理——重视"建构"

畅谈收获➡尝试建构➡反思目标➡拓展延伸

当学生学完新课后，说说自己在这节课中有什么新的收获，并总结归纳出新知识与方法，体验收获的喜悦。然后再对照本节课的学习目标，反思自己的学习行为是否达成目标。最后再由学生设计一些"个性化作业"，通过各种不同的形式进行课后整理，可以是文字、声音、视频、图表、思维导图、小报等等，培养学生自主寻找最佳的学习方式。

四、提示点

在研究中，学校进一步明确了"个性化理学"的任务，从学生和教师两个层面考虑，确立了"学生理学"和"教师理教"的基本要素。

1. 学生理学

理任务：要让学生在参与学习活动时，明白自己需要完成的任务，需要达到的要求，以及自己要承担的职责。

理问题：学生在预习新课时，对产生的问题进行梳理，先解决能够通过自主探究和合作交流的问题，将不能解决的问题转化为学习内容。

理知识：学生及时对所学知识进行回顾，归纳总结，使知识结构化，使所学知识条理清晰，掌握更加牢固。

理关联：学生主动发现并建立知识间的联系，运用知识间的联系，把前后知识、远近知识、文本与网络知识、文本与生活知识等有机地串联起来。

理思路：学生主动把联系的知识，经过系统处理的知识，按不同的建构方式进行知识的架构，不断完善认知结构，创新认知结构，拓展认知结构。

理方法：使学生学会用不同的方式吸收、整理知识，学会多种学习方法，及时纠正自己的学习行为，调整学习状态。

理收获：学生在学完新知后，对自主构建的知识体系进行梳理，对自我解决问题的经验进行总结，并对照学习目标，反思自己的学习行为是否达标。

理积累：学生在课后对一课或一个单元的知识进行整理，通过个性化作业巩固知识，熟练技能。

2. 教师理教

理个性：通过对学生完成的"个性化理学单"的整理，了解每一位学生的学习情况，并进行科学的分析，明晰每一位学生的学习优势和不足。

理目标：在了解"每一个"的基础上，根据教学内容和要求，设定适应"每一个"的学习目标，根据学生的学习目标，确定课堂的教学目标。

理内容：通过对教材和学生已有知识经验的整理，整合教学内容，加强新知与旧识之间的联系，提高课堂效率。

理重难点：通过对学生的课前整理进行梳理，调整教学重难点，进行重点性学习。

理话题：通过对学生的质疑整理，了解学生最感兴趣或最关注的问题，确定有价值的话题，设计个性化教学方案。

理教法：通过对教学方式方法的整理，针对知识和学生的不同转变教学行为，采用有针对性的、及时的、科学的教学方法，给予学生更好的帮助。

理板书：通过对教学内容和思路的整理，设计出层次分明、重点突出、富有个性化的板书，强化学生对所学知识的理解、思维与记忆。

理延展：通过对学生学习情况的整理，由课内延展到课外，由一个知识点拓展到一系列的知识点，设计多样化的学习活动，开阔学生的思维。

五、案例

《少年王冕》教学片断

【片段一】课文主要内容整理学习

（过渡）：景色写得如此动人，善于发现的我们，还发现了这其实是一篇典型的写人文章，这一类的课文我们以前就学过，比如——你说，你说，还有……

你发现这篇《少年王冕》有什么特别之处吗？

1. 出示：王冕七岁时父亲就去世了，靠母亲做些针线活供他读书。

眼看三个年头过去了，王冕已经十岁了。

不知不觉三四年过去了，王冕读了不少书，也明白了许多道理。

到了十七八岁，王冕离开了秦家。

2. 看，作者用王冕的年龄来做线索，写了王冕7岁到17、18岁这十年间成长的故事。你还发现了什么？

生：在这些时间段里，作者重写了王冕十岁和十三四岁时候发生的事情。

师：有详有略。快速浏览课文2—4小节，王冕十岁的时候作者写了什么事情？

不错，你能用几个句子来说。谁能用一句话表达？

（生说得较啰嗦）

师：很不简单，如果只用四个字来概括呢？

师：这种用几个字概括一件事的方法叫做"列小标题"。用这样的方法把剩下的几个年龄段发生的事情写在你的预习整理单上。

（学生汇报）

3. 老师也整理了这样的四个小标题，那么，现在你能概括文章的主要内容了吗？

4. 同桌之间说一说。（生说，生评价）

5. 归纳整理：这类写人的文章可以先用简洁的语言概括文章中的典型事例，然后再把小标题串联起来，这样就可以完整又简练地概括课文内容了。

【设计意图】

1. 源于学生，自主参与

预习整理单中，教师设计了一个环节——我的发现。在这里，学生的反馈十分令人惊喜，特别是对于这篇文章特有的时间顺序表达方式。教师采用了一个开放式的问题引出学生的发现，他们乐于表达自己的个性化关注点，再通过预习整理单的反馈交流，促进学生进入"小标题概括文章主要内容"方法的体验式学习。

2. 层层递进，顺势利导

概括课文内容是高年级语文教学的难点，这一课的内容又特别长，如何概括课文主要内容呢？通过研读文本，教师发现，围绕王冕写的几件事情还是非常清晰的，只要引导孩子能把这些事情串联起来，那么也就梳理清楚写人文章的主要内容了。所以预习整理单中，教师就示范性地列了一个小标题"秦家放牛"，如此一来，孩子们就会有意识地简洁概括几件事情的内容，当我们理清了这个脉络，学生自然就顿悟了，原来一篇这么长的文章是可以梳理出几个部分的内容再串联起来的。

3. 学法渗透，无痕教学

我们知道，说教和体验式教学相比，后者是更利于有效记忆的，这节课上，学生体验过串联小标题的整理过程，一定会对这种方法印象深刻。这就是教师引导学生体验式地建构知识之间的关联，并最终完成方法的建构。教师通过列小标题的方式引领学生学会归纳、整理，学生在独立思考、集体讨论中，归纳出了其他几个事件的小标题，继而将几个小标题再串联起来，概括课文的主要内容，这就是这个环节学生能力的成长点。

【片段二】核心问题整理学习

1. 默读课文思考：对于王冕说的"在学堂里也闷得慌"，你是怎样理解的？在课文中圈画、做批注，勾出关键词语。

2. 小组合作交流。

（出示合作要求）

(1) 在组长的带领下，小组成员按照5-4-3-2-1的顺序发言。

(2) 理一理小组同学的观点，选择最精彩的进行汇报。

3. 小组汇报，全班交流。

(1) 王冕说："娘，我在学堂里闷得慌，不如帮人家放牛，心里倒快活些。这样也可以补贴些家用，还能带几本书去读呢。"

生：我们认为王冕不是真的闷得慌，这是一个善意的谎言。

师：你们的理由是什么？

生：爱子心切却又无奈的母亲，孝顺懂事又体贴母亲的王冕。

师：从哪儿看出？

生：王冕说"闷得慌"是为了宽慰生活艰苦的母亲啊。

师：所以你们认为他其实不是"闷得慌"，其他小组也这么认为吗？

(2) 王冕白天在秦家放牛，晚上回家陪伴母亲。遇上秦家煮些腌鱼腊肉，他总舍不得吃，用荷叶包了回家孝敬母亲。每天给的点心钱，他也舍不得花，积攒一两个月，便偷空来到村学堂，从书贩子那里买几本旧书。白天牛吃饱了，王冕就坐在柳树阴下看书。

生抓住"总"、"舍不得吃"，体会"孝敬母亲"。

师：你看，母亲白天辛苦地干着农活，晚上还要彻夜不眠干些针线活补贴家用，王冕多么心疼母亲啊，他多希望一直陪在母亲身边啊！你读！

生读。

生说，师总结：

两个舍不得：哪里是闷得慌，分明是体贴母亲。舍不得吃好的，留给母亲，舍不得花一点儿钱，却那么地爱学习，这两个舍不得分量多重！让我们读出这个懂事、好学的王冕！

偷空、旧书、看书：放牛的时候仍记得孝顺母亲，甚至不放弃每一个可以看书的机会。这是一个怎样的王冕？

生：这是一个勤奋读书的王冕。

……

师总结：回顾母亲在全文中的故事，开端中无言的艰辛，中间的热泪与叮嘱，以及最后的大欢喜。想想这个儿子七岁丧父，十岁辍学，但是小小年纪懂得自强不息，三年中一边放牛一边读书，十四岁自学画荷，从此改变人生，才十七八岁就离开秦家——这意味着真正意义上的自立。想到这些，哪个母亲心里不欢喜？这是一个怎样的王冕？（板书：孝顺母亲 勤奋好学）

【设计意图】

1. 自主提问，开放探讨

在预习自主质疑中，全班几乎一半学生都关注到了"闷得慌"这个问题，看似简单的问题背后，却是学生思维的训练点。一千个读者就有一千个哈姆雷特，同样，关于王冕到底是不是"闷得慌"，作者为什么写他"闷得慌"，"这一个"学生和"那一个"学生的观点和说法也各有不同。课堂上，让学生展开自主的探讨。从自主整理学习到小组整理学习，充分走进文本。

2. 依托文本，个性表达

基于充分的探讨，学生在小组汇报中产生了思维的火花，也引发了观点的矛盾，这正是学生课堂生长点的体现，在观点交叉的过程中，他们不仅更深刻地领悟文字背后关于王冕体谅母亲和勤奋好学的品质，更学会了个性化的大胆表达。不拘泥于一种观点的导向，而是多层次、多角度地理解和体会，真正成为了会思考的人，小班化课堂对于学生学习力的塑造不就是这样日积月累的吗？

3. 整理观点，品悟人物

最后，教师的总结使课堂趋于完整，学生感受的思维点在教师的总结中形成体系，人物的形象既饱满又轮廓鲜明。学生由此明白，阅读学习也可以是问题交流中的多元化解读。同样的人物，同样的故事，却可以有不同的看法。其实，"理学课堂"对于学生的学习力的提升还不止于此。

五年级语文课后收获整理单

24. 少年王冕

1. 通过这节课的学习，我能把课文读得准确、流利，还比较有感情呢！

★　　★★　　★★★

2. 这一课的生字词我全部学会了吗？

★　　★★　　★★★

3. 我知道了王冕是一个_____的人，我学会了整理这一类写人文章主要内容的方法：（可多选）

A 列小标题 B 按照时间顺序串联典型事例 C 语言简洁

悄悄话：
_____
_____

【设计意图】

本节课，教师创造性地使用了"课后收获整理单"，根据本节课的教学目标，设定了几个积星标准，根据得到星的多少，就能基本量化学生掌握知识的程度，也是对教师本节课的教学目标达成度的自测和反馈，最后由组长整理出本小组得星的情况，老师由此可以了解以后的教学中要更多地关注哪一个小组的学习情况，整理出学生学习的个别化差异，这种课后的整理正是体现了适性分层教学和个性化整理教学的有效融合。"课后收获整理单"的最后一部分内容是"悄悄话"，不同层次的学生对新知识的接受能力是不一样的，这是老师对学生的个别化关照，以生为本，了解孩子在学习上最切实的需要，为第二课时的教学奠定基础。

学校：南京市南湖第二小学
校长：张　明
执笔：丁亮亮

小班化的教育关注每一个的个性化学习,让孩子们善学而乐学。一个开放的课堂会给孩子们打造一个充满创造力的舞台,展示出他们思维的过程和学习的进程。所以,我们的课堂该让孩子展示什么,又可以通过何种方式展现出来呢?

展 学 每 一 个

一、内涵

"展学"是指展示学生学习过程和学习效果的一种方法策略。

新课程要求教师在教学过程中引导学生质疑、调查、探究、实践,既动手又动脑,创设能使学生主动获取知识的学习情境,激发他们学习的积极性。苹果理论中也展现了"展"的内涵,你有一种思想,我有一种思想,交换之后就能产生多种思想。互动教学是新课改倡导的教学方式,也是"学"的实质。在小班化课堂教学中,学生在课堂内所占有的平均时间成倍增加,每个学生参与课堂活动的机会增加了,师生之间、生生之间有更多的、更充分的时间进行讨论与交流,进行互动。新课改以来,我们教师与学生是共同学习、共同讨论、共同发现、共同创造,不再是单一的知识传授者,而是学生学习的领路人、指导者、帮助者、合作者与友好伙伴。我们把个体学习、小组学习、集体学习有机结合起来,给学生展示的机会,亮化学习的过程,变传统的师生单向交流为教师与学生、学生与学生、个体与群体、群体与群体的多向交流。尤其是充分发挥小组学习的作用和优势,积极开展小组合作学习、同伴互助学习,加强学生的合作学习与交流,形成师生之间、生生之间互相交流,相互影响、和谐互动的展学课堂新局面。

二、操作

(一)展什么?

1. 展示想:让思维看得见

"学起于思,思源于疑。"质疑,最能调动学生读书、思索、答问的积极性,发展学生的创新思维能力,真正使学生成为学习的主人;质疑,也最能发现学生不懂或不太懂的地方,以便教师给予有的放矢的辅导,从而收到举一反三的效果。朱熹说过:"读书无疑者,须教其有疑;有疑者,须教无疑,到这里才是长进。"

在展学课堂中,展示学生的思维过程是体现学生主体地位的表现。学生的问题和错误往往会影响教学的进程,我们以此为起点展开讨论、交流和思考,能清楚地知道知识的来龙去脉和怎样去观察,不断去验证,然后得出合理的结论。教师要给足学生思考和展示的空间,这些带着问题的研究策略对于孩子本身来说是可贵的。

如科学课《声音的产生》一课教学中,上课伊始,学生实验桌上摆着各种能发声的材料:

鼓、锣、音叉、橡皮筋、尺子等,教师让学生提出有关声音的感兴趣的问题,学生提出了许多:"声音是怎样产生的?""声音是怎样传播的?""为什么声音各有不同?""我们是怎样听到声音的?"……教师引导学生对所提问题进行筛选,哪些适合本节课研究? 先研究哪些问题? 哪些问题最有研究价值等等。通过引导,可以将学生的思维推向理性。学生发现,要弄清这些问题必须先知道"声音是怎样产生的",从而明确本课要研究的问题。这个问题既然由学生主动提出来了,是学生感兴趣的,他们就会主动执着地探索下去,使学生的思维主动性得到发展。

在课堂教学中,教师为学生主动创造学习条件,并把得到结论的全部思维过程展现出来,在这过程中提高学生的参与意识,使学生不但学到知识,而且发展思维能力,促进每一个学生成为课堂的主人。

2. 展示做:让过程看得见

"做",实际是一种行为的强化,先学后做,以做促成。是让学生将知识的温习,理论的习得运用到实践的一个过程。"做"的过程的展现,是一种对未知的探索过程和学习过程的展示。学生在展示的过程中不仅能通过实际的动手寻找到真理,同时在这个过程中也能充分地展现思考能力、创新能力和研究能力。

课堂既是学生展示的舞台,更是学生学习的过程。课堂上采用"合作"学习的方式,通过师生互动、生生互动的形式,能加深学生对问题的理解,提高认识,获得深刻的体验。"合作"学习是在学生独立读书,独立思考,有自己的见解以后再去"合作"。在"合作"的过程中,每个人都要阐明自己的观点,在相互的交流中,获取知识。

语文学科的作文课《寻觅春天的踪迹》,教师安排学生开展三项活动,并要求学生从三项内容中选择合作学习。内容1:在大自然中,寻觅春天的踪迹。选择一两种动物或植物进行观察、记录,可采用文字与图片相结合的形式。内容2:在生活中,寻觅春天的踪迹。说与春天有关的某个节气,搜集有关谚语,从中寻觅春天的踪迹。内容3:在创作中,展示春天的踪迹。写与春天有关的诗歌、散文,从中感悟春天。选一幅表现春天景物的画或照片,给它配上几句诗。在此基础上,形成小组合作展学单,这就是展示看得见的学习过程,是"展学每一个"的成长过程。

3. 展示成:让成功看得见

在展学课堂中,我们经常需要自主探究、分享合作。探究的过程需要组员各自发表自己的见解,并且就问题展开讨论。我们不难发现经常在小组合作学习过程中有些学生会被冷落,可是有了展学单,大家根据组内学生的相对特长,进行合理分工。主持人负责小组全局、协调小组学习进程;记录员负责记录小组学习结果;报告员负责向全班同学汇报结果;检查员检查、评价小组学习情况。组员各尽其职,完成探究,每位学生都会主动投入,都能体会到学习的"成"。

展学的汇报方式由学生自行决定,可以是组内推荐,也可以是小组汇报,这种方法更能凸显学生的自主性。我们采用展学单的形式,目的是让孩子的学习过程、学习思维、学习评价看得见,这样的学习才是真实的学习,学生也才能够在课堂中发现自我,挑战自我,成为学习的主人。

展学课堂要求我们的学生会评,会评也是一种"成"的体现。以数学学科《比较异分母分数的大小》这一课为例,在学生给出了方法之后,其他小组还要对其进行评价——这个方法怎么样？在评价之中，发现画图法虽然直观却很麻烦；化成小数则计算量比较大；都和二分之一比较很方便，但不是所有情况都适用；先通分再比较大小适用面更广，也更方便。这个评价的过程，就是对多样化解题方法进行优化的过程。学生评价得头头是道，"成"的结果也就看得见了。

因此，展学课堂坚持让每个学生在不同水平、不同层次、不同个性的基础上都能体验成功，为每个学生构建自主实践成果的展示平台，使每个学生都相信自己"我会学"、"我会思"、"我能行"，让每个学生在原有基础上得到最优化的发展。

（二）怎么展？

1. 用"展示单"展示

学生只有掌握科学的学习方法，具备较强的自学能力，将来才能独立地探究新的科学领域，获取新的知识。要提高学生的自学能力，就必须从"预习"开始。因为预习是学生自主探索的过程，也就是自主学习的过程。

预习导航是培养学生形成自主学习的重要手段，更是提高课堂效率的一项重要措施。在教学过程中，课前预习时创新性地使用预习导航，即将原有口头形式的预习任务落实到预习导航上，可使课前预习目标更明确、操作性更强、效果更明显。

"预习展示单"以书面或表格的形式比较直观地反映了预习的具体内容。在每张卡的后面还有具体的预习要求，这个可以根据不同学段的要求有所调整。这样的预习形式变得更加规范了，是可以看得见、摸得着的，学生也比较容易接受。

例如数学学科的课前预习环节，在展学单上提出了这些问题：

① 我们已经学过哪些图形？
我们即将学习的新图形是（　　）。
② 我会画圆，我用的工具是（　　）。
③ 通过预习，对于圆你已经有了哪些了解？
④ 关于圆，你还有什么疑问？

以学定教的模式，可以让学生在预习阶段自学并解决一些不用老师教也能掌握的基础概念，这样，课堂的重点便落在解决学生提出的质疑，解决一些学生想不到的问题，提炼重难点内容上。

预习导航的使用应贯穿于整节课。在课堂伊始，设计"我想成功，我要展示＿＿＿＿＿＿＿"的环节，给学生展示预习导航上的精彩内容。在课堂结束时，设计"我已成功，我展示了＿＿＿＿＿＿，我学习了＿＿＿＿＿＿"的环节，这样前后呼应的设计，将知识目标转化为对每个学生的关注，给学生展示空间，让学生经历"规划成功——展示成功——体验成功"的过程。

2. 用"小组上台展示"的方式展示

老师在教学生某一个知识时，往往就是在展现自己如何理解和学会这一知识的过程。一组学生在讲台上去讲解某一知识的时候，其实就是系统地再现他们对这一知识的学习过程以及对这一知识的理解程度。而教师则以一个观察者的身份，旁观学生的教。通过肯定或否定过程中的某些步骤、观念或理解，从而间接影响并引导学生课后的自学。于是每一堂课都变成了老师的"面批"；而课堂则成了不同批次的学生不断重现自己自学过程的"播放器"。教师周而复始的"面批",学生反反复复的改进,一起在时间这一重大催化剂的作用下,深远地影响到学生的自学能力。

对于任何一个上台讲课的小组,他们在准备过程中首先要做的第一件事就是熟悉自己所要传授的知识。熟悉之后便是加入自己的理解,或通过询问同学、老师,或通过查找资料;然后便要回忆以前的同学或者老师在讲授类似知识时所用的方法以及步骤。哪些部分必须按部就班,哪些部分能加入自己的方法,也是需要他们慎重考虑的。特别是怎么做才能达到老师的要求,在这个思考过程中,前期老师在面对其他同学或小组讲课时的点评往往是最具有规范作用的。如果是小组合作,则还要增加分工合作,一同操练这一环节。

而台下的同学要听的不仅仅是知识,更要通过教师对展示过程的点评来把握知识自学的技巧和方法。教师在展示课上,不必过于强调知识性的东西,而是要不断灌输理解这一知识的角度、方法和过程。

3. 用"个性化作业"方式展示

学生根据自己的学习情况和兴趣点,从作业菜单中选择适合自己的1—2项作业,带*的为选择性作业。这几个难度等级不同的作业,分别体现基础知识的掌握,综合能力的运用。让他们根据自己的实际情况选择完成一些既能适合自己的兴趣和水平,又对知识的理解和运用有帮助的练习,使每个孩子都能在不同的基础、不同起点上得到最优发展。

在小学各学科教学中,实施个性化作业能使学生更好地完成各学科作业,真正实现不同的学生在学习上得到不同的发展目标。学生选择恰当的方式,展示个性化的作业,既是一个学习的总结,又是自信心的培养,还是成功欲的满足。

(三)展示要聚焦于什么?

1. 让问题看得见——在预习导航中让学生导出问题、导出方法、导出经验

问题导航:捷克教育家夸美纽斯说过:一切后教的知识都要根据先教的知识,即理解新知识需要旧知识作基础。预习导航可以使学生发现什么地方已学懂,什么地方还不会,促使学生把注意力集中在难于理解的知识上,从而加强了听课的目的性。预习导航还能让老师有目的性和选择性的讲课,教学生不会的内容,精简教学内容,顺学而导。

方法导航:预习导航根据不同学科的要求设计,学生要根据预习导航的内容掌握和了解教师上课要教授的内容以及学习目标,课前有针对性地预习,培养自己自主学习的习惯,引导学生找到学科学习的规律,帮助学生提高学习效率。

经验导航:每个学生的基础不同,学生在走进课堂之前也不是"零起点"。那么,完成预习导航的过程中,学生将预习所得反馈在预习导航上,将旧知识和新知识有效结合,完成主动探索的过程。

2. 让合作看得见——在课堂上使学生实现"三会":会听、会评、会说

会听:在小组讨论过程中,要求1人先说,其他人做到认真听并且不能打断同伴发言,要能听出同伴发言的重点,对发言内容做出自己的判断,有自己的补充或独到见解,养成专心听别人发言的习惯,培养相互尊重的品质。

会评:小组评价在课堂教学中也是有效的评价形式之一。在小组活动时,由小组自主推荐一位同学任小组组长,组长对本组内的每个成员的参与状态进行评价,再由组长向全班汇报;教师起适时点拨作用,认真观察每个小组的活动情况,关注每个学生的参与状态。小组活动之后,教师再从小组活动的效果以及参与度上给全面评价。

会说：在"合作学习"时,周围的同伴都是非常熟悉的,气氛也是轻松的,心理压力就小得多,一旦把话说错了,也不会造成多大尴尬,而且,小组其他小伙伴也会乐意帮助他。小班化课堂让学生有更多机会说了,敢说了,从中体会学习的快乐和成长的幸福。

3. 让进步看得见——在课后作业中体现个性化的形式、个性化的内容、个性化的评价

展学课堂开展各学科个性化作业设计的研究,以收集学生的作业信息为前提,关注学生每天的作业情况。各学科个性化作业设计,以从分层设置作业,细化课后作业,改变作业的批改方式和评价方式等为研究切入点,在实践过程中,让作业目标更多元化,内容更丰富,有利于培养学生主动探索精神,提高教师的教育教学水平。关注学生个体差异,根据作业量、作业难度、学生年级进行个性化作业的设计,让不同的学生有不同的发展,使每个学生都能体验成功的快乐,对学习产生浓厚的兴趣。

展学每一个,每个孩子都拥有了展示舞台,每个孩子能够在展示中得到快乐,每个孩子都有机会获得最优发展。

展学每一个,看见了师生通过心灵的对接、意见的沟通、思维的碰撞,使个性化的学与个性化的教融为一体,使课堂真正成为师生个性充分展示、思维高效互动的智慧生成场。

展学每一个,让教师了解到学生的个性差异和已有经验,满足了学生求知的需要、参与的需要、成功的需要、交流的需要和自尊的需要。

三、案例

展学单根据学生的学习需求分为三个模块：学前展示,学中展示,学果展示。这三个模块分别对应了学生学习的三个阶段,它们贯穿学习始终,构成一个完整的学习流程,保证学生在学习的每一个阶段都能获得及时评价,维持学习的动力。笔者将结合展学单各个构成项目和教学实践片段解析来呈现展学单的实效性。教学实践片段取材于牛津小学英语5B Unit 9 The English Club第二课时词汇句型教学板块,笔者设计了现场参与"最强大脑"比赛的主题活动,将课堂变为赛场,从而点燃学生的上课激情,将各种教学活动变为比赛环节,环环相扣。

一、学前展示

Self-introduction

T：Now I know you all have got the invitation first. I'm happy to see you here. Welcome to the brain! We're going to have a big contest today. I'm the host today!

T：Now please try to introduce your group.

S work in a group and give an introduction.

T：Ok, it's time to tell us about your group.

T：Welcome… group!

S choose a small teacher in the group and then teach other groups about the new words.

Teaching key words：

America, American, Australia, Australian, Japan, Japanese, France, French

展学单一：

1. 通过跟读磁带,我能掌握这些生词的读音和含义。(请在括号里打钩)

( ) the UK　　　( ) British　　　( ) the USA　　　( ) America
( ) American　　( ) Australia　　( ) Australian　　( ) Japan
( ) Japanese　　( ) France　　　( ) French

2. 能根据收到的邀请函,以小组为单位,课前整理准备一份团队介绍(全员参与):
We are from… We are… We speak…

【设计理念:展学单中的课前自主学习项目就属于学前展示的内容。它具有帮助学生明确学习目标,培养自主学习习惯,提供学习策略,建议活动方式,补充学习资源等作用。在这一项目中,有可供学生选择的预习目标和预习活动,学生自选预习目标、活动、方式,进行个性化自主学习活动。教师提供给学生展示自主预习的平台,对学前展示进行评价。预习目标和预习活动的设定应体现梯度变化,并使学生清楚这种变化,可以通过显示星数表明难度。星数越多,难度越大。】

【反思:课堂的导入阶段,笔者采用了开门见山、直揭主题的方式,欢迎收到邀请函的各位嘉宾参赛,比赛之前需要来宾介绍身份。学生课前已收到一份邀请函,邀请函上会显示他们的嘉宾身份(中国战队或是其他国家的战队)。学生根据展学单中的自主学习要求,课前讨论并整理出一份关于本团队的身份介绍。课堂上展现的应当是学生自主学习后的成果,教师起到辅助作用。展学单中还要求相关团队推选出一位小老师,带读本小组的生词。以生教生的方式是建立在相信学生自主学习能力的基础上,能够发挥学生的学习主动性。】

二、学中展示

Brainstorm

T：After the first two rounds, we can go to the third round. Brainstorm.
Please think and talk in the group.
Try your best to think as much as you can.
T：How to make friends with foreigners?
S give ideas.
S1：We can ask "Where are you from?"
S2：We can ask "Do you have any hobbies? What are they?"
S3：We can ask "What do you usually do on the weekends?"

展学单二:

1. 小组讨论整理,就如何结交外国朋友提出建议。

2. 合作阅读信封中的补充材料,根据★的不同自由选择恰当难度的材料。★越多,难度越大。阅读完毕后结合课前你们查阅资料了解的信息制作一份海报,为海报贴上图片配上文字。

3. 团队合作,介绍本国海报,需要全员参与。

【设计理念:展学单中的课堂活动板块会帮助学生明确课堂即将进行的主要活动流程和活动要求,学生需根据要求进行课内学习展示获得学程展学评价。学程展评指的是学生在课堂内通过教师的引导,在自主学习和合作探究性学习的基础上获得的一项关于学习过程展示的评价。学生在获得过程性展评的推动下,不断地发展并自主建构知识。以往的展示活动更注重学习成果的展示,而忽略了产生成果的必要环节即学习过程。正确的学习过程一定会产生正确的学习成果,但是正确的学习成果并不代表着正确合理的学习过程,所以重视学习过程的学程展评是对各种学习方法和途径的有效评价和对合理学习策略和思维方式的推广。通过学程展评,教师可以引导并鼓励学生尝试正确高效的学习方式。】

【反思:第三个回合比赛内容是集思广益。学生生活中也会遇到一些外国人,联合实际,教师可以让学生思考如果遇到外国人,想要跟他们交朋友的话,该怎样交流呢?学生课前在展学单中所要求的自主学习活动中已做了思考,课堂上他们需要整理汇总各自的想法,然后进行汇报。这个环节也是为了下一个环节做铺垫。讨论的过程可以形成很多学生自己的个性化问题,如有关食物的问题,有关爱好的问题等,自然也包括了教材中的目标句型:Where are you from? Do you speak …? 学生自己思考归纳的问题更有生活化,真实化的气息。】

Special promotion

T:Let's go to the fourth round:special promotion.

To get ready,you need to do three things.

(1) You need cooperation in the group. Please choose the right material and read.

(2) You need communication in the group and make a poster.

(3) You need promotion about the country.

T:You can start to work.

S promote about the country.

T:We finished the contest now.

How many points do you get. Count them,please.

T:Oh,… group is the winner! You did a very good job! Congratulations!

T:You did a good job. As a reward,I can show you my video of traveling guide.

S enjoy the video.

T:Time flies! Our class is going to be over.

Before that,I have something to tell you,my boys and girls.

We learn about many countries today. I hope one day you can go traveling the world,enjoy more things and make more friends.

T:Now let's look back at our aims? Do you obtain them?

Please tick and add the stars together.

【反思:第四个回合的比赛内容是特色宣传。学生根据展学单中提出的具体要求和注意点,通过小组合作的方式精心制作一份海报并为海报宣传。在准备阶段,学生需要完成几项任务。第一项任务是合作阅读。学生各自抽选信封中难度适当的阅读材料。星数的多少代表了难度的高低。学生根据自身情况自选部分阅读材料。第二项任务是合作制作海报。学生阅读完毕后,需要交流汇总信息,结合学习方案中自主学习活动要求调查了解的各国特色,制作一份海报,配上适当的图片和文字。第三项任务是合作宣传。团队成员必须集体为本国特色做宣传,以获得拉票分。这项展学活动以比赛为背景,教师通过设计比赛项目作为展学的平台,借助平台考察学生的阶段性学习成果,在学生的展示中渗透互助阅读和信息共享的学习方式。】

三、学果展示

展学单三

1. 熟读本节课所学单词。
2. 组间传阅海报,更好地了解各国的特色。
3. 整理你所了解的海报内容写一篇简要的短文,并适当地补充介绍各国的特色。

What do I know about the countries?

_____

_____

问题链接:

在学习过程中你有什么问题可以写下来,老师会帮助你的。

_____

【设计理念:展学单中的课后巩固板块会建议学生进行个性化的课后学习活动。这些活动的成果均可以得到展示并获得相应的评价。学果展示的内容可以是测试类型的,也可以是非测试类型的。但应当具有综合型的特点,能够帮助学生对所学内容进行梳理归纳,在此基础上有拓展延伸,能完善学生的知识体系。学果展评的方式可以是多元化的,可以在课堂上进行一定程度的学果展评,也可以利用课后时间让学生进行充分的准备,然后进行学果展评。】

【反思:课后巩固学习项目的展示可以在第二课时进行,也可以在一个单元的内容结束后集中展示。学生需要在消化吸收当天所教内容的基础上完成该项学习任务,然后回顾反思学习过程中出现的问题或困惑,在问题链接中展示出来,为教师的自我教学评价,反思和调整提供相应的依据,同时培养学生自我监控学习的能力和水平。】

学校:南京市莫愁湖小学

校长:王银燕

执笔:王银燕

案例提供:周艳欣

"以学生的发展为本"的课堂考虑了学生的差异,更遵循了每一个孩子个性化发展的规律。课堂教学的"根"就是教学目标,为了让我们的课堂能为每一个孩子提供最适合的教育方法、教学内容,我们可以如何设计能够"面向每一个"的教学目标呢?

生本化教学目标

一、内涵

"生本化",含义就是以学生的发展为本。一切从学生的实际出发,基于学生发展的需要,为了促进每一个孩子的自主发展。"生本化的课堂"是指"以学生的发展为本"的课堂。它尊重学生差异,以"以学定教"的教学理念为指引,通过营造浸润着民主、平等、激励,和谐的人文课堂环境,激发学生的学习自主性和积极性,促进学生全面均衡发展。所谓小班化课堂教学的"生本化的学习目标",则是充分考虑学生全体差异、个体的差异,通过差异化教学目标的确定,明晰不同层次学生和个别学生的需要,并根据生成调整目标,进而提高课堂教学实效性,我们常常将生本化的学习目标具体直观地表述为"个性化目标"、"差异化目标"或者"分层目标",针对不同类型的学生分别拟订不同类型的教学目标。

二、操作

学习目标应处于学生的最近发展区内,并促进潜在发展水平向现实发展水平过渡。而每个学生的最近发展区是不同的,学习目标的确定必然要照顾其差异。因此,在了解每一个学生的基础上,根据教学内容和要求,在达到基本要求的前提下,让学生有一定的层次性和选择性。设置适应每一个学生的学习目标,让每一个学生能够跳一跳,够得着。教师根据学生的学习目标,整合课堂的教学目标。

(一)了解每一个学生的差异

每位学生都有着独特的心智模式,每个学生个体都拥有不同的学习水平、能力和风格,理想的教育应该满足不同学生个体的已有知识水平和认知特点,使每个孩子都能通过自我学习和探究得到提高和发展,使每个孩子的潜能得到尽可能发挥,这就要求教师在教学中关注每个学生个体的学习,提供给每个学生足够的智能发展空间,实现学生的个性化学习。小班化教育中,生本化教学目标确立的前提条件是准确地了解每一个学生的差异。学生的差异是客观存在的,正是因为小班班额规模小,教师在单位教学时间内效率提高,教师也更容易掌握每个学生的学习情况,从而针对学生的个体情况进行学习的安排与辅导,实现个性化学习。

了解学情的常用做法有以下几种:

1. 问卷调查

对学生发放简单问卷,让学生填写相应的答案,提出自己的看法或意见,间接地调查了解学生的学习现状和学习需要。

2. 口头访谈

教师根据预先拟定的问题提纲与学生面对面地交谈,通过学生的回答状况了解学生的学情。可以是一对一的交流,也可以是一对几的交谈,全面了解学生的学习基础。

3. 试卷前测

编制相应内容的测试卷,让学生课前完成。把即将学习的内容变成相应的小练习、小测试,了解学生已有的生活经验和知识基础,较为全面地把握学生的思维状态。

4. 前置性学习单分析

设计相应的导学单,引导学生进行前置性学习。为准确把握教学起点,必须了解学生已经具备了哪些基础?对新知识的掌握情况怎样?哪些可以自己学?哪些需要重点点拨?详细分析学生的前置性导学单完成情况则可得到答案。分析内容包括:① 搜集学生概念缺陷之处,发现知识缺陷要及时补救并指导;② 分析学生预习新知的障碍之处,即分析预习点拨和预习尝试中学生出现的问题,结合学生的质疑,梳理学生的学习难点;③ 捕捉学生的思维闪光之处。这些分析不但要针对内容,更要落实到人,使老师对于课堂可能发生的情况有充分了解,教学设计就能有的放矢。

(二) 划分学生的类型

在对学生有着充分了解的基础上,对学生进行一定的类型划分。有的学校教师是把相应学生的名单进行整理,用学号的方式表示,或用红、黄、蓝、绿等不同颜色区分。有的则用盖章形式做标记。在自主学习时具有创意和精彩之处盖紫色的"乐学章";需要教师个别指导或帮助之处盖红色的"乐学章",用不同的颜色加以区分。这些章既是对学生的激励性评价,同时是小组学习成员划分的依据。在进行相应的教学时,动态生成不同的小组,采用生生互学、师生互学、组组互学等学习方式学习。

(三) 确定教学内容的水平层次

对教材进行全面而科学的分析,深度挖掘教材,找出各知识要点,根据各知识要点在知识结构中的作用、学生的实际情况,将教学内容分解成若干个呈递进趋势的层级,即由低到高几个层次,使属于同一包容水平上的为一层级,相邻各层目标内细目的能级水平要有层次性,跨度要适宜,递进要平缓,层间目标难易的跨度不宜过大或过小。

如《数学课程标准》中用了"了解(认识)、理解、掌握、运用"等认知目标动词表述知识技能目标的不同水平,其中"了解、理解"难度相对较低,是全体学生都可以达到的基本目标;掌握是学生在理解的基础上,把对象用于新的情境,要求略有提升,是大部分学生可以达到的中层目标;而"运用"是学生用已掌握的对象,选择或创造适当的方法,要求相对较高,是基础较好的学生可以达到的发展目标。《标准》使用"经历(感受)、体验(体会)、探索"等表述学习活动的不同程度,这三个层次也是目标由简单到复杂,由低级到高级的过程。

(四) 设置适性的教学目标

教师以课程标准为依据,根据学生的实际情况和教材的结构合理地制定适应各层学生的教学目标。改变统一要求的"一刀切"式,对各层次学生都具有导向和激励作用。制定教学目标时,教师针对不同类型的学生提出不同的教学要求,可以采用两种方式。

方式一：精心确定两类教学目标。先考虑面向全体学生的基础性目标，再根据学生的差异，进行"删、增、改"等调整，对优等生和后进生提出差异性目标，同时做到心中有数，分别对应哪些学生。

例如《长方形和正方形的周长》一课中将教学目标设定为：

教学目标	总体目标	通过观察、操作、交流等活动，理解什么是正方体和长方体的周长；能正确计算长方形和正方形的周长；运用长方形和正方形的周长计算方法解决生活中相关实际问题	
	发展目标	理解什么是正方体和长方体的周长；主动探索怎样求长方形和正方形周长，会用多种不同的方法计算；灵活运用所学知识解决生活中较为复杂的实际问题	航、佳、末、史、俞、彭
	下限目标	在同伴的帮助下，能理解什么是长方形和正方形周长；在教师的指导下，学会用自己能接受的方法计算长方形和正方形周长；运用所学知识解决与例题难度相当的较简单的实际问题	豪、恒、魏、陈、欣、林

方式二：将教学目标分解为不同层次，分别对应不同的学生层次。

如《含有中括号的四则混合运算》一课的教学目标为：

教学目标层次和行为	学生层次			
	A	B	C	D
1. 认识中括号，了解和掌握含有中括号的三步混合运算的运算顺序，即"先算小括号里面的运算，后算中括号里面的运算"	√	√	√	√
2. 能按顺序正确地进行三步混合算式的脱式计算	√	√	√	√
3. 掌握分析三步计算实际问题数量关系的方法	√	√	√	
4. 运用所学知识，列三步综合算式解决生活中简单的实际问题	√	√		

由表可见，A、B层学生对1—4知识点要求当堂掌握，C层学生对1—3知识点要求当堂掌握，D层学生对1—2知识点要求当堂掌握，不要当堂掌握的知识点可要求在一段时间内逐步掌握。

（五）根据反馈适当调整教学目标

教学目标是我们在教学前根据课标、教材和学生的实际情况预设的，但在课堂中往往会有很多生成性问题，往往发现预设的教学目标不一定符合学生的实际情况，不符合部分学生或个别学生的实际，因此教学目标不是一成不变的，需要及时调整，甚至生成新的教学目标。调整是为了更好地体现目标的挑战性，更加切合于学生。

例如教学《认识百分数》一课，上课前，教师对后进生确定的学习目标中没有要求他们自己理解百分数的意义，但是在实际教学过程中发现，他们根据自己的生活经验，在同伴的帮助下已经能够自主理解生活中一些常见百分数表示的意义，可见教师先前对学生设定的目标要求偏低了，需要及时调整。由此可见，教师应有不断调整教学目标的意识，根据课堂教学、课后作业与测试等反馈信息，及时对各层次的学习目标进行调整，以使其更加适应学生的实际情况，适应学生的"最近发展区"，最大限度地发展学生的潜能，提高教学效度。

三、注意事项

（一）学生分层要注意隐性与动态化

了解学生的差异的目的是深入了解学生的个性特征，了解学生个体间的差异，从而更好地满足学生的学习需要，使教学能够有的放矢，更有针对性。但尤其需要注意的是不能给学生贴标签。对各层次的安排教师只要做到心中有数，用隐性的方式区分，避免造成部分学生自满或自卑。同时学生的差异不是一成不变的，会随着生活、学习条件的变化而变化，教师要以动态发展的眼光看待学生，及时作出必要的跟进与调整，因人而异，因时制宜，避免分层带来的负效应。

（二）各层目标制定要具体化和行为化

生本化学习目标的重要特征是教学目标的陈述做到层级化、行为化和具体化，在表述上要具有可操作性和可测性。华国栋教授认为，课堂学习目标一般包括以下几个部分：a. 行为主体：是学生，表述上不是"使学生……"；b. 行为动词：用词需要清晰、可测，尽量运用指向性明确的行为动词，例如"理解"可以具体为"解释、引申、归纳、举例、摘要、猜测、估计、转换"等，不要笼统模糊；c. 行为条件：指影响学生产生学习结果的特定的限制和范围，如"在同伴的帮助下""借助老师提供的学具"等；d. 表现水平：定量或定性的标准，如"5分钟之内完成"等。将复杂的学习行为分解为由易到难的层次分明的几个部分，通过对简单行为的逐个实现达到对复杂行为的最终实现。

（三）给予学生自主选择学习目标的机会

分层目标不但要遵循"下要保底、上不封顶"的原则，使目标层次与学生实际相适切，而且还必须给学生自主选择目标的机会。形成教师给予目标与学生量力选择目标相统一的运行机制，让学生针对自己的情况自定目标、自选层次。教师运用激励性评价措施调控学生的学习行为，激发各类学生的学习热情，使他们既能达到自定的保底目标，又鼓励他们向更有挑战性的目标迈进。

（四）防止借口照顾差异，迁就低水平

无论对于哪一类学生，教学目标都应在他们的最近发展区内，不能借口照顾差异，无限制降低要求，迁就低水平，这样不利于激发学生学习的积极性。有的教师对后进生只要求其完成识记、背诵，缺少必要的思维训练，长此以往，会弱化学生的思维能力，使他们和其他学生的差距越来越大，这和小班化的教育目标是相违背的。对于基本目标，即使后进生学习感到困难，教师仍应提供更多的帮助与支持助其达成目标，而不是直接放弃。

四、案例

课题：利用商不变的规律进行除法的简便计算

（一）学情分析

本课教学利用商不变的规律用简便方法，笔算被除数和除数末尾都有0的除法。教学内容有两个例题，分别是被除数和除数末尾都有0的没有余数的除法和有余数的除法。例题创设了购物的实际情境，让学生思考、交流、探索用简便方法，笔算被除数和除数末尾都有0的除法，并认识这样算的依据是应用了商不变的规律，从而理解和掌握简便算法。其难点是理解被除数和除数末尾都有0的有余数的除法中，余数是几的问题，让学生学会通过验算确认得到的余数是正确的。

课前学生借助导学单进行了自主预习,教师通过批改"导学单"了解到,本班学生的差异比较明显。本课的两个例题有的学生已经提前达成了教学目标,不但会用商不变规律进行简便计算,而且对算理的理解也比较到位。而有部分同学在自主预习的过程中感到比较困难。为了更好地掌握学情,我用盖章的形式对学生进行了激励性评价:对有创意的答案盖上紫色的"乐学章",肯定他的思维精彩之处,对有需要帮助的栏目盖上红色的"乐学章",肯定他认真预习态度。以此作为课堂中不同板块动态分组的标记。

(二)确定目标

面对这样的差异,如何帮助感到困难的学生学会运用商不变规律进行计算,同时使其他学生获得更高层次的发展是课堂教学中要努力的方向。于是在教学时设立了如下的教学目标:

教学目标	总体目标	学生进一步理解和掌握商不变的规律,运用这一规律进行被除数、除数末尾都有0的除法简便运算,并判断余数的大小	
	发展目标	理解和掌握商不变的规律,灵活运用这一规律进行被除数、除数末尾都有0的除法简便运算,并自主判断并验证余数的大小。尝试利用此方法解决更为复杂的计算问题	陈、刘、章、栋、敏、涛
	下限目标	在同伴的帮助和教师的个别指导下,能理解和掌握商不变的规律,运用这一规律进行被除数、除数末尾都有0的除法简便运算,并判断余数的大小	马、祥、卓、俞、邹

(三)设计分层练习

对应不同层次的目标,教师设计了不同难度水平的作业。

必做题:

1. 口算

60÷20=　　　　　280÷70=　　　　　编题:8÷4=2

600÷20=　　　　2 800÷70=

600÷200=　　　　2 800÷700=

2. 改错

5 700÷30=19　　　　　　　　750÷40=18……3

```
       1 9                        1 9
   ┌─────                      ┌─────
30)│5 7 0 0                 40)│7 5 0
   │3                           │4
   │─────                       │─────
   │2 7                         │3 5
   │2 7                         │3 2
   │─────                       │─────
   │  0                         │  0
```

3. 竖式计算

840÷30=　　　　　670÷40=　　　　　5100÷70=

4. 编题并计算

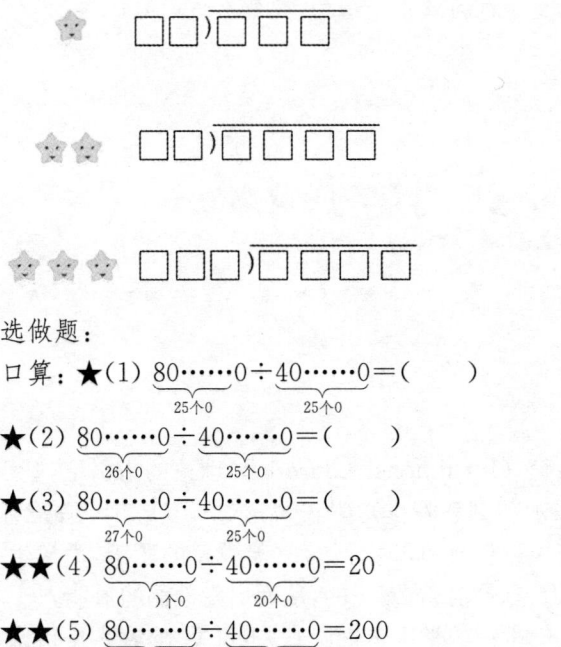

选做题：

口算：★(1) $\underbrace{80\cdots\cdots0}_{25个0} \div \underbrace{40\cdots\cdots0}_{25个0} = ($ 　　$)$

★(2) $\underbrace{80\cdots\cdots0}_{26个0} \div \underbrace{40\cdots\cdots0}_{25个0} = ($ 　　$)$

★(3) $\underbrace{80\cdots\cdots0}_{27个0} \div \underbrace{40\cdots\cdots0}_{25个0} = ($ 　　$)$

★★(4) $\underbrace{80\cdots\cdots0}_{(\ )个0} \div \underbrace{40\cdots\cdots0}_{20个0} = 20$

★★(5) $\underbrace{80\cdots\cdots0}_{20个0} \div \underbrace{40\cdots\cdots0}_{(\ )个0} = 200$

★★(6) $\underbrace{90\cdots\cdots0}_{20个0} \div \underbrace{40\cdots\cdots0}_{20个0} = ($ 　　$)\cdots\cdots($ 　　$)$

【案例分析】

该例中教师通过对学生课前完成的导学单情况的分析，把学生的学习基础分成了三类，然后从学生的认知基础和认知差异出发，为学生设计了基础目标和差异目标，从而使目标对不同的学生都构成挑战。为落实这些目标，教学过程中教师进一步通过习题分层设置，满足不同学生的学习和发展需求，实现挑战性目标。

学校：南京市武定新村小学
校长：史　晖
执笔：曹　逸　尚　珺

学习，不仅仅是单向的师与生之间的活动，在这里它以一种邀约的面貌出现，同学间你邀约我，我邀约你；师生之间也是一种邀约的学习状态。邀约，是怎么做的呢？

邀约式学习

一、内涵

"邀约式"学习，是指在"启发潜能教育"（Invitational Education）理论的指引下，基于"启发潜能教育"的基本信念（尊重、信任、乐观和刻意安排），学校再透过5P（Policy 政策、Place 地方、People 人物、Program 计划、Process 过程）的同时运作，改善教育的质素，为学生提供良好的教育，深信每一个学生都是有能力、有价值、有责任的，从而启发他们的潜能。

在"邀约式学习"中，教师邀约学生、学生邀约学生走进课堂，走进文本，在一个可以取信于人的互动模式中，每个学生都是独特、唯一的，学生、教师在教育过程中受到不断的赞赏，相互欣赏，相互支持，相互补充，同时亦不断地自我成长，透过刻意设计的地方、政策、过程和计划，去让学生的潜能发挥到最好，让学生以一种积极向上的情绪全心投入到课堂学习之中。

二、背景

《国家中长期教育改革和发展规划纲要（2010—2020）》指出："遵循教育规律和人才成长规律，深化教育教学改革，创新教育教学方法，探索多种培养方式，注重学思结合。倡导启发式、探究式、讨论式、参与式教学，帮助学生学会学习。激发学生的好奇心，培养学生的兴趣爱好，营造独立思考、自由探索、勇于创新的良好环境。"通过十多年课改的实践，教师的教学方式和学生的学习方式确实发生了变化，但仍然存在着一系列的问题。过于模式化的课堂，疏离了师生情感；过重强调知识点的传授，弱化了能力培养；过多预设的课堂，没有了灵动生成……对于学习方式的研究与讨论，从未停止过。我们努力通过邀约式学习重塑师生关系，让小班化更显公平、民主的品质。

三、操作

"邀约式学习"的实践元素有很多，经梳理提炼后总结九项如下：

1. 邀约语言

脑科学研究表明，语言是思维的物质外壳，人的改变或者课堂的改变，最鲜明的表象就是说话方式的改变。在开展"邀约式课堂"研究的初期，学校课题组首先关注老师们的课堂教学用语，梳理"邀约语言"。通过前期的调查，整理收集了一些教师的课堂教学用语，并稍加改变，凝练出"课堂邀约话语"如下：

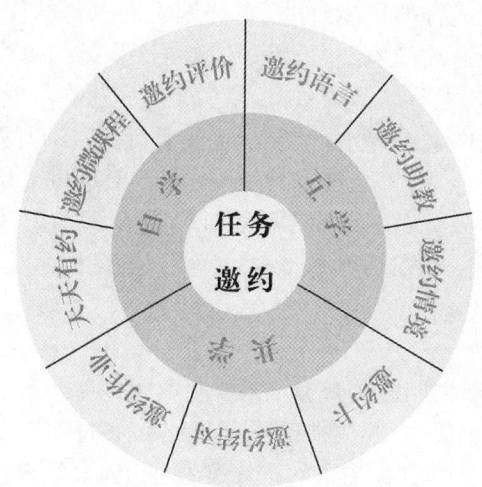

- 我遇到了困难,能帮帮我吗?这里很……,咱们一块儿……吧!
- 我准备好了,谁愿意和我一组?
- 请你来…… 这个任务交给你来完成,我相信你!
- 这个问题有难度,我们先讨论一下。
- 认真倾听是文明学生的素养。
- 眼睛要看着大家,眼神和大家交流。

这样的课堂邀约话语,更凸显邀约式课堂的特点,更具激励性。在改变小班教师课堂用语的同时,课题组也尝试改变了学生的课堂用语,尤其是小组长的用语。小班课堂教学活动中,"小组活动"运用最多,而小组长的选择和培养则是小组活动成功与否,效率是否高效的关键。在考虑改变教师课堂用语的同时,也尝试改变小组长在组织小组活动时的用语:

组长的话:
- 我们开始讨论吧!
- 等一下,同学还没说完,请让他先说。
- 如果你没想到,没关系,你可以先听其他人的意见。

提醒学生讨论时注意:
- 尊重别人,有礼貌;
- 轮流说话,不打断别人;
- 留心聆听,耐心等待;
- 要针对学习任务,发表个人观点。

2. 邀约助教

以人为始,也以人为终。每一个教育相关的人,都是启发潜能的使者。在实践中,老师和学生的身份不是固定不变的,家长和学生都在课堂中成为教师的助手或"小先生",邀约人人参与,有学生已会的让学生来说,有家长是专业人员的邀请家长来讲,积极推动学生与家长参与学校教育活动。在课堂教学上教育学生注意倾听意见,培养他们具备良好的交往能力、控制能力、创新能力和应对能力。

3. 邀约情境

小班化教育最鲜明的特点就是有更多的空间来凸显孩子们的个性,彰显丰富情境。

脑科学的研究也表明营造适合的环境,才能更好地实现教育的作用。所以学校课题研究的起始,就一直致力营造"邀约情境"。班级的"邀约角",邀约每个学生参与班级管理,分工到人;读书节、体育节、艺术节的邀约海报,指引学生积极参与学校活动;学校的楼梯口、走道上、洗手间,中英双语的文明提示,教导学生文明行为;校园门口的"邀约树"邀约孩子来到树上写写画画;"小小地球村"立柱,邀约学生初步形成世界胸怀,从小在学生心中奠定世界公民的种子。这样外显的邀约氛围,处处营造充满知识、充满童趣的邀约文化氛围,每一面墙壁、每一处设施都在引领孩子学会学习、学会做事。温馨的环境体现出对学生个性的尊重。

4. 邀约卡

小小的邀约卡片,灵活便捷,教师快速了解学生的掌握与需求。老师可以根据"邀约卡"来满足不同学生在学科上的需求,收集在备课教案中,解答每一个学生的不同需求。学生充分自主,教师个性化指导,教学目标在邀约卡中变得精准,教学效率在邀约卡中实现"精讲精练"。

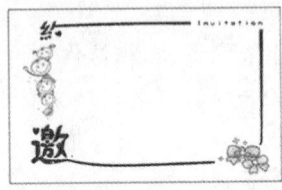
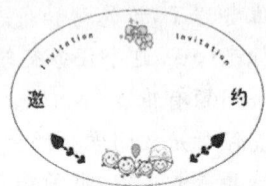

5. 邀约结对

合作学习,需要创意和实效。为了实现这样的教育目的,学校在学生与学生、学生与教师、教师与教师之间开展了"邀约结对"的活动,促进了学习共同体的形成。在教师中成立"邀约共学"教师成长学校,在学生中成立了"邀约共学"小老师成长学校,在家长中成立了"邀约共学"志愿教师成长学校,邀约大家相互结对,共学共进。出于真心的携手、长于优势的互补,在任务分解、压力分担、结果分享的教育氛围中,辅以发展性评价的方式,让不同学力的学生都得到了锻炼、有了长足的进步。

6. 邀约作业

作业从设计布置到批改订正,都不是一个批量化的生产过程。教师在作业设计上分层要求,学生可根据自己能力与精力,自由选择。作为邀约结对的伙伴,也有互相设计题目、互相批阅修改的学习义务。在基础性作业和拓展性作业这样类似的"作业拼盘""作业超市"中,提供多类型、多形式、多梯度的作业:必做题、选做题、跳高题、加油站、停机坪、起飞台、星级作业等形式,实现了"我的作业我做主"。

7. 邀约评价

"邀约评价"是为了更好的关注"这一个",也是"学校邀约+多元评价"的尝试,聆听自己信赖的人的评价可能更容易接受,更容易催发内驱力。在英语学科和语文学科的个别班级还尝试了针对教学目标的"邀约评价卡"。把教学内容与教学目标挂钩,一阶段或一单元学完后,老师根据目标要求,把内容具体化,设计成可操作的表格形式,带领学生及家长梳理。在梳理过程中教会学生反思性学习,指导学生逐步掌握学习策略和方法,引导学生提高自主学习能力。老师更关注最后一栏"我还不明白的地方",有针对性地一一解答,做好差异性教学、个别性指导。

南京市火瓦巷小学单元学习邀约评价单

邀约对象	评 价 内 容
邀约老师	
邀约伙伴	
邀约家长	
自我评价	

8. 天天有约

学校提出"让每一次沟通从心开始",老师与学生"天天有约",结对小组的同学间"天天有约"。操场上、走廊里、办公室、花台旁、滑梯旁,老师约学生,学生约老师,学生约学生,在面批、面谈中,学生的困惑解开了,逐步形成了乐观向上的生活态度,慢慢具备了良好的情绪调控能力。面对学生时,我们都充分让孩子说自己想说的话。此时的教育,聆听的耳朵比说教的嘴巴管用10倍。

9. 邀约微课程

课程可以是正规或非正规、课内或课外的。必须确保学校所有的课程都是为每一个人的利益而设。以学生的发展为目标,设计丰富的活动来吸引每一个学生积极地参与,扩展学生的兴趣和能力。在"邀约"的引领下,课堂成了老师与学生一起探究学习的乐园,人人展示,人人参与小组活动,老师邀请学生,学生邀请学生,学生邀请老师,共同解决一个个难题,共同完善一个个"微型课程"。如拓展课本内容的《茶韵飘香》《流行中国风》《经典电影中的正能量》《南京英语小导游》,与生活相关的《梧桐文化》《南京文韵》《跟着地铁去旅游》等等。所有课程的设置绝不只是考虑少数学生的要求,还充分考虑到所有学生身心发展的需要。中国有个成语叫"见微知著",告诉我们从一个小小的细节继续琢磨,可能洞晓大的影响或结果。"微型课程"让孩子们主动探知新领域,更是形成了正确的自我意识。

四、亮点与创新

主要观点:

邀约,是一种尊重,是一种承诺,是一种激励,是一种合作,是一种进取。邀约,体现出校园中的人际关系是平等的,教师与学生、学生与学生都是平等的。邀约,体现出校园中的教育行为是充满信任与温情的。邀约,体现出教育教学中的价值取向是合作共进的。在小班化教育中,构建"邀约式"课堂,邀请学生参与教学、参与合作、参与管理,学习中更多地放权给学生,课堂主客体的转变,使得小班学生能更好地发挥主动性,基于"平等、赏识、合作、激励"的"邀约式"课堂将更好地培养小班学生自主学习的意识,使得"面向每一个"的教育真正落到实处。

邀约式课堂,体现出小班化教育浓浓的个性关怀、情绪互动,师生关系更加民主与和谐。

创新之处:

1. 邀约式课堂概念的提出,本身就是一种创新。

2. 邀约式课堂带来的小班课堂环境、课堂语言、课堂共同体的互动等变化,给小班课堂以新的面貌。

3. 小班化邀约课堂的理念,体现出尊重、激励、合作、进取的价值取向,是基于学生素养发展的培养目标,是适应时代发展对人才的需求。

4. 培育与优化学校师生邀约的特质,学会欣赏、激励、尊重、求助、合作等。

五、案例

【学生华某某习作】

今天我当小助教

……

上个月,老师和我约定了一次小助教。记得那一课是《高尔基和他的儿子》,我回家先把课文读了一遍,在预习生字中,我发现"妻子"的"妻"这个字,横画较多,要想写好看可不容易。我仔细地看了书上田字格里的例字。原来这个字下半部"女"字的一横要写长些,并且"女"字中心要与上半部的字中心对齐。接着预习课文分析时,我发现课文中两次提到了"美好生活",它们的含义一样吗?俗话说"读书百遍,其义自见"。我又通读了全文,终于弄清了,它们在不同语境里有着不同的含义……

第二天我站在讲台上,因为经过了充分的准备,心里一点也不慌张。我首先把字词给同学们过了一下,还邀请刘老师给我们范写了生字"妻"呢!课上同学发言都很积极,我想起刘老师经常表扬、评价发言好的同学、小组。这时,我见第一组的同学全都举手了,便说:"这组最积极,其他组的要向他们学习!"后来,同学们的积极性更高了,我趁热打铁,在刘老师的鼓励、帮助下,我们很快给课文分了段,总结了段意。在掌声中,我回到了座位。我知道那是老师和同学对我的鼓励和肯定。其实我和大多数同学一样,总梦想着能像老师一样给邻居的弟弟妹妹上课,从没想到我能在真正的课堂上给我的同学上课。我可自豪啦!实现了我的一个梦想。

我们课堂上的邀约助教,同学都很喜欢课堂的"小助教",能当小助教觉得很光荣。

【"邀约互助小组"学生感言】

刘同学:近期,我参加了学校的"我们邀约,我们合作,我们成功"这样一个有趣的活动。通过邀约帮助学习有困难的同学,我真是受益匪浅。那天,听老师介绍完回到教室,我便直奔马同学——她的学习情况不好,我早就想帮助她了,是老师坚定了我的信心呀。于是我们准备了一本习题册,每天布置十几道基础题,先把基础打牢。很快,我就发现她的计算很成问题,便多布置了一些计算题,教了她一些计算技巧,她也十分配合。果然,过了两天错误率低了一些。虽然还存在一些问题,但我们还是以这小小的成绩为荣,继续努力,我也愈发有信心帮她提高。

接着,我们多练了一些英语题,我又为她的单词烦恼了起来:许多学过的单词都忘了怎么拼,甚至忘了怎么读。于是我经常带着她读单词表的单词,她也掌握得牢了一些。语文就不好教了,我只能帮她整理课堂笔记,教她写不会的题,她仿佛也懂了些学习方法。就这样帮助学习了两个星期,在期中考试中她的语文从不及格提升为了七十几分,而数学和英语的进步却不大。于是我们认准目标,一定要把数学分数提上来,英语基础太差,还要慢慢来。就这样,她的这次数学小考及格了。有进步就是好事,我们都很开心。其实,帮助别人就是帮助自己。在邀约学习时,我也把基础巩固了一遍,批改作业时,自己也得到了练习。教她题目的同时,也锻炼了我的语言组织能力、逻辑能力等,我在期中考试也获得了总分297.5分的好成绩,这不是一举两得吗?我相信像这样每次5分10分的提高,会让老师、同学,甚至她自己都对这个原本的"差学生"刮目相看了吧?

学校: 南京市火瓦巷小学
校长: 杨毅静
执笔: 杨　菁　何　颖

我们常说"教"是为了"不教",让每一个孩子"学会学习"并不只是纸上谈兵的说辞,更需要落到实处的载体来展现和支撑。我们究竟可以选择怎样的过程性的体现方式来实现"面向每一个"的真正的学呢?

"卡·通"课堂

"卡通"一词源自英文：Cartoon,指通过归纳、夸张、变形的手法来塑造形象,让人们从中得到快乐、愉悦和警醒。宇花小学将"卡通"一词所蕴含的意象和作用,引入课堂教学的改革之中,变化为"卡·通",其不仅作为一种呈现方式,更作为一种理念。所以"卡·通"意味着：生动的、活泼的、简单的、有效的、快乐的、艺术的。概括地说来具有五性：人文性、趣味性、创造性、高效性、艺术性。

一、"卡·通"课堂的理念

"卡·通"即以教师设计的学习卡片为载体,实现教与学的融通,其具备有效、有趣、有艺、有序的特征,成就每一个。课堂所呈现的是教师对每个学生的启发、引领、评价……每个小组成功合作,每个学生主动参与,不同学生皆有发展,学习过程趣味盎然。

二、"卡·通"课堂的实施

学生是学习的主体,是教育过程中最活跃、最丰富多彩的变量,任何教学都必须通过学生起作用,使学生掌握学习策略、学会学习等内容日益受到人们的高度重视。"学会学习"不再是一句口号,还需要有相应的载体支撑。宇花小学创设的"卡通课堂"(简单而快乐的课堂)贯穿始终的"五彩学习卡"——"自学汇报卡""课堂导学卡""练习拓展卡""评价反馈卡""学习整理卡",恰恰就是这样的载体,这"五卡"是每位学生亲自参与学习历程,积极主动地建构自己的知识的重要工具。

(一)自学汇报卡——通大意,得疑问

建构主义强调,学生并不是空着脑袋走进教室的。在日常生活中,在以往的学习里,他们已经形成了丰富的经验。有些问题即使他们还没有接触过,没有现成的经验,但当问题一旦呈现在面前时,他们往往也可以基于相关的经验,依靠他们的认知能力,形成对问题的某种解释。教师要把学生先前有的知识经验作为新知识的生长点,引导学生从原有的知识经验中"生长"新的知识经验。

"自学汇报卡"的设立就是遵循这一规律,让学生能自学、会自学,此卡围绕"读、思、查、念、赏、做、问"七个字,设计成三个板块：A. 我知道了什么? B. 我学会了什么? C. 我还有什么问题? 指明了学习知识的基本结构和基本要素,把学生的课前预习纳入到规范的模式中。用"自学汇报卡"作载体,使预习不再流于形式,让学生每次的学习看得见。教师批阅

"自学汇报卡"可以了解每个学生的认知差异,及时对自己预设教案的各环节作出调整。基于小班化教学环境,还可以根据学生自学情况进行个案式的备课。这样会使得学生学的目标更精准,教师教的目标更明晰。更有利于课堂上扫除盲区、盲点,使得每一个学生都能获得充分的关注。

(二)课堂导学卡——通方法,得乐趣

宇花小学打造的"卡通课堂"追求简单易学的目标课堂,积极主动的自主课堂,形象生动的魅力课堂,探究合作的共享课堂,幸福快乐的童本课堂。它不仅是外在的、形式上的,更重要的是追求一种内在的、深层次的思维的灵动和方法的掌握。

如何使得课堂参与率达100%?如何更高效参与?让学生学习过程看得见?"课堂导学卡"就是这样的载体和抓手。"课堂导学卡"是"五卡"的核心,引导学生有效地参与到学习之中,通过自学、填卡、交流、汇报各种形式,让学习看得见,让学生成为学习的主人。"课堂导学卡"是在每一课总体学习目标的框架上,将总目标细分成一个个的小目标,并把每一个学习模块的内容细化为一个个容易掌握的"任务",通过这些小的"任务"来体现总的学习目标。

当然在设计"任务"时,我们自然会注意到不同年龄段学生的认知特点、接受能力的差异,即使对相同年龄段的学生,也充分考虑学生的个体差异,将学习目标分层次,针对不同水平的学生分别提出恰当的基础目标、发展目标和开放目标。

让学生根据"任务"的需求来学习,培养学生主动学习的能力,在教学过程中不断用"任务"来引导学生自学。变被动地接受知识为主动地寻求知识,从而培养学生由"学会"到"会学"。

人手一张"课堂导学卡"的使用,让教师更清楚地了解每位同学对各种问题的看法、理解,在课堂上与学生共同针对某个问题进行探索。由于学生经验背景的差异,在完成任务的过程中,会积极地去思考、探索,每个人的思路、想法不尽相同,这些差异本身便构成了一种宝贵的学习资源。在教师的引导下他们进行争论、交流,教师适时地给以点评,使每位学生看到那些与他(她)不同的观点,评析自己的观点,获得高效参与。

(三)练习拓展卡——通迁移,得智慧

"练习拓展卡"的设计,充分考虑了学生的学习兴趣,设计了各种丰富多彩的练习让学生根据自己的需要去选择。有的是对课堂学习知识的延伸,有的是将生活中的事例与课堂中的知识相结合,有的则是补充与拓展课外知识,满足不同层次学生的需求。学生在课堂中学到的知识,必须在新的情境中加以运用,才意味着这些知识被真正掌握。"练习拓展卡"的使用,促进了迁移的产生。通过完成老师们课前在卡上精心设计的各种练习,实现了由已知到未知的迁移,由书本到生活的迁移,由课内到课外的迁移。学生掌握知识、技能正是通过广泛的迁移转化为能力。

(1)"练习拓展卡"实现了举一反三、触类旁通的横向迁移。

"练习拓展卡"上顺"藤"摸"瓜"栏目中练习题的设置,就是让学生触类旁通,只有让学生"在做中学",他们才能够"知其意而得其用"。这样,所学的知识、技能才能在实践中顺利迁移。

利用"练习拓展卡",根据学习的课文,进行片段仿写。可以写一段对话,可以写人物的外貌,可以写一段场景,也可以写与课文中结构相同的一段话。这些"小练笔"是写的迁移,是看得见的最直接的横向迁移。

(2)"练习拓展卡"实现了温故知新、循序渐进的纵向迁移。

在练习拓展卡中,教师既善于引导学生通过练习,有目的对比,寻找相同点,分析相异处,从而提高观察、分析、思维、概括等能力,培养旧知迁移出新知的能力;又善于归纳总结,通过练习,引导学生将零散的、孤立的知识"串联"起来,形成系统,使之结构化,纳入知识网络之中,完成知识的纵向迁移。由学到悟,由悟到用,形成能力。

有一位语文老师在"练习拓展卡""展翅高飞"栏目中借《牛郎织女》这个课文例子,通过文本的广度拓展,引领学生阅读了《梁山伯与祝英台》《孟姜女》《白蛇传》,学生通过完成老师设计的读书报告单,了解了这些作品的人物、内容、主题、时代背景。其目的是通过培养学生的纵向迁移能力,形成高水平的语文综合素养。

这样的由已知到未知的迁移练习,有效地激发了学生的学习兴趣,也培养了学生的想象能力,调动了学生的求异思维、发散思维。"练习拓展卡"有效地实现了举一反三、触类旁通的横向迁移;实现了温故知新、循序渐进的纵向迁移。

(四)评价反馈卡——通矫正,得提高

"评价反馈卡"则促使孩子反思一节课所学习的知识和内容,明白了什么,还有什么困惑,能更有效地激发学生的学习兴趣。在传统教学中,期中、期末考试虽都含有反馈的因素,但由于周期长、反馈不及时,等考试完,学生学习中的缺陷才暴露出来,误差累积已很重,即使补救,也必然是捉襟见肘,积重难返。学生也由于长期的失败体验而丧失了学习的信心,造成不利于再学习的心理和知识障碍,使其逐步走进差生行列。

为了克服传统教学中循环周期长、反馈慢、矫正不力的弊端和累积性误差,学校每一课时都有"评价反馈卡",即学习补救卡。每一课结束后,老师依照本课的教学目标进行总结性达标测评。

教师通过课时检测及时得到反馈信息,并据此调控自己的教学行为,矫正学生学习中存在的问题。在反馈矫正过程中,学生掌握了自我反馈矫正的方法,能主动获取反馈信息,进行自我调节。对于出现的问题,要求学生逐一记录在学习反馈卡上,自觉矫正。

"学习反馈卡"的使用,最受益的无疑是学生。及时反馈、及时矫正、及时强化、及时跟进辅导、及时达标,行之有效地帮助学生克服了累积性误差,避免了两极分化的产生。实验班学生成绩明显优于非实验班。

(五)学习整理卡——通条理,得规律

学生的学习不仅是对学习对象——知识的识别、加工和理解的过程,而且还是对自己的学习过程进行积极监控及调节的元认知过程。学生利用"学习整理卡"对一个单元的知识要点进行回忆、梳理时,在教师有意识的引导下,不仅养成了这样的一种习惯,而且不断获得和改进自己的学习策略。边梳理知识要点,边思考:在提出问题、明确问题、研究问题、解决问题的每一个环节中我积极参与了吗?我运用的这种方法有没有效果?同学们是怎样学的?我和小组成员合作愉快吗?我收获了什么?还有问题吗?……同学们在不断的反思中获得更深的理性认识。借助"学习整理卡"唤醒学生对自己认知活动的自我观察意识,借助知识要点梳理清单,加强自我监控,发现不足,调整自己的认知策略,及时采取补救措施。自觉规划自己下一个阶段的学习,选择有效的措施进行学习,逐步形成了对学习过程进行积极的监控、反馈与调节的能力,真正成为学习的主人。

三、"卡·通"课堂的亮点

1. "卡·通"课堂让学生的关注看得见。"卡·通"课堂教学中所使用的"五彩学习卡",五种颜色不仅便于区分每种学习卡片的作用,也能够给予学生感官上的刺激,引发学生的兴趣。同时,也体现了学生多姿多彩的学习方式和学习生活。更能提醒教师,应该充分尊重学生学习的规律,因材施教。

2. "卡·通"课堂让学习的方式看得见。"卡·通"课堂的学习方式特别强调学生的自主学习,其基于课标的新理念,以学生发展为本,促进学生学习方式的改变;基于小班化的新要求,着眼于每一个潜能开发,每一个质量提升,每一个个性优化,每一个幸福成长;基于脑科学的新研究,追寻适合学生大脑生理科学学习的教学行为。各具功能又融会贯通的五张学习卡的连贯使用、整体推进,帮助学生确定学习目标,制定学习进度;促进学生掌握各种思考策略和学习策略;辅助学生在学习中进行自我监控,作出相应调适;激励学生从学习中获得积极的情感体验。使得学生提前介入学习、更多参与学习、积极反思学习、愉悦享受学习,从而改变学习方式、学习习惯、学习过程,形成自主性学习。

3. "卡·通"课堂让学生的学习看得见。"卡·通"课堂的教学是每一个学生依照学习目标的提示,学习练习的操作,使身心得到和谐发展。具体表现为:具有独立学习的意识和一定能力;能在自我激励下不断学习。这种自我激励表现为:在学习上有自信心,相信自己的学习能力和价值,并奋发自强,不甘落后;能创造性地学习;能自主高效地参与学习。人人拥有学习的要求和目标,人人拥有学习的指导和练习,把课堂变为学生的展示舞台,充分利用小组合作的形式组织教与学,使学生成为课堂主体,激发学生学习兴趣,实现学习的自主高效。

4. "卡·通"课堂让课堂的变化看得见。在目标达成的有效教学基础上,强调目标、监控与反馈。课堂上,教师能够环环紧扣目标,花时间和精力去解决重点和难点问题。并且运用精炼设计的练习,在最少的时间内看到比较直观的、细节的结果,并运用结果关注目标达成和及时调节教学。

"卡·通"课堂教学研究中的自学汇报卡、课堂导学卡、练习拓展卡、评价反馈卡、学习整理卡,构筑了完善的五卡体系,从学生角度而言,提升了学生参与的深度、广度,五卡为学生有效、优效、高效的学习服务,真可谓:五卡在手,学习无忧!它构成的"卡通课堂"像磁石一样有感染力、穿透力与亲和力,吸引学生使其好学、乐学、善学,满足了学生发展的需求。

四、案例

巧用整理卡

首先,"整理卡"应用的范围既可以是一篇课文,也可以是一个单元。就使用的效果来看,一个单元整理一次较好。语文课本一般一个单元安排3—4篇文章,而且这些文章之间具有一定的连贯性,都围绕一个中心或者一到两个训练点。通过"知识整理卡"的梳理,不但能呈现每篇课文的知识要点,而且能凸显这些知识要点之间的关系。仅有相同点,还有不同之处,从而总结归纳出相应的学习方法。

其次,在整理之前,学生要能抓住本单元的重点,同时根据自己的学习情况有所侧重,尽可能多角度地梳理知识要点。例如：苏教版第十二册第六单元的四篇文章皆是借物抒情、以物喻人，本单元的重点是深刻理解事物的特点，体会作者的喜爱之情，同时能够运用文中的表达形式介绍自己喜爱的一种事物。可以先让学生以小组为单位，交流各自对课文内容的简要梳理，以及学习中遇到的难点，或者理清课文表达的顺序和方法。这样每个学生才能做到心中有数，各取所需，不同层次都有不同收获。

再次，要掌握一些基本的操作方法。一开始以一课或者一单元为例，领着学生学会操作方法。试着从"整理卡"的中心开始画，周围要留出空白。告诉学生在整个整理卡中都要尽可能地使用多种颜色。因为经科学研究证明，色彩是各种形式思想的最主要的刺激物，尤其是在增加创造力和记忆力方面。而且，色彩也要有美感，这会在知识整理时增加大脑的愉悦感，提高回顾、复习、使用的兴趣。用美丽的曲线连接中心图像，就像大树的枝杈一样，把所有的知识要点通过联想链接起来，就会很容易地理解和记住更多的东西。再在每条线曲线上注明一些关键词语，这样会使"整理卡"更加醒目，更为清晰。对一些尤为重要的内容就像中心图形一样，还可以画出图像。

"整理卡"完成后，是不是就等于知识的整理与复习完成了呢？还没有。面对一张张的"整理卡"，教师可以安排学生在小组内交流，还要将其中有代表性的作品推荐给全班同学。在复习指导课上，也可以充分利用它，让其成为教师教的一部分，学生学的一部分。

通过实践发现，如果学生还不能一下子做到整理一个单元的知识，那就从一篇文章的一段话练习起，然后逐步增加到一篇课文，再接着是一个单元。刚开始的时候对学生的要求不宜过高，也不要面面俱到，关键是掌握一些基本的整理方法和绘制技巧，以及培养起整理知识的习惯。只要学生坚持做下去，相信会渐渐看到他们的变化。

下面是一些"整理卡"的例子：

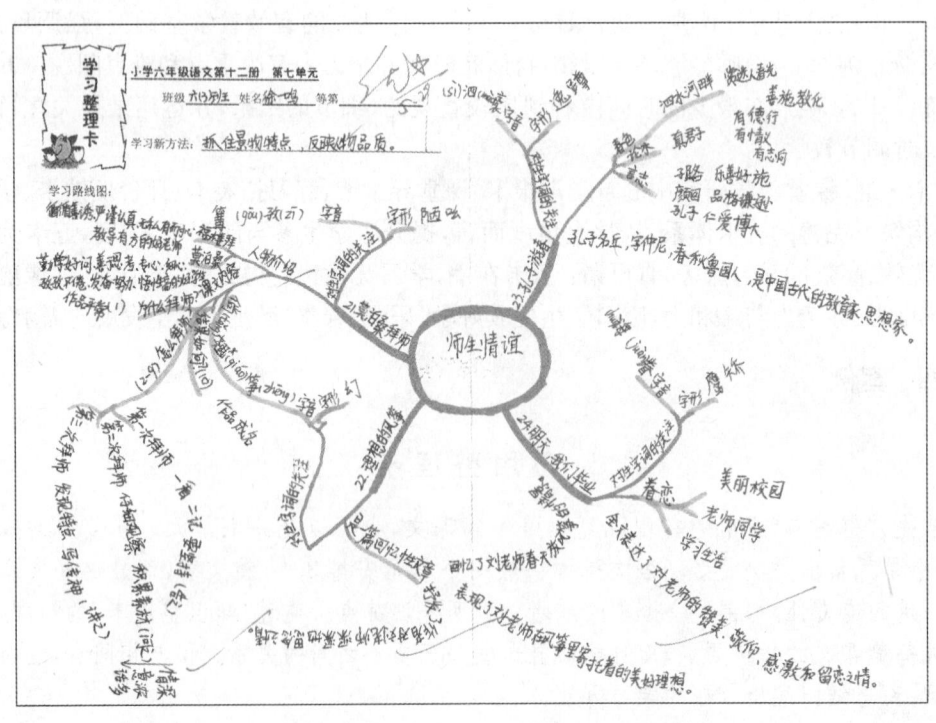

【后语】

当学生厌烦于枯燥乏味的复习时,一定是教师发挥教学智慧的时候。在小学阶段,语文教学基本是按照"字、词、句、篇"这一顺序开展学习过程,运用这样的"整理卡",将有助于学生理顺这一学习规律,循序渐进地开展学习,引导学生在教师的帮助下逐渐学会自主思考和解决问题,形成并不断提高自身的语文能力。

(一)形式活泼,激发学习的兴趣力

"整理卡"以内容丰富、形式活泼的图画来引导知识的整理和复习,把原本重复、枯燥、单调的机械复习,转向更能调动学生学习兴趣、丰富思维内容与过程的图形思维,将知识复习的隐性阅读、记忆、梳理,转变为直观可见的显性过程与结果。当学生面对粗细有致的线条,色彩斑斓的图画,提纲挈领的文字时,不仅获得了知识整理的成就感,还激发他们的复习兴趣,促使他们积极思考,加强对知识的理解,促进学习能力的提高。

(二)关注体系,形成知识的建构力

科学化的整理过程,可以形成知识结构和知识体系。"整理卡"就是学生语文知识结构和知识体系的外化性图形展示,其能够较为清晰地呈现一篇课文或一个单元的知识点之间的脉络关系,以及在学习过程中总结、归纳出的学习方法。将一本语文书的目录绘制成总的"整理卡",然后根据篇目和单元内容以及之间的关系,把想要的知识点和要点联系在相应的"节点"上。随着学习的推进,逐步构建起完整的知识结构网络。这样学生就能自主地从整体上把握知识,对于课本所包含的知识与方法有了更深入的结构上的认识和把握,也有助于学生开展及时复习。

(三)自由表现,提升思维的创新力

"整理卡"给予学生的是个性化的学习,同时其图形的表现形式也有利于学生直觉思维的形成,积极引发学生更多的自主探究与发现,促使学生不断用自己的思维和眼光去看待新的知识,提出新的问题,自主阅读思考,自主地进行知识的整理、归纳与读写能力的迁移,从而形成极具个性化、创造性的图形。以某一知识核心为中心点,结合图文,思维发散开去,学生的思绪便如脱缰的野马任意驰骋,联想的方法扩展到极致。一边思考一边"涂鸦",每一个学生在自觉与不自觉中成为了富有创新意识的"思想者"。学生在整理的过程中体会、观察知识间的关系,甚至发现自己从来没有注意和意识到的各个知识间的关系,进而产生一些具有创新性的理解,达到创新性的学习。课文中的知识要点就不是孤立存在的了,而成为一个相互叠加、互相促进、有机联系的整体。知识整理的过程,就成为学生自我学习、自我变革、自我超越、自我发展的螺旋式上升的过程。

开放式的学习"整理卡"作为一种将知识整理过程具体化、形象化的方法,在语文教学中应用,能够较好地便于学生把握语文知识的体系,学会基本的学习方法,并充分激发出学生智力的潜能,提升学习的动力、学习的毅力、学习的能力和学习的创新力,使语文学习能力得到提升。同时,也尊重了学生的个体差异和不同的学习需求,最大限度地让每一个学生享受到了语文学习的乐趣。

学校:南京市宇花小学
校长:刘 彦
执笔:张绪波

校园里,每一个孩子都拥有自己贴心的伙伴。除了课堂中老师的教,伙伴的作用也不容小觑,因为伙伴间的合作学习让每一个都找到了自信和快乐。那么我们可以采用哪些学习方式让每一个孩子的小伙伴成为他们学习的助力呢?

伙 伴 助 学

一、内涵

伙伴助学是建立在伙伴关系之上的互助学习模式,伙伴助学分为三个模块:学生与学生的伙伴助学,教师与学生个体的伙伴助学,教师与学生群体的伙伴助学。

二、背景

1. 小班化教育的理念"关注每一个"的落实。课堂教学中,仅凭教师一人之力,无法做到将每一个孩子的学习情况尽收眼底,必须依靠学生的团队合作,才可以让每一个孩子成为被关注的对象,每一个孩子成为学习的主人。伙伴助学,让每一个人参与到学习中,每一个成为重要学习之人,每一个都可以收获自己的学习进步。

2. "伙伴助学"是学校伙伴文化深度发展的必须。伙伴文化是学校的品牌,文化培育的重地在课堂。伙伴课堂中,伙伴是学习的共同体,责任的承担者,学习不再是个体的事情,而是伙伴之间共同的事,伙伴互相帮助、共同学习、一起进步,伙伴的意义才更加彰显,伙伴的关系更加牢固。

伙伴助学的优势:

1. 伙伴助学,学生学习更多快乐

伙伴助学,基于伙伴关系之上,彼此熟悉,关系亲密,氛围融洽,心理安全,表达交流更加顺畅,更加自由快乐。

2. 伙伴助学,学生学习更加高效

伙伴助学,基于伙伴的个性差异、思维差别、潜质不同,汇聚学生更多的学习资源,有效弥补伙伴的差异和不同,利于伙伴学习知识的建构。教师伙伴基于学生伙伴的学习之后,给予针对性的指导和点拨,学生的学习更加高效。

3. 伙伴助学,学生学习更多收获

伙伴助学,基于伙伴交往之上的共同学习,伙伴的情感、伙伴的人际互动能力、伙伴的健康心理等品质和能力都在助学的过程中得到培养。

伙伴助学的四个环节、十种学习方式:

伙伴助学是一种理念——关注每一个伙伴,让每一个伙伴在伙伴合作学习中获得发展;也是一种手段——合作性的伙伴学习同个体化的独自学习有机融合,让多元学习方式更贴近学生的发展；更是一种学习历程——在融洽的氛围中自主合作，积极体验。伙伴助学的课堂中，我们刻意安排了伙伴助学的四个环节、十种学习方式。

伙伴助学的四个环节：伙伴预学、伙伴启学、伙伴查学、伙伴拓学，不同的学习阶段开展不同的伙伴助学学习方式。

伙伴预学：学生的成长过程中，我们要尊重他们思维能力发展的步伐，尊重学生个性差异，让他们在自己自由的思维空间，逐步学会预习方法，提高自主学习的能力。学生通过自主学习，形成初步认知，并能在学习过程中学会质疑。（回馈）

伙伴启学：有效的学习是通过相互信任、相互交流、彼此合作而产生。我们相信学生是有能力、有责任的，只要给予他们充足的学习空间和时间，他们就能在彼此切磋观摩下，发挥创意，解决问题。伙伴合作探究，释疑解难。（释疑）

伙伴查学：为学生提供学习机会，让他们探索知识的真谛。学生在错误中更会牢固建构知识，习得能力。伙伴互相检查，互相检测，梳理知识，深化认知，形成技能。（反馈）

伙伴拓学：学生的潜能无限，有待启发，若要引发学生潜能，我们必须刻意地去安排合适的学习活动，让学有余力的学生得到长足发展拓展提升，发展潜能。（提升）

伙伴助学学习十种方式：

A. 伙伴学习成果展示的"伙伴秀场"　　1. 伙伴朗读　　2. 伙伴表演
B. 伙伴学习效果评价的"伙伴门诊"　　3. 伙伴检查　　4. 伙伴检测
C. 伙伴学习启动推进的"伙伴闯关"　　5. 伙伴竞技　　6. 伙伴PK
D. 伙伴学习强化巩固的"伙伴挑战"　　7. 伙伴练习　　8. 伙伴游戏
E. 伙伴学习拓展升华的"伙伴创作"　　9. 伙伴创编　　10. 伙伴创造

伙伴秀场，顺应了大部分孩子乐于表现、喜欢展示的心理，让每一个孩子在伙伴合作中调动多种感官，积极学习，助力学习效率。

伙伴门诊，顺应了大部分孩子乐于帮助伙伴，敏于发现伙伴的问题，让每一个孩子在伙伴合作中认真仔细，精准细致，助力学习品质。

伙伴闯关，顺应了大部分孩子喜欢刺激、主动探索、充满好奇、争强好胜的心理，让每一个孩子在伙伴合作中自信勇敢，坚持不懈，助力学习意志。

伙伴挑战，顺应了大部分孩子勇于挑战、乐于尝试、追求成功的心理，让每一个孩子在伙伴合作中建构知识链条，举一反三，助力学习能力。

伙伴创作，顺应了大部分孩子想象丰富、思维活跃、潜能无限的个性特征，让每一个孩子在伙伴合作中智慧闪现，快乐学习，助力学习创新。

伙伴助学十种学习方式的特征：

1. 开放性。十种学习方式不拘泥课堂学习的某个环节（课堂前置性学习、课堂过程性学习、课堂巩固性练习、课堂检测性学习等任何环节），需要学生合作完成学习目标的时候，都可以灵活地使用伙伴助学学习方式。

2. 生成性。十种学习方式是伙伴合作学习的十种范式，在伙伴课堂中，可以根据伙伴学习的需要生成更多的伙伴助学方式，如伙伴听写、伙伴背诵、伙伴律动、伙伴探究、伙伴归纳、伙伴总结……

3. 适度性。伙伴助学十种学习方式是根据学生的学习状况，适度地运用于学生的学习中。一节课中，一般使用一到两种伙伴助学的学习方式，过度使用伙伴助学的学习方式不仅难以达到助学的思维深度,还会影响学生的学习效果。

4. 结合性。伙伴助学的学习方式必须与学生个体的独立学习相结合,伙伴助学的流程大体有以下两种套路：A. 伙伴自助学习、伙伴互助学习、伙伴再自助学习；B. 伙伴互助学习、伙伴自助学习、伙伴再互助学习、伙伴再自助学习。没有伙伴自助的学习经历,伙伴互助学习没有意义。

5. 核心性。十种伙伴助学的学习方式都归属于合作学习模式,任何一种伙伴学习方式都离不开伙伴的充分讨论、积极交流,伙伴讨论是任意一种伙伴学习方式的核心内容,只有建立在伙伴讨论之上的助学方式才是有意义的。

教师在伙伴助学中的角色：

1. 伙伴助学的发现者。教师既是个体学生的伙伴,也是群体学生的伙伴,课堂中,教师首先是学生学习的发现者,通过细心观察,用心聆听,主动参与,敏感发现,及时捕捉生生伙伴助学中出现的学习价值点。

2. 伙伴助学的助推者。伙伴助学中,恰当时间、恰当时机地指导、点拨学生,助推伙伴学习愉快、高效地开展。发现伙伴助学的亮点,及时给予欣赏、鼓励、推广；面对伙伴助学的困惑、障碍,及时给予帮助、支持、讲解。

3. 伙伴助学的协调者。伙伴助学中,教师的主导性在学生互助学习出现问题时应给予协调,促进生生伙伴的交流。

4. 伙伴助学的支持者。对于特别需要的学生个体,教师要给予特别的支持与助学,对于群体伙伴的学习问题,给予资料、资源的提供。

伙伴助学学习方式的特别规定——"伙伴课堂七条约定"：

约定一：每节课教学目标中有明确的伙伴学习要求及任务,既有统一性,也有选择性。

约定二：每节课都有至少一个让学生充分自主学习的伙伴学习环节。

约定三：每节课都有一次伙伴学习的高潮,或是伙伴讨论,或是伙伴阅读,或是伙伴闯关……

约定四：课堂上,每一位学生至少有一次发言或展示的机会。

约定五：课堂上,教师关注每一位学生,走到每一位学生身边。

约定六：每节课每一位学生都有一次做小老师的机会,或教同伴,或教小组中的同学,或教全班同学。

约定七：课堂上,每组学习伙伴共同检查学习效果,互相评价,共享成功。

伙伴助学方式举例阐释：

伙伴助学方式一：伙伴门诊

伙伴门诊借用医学术语,通过伙伴互相检查,发现问题,进而互相帮助,共同解决问题。数学课堂运用得较多。根据学习任务的轻重程度,两两伙伴的门诊、随机伙伴的门诊完成轻任务的学习,自选两两伙伴的门诊、教师指定的两两伙伴的门诊、四人小组的伙伴推磨式门诊完成稍重任务的学习。

伙伴门诊一般分为：伙伴自我预诊—伙伴互相问诊、寻找最好处分—伙伴独立结诊。伙伴自我预诊培养对自己学习负责的态度和能力,为伙伴交流,向伙伴学习,认真仔细地帮助伙伴做好充分的准备；伙伴互相问诊是伙伴互相学习、主动交流的重要阶段,一方面主动向伙伴学习,认真观察,细致倾听,从伙伴的学习行动中受到启发,促进自己的进步；另一方面对伙伴的学习给予关注和帮助,和伙伴分享自己的知识,帮助伙伴进步。伙伴独立结诊,学习目标自己完成,自己的问题自己解决,订正之前的错题或独立完成相应的练习。

伙伴门诊可以安排在预习检查时,学生通过对课前练习的互相门诊,自己学会一些简单的内容,教师以此发现学生共性的学习需要,并给予针对性的指导;伙伴门诊也可安排在当堂学习后的练习中,伙伴相互门诊,可以理清知识点,牢固建构知识体系,激发学习兴趣。

伙伴助学方式二:伙伴演出

伙伴演出借用艺术表演的形式,通过伙伴自主协商、分工合作、积极排演,共同完成一定情景的表演,以此促进学生对文本的理解。语文、英语课堂运用得较多。此学习方式的用时较长,必须保证伙伴讨论、演练的时间,才能达到伙伴演出助学成长的目标。

伙伴演出一般分为:伙伴分工—伙伴自演—伙伴排演—伙伴登演。伙伴分工,根据自己的喜欢申报演出任务,伙伴协商后,决定每一个伙伴的演出任务,培养学生相互尊重、服从团体的精神;伙伴自演,伙伴独立完成各自的演出任务,培养学生对集体负责的精神,为伙伴排演做好各自的准备;伙伴排演,伙伴合作交流,进行彩排,为最后的正式演出做好准备,培养学生相互关照、相互支持的精神;伙伴登演,伙伴登台演出,展示合作成果。

恰当地运用伙伴演出的学习方式,课堂的学习高潮易于形成,学生在强烈的团队荣誉感、责任感中学习效率特别高。

伙伴助学方式三:伙伴好声音

伙伴好声音借用现时流行的节目名称,通过伙伴共同朗读的方式,让善于朗读的孩子展示优势,让怯于朗读的孩子借力表现,让不同的孩子在有声有色的朗读中,加深对文本的理解,生生互动中,生成独到的体验感悟,即兴创造中呈现不曾预约的精彩。

伙伴好声音一般分为:我的好声音—伙伴朗读—伙伴好声音。我的好声音,伙伴自主朗读整篇文本材料,读出自己的感受和理解;伙伴朗读,伙伴经过讨论、协商,确定伙伴合作朗读的方式,伙伴共同朗读整篇文本材料,相互欣赏、提醒朗读的注意事项;伙伴好声音,伙伴自荐,用伙伴喜欢的方法展示伙伴的朗读成果。伙伴朗读经历了伙伴自读、伙伴初读、伙伴再读,读中有思考学习、有交流评价、有启发影响,伙伴好声音,演绎的是伙伴生动合作的好声音。

例如:语文学习中词语教学,采用伙伴好声音的学习方式,不仅让孩子兴趣盎然地朗读单一的词语,还可以促进孩子们读得响亮、正确,读出自己的语感和理解。

二年级《小鹰学飞》一课,生字词较多。教师首先出示了本课的生词,明确读准这些生词是本课学习目标之一,然后提出运用伙伴好声音的学习方式开展学习——伙伴自读、伙伴听读、伙伴提醒、伙伴合读。最后伙伴展示最精彩的声音。第一遍伙伴自读,每一个孩子独立经历个性化的学习;伙伴听读关注伙伴倾听,倾听中向伙伴学习,发现自己学习中的不足,倾听中帮助伙伴,及时纠正伙伴的不足之处;伙伴提醒,伙伴互相提醒字词的正确读音,明晰模棱两可的读音;伙伴合读,伙伴选择自己喜欢的方式,伙伴齐读、开火车地读、跳着读、词语分行读、词语竖着读、找出规律地读……用自己喜欢的方式合作读,孩子们读得高兴,读得有声有色,在不一样的合作学习中,快乐的是学习情绪,建构的生字词的正确读音。

伙伴助学方式四:伙伴助教

伙伴助教源自于陶行知的"小先生"制。让有特长的孩子发挥优势帮助有需要的孩子。助人提高的同时,自己的知识建构更加系统,学习能力在助人中提升。学有不足的孩子也乐意向"小助教"请教,因为"小助教"的教学语言更贴近他们的思维方式。

伙伴助教一般分为:确定小助教岗—岗前培训—助教上岗。确定小助教岗,助学活动开始前,教师要确定伙伴助教的岗位,即有某方面特长或学得快的学生;岗前培训,明确助教的职责,助教什么?怎样助教?助教上岗,伙伴课堂中,小助教配合教师的教学行动。教师和被助教学生给予评价。

每天的写字课,就是写字小助教们上岗时间。上岗前,老师根据孩子的不同优势,聘请不同的同学担任小助教,可以是写好左右结构字的小助教,可以是写好关键笔画的小助教,可以是写好某个部首的小助教……学生进行写好字的练习时,老师请两名小助教配合指导个别辅导写字有困难的孩子,小助教将写好字的口诀再次解释给伙伴,教给小伙伴写好字的方法,指出小伙伴写字过程中的不足。

学校:南京市秣陵路小学
校长:李晨妍
执笔:李晨妍